21 世纪经济管理规划教材

The Theory and Practice of Taxation

税收理论与实务

刘爱明 何晓蓉 王敏 卢佳友 主编

清华大学出版社
北 京

图书在版编目（CIP）数据

税收理论与实务/刘爱明等主编．--北京：清华大学出版社，2011.8（2014.2重印）
（21世纪经济管理规划教材）
ISBN 978-7-302-26490-3

Ⅰ．①税…　Ⅱ．①刘…　Ⅲ．①税收理论－中国－教材 ②税收管理－中国－教材
Ⅳ．①F812.42

中国版本图书馆CIP数据核字(2011)第160759号

责任编辑：刘志彬
责任校对：王凤芝
责任印制：李红英

出版发行：清华大学出版社
　　网　　址：http://www.tup.com.cn，http://www.wqbook.com
　　地　　址：北京清华大学学研大厦A座　　邮　　编：100084
　　社 总 机：010-62770175　　邮　　购：010-62786544
　　投稿与读者服务：010-62776969，c-service@tup.tsinghua.edu.cn
　　质 量 反 馈：010-62772015，zhiliang@tup.tsinghua.edu.cn
印 装 者：清华大学印刷厂
经　　销：全国新华书店
开　　本：185mm×230mm　印　张：24　插　页：1　字　数：486千字
版　　次：2011年8月第1版　印　次：2014年2月第3次印刷
印　　数：7001～9000
定　　价：39.80元

产品编号：043076-01

序言

我国以分税制为主体的税收管理体制、以流转税为主体的税制结构对社会主义市场经济发展起到了重大的促进作用，可以说是“经济越发展，税收越重要”。近年来，为了适应国际税收发展趋势及我国社会经济形势的变化，我国不断地对各项税收法律、法规进行了程度和范围不同的调整和修改。为反映税收法律、法规的最新变化和税务研究的最新成果，我们以历年教学过程中的经验感受结合学生反馈的意见，对教材内容进行了更新和结构的重整，以方便读者理解和使用。其中，城市维护建设税是在企业实纳增值税、消费税和营业税的基础上征收的，故安排在上述三个流转税章节之后；资源税类、财产税类和行为税类中的一些小税种则各自安排一章。

全书系统介绍了税收基本理论、我国的税收征收管理制度及现行的各主要税种的征收管理。本书为方便学生对税法条文的理解，对许多具体税种的法律条文容易混淆的部分进行了列举对比，如增值税混合销售与兼营行为的区分、用于非应税项目货物视同销售、不得抵扣进项税额和进项税额转出的区分等；对一些有共性的内容进行了归纳整理，如用“孰低原则”归纳企业所得税中职工福利费、工会经费、职工教育经费、业务招待费、广告费等税前扣除项目的扣除方法；补充了一些法律、法规的背景和最新进展，如增值税无偿赠送给他人是否作视同销售处理。同时，本书也介绍了各主要税种纳税筹划的基本理论和方法，以扩大学生的知识面。此外，本书还附录了一些近年来的典型涉税案例，以增强学生阅读的趣味性。

本书编写所依据的法律、法规截至 2011 年 6 月 30 日。读者可登录国家税务总局网站(www.chinatax.gov.cn)，点击主页“信息公开”栏目，了解最新的政策法规、通知公告、税务公报和税法解读等内容，随时掌握我国税收法律、法规方面的发展动态。另外，由于教材篇幅有限，对国家税务总局发布的适用于某些特定行业的具体规定，难以一一罗列，读者应结合自己工作单位的具体情况来有针对性地作更深入的资料收集和学习研究。

本书由中南大学商学院刘爱明（博士、注册会计师、注册税务师）、中南林业科技大学何晓蓉研究员、中南大学王敏副教授任主编，中南大学卢佳友副教授参与编写。全书共分十三章，其中，刘爱明负责拟定编写大纲、对全书进行总撰合成和修改审定，并撰写第一、二、三、四、七、八章及附录部分；王敏撰写第五、六章；何晓蓉撰写第九、十、十一、十三章；卢佳友撰写第十二章。

本书在撰写过程中，中南大学刘冬荣教授（博士生导师）提出了许多宝贵意见。此外我们参考了一些相关的教材、专著和其他资料(详见书末所列主要参考文献)，并从中得到了许多启迪和教益，在此谨致感谢！同时感谢清华大学出版社责任编辑辛勤细致的劳动！

基于资料有限、时间紧迫及作者水平等原因，书中难免有错漏之处，敬请读者批评指正，以便我们再版时修订。如有赐教，请寄 liuaiming@csu.edu.cn，作者深表谢意！任课教师如需要本教材配套教学 PPT 课件及练习题参考答案，亦请致函索取。

刘爱明

2011 年 6 月

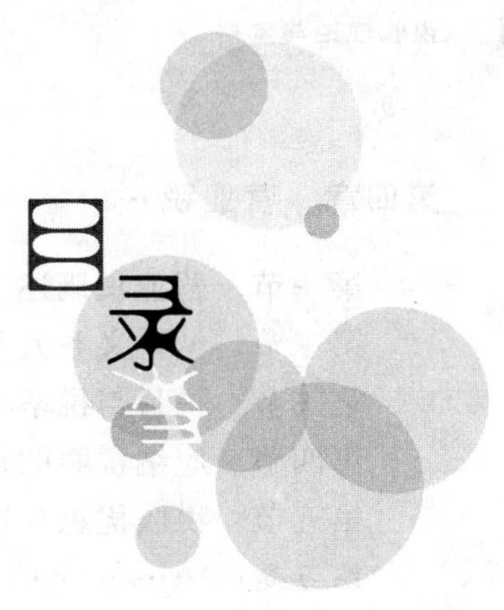

目
录

第一章　总　　论

【学习要求】　本章要求重点掌握税收的概念、特征、税制要素的构成；一般掌握税收原则、税收分类及我国的分税制财政体制；理解税收管辖权、重复征税及其减除的抵免法、税收饶让；了解税法与税收法律关系、税法的制定与实施。

第一节　税收的概念、特征与原则

一、税收的概念

税收是政府为了满足社会公共需要，凭借政治权力，按照法律预先规定的标准，强制无偿地参与社会产品分配以取得财政收入的一种形式。税收的概念包含了以下几方面的内容。

（一）税收是国家取得财政收入的一种重要工具，其实质是一种分配关系

国家行使职能必须有一定的财政收入作为保障。国家取得财政收入的形式除税收以外，还有发行货币、国有资产收入、债务收入、规费收入、罚没收入等，其中，税收几乎是所有国家最主要的财政收入形式。我国近年来税收收入占财政收入的比重一般在90%以上。

（二）国家征税的依据是政治权力，它有别于按要素进行的分配

征税的过程实际上是国家参与社会产品的分配过程，国家与纳税人之间形成的这种分配关系与社会再生产中的分配关系不同。税收分配以国家的存在为前提，由国家来组织，国家在税收分配中居于主导地位，而一般分配则是以各生产要素的所有者为主体而进行的分配；税收分配是国家凭借政治权力进行的分配，纳税人只能服从国家的意志而依法纳税，而一般分配则是基于生产要素所进行的分配。

(三) 税收分配的目的是为了满足社会公共需要

国家运用税收形式取得财政收入的目的,是保证国家的财政支出以满足社会公共需要,包括政府弥补市场失灵,促进公平分配的需要。满足社会公共需要的物品称社会公共物品,社会公共物品具有非独占性和非排他性,它只能由社会公共权力机关——国家(或政府)来提供。税收是国家提供公共物品最重要的财力保证。

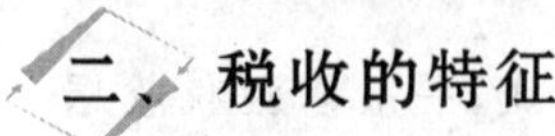

二、税收的特征

税收的特征是由税收的本质决定的,通常概括为税收的"三性":强制性、无偿性和固定性。这是税收分配形式区别于其他财政分配形式的标志,是税收本质属性的外在表现,也是区别税与非税的外在尺度和标志。

(一) 强制性

强制性是指国家凭借政治权力,通过法律形式对社会产品进行的强制性分配,而非纳税人的自愿缴纳。税收的强制性是国家权力在税收上的法律体现,是国家取得税收收入的根本前提。单位和个人都必须依法纳税,否则就会受到法律的制裁。税收的强制性是税收与公债收入、规费收入、国有资产收入等的显著区别。但税收分配的强制性,并不等于税收具有惩罚性。

(二) 无偿性

无偿性是指国家征税,既不需要直接偿还,也不需要对纳税人付出任何直接形式的报酬。税收的这种无偿性是针对具体的纳税人来说,即缴纳税款后国家和纳税人之间不再有直接的返还关系,纳税人丧失了该财产的所有权和支配权。正因为税收具有这种价值单方面转移的特征,才会有纳税人为了自身的利益很不情愿缴纳的本能反应,也才派生出税收强制性的特征。但我国的社会主义税收"取之于民,用之于民,造福于民",政府收税后,通过为纳税人提供社会公共服务间接地作出了补偿。

(三) 固定性

固定性是指国家征税,是以法律形式预先规定的方法和标准,连续、规范地定量课征。税收固定性对国家和纳税人都具有十分重要的意义,它既可以保证国家财政收入的及时、稳定和可靠,也可以保护纳税人的合法权益不受侵犯。它要求税务机关依法征税,不得随意多收或少收;也要求纳税人依法纳税,不允许讨价还价,更不允许采用各种不正当手段偷税、骗税。

税收“三性”是一个完整的统一体，它们相辅相成、缺一不可。其中，无偿性是核心，强制性是保障，固定性是对强制性和无偿性的一种规范和约束。

三、税收的产生

税收产生的经济条件是生产力的发展、剩余产品的出现及大量增加。原始社会没有税收，原始社会末期，随着生产工具的进步，第二次社会大分工的出现，大大推动了社会生产力的发展，人们获得的劳动产品日渐丰富，在满足了自身的基本生存需要后尚有部分剩余产品，这为税收的产生准备了必要的物质前提。剩余产品的出现及大量增加，引起了人们为了自身的利益而占有剩余产品的欲望，这也为私有制和国家的产生准备了物质前提。

税收产生的政治条件是国家的产生。因为生产力的发展使人们有可能单独同自然界作斗争而取得劳动成果，无须联合劳动、共同分享成果，但自原始社会以来一直存在的氏族成员的社会安全等社会公共需要依然存在，而且日益增大，这就形成了整体利益和局部利益的矛盾。为了解决这个矛盾，原始氏族公社的领导成员只能运用社会公共权力，建立军队、警察等暴力机器，强制无偿地取得一部分社会财富，以满足社会公共需要。这一运用社会公共权力建立军队、警察等暴力机器的过程，也就是国家产生的过程。而国家运用政治权力强制无偿地取得的收入，就是税收。

税收同国家一样，也经历了一个产生、形成、发展与完善的过程。奴隶制国家刚形成时，国家财政收入主要包括靠拥有土地所有权而获得的“地租”性质的收入、直接支配的奴隶的劳动成果、掠夺战败国的财富和接受贡品。当时的财政形式是非常古老的和不典型的，作为典型财政收入形式的税收是在国家公共权力日益增强、奴隶主或自由民土地私有制形成后产生的。马克思说：“直接税，作为一种最简单的征税形式，同时也是一种最原始最古老的形式，是以土地私有制为基础的那个社会制度的时代产物。”(马克思、恩格斯选集. 北京：中央编译出版社，1995. 6)总之，土地所有制产生越早、越典型的地方，税收的产生也越早、越典型。在中国，夏代是第一个奴隶制国家，我国最早的历史文献《尚书·禹贡》中有“禹别九州，随山濬川，任土作贡”和“九贡九赋”的记载；《孟子·滕文公上》则说：“夏后氏五十而贡，殷人七十而助，周人百亩而彻，……其实皆什一也。贡者，校数岁之中以为常。”夏代的“贡”有租税和献纳两种含义，是中国古代税收的雏形。在几千年的发展过程中，我国赋税制度经历了周代的“百亩而彻”、“初税亩”，汉代的“算缗”、“海税”，唐代的“租庸调法”、“两税法”，直到明代的“一条鞭法”以及清代的“摊丁入亩”等各种制度。

四、税收的作用

税收的存在与国家的存在有着本质的内在联系，国家的存在是税收存在的决定因素。

（一）国家财政需要税收

国家要实现其职能，离不开一定的物质基础，而税收是国家取得财政收入的重要手段，它能够为国家及时、稳妥、有效地取得财政收入，满足国家实现其职能的物质需要。

（二）社会财富公平分配需要税收

税收是一种凭借政治权力的分配手段，它可以改变社会财富的自然分配状况，改变各部门、各阶级、各阶层及个人对社会财富的占有份额，促使社会财富按照社会公认的公平原则进行分配。

（三）经济稳定增长需要税收

国家经济职能的目标是要达到国民经济的稳定增长，要实现这个目标必然动用一定的经济手段。税收就是一个重要的经济手段，动用它对经济进行调控可以最有效地促进国民经济的稳定增长。

（四）国际经济交往需要税收

国际经济交往是发展一国社会生产力的客观要求。各国在国际经济交往中，都涉及一个维护本国主权及经济利益的问题，而税收是维护本国主权及经济利益的最通用、最有效的手段之一。

（五）税收具备的基本特征决定了税收必然存在

税收是一种具有强制性、无偿性、固定性特征的分配手段。这些特征使得税收在实现国家职能中优于其他经济范畴或手段，具有其他经济范畴或手段不可替代的优点或长处，税收必然由国家所运用，因此税收必然存在。

尽管税收在现代社会中的地位越来越重要，但它并不是“万能”的。在社会主义市场经济条件下，市场对资源配置起基础性作用。因此，税收不得妨碍市场对资源的有效配置，而只能弥补市场的不足，即解决市场“失灵”问题。

五、税收原则

税收原则是税制的建立、改革、调整、执行和税收措施的采取、实施所遵循的指导思想。制定税收原则的客观依据是生产力发展水平、社会经济制度以及国家的经济形势、政治形势及其任务的要求。

由于各国、各地区的财政税收体制不同,税法的基本原则也有差别。目前学术界对税收原则内容有多种研究成果,主要包括财政原则、税收法定原则、税收公平原则、税收效率原则、实质征税原则、社会政策原则、普遍纳税原则、平等纳税原则、合理负担原则、宏观调控原则、征税简便原则、维护国家权益原则、保障纳税人合法权益原则、税收中性原则等。下面主要介绍税收法定原则、税收公平原则、税收效率原则和实质征税原则。

(一) 税收法定原则

税收法定原则是指征税和纳税都必须有法律根据,并且依法征税和纳税。也就是说,法律明文规定为应税行为和应税对象的,必须依法征纳税;反之则不得征税。它是税法中一项十分重要的原则,其基本精神在各国宪法或税法中都有体现,是现代民主与法制原则在税收关系中的集中体现。如《中华人民共和国宪法》第 56 条规定:"中华人民共和国公民有依照法律纳税的义务。"此规定体现了税收法定原则的要求,但对依法征税和单位课税未作规定。《中华人民共和国税收征管法》第 3 条规定:"税收的开征、停征以及减税、免税、退税、补税,依照法律的规定执行;法律授权国务院规定的,依照国务院制定的行政法规的规定执行。任何机关、单位和个人不得违反法律、行政法规的规定,擅自作出税收开征、停征以及减税、免税、退税、补税和其他同税收法律、行政法规相抵触的决定。"这一规定较为全面地反映了税收法定原则的要求,使税收法定原则在我国税收法制中得到了进一步的确认和完善。

(二) 税收公平原则

税收公平原则是税法的基本原则之一,是国家运用法律手段干预财政经济生活的体现。税收公平是指不同纳税人之间税收负担程度相比较,条件相同的纳税人纳相同的税,条件不同的纳税人纳不同的税,使税负合理。税收公平原则包含税收的横向公平和税收的纵向公平。

税收的横向公平,是指同等条件的纳税人一视同仁、同等课税。也就是说,在一个国家内,要使税收普遍课之于一切应纳税的自然人和法人,任何企业和个人不得有任何形式的免税特权,相同的收入缴纳相同的税收。横向公平要从实质上来看,要避免形式公平而实质不公平的情况。如个人所得税计征不仅要考虑纳税人的所得,还要考虑其他情况。

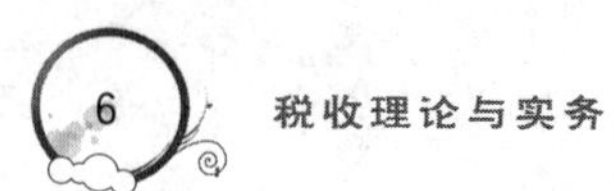

如果两个家庭收入虽然相同,但其抚养人口、子女教育、健康状况都不相同,那么同等征税就是不公平的。

税收的纵向公平,是指经济能力或纳税能力不同的纳税人应当缴纳不同的税收,即以不同的方式对待条件不同的纳税人。对纳税能力强的多课税,对纳税能力弱的少课税,对无纳税能力的则不课税。一般来讲,采取累进税率征税可以满足这种要求。

一般来说,衡量税收公平的标准大体有三种:其一是受益标准,指税收负担应该按纳税人从税收的使用中所得利益的大小来分摊,受益多者多纳税,受益少者少纳税;其二是负担能力标准,就是人们根据自己的纳税能力来负担税收,能力大的多负担,能力小的少负担,其中通常认为收入、财产等是测度纳税人纳税能力的最佳尺度;其三是以纳税人感受的牺牲程度为标准,程度相同的则税负公平,反之则不公平。

(三)税收效率原则

税收效率原则就是要求国家征税要有利于资源的有效配置和经济机制的有效运行,提高税务行政的管理效率。税收效率原则的内容可分为税收的经济效率原则和税收的征管效率原则两个方面。

税收的经济效率原则,是指使税收对资源配置和经济机制运行的影响最优化,或者说是使税收的额外负担最小化和额外收益最大化。降低税收额外负担的根本途径,在于尽可能地保持税收"中性"。所谓税收中性,包括两方面的含义:其一是国家征税使社会所付出的代价应以征税数额为限,不能让纳税人或社会承受其他的经济牺牲或额外负担;其二是国家征税,应避免对市场机制运行产生不良影响,特别是不能超越市场而成为影响资源配置和经济决策的力量。税收中性只是一种理想状态,并不存在绝对"中性"的税收。提倡税收中性,并不意味着排斥税收调节经济的职能。

税收的征管效率原则,是指以最少的税收成本获取最多的税收收入。税收成本是指税收征纳过程中所发生的各种费用支出。狭义的税收成本亦称"税收征收费用",仅指税务机关为征税而耗费的行政管理费,具体包括税务机关的工作人员的工资等人员经费和办公费等公用经费两部分。广义的税收成本亦称"税收奉行费用",除税务机关征税的行政管理费外,其还包括纳税人按照税法规定在纳税过程中支出的费用。降低税收成本、提高税收征管效率的途径主要有:一是要运用先进、科学的方法管理税务,以节约征收费用;二是要简化税制,尽可能全面、系统、协调、简明、稳定,便于依法执行,尽量使纳税人方便、省时、省事、省征收费用和奉行费用,等等。

税收公平原则与税收效率原则往往难以同时兼顾。税收公平原则强调通过运用税收杠杆干预经济生活,缩小公民之间收入分配的差距,保持社会稳定。税收效率原则强调税收中性,不干预经济,通过市场机制实现资源的最优配置。公平与效率的和谐统一,是税收制度长期追求的目标。一般来讲,发达国家政府寄希望于通过税收缓解收入分配所引发的社会矛盾，因而往往带有重公平而轻效率的倾向；而发展中国家的首要问题是经济发展问题，所以，许多发展中国家政府的税收政策带有较多地注重效率的倾向。我国在经历了多年的经济高速发展之后，东西部之间、城乡之间的贫富差距问题日渐严重，党中央在现阶段提出建立社会主义和谐社会的目标，就意味着我国税制将从原先的"效率优先，兼顾公平"转向更为注重税收公平原则。

（四）实质征税原则

实质征税原则是指应根据客观事实确定是否符合课税要件，并根据纳税人的真实负担能力决定纳税人的税负，而不能仅仅考虑相关外观和形式。

第二节 税法与税收法律关系

一、税法的定义

税法是国家制定的用以调整国家与纳税人之间在征纳税方面的权利与义务关系的法律规范的总称。它是国家依法征税、纳税人依法纳税的行为准则，其目的是保障国家利益和纳税人的合法权益，维护正常的税收秩序，保证国家的财政收入。

税法与税收密不可分，税法是税收的法律表现形式，税收则是税法所确定的具体内容。税法就是国家凭借其权力，利用税收工具的强制性、无偿性和固定性的特征参与社会产品和国民收入分配的法律规范的总称。

二、税收法律关系

国家与纳税人在纳税形式上表现为利益分配的关系，但经过法律明确其双方的权利与义务之后，这种关系实质上已上升为一种特定的法律关系。税收法律关系在总体上与其他法律关系一样，都是由权利主体、权利客体和法律关系内容三方面构成，但在三方面的内涵上，它具有主体的一方只能是国家、体现国家单方面的意志、权利义务关系具有不对等性及财产所有权或支配权单向转移等特点。

（一）税收法律关系的构成

1. 权利主体

权利主体即税收法律关系中享有权利和承担义务的当事人。我国税收法律关系中的权利主体一方只能是国家，由国家税收机关包括国家各级税务机关、海关和财政机关代表国家来行使征税职责；另一方是履行纳税义务的人，包括法人、自然人和其他组织，在华的外国企业、组织、外籍人、无国籍人，以及在华虽然没有机构、场所但有来源于中国境内所得的外国企业和组织。

与一般民事法律关系中主体双方权利与义务平等不一样，虽然税法法律关系中权利主体双方的法律地位是平等的，但因为主体双方是行政管理者和被管理者的关系，所以双方的权利和义务是不对等的。这也是税收法律关系中的一个重要特征。

2. 权利客体

权利客体即税收法律关系主体的权利、义务所共同指向的对象，也就是征税对象。比如，所得税法律关系客体就是生产经营所得和其他所得；流转税法律关系客体就是货物销售收入或劳务收入。税收法律关系是国家利用税收杠杆调整和控制的目标，国家在一定时期根据客观经济形势发展的需要，通过扩大或缩小征税范围调整征税对象，以达到限制或鼓励国民经济中某些产业、某些行业发展的目的。

3. 税收法律关系的内容

税收法律关系的内容就是权利主体所享有的权利和所应承担的义务，它规定权利主体可以有什么行为、不可以有什么行为，若违反了这些规定，须承担相应的法律责任。所以，它是税收法律关系中最实质的部分，也是税法的灵魂。

国家税务主管机关的权利主要表现为征税权、税法解释权、估税权、委托代征权、税收保全权、强制执行权、行政处罚权、税收检查权、税款追征权等；其义务主要是向纳税人宣传、咨询、辅导税法，及时把征税的税款解缴国库，依法受理纳税人对税收争议的申诉等。纳税人的权利主要包括多缴税款申请退还权、延期纳税权、依法申请减免税权、委托税务代理权、申请复议和提起诉讼权等；其义务主要是按税法规定办理税务登记、进行纳税申报、接受税务检查、依法缴纳税款等。

（二）税收法律关系的产生、变更与消灭

税法是引起税收法律关系的前提条件，但税法本身并不能产生具体的税收法律关系。税收法律关系的产生、变更和消灭，必须有能够引起税收法律关系的产生、变更和消灭的客观税收法律事实。这种税收法律事实，一般是指税务机关依法征税的行为和纳税人的经济活动行为，发生这种行为才能产生、变更和消灭税法法律关系。例如，纳税人开业经营即产生税收法律关系，纳税人转业或停业就造成税收法律关系的变更或消灭。纳税人履行纳税义务是税收法律关系消灭的最常见的原因。

（三）税收法律关系的保护

税收法律关系与国家利益及企业和个人利益紧密相连，保护税收法律关系实质上就是保护国家正常的经济秩序，保障国家财政收入，维护纳税人的合法权益。税法中关于限

期纳税、征收滞纳金和罚款的规定,《中华人民共和国刑法》对构成逃税、抗税罪给予刑罚的规定,以及税法中对纳税人不服税务机关征税处理决定可以申请复议或提出诉讼的规定等,都是对税收法律关系的直接保护。并且这种保护对权利主体双方是对等的,不能只保护一方而对另一方不予以保护;对权利享有者的保护,就是对义务承担者的制约。

第三节 税收制度

一、税收制度的概念和特征

(一) 税收制度的概念

税收制度简称税制,它有广义和狭义之分。广义的税收制度是指一国的各种税收组织体系,是国家以法律程序规定的征税依据和规范。它由国家的一整套税收法规组成,具体包括各种税法(税收根本法、条例、实施细则及一般征税法令和解释)、税制结构、税收管理体制和征收管理办法等。狭义的税收制度是指一国各种税收及其要素的构成体系。包括税收分类和税制要素。理论界一般都认为税收制度应为广义的税收制度。

(二) 税收制度的特征

1. 法定性

任何税收制度都必须借助一定的法律形式,对税务机关代表国家征税和纳税人的纳税行为加以规范,借以规范各种税收分配关系。尽管我国的许多税收法规属于行政性税收法规,还不是严格意义上的税法,但同样具有法律效力,税收征纳双方都必须以此为准绳,除非税收法规变动,否则任何部门、单位和个人都不得随意变动,没有选择的自由,只能照章执行。

2. 征纳主体双方地位不平等

现代国家征税,政府须先征得纳税人(人民)的同意,但税收制度一经确定,政府代表国家享有实施权,居于主导地位,政府还可以依法单方面产生、变更和停止执行一些税收制度,而纳税主体——纳税人只能依法被动地服从国家的意志。

3. 税收制度以税务机关为主,由司法机关协助实施

税务机关(包括海关、财政部门)是代表国家(政府)实施税收制度的专门机关,是征税的主体。由于税务机关征税,必然使纳税人无偿地失去一部分财产的所有权,在纳税人的纳税意识不同的情况下,必然会遇到各种阻力,甚至遇到暴力抗税,这就需要国家司法机关协助税务机关实施。

二、税制要素

税制要素是税收制度的构成要素，又是税收制度的表现形式。税法“八要素说”认为，税制要素包括课税对象、纳税人、税率、纳税环节、纳税期限、纳税地点、税收减免和税收加征等。其中，课税对象、纳税人、税率是构成税收制度的三个最基本要素。

（一）课税对象

课税对象又称征税对象，是征税的客体，表明对什么征税，是征税的标的物。某一种税的全部课税对象构成该税的征税范围。

与课税对象有关的概念主要有税目、计税依据等。

1. 税目

税目又称课税品种，是课税对象的具体项目，反映具体的征税范围，代表征税的广度。有的税种的征税对象比较简单、征税范围比较明确，征收中易于掌握，就没有另行规定税目的必要，如我国的房产税、耕地占用税等。但是，从大多数税种来看，各自的征税对象一般都比较复杂，征税范围内的项目繁多，在征收中不易掌握，且税种内不同的项目之间又需要采用不同的税率档次进行调节，这就需要对征税对象作进一步的划分，作出具体的界定，这个规定的界限范围就是税目。

设置税目的方法有列举法和概括法两种：①列举法。是指将应税商品或经营项目、收入项目等采用一一列举的方法，分别规定税目，必要时还可以在税目之下划分若干个子目。这是设置税目的基本方法之一，其一般适用于品种或项目单一、界限清楚的课税对象。列举法又分为正列举法和反列举法两种。正列举法就是将课税对象的项目逐一列举出来，列举的项目就征税，未列举的项目则不征税；或者是列举的项目适用某一税率，未列举的项目则适用另一税率。如我国现行消费税采用正列举法共设置了 14 个税目，这 14 个税目的产品均属于消费税的征收范围。反列举法是指将不征税的项目列举出来，凡未列举的项目就是应税的项目。如现行消费税征收范围规定，“其他酒”是指除粮食白酒、薯类白酒、啤酒以外的酒度在 1 度以上的各种酒，这就是说，属于“粮食白酒”、“薯类白酒”、“啤酒”税目征收范围的酒不是“其他酒”的征收范围，除此之外的酒度在 1 度以上的各种酒均属于该税目的征税范围。②概括法。就是按照商品大类或行业采用概括方法设计税目，它也是设置税目的基本方法之一。如营业税征收范围概括为交通运输业、建筑安装业等。采用这种方法设置税目，税目数量少，便于查找，便于征管，但税目设置过粗，不便于实行差别税率。

2. 计税依据

计税依据又称课税依据，是税收制度中规定的计算应纳税额的根据，在理论上也称为税基。

在税收制度发展过程中，常被采用的计税依据有人口、财产、收益、消费、所得等。不同税种的计税依据是不同的，但表现形态一般只有两种：一种是价值形态，即以征税对象的价值为计税依据；另一种是实物形态，即以课税对象的数量、重量、容积、面积等为计税依据。

（二）纳税人

纳税人又称纳税义务人，是税法中规定的直接负有纳税义务的单位和个人，是纳税的主体。纳税人可以是自然人，也可以是法人。

自然人是指依法享有法定权利，并承担法律义务的公民个人。

法人是相对于自然人而言的，是指依法成立，能够独立地支配财产，并能以自己的名义行使法定权利和承担法律义务的社会组织。在我国并不是所有的社会组织都是法人。

与纳税人有关的概念有负税人、代扣代缴义务人、委托代征人。

1. 负税人

负税人是指最终负担税款的单位和个人。纳税人缴纳税款，但不一定就是负税人。

2. 代扣代缴义务人

代扣代缴义务人也称扣缴义务人，是指有义务从所持有的纳税人收入中扣除应纳税款并代为缴纳的企业、单位或个人。代扣代缴义务人并不负有纳税义务，但必须依法代扣代缴税款。

3. 委托代征人

委托代征人是指受税务机关委托代征税款的单位和人员。委托代征是税款征收的一种方式，一般适用于距税务机关较远的地区和零星分散的税源。

（三）税率

税率是应纳税额与课税对象之间的数量关系或比例，是计算税额的尺度。税率的高低直接关系到纳税人的负担和国家税收收入的多少，是国家在一定时期内税收政策的主要表现形式，是税收制度的核心要素。

按照表现形式不同，税率可分为比例税率、累进税率和定额税率三类。

1. 比例税率

比例税率是指对同一课税对象不论数额大小，都按同一比例征税，税额占课税对象的比例总是相同的。我国的增值税、营业税、城市维护建设税等税种采用的是比例税率。

2. 累进税率

累进税率是指按课税对象数额的大小规定不同的等级，随着课税数量增大而随之提高的税率。累进税率主要包括全额累进税率、超额累进税率和超率累进税率等。

(1) 全额累进税率,是指课税对象数额适用某一级税率时,即以全部数额为基础征税款的累进税率。

(2) 超额累进税率,是指按课税对象数额的大小划分为若干级距,分别以不同级距之间的数额为基础计算应纳税额的累进税率。用超额累进税率征税,具体就是把课税对象划分为若干等级,每一等级规定一个税率,先分别计算各级税额,然后再将分别计算出来的税额相加,即等于该纳税人的应纳税额。现行个人所得税实行七级超额累进税率。

(3) 超率累进税率,是指以课税对象数额的相对率为累进依据,按超额累进方式计算应纳税额的累进税率。目前土地增值税采用超率累进税率。

3. 定额税率

定额税率又称固定税率,是按课税对象的计量单位直接规定应纳税额的税率形式。目前采用定额税率的有资源税、城镇土地使用税、车船税、消费税中的成品油、啤酒税目等。

拉弗曲线——税率水平的确定

拉弗曲线由美国经济学家阿瑟·拉弗(Arthur Laffer,1979)提出。美国总统里根是该理论的实践者,据此提出了减税的施政政策。其基本观点是:税率水平是有限度的。在一定限度内,税率 r 提高,税收收入 R 将增加,因为税源不会因税收的增加而等比例地减少。但当税率提高超过一定限度 m 后,就会影响人们工作、储蓄和投资的积极性,导致税基减少的幅度大于税率提高的幅度。此时税收收入不仅不会增加,反而会下降。m 点之后,称为"税收禁区"。拉弗曲线如图 1-1 所示。

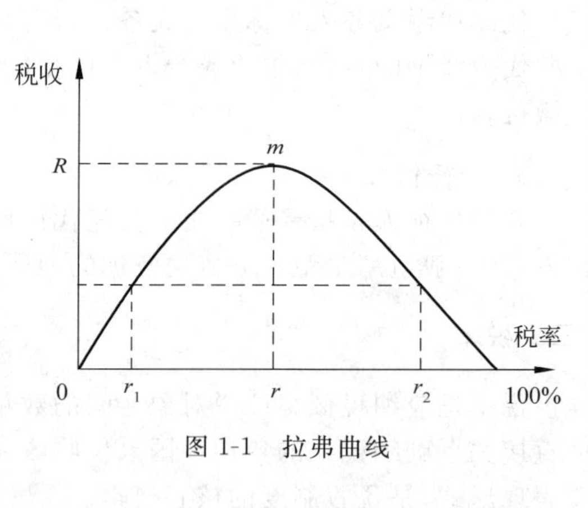

图 1-1 拉弗曲线

(四) 纳税环节

纳税环节是指对处于不断运动之中的课税对象,税法规定应该缴纳税款的环节。

纳税环节应选择在商品流转的必经环节和税源比较集中的环节,这样税收收入才有保证。一般来说,流转税既可以实行"单环节课征制",也可以实行"多环节课征制",其他各种课税则通常都属于“单环节课征制”。

（五）纳税期限

纳税期限是指纳税人在发生纳税义务后，应缴纳税款的期限。从理论上说，纳税人一旦发生纳税义务，就应立即缴纳税款，即纳税义务的发生时间同税款缴纳时间是一致的。但实际上，除个别特殊情况外，纳税人发生纳税义务后，一般都要间隔一定的时间后才缴纳税款，这就存在一个纳税期限问题。各种税收都必须明确规定税款缴纳的期限，这是税收的固定性特征在时间上的体现。每一种具体税制，对不同纳税人的纳税期限都有原则规定或具体规定。我国现行各税种规定的纳税期限大致包括按日缴纳、按月缴纳、按年缴纳和按次缴纳这几种形式。

与纳税期限有关的概念包括纳税义务发生时间和纳税申报期等。

纳税义务发生时间，是指纳税人发生应税行为，应当承担纳税义务的起始时间。

纳税申报期，亦称纳税计算期，是指纳税人发生纳税义务后，就计算缴纳税款的内容和有关事项向税务机关提出书面申报的期限。

（六）纳税地点

纳税地点指纳税人在发生纳税义务后，缴纳税款的地点。确定纳税地点应遵循以下原则：①按隶属地域管辖纳税；②按税种隶属于国税局、地税局、海关等不同征收机关纳税；③独立核算的企业在所在地税务机关就近纳税；④特殊行业可由总机构或总公司汇总向总公司或总机构所在地税务机关纳税。

（七）税收减免

税收减免是对某些纳税人和课税对象给予鼓励和照顾而减免税收负担的制度。减免税属于税收优惠措施。

税收减免除税法列举的减免项目外，一般都属于定期减免性质，规定有具体的减免期限，到期就恢复征税。实施减免税的具体形式主要包括减税、免税、起征点和免征额。

1. 减税

减税是指对纳税人应纳税额少征一部分税款或者通过降低法定税率而减少纳税人的一部分负担，又称为税收减征。

2. 免税

免税是指对纳税人的课税对象免予征税，又称为税收免征。

3. 起征点

起征点是指计税依据达到国家规定数额开始全额征税的界限。纳税人的计税依据数额未达到起征点就不征税，达到起征点就按其全部数额征税。

4. 免征额

免征额是指计税依据总额中免予征税的数额。它是按照一定标准从计税依据中预先减除的不予征税的数额，只对超过该数额的部分征税。免征额体现了量能负担的公平原则，保证税收不影响纳税人的基本生活。

(八) 税收加征

税收加征是指国家对某些纳税人和课税对象予以加重税收负担的制度。它在体现财政收入原则和量能负担原则的同时，往往还有“寓禁于征”或限制某些过高收入的目的。主要包括地方附加和加成征收两种形式。

1. 地方附加

地方附加是指地方政府按照国家规定的比例在正税之外加征的一部分属于地方财政收入的税款。正税，通常是指按税法规定的税率征收的税款；而将正税以外随正税同时征收的附加称为副税。我国目前主要有教育费附加。

2. 加成征收

加成征收简称加成，是指在按规定计算出税额后，再加征一定成数的税额。如个人一次取得劳务报酬所得畸高时，适用加征税额的五成或十成的办法征收个人所得税。

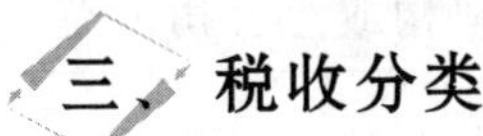

三、税收分类

税收分类是对税种的归类，是根据税制构成的基本要素和基本特征，将性质或特征相同或相近的税种归为一类，以区别于其他税种。这些分类方法不具有法定性，但将各具体税种按一定方法进行分类，在税收理论研究和税制建设方面用途相当广泛、作用很大。

(一) 以课税对象的性质为标准分类

我国现行税制按课税对象的性质不同，分为流转税、所得税、资源税、财产税、特定目的税和行为税六大类。

1. 流转税类

流转税是以商品、劳务在生产或流通过程中的流转额为课税对象的各种税收的统称。流转额包括商品流转额和非商品流转额。所谓商品流转额，一般是指在商品交换过程中，因销售或购进商品而发生的货币收入金额或支付金额。非商品流转额，一般是指因经营活动取得的业务或劳务收入金额。我国现行的流转税主要包括增值税、消费税、营业税、关税等税种，本书将在第二、第三、第四和第六章分别予以介绍。

流转税具有以下特点：

(1) 流转税以商品流转额和非商品流转额为课税对象，计算比较简便；

(2) 企业只要发生销售商品或提供劳务的行为，不论盈亏都产生流转税的纳税义务，因而税收收入较为稳定、可靠；

(3) 流转税一般都易于转嫁，纳税人往往并不是最终的负税人。

一般来说，发展中国家为了迅速发展经济，税收制度更加注重效率原则，往往以流转税作为税制结构中的主体税种。如我国 2010 年全国税收总收入 73 202 亿元中，国内增值税实现收入 21 091.95 亿元，国内消费税完成 6 017.54 亿元，营业税完成 11 157.64 亿元，进口货物增值税、消费税实现收入 10 487.46 亿元，三项流转税合计占当年全部税收收入的比重达 66.6%。

2. 所得税类

所得税是以所得额为课税对象的各种税种的统称。所得额是指纳税人的收入总额扣除为取得收入而发生的成本、费用、税金以及损失后的余额。我国现行的所得税主要包括企业所得税和个人所得税两个税种，将在本书第七章和第八章分别予以介绍。

所得税具有以下特点：

(1) 课税对象是纳税人的所得额。因此，与流转税相比，在税率既定的前提下，所得税额的多少直接取决于纳税人所得的多少，而不是直接取决于商品或劳务的流转额。

(2) 所得税一般不易转嫁。因而所得税的纳税人同时又是负税人，二者通常是一致的。

(3) 所得税的计算征收较复杂。这不但要求懂得税法，而且通常要求懂得会计准则，否则，计算的所得额及所得税额就难以准确。因此，所得税的课征技术条件要求比较高，容易出现申报不实和稽征较难的弊端。

(4) 所得税对经济有稳定作用。所得税的税源较为广泛，负担普遍，加之为了体现量能负担原则，所得税大多数实行累进税率，所得多者多征，所得少者少征，无所得者不征，这使累进税率的所得税制有“内在稳定器”之称。

一般来说，发达国家税收制度更为注重税收公平原则，往往以所得税作为税制结构中的主体税种。如美国 2006 年 2.44 万亿美元联邦税收中，个人所得税占 75.6%，公司所得税占 14.3%。

3. 资源税类

资源税类是以资源的开发和占用为课税对象的各种税收的统称。我国主要对矿产资源和土地资源的开发和占用征税，现行税法体系中属于资源税类的税种包括资源税、土地增值税、城镇土地使用税和耕地占用税，本书将在第九章予以介绍。

一般来说,资源税类税种的征税范围仅限于各种自然资源,如我国征收资源税的自然资源包括原油、天然气、煤炭、其他非金属矿原矿、黑色金属矿原矿、有色金属矿原矿和盐;城镇土地使用税征税对象是城市、县城、建制镇和工矿区内的国有和集体所有的土地资源。

资源税具有以下特点:

(1) 只对特定资源的占用开发征税。资源税的征税范围一般仅限于特定的自然资源,由于各种条件的限制,不可能对人们占用和开发利用自然资源的行为全都课税。

(2) 主要以占用开发的资源所获得的级差收益为课税对象。

(3) 一般实行定额税率从量征收。

4. 财产税类

财产税是对纳税人拥有的或属其支配的财产所征收的一类税收的统称。它并不是对全部财产课税,而通常是对某些特定财产课税。我国现行税制中财产税类只有房产税、契税和车船税,这三个税种将在第十章予以介绍。

财产税具有以下特点:

(1) 财产税是对财产的实际数量或实际价值加以课征,即是对财产"存数"的课征。

(2) 财产税的计税价格难以核实,征收较难。

(3) 财产税是直接税,一般不能转嫁。

5. 特定目的税类

特定目的税是国家为达到某种特定的政策目的所课征的各种税收的统称。我国的特定目的税主要有城市维护建设税、固定资产投资方向调节税(本税种自 2000 年 1 月 1 日起暂停征收,不再介绍)、土地增值税和耕地占用税等。土地增值税和耕地占用税兼有对土地资源征税的资源税作用。本书将在第五章介绍城市维护建设税。

特定目的税具有以下特点:

(1) 国家开征某种特定目的税具有特定的政策性目的。它不仅是为了开辟财源、增加财政收入,更主要的是为了配合国家的宏观经济管理需要,贯彻国家的某些经济政策。

(2) 特定目的税具有因时制宜的特点。特定目的税的设置和废止,往往时间性很强,不像流转税和所得税等税类那样具有较长时间的稳定性。

6. 行为税类

行为税是国家对某些特定行为课征的各种税收的统称。我国是运用行为税较多的国家。我国现行行为税有车辆购置税、印花税等,本书将在第十一章对这两个税种予以介绍。

（二）以税收权限为标准分类

税收权限包括税收立法权、税收收入归属权和税收征收管理权等。按税收权限，税收可分为中央税、地方税、中央与地方共享税。我国现行税种以税收权限为标准进行的分类将在本章第四节“税收管理体制”中的分税制部分详细介绍。

（三）以税收负担转嫁的难易程度为标准分类

根据税收转嫁的难易程度，各税种可分为直接税和间接税两大类。

直接税是指那些不能转嫁或难以转嫁的税种。其特点是纳税人同时是负税人，一般不发生税负的转嫁，国家与负税人之间的税收分配关系是直接的。一般来看，所得税类和财产税类税种都属于直接税。

间接税是指比较易于转嫁的税种。其特点是国家直接向纳税人征税，由纳税人将税负转嫁给负税人，最终由负税人承担税款。由于国家与负税人之间介入了纳税人，国家与负税人之间的税收分配关系变成间接关系。一般来看，对各种商品和劳务所征的各种流转税均属于间接税。

当然，直接税和间接税是相对而言的。事实上，几乎所有的税收都有转嫁的可能。

（四）以税收与价格的关系为标准分类

以税收与价格的关系为标准，税收可分为价内税和价外税。

价内税是指税款是商品价格的组成部分。我国现行税制中，消费税、营业税等都是价内税。

价外税是指税款不是商品价格的组成部分，而价外征收，即税款是价外附加。我国现行税制中，增值税、车辆购置税都是价外税。

（五）以计税依据的表现形式为标准分类

以计税依据的表现形式，税收可分为从价税、从量税和复合税。

从价税是指以课税对象的价格为计税依据的各种税。如增值税、营业税等都属于从价税，对课税对象实行从价定率计征。

从量税是指以课税对象的实物量为计税依据的各种税。从量税实行定额税率，其税额比较稳定，不随价格的变化而变化。如消费税中的“成品油”税目、“啤酒”税目。

复合税是指既有从价计征又有从量计征的税种。如我国现行消费税中的“卷烟”和“白酒”税目。其中，卷烟除56%的比例税率外，还征收150元/标准箱的定额税率；白酒比例税率为20%，定额税率为0.5元/500克。

第四节 税收管理体制

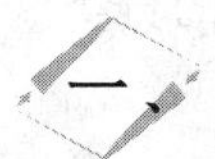

一、税收管理体制的概念

税收管理体制是在中央和地方之间划分税收管理权限的一项根本制度。它是国家税收制度的组成部分,也是国家财政管理体制的重要内容。

为了正确处理税收管理体制中中央集权与地方分权的关系,充分发挥中央和地方两个积极性,使税收管理有更高的效率和更高水平,在税收管理体制的建设中必须贯彻执行"统一领导,分级管理"的原则。

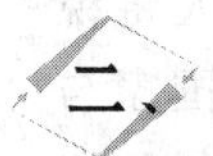

二、税收管理体制的基本内容

税收管理体制的核心内容,是各项税收权限在中央与地方之间的合理划分。税收权限主要有以下几个方面。

(一) 税收立法权

税收立法权是国家政权代表者或政权机关,以政府名义,并以政权强制力为后盾,依据法定程序赋予税收法律效力时所具有的权力。它包括税法制定权、审议权、表决权、批准权及公布权。

(二) 税法解释权

税法解释权是指国家政权代表者或政权机关,依法在其职权范围内,对有关税收的社会规范所作的有法律效力的解释的权力。它包括税收立法解释权和税收执法解释权。

(1) 税收立法解释权,是指依法有权立法的国家机关(或其常设机构)对所立税法在全国范围内作出解释的权力。立法解释和所解释的税法本身具有同等法律效力。我国的税法解释权一般由税收立法机关授权给低于立法机关的行政机关或司法机关。

(2) 税收执法解释权,是指依法有权立法的国家机关(或其常设机构)授权执法机关将税法用于具体条件或事项时,对有关税法所作解释的权力。

(三) 税种开征停征权

税种开征停征权是指国家政权代表者或政权机关以政权名义,并以政权为后盾依照法定程序,赋予税收法律效力起始与停止的权力。税收开征权行使的结果是某税法法律效力从即日起或有明确规定之日起生效。税种停征权行使的结果是某税法或其中某部分法律效力从即日起或有明确规定之日起失效。

（四）税法调整权

税法调整权是指国家法定权力机关对税法及其实施规范作出某种变动的权力。如调整税目、税率、征税范围等。

（五）税收减免权和加征权

税收减免权是指国家法定的权力机关，对纳税人和课税对象的特殊情况给予鼓励、优惠、照顾而减免税额的权力。税收减免权行使的结果是同期纳税人税负减轻而国家税收收入减少。

税收加征权是指税务机关依法对某些纳税人按应纳税额加征一定成数或倍数税额的权力。它是在税法规定税率的基础上，再加征一定成数或倍数，这实际上是提高了税率。

（六）税收收入归属权

税收收入归属权是指各级政府拥有并使用税款的权力。

此外，税收权限还包括税务行政处罚权、司法监督权等。

三、我国现行的税收管理体制

从1994年起，我国初步实行了分税制。分税制是在中央和地方各级政府之间划分税收立法权限、征收管理权限和税收收入归属权限的一种制度，是税收管理体制的一种形式。

实行分税制是社会公共需要具有层次性的客观要求。根据社会公共需要的层次不同，可分为社会整体性公共需要（国防等）和社会局部性或区域性公共需要（如城市下水道等）。由于满足区域性公共需要的公共物品一般只有该地区的居民可以消费，其他地区的居民通常不能消费，这就决定了区域性公共物品一般只能由地方政府提供，其费用只能由当地居民承担（即纳税），否则，如果由其他地区的居民承担费用，显然是不公平的。而全局性公共需要是全社会每一个成员的共同需要，满足这种公共需要的公共物品具有消费上的非竞争性和非排他性，即由全体社会成员共同消费，这就决定了全局性公共物品只能由中央政府提供才可能满足，其费用则应由全社会居民共同承担（纳税）。为保证中央政府和地方政府都有固定的财政收入以履行各自的职责，这就要求实行分税制。

在20世纪80年代，中国改革开放的整体形势是中央向地方放权让利，这极大地调动了地方政府的积极性，增强了地方财政实力，却使得中央政府财政收入占全国财政收入的比例不断下降,中央财力捉襟见肘,中央政府用于宏观调控、承担改革成本及对贫困地区转移支付等用途的资金都难以保证。如表 1-1 列示的 1980—2008 年中央财政收入和地方财政收入及其比重所示,从 1994 年开始的分税制改革较好地调动了中央和地方各级政府的积极性,我国的税收收入逐年迅猛增长;中央财政占全部财政收入比重过小的困境得以扭转,极大地增强了中央财政实力。

表 1-1 1980—2008 年中央财政收入和地方财政收入及其比重

年 份	绝对数/亿元			比重/%	
	全国	中央	地方	中央	地方
1980	1 159.93	284.45	875.48	24.5	75.5
1985	2 004.82	769.63	1 235.19	38.4	61.6
1990	2 937.10	992.42	1 944.68	33.8	66.2
1991	3 149.48	938.25	2 211.23	29.8	70.2
1992	3 483.37	979.51	2 503.86	28.1	71.9
1993	4 348.95	957.51	3 391.44	22.0	78.0
1994	5 218.10	2 906.50	2 311.60	55.7	44.3
1995	6 242.20	3 256.62	2 985.58	52.2	47.8
1996	7 407.99	3 661.07	3 746.92	49.4	50.6
1997	8 651.14	4 226.92	4 424.22	48.9	51.1
1998	9 875.95	4 892.00	4 983.95	49.5	50.5
1999	11 444.08	5 849.21	5 594.87	51.1	48.9
2000	13 395.23	6 989.17	6 406.06	52.2	47.8
2001	16 386.04	8 582.74	7 803.30	52.4	47.6
2002	18 903.64	10 388.64	8 515.00	55.0	45.0
2003	21 715.25	11 865.27	9 849.98	54.6	45.4
2004	26 396.47	14 503.10	11 893.37	54.9	45.1
2005	31 649.29	16 548.53	15 100.76	52.3	47.7
2006	38 760.20	20 456.62	18 303.58	52.8	47.2
2007	51 321.78	27 749.16	23 572.62	54.1	45.9
2008	61 330.35	32 680.56	28 649.79	53.3	46.7

注:(1) 中央财政收入和地方财政收入数据来源于《中国统计年鉴——2009》。
(2) 中央财政收入、地方财政收入均为本级收入。
(3) 表中数据不包括国内外债务收入。

（一）我国分税制对管理权限的划分

(1) 属于中央收入的税种(包括中央与地方共享税)以及全国统一实施的地方税，立法权集中在中央以保证中央政令统一，维护全国统一市场和企业平等竞争。

(2) 依法赋予地方适当的地方税收立法权。我国地域辽阔，地区间经济发展水平相差很大，经济资源包括税源都存在着较大的差异，这种状况给全国统一制定税收法律带来了一定的难度。因此，为了有利于地方因地制宜地发挥当地经济优势，促进地方经济的发展，同时也为了符合国际惯例，随着分税制改革的进行，也适度地赋予了地方根据自己特有的税源开征新的税种的权力。

迄今为止，我国尚无一部法律完整的规范税法的立法权的划分，而只是散见于若干财政和税收法律、法规中。具体地讲，我国税收立法权划分的层次如下：

(1) 全国性税制的立法权，包括全部中央税、中央与地方共享税及在全国范围内征收的地方税税法的制定、公布和税种的开征、停征权，属于全国人大及其常委会。

(2) 经全国人大及其常委会授权，全国性税种可先由国务院以“条例”或“暂行条例”的形式发布施行。待成熟后再行修订并通过立法程序，由全国人大及其常委会正式立法。

(3) 经全国人大及其常委会授权，国务院可制定税法实施条例、增减税目和调整税率。

(4) 经全国人大及其常委会授权，国务院有税法的解释权；经国务院授权，国家税务主管部门(财政部和国家税务总局)有税收条例的解释权和制定税收条例实施细则的权力。

(5) 省级人民代表大会及其常委会拥有在不违背国家统一税法、不影响中央财政收入、不妨碍我国统一市场形成的前提下，开征全国性税种以外的地方税种的税收立法权。税法的公布、开征、停征、税率的调整、减税、免税等规定，由地方人民代表大会及其常委会统一规定。所立税法在公布实施前须报全国人民代表大会常务委员会备案。

(6) 经省级人民代表大会及其常务委员会授权，省级人民政府拥有本地区地方税法的解释权和制定税法实施细则、增减税目和调整税率的权力，也可在上述规定的前提下，制定一些税收征收办法，还可以在全国性地方税条例规定的幅度内，确定本地区适用的税率或税额。上述权力除税法解释权外，在行使后和发布实施前须报国务院备案。

(7) 涉外税收必须执行全国统一税法，涉外税收政策的调整权集中在全国人大常委会和国务院，各地一律不得自行制定涉外税收的优惠措施。

（二）我国税制对税收收入归属权的具体划分

1. 作为中央固定收入的税种

作为中央固定收入的税种包括：消费税；关税；海关代征的消费税和增值税；车辆购

置税;由铁道部、各银行总行、各保险总公司等集中缴纳的营业税;铁路运输、国家邮政、中国工商银行、中国农业银行、中国银行、中国建设银行、国家开发银行、中国农业发展银行、中国进出口银行以及海洋石油天然气企业缴纳的企业所得税;按上述增值税、消费税和营业税附加征收的城市维护建设税收入等。

2. 作为地方固定收入的税种

作为地方固定收入的税种包括:营业税(不包括铁道部、各银行总行、各保险总公司集中缴纳的营业税)、城市维护建设税(不含上述应上缴的集中缴纳的部分)、房产税、车船税、印花税、耕地占用税、契税、土地增值税等。

3. 中央财政与地方财政共同收入

中央财政与地方财政共同收入包括:增值税、企业所得税、个人所得税、资源税、证券交易印花税。其中,增值税中央、地方分享比例分别为75%、25%;企业所得税从2002年1月1日起,中央保证各地区2001年地方实际的所得税收入基数,实施增量部分按比例分成;个人所得税中央、地方分享比例分别为60%、40%;资源税按不同的资源品种划分:海洋石油资源税作为中央收入,其余资源税作为地方收入;印花税中的证券交易印花税94%归中央财政,其余6%部分及其他印花税收入归地方财政。表1-2列示了我国2010年度各税种税收收入情况。

表1-2 2010年度各税种税收收入情况

	实现收入/亿元	增长幅度/%	所占比例/%
税收总收入	73 202.3	23	
1. 国内增值税收入	21 091.95	14.1	29
2. 国内消费税收入	6 071.54	27.5	8.3
3. 进口货物增值税、消费税	10 487.46	35.7	14.3
4. 关税	2 027.45	36.6	2.8
5. 出口货物退增值税、消费税	−7 327.31	13	10
6. 营业税	11 157.64	23.8	15.2
7. 企业所得税	12 842.79	11.3	17.5
8. 个人所得税	4 837.17	22.5	6.6
9. 证券交易印花税	544.17	6.6	0.74
10. 房产税	894.06	11.2	1.2
11. 车辆购置税	1 792.03	54	2.4
12. 城镇土地使用税	1 004.01	9	1.4

续表

	实现收入/亿元	增长幅度/%	所占比例/%
13. 土地增值税	1 276.67	77.4	1.7
14. 耕地占用税	888.34	40.3	1.2
15. 资源税	417.58	23.5	0.56
16. 契税	2 464.80	23	3.37
上述税种收入合计	70 470.35	23	96.3

注：全国税收总收入包括税务部门征收的国内税收收入，海关征收的关税、船舶吨税、代征的进口货物增值税和消费税，以及财政或地税部门征收的耕地占用税和契税，并扣除了出口退税，为全国税收净收入数。

资料来源：国家财政部网站(www.mof.gov.cn)"政务公开"。

(三) 税务机构的设置和税收征管范围划分

1. 税务机构的设置

根据我国实行分税制财政管理体制的需要，我国现行税务机构设置是中央政府设立国家税务总局(正部级)，省及省以下税务机构分为国家税务局和地方税务局两个系统。国家税务总局对国税系统实行机构、编制、干部、经费的垂直管理，协同省级人民政府对省级地方税务局(正厅级)实行双重领导，以地方政府领导为主。国家税务总局对省级地方税务局的领导，主要体现在税收政策、业务的指导和协调，对国家统一的税收制度、政策的监督，组织经验交流等方面。省以下地方税务局实行上级税务机关和同级政府双重领导，以上级税务机关垂直领导为主的管理体制。

2. 税收征管范围划分

我国的税收分别由财政、税务和海关等系统负责征收管理。

(1) 国税系统负责征收和管理的项目有：增值税；消费税；车辆购置税；铁道部门、各银行总行、各保险公司总公司集中缴纳的营业税、企业所得税、城市维护建设税；中央企业缴纳的所得税；中央与地方所属企事业单位组成的联营企业、股份制企业缴纳的所得税；地方银行、非银行金融机构缴纳的所得税；海洋石油企业缴纳的所得税、资源税；外商投资企业和外国企业所得税；证券交易印花税；个人所得税中储蓄存款利息所得征收的部分；中央税的滞纳金、补税和罚款。共享税中应由地方分享的部分，由国家税务局直接划入地方金库。

(2) 地税系统负责征收和管理的项目有：营业税，城市维护建设税(不含上述由国税系统负责征收部分)，地方国有企业、集体企业、私营企业缴纳的所得税，个人所得税(不含储蓄存款利息所得征收部分)，资源税，城镇土地使用税，耕地占用税，土地增值税，房产税，城市房地产税，车船税，印花税，契税，以及地方税的滞纳金、补税和罚款。

(3) 在大部分地区，地方附加、契税、耕地占用税仍由地方财政部门征收管理。

(4) 海关系统负责征收和管理的项目有关税、行李和邮递物品进口税。此外，负责代征进出口环节的增值税和消费税。

第五节 税收管辖权和国际重复征税的减除

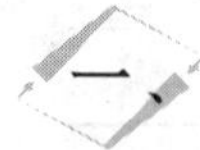

一、税收管辖权的概念

税收管辖权是国际税收中一个根本性概念，是分析国际税收关系的前提，国家之间税收权益的协调，即由此开始。

从国际法的角度来说，管辖权是国家主权的一个重要方面，是指行使独立主权的国家，对其国境领域内的一切人、财、物和行为均享有行使法律的权力。所谓税收管辖权，就是一种征税权，它是国家的管辖权在税收上的具体体现。也就是说，任何一个主权国家，在不违背国际法和国际公约的前提下，都有权选择对本国最有利的税收制度。

在漫长的历史发展中，国际社会对税收管辖权已经形成了几条共同的准则，主要包括以下两个原则。

1. 属地原则

属地原则是指主权国家对其所属领土内所发生的人、财、物和行为，都有权按本国法律实行管辖。领土原则是管辖权中最基本的原则。这里所指的领土包括国家的领陆、领水、领空以及控制的领土，所以该原则也称领土原则。

2. 属人原则

属人原则是指国家有权对具有本国国籍或长期居留权的个人实行法律管辖，而不必考虑他们是居住在境内还是在境外；也有权对在本国登记注册的企业法人或企业性组织实行法律管辖，而不论其收入是来自于境内或境外。

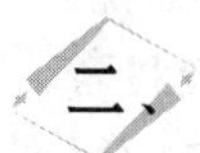

二、税收管辖权的类型

在一国的税收管辖权中，对税收管辖权起决定作用的，是属地原则和属人原则，它们在税收上分别表现为地域管辖权和居民管辖权，这是国际税收中两种基本的税收管辖权，也有少数国家还承认公民管辖权。

(一) 地域管辖权

一个主权国家按照属地原则(领土原则)所确立起来的税收管辖权，称为地域管辖权。

在实行地域管辖权的国家,以收益、所得来源地或财产存在地为征税标志。也就是说,它要求纳税人就来源于本国领土范围内的全部收益、所得和财产缴税。

地域管辖权实际上可以分解为两种情况:一是对本国居民而言,只需就其本国范围内的收益、财产和所得纳税。即使在国外有收益、所得和财产,也没有纳税义务。二是对本国非居民(外国居民)而言,其在该国领土范围内的收益、所得和财产必须承担纳税义务。

在两国都只实行地域管辖权的前提下,并不会发生重复课税的问题。但问题的关键在于各国之间并不是只存在单一的管辖权,还有其他类型的管辖权,所以将引发更为复杂的国际税收关系,必然引起国家与国家之间税收关系的重复课税,必须对此加以协调。

(二)居民管辖权

所谓居民管辖权,是指一个主权国家按照属人原则所确立的税收管辖权。该原则规定,在实行居民管辖权的国家,只对居住在本国的居民,或者属于本国居民的一切收益、所得和财产征税,而不必考虑是否在本国居住。换言之,一个国家征税的范围可以跨越国境,只要是属于本国居民取得的所得,不论是境内所得还是境外所得,国家均享有征税的权力。

实行居民管辖权的理论基础是国家对居民提供了社会公共服务和法律保护,那么居民就应该对国家履行纳税义务,这是一种权利与义务对等的关系。因此,对居民的境外收入而言,收入来源国不能独占税收管辖权,税收权益应该在收入来源国和居住国之间进行分配。

那么,如何判断一个人是否是一个居民呢?国际税收上的判定标准是看自然人在该国是否有住所或居所,前者是指永久性居住地,后者是指一般居住地。

在实行居民管辖权的前提下,会产生两国之间税收利益的协调问题。设有A、B两国,其中A国境内有B国居民,B国境内有A国居民,那么两国的征税关系如下:如果两国都实行居民管辖权,则不会发生重复课税问题。但如果其中一国采取地域管辖权,则两国之间在税收上的矛盾将不可避免地产生。当B国实行地域管辖权时,B国有权对在该国居住的A国居民收入、所得和财产征税;而A国实行居民管辖权,也有权对这部分收益征税,因此两国政府必须对此进行税收方面的协调。

(三)双重管辖权

所谓双重管辖权,是指一国政府同时运用地域管辖权和居民管辖权,即对本国居民,运用居民管辖权,对其境内、境外的收益、所得和财产征税。对本国非居民(外国居民),则运用地域管辖权,对其在该国境内取得的收益、所得和财产征税。

采取双重管辖权的理由是,有一部分国家认为在只运用单一管辖权的情况下,不足以保证本国的税收权益。如只运用地域管辖权,则本国居民境外的税收就会损失;如只运用居民管辖权,则本国非居民的税收就会损失。因此,必须综合运用两种管辖权,以保证本国的经济利益。

在两个以上国家都运用双重管辖权的情况下,国家与国家之间的重复课税不可避免。以A、B两国为例,设在A国内有B国居民从事贸易活动,在B国内有A国居民从事贸易活动。那么,A国和B国都会对在A国领土内的B国居民征税;同理,也会对在B国领土内的A国居民征税。因此,A国和B国必须协调这种交叉征税的关系,以消除纳税人的不合理负担。

在国际税收的实践中,综合世界各国的情况看,选择一种税收管辖权的国家比较少,大多数国家选择双重管辖权。选择双重管辖权的国家,在实际的管理中对两种管辖权各有侧重:对经济发达国家而言,发达国家通常有资本输出和技术输出,居民中从事跨国经济活动的较多,所以这些国家更侧重于维护居民管辖权,从而扩大对本国居民在国外的收益、所得和财产征税的范围。对广大发展中国家而言,由于资金贫乏、技术落后,只能从发达国家引进资金和技术,与此相适应,会经常发生他国的居民在本国领土内取得收益、所得和财产。因此,发展中国家更加侧重于地域管辖权,从而扩大对别国居民在本国领土范围内的收益、所得和财产的征税范围。

三、我国对税收管辖权的选择

我国也是选择双重管辖权的国家。以个人所得税为例,《中华人民共和国个人所得税法》第1条规定:在中国境内有住所,或者无住所而在境内居住满1年的个人,从中国境内和境外取得的所得,需要按中国税法规定纳税;在中国境内无住所又不居住或者无住所而在境内居住不满1年的个人,从中国境内取得的所得,必须按照中国税法的规定纳税。

我国在以后的国际税收关系中,应坚持选择双重管辖权,同时需要在遵循国际税收惯例的前提下,通过不断扩大同相关国家签订税收协定,更好地为改革开放服务。

四、国际重复征税的减除

如前所述,各国行使税收管辖权的交叉重叠,造成国际重复征税。为了减除国际重复征税,必须在有关国家相重叠的两种(或多种)税收管辖权中进行选择,使其中一种居于优先地位,而另一种对它让步,居于次要地位,或者说由某一国先征税,另一国根据具体情况免税、抵税等。目前国际上的做法是遵循"属地优先"的原则,即认定收入来源地税收管辖权处于优先行使的地位,纳税人的居住国相应地放弃部分或全部基于居民税收管辖权本来可以取得的税收收入。

采纳收入来源地税收管辖权,征税对象发生于或存在于哪个国家,就由哪个国家优先征税。这体现了国际税收权益分配的合理性和税务管理的方便性。采纳收入来源地税收管辖权,意味着收入来源国(财产存在国)政府能够保证获得税收收入,居住国政府将承担一定的税收损失。显然,这对居住国是不利的。但是,反过来说,如果一个从事跨国经济活动的企业或个人,不承认有关国家的收入来源地税收管辖权,不向收入来源国(财产存在国)政府缴纳税收,就不可能获准在该国境内从事经济活动。没有来自别国的收入,也就根本谈不上居住国政府对本国居民来自境外的所得征税的问题。因此,属地优先原则就成为世界各国在减除国际重复征税问题上一个公认和共同遵守的原则。

当然,优先并不等于独占。收入来源地税收管辖权的优先地位,并不排斥纳税人的居住国行使税收管辖权,只是要求居住国在对本国居民来自境外的所得征税时,承认其向收入来源国缴纳的税收,并采取适当的方法免征或减征这部分税收,以减除国际重复征税。

行使收入来源地税收管辖权虽然得到了有关国家在行使居民税收管辖权时的优先承认,但并不意味着凡是非居住国所征收的款项都应由居住国给予承认,即都应由居住国从其应纳税所得额或应纳税额中进行某种形式的扣除。准予扣除的项目,即减除重复征税的对象是有严格限制的。

减除国际重复征税的方法,主要有免税法、抵免法、扣除法、减免法四种。在这四种减除国际重复征税的方法中,免税法和抵免法比较理想,因而《经济合作与发展组织范本》和《联合国范本》都建议有关国家在免税法和抵免法中自行选择一种,作为双边避税或消除国际重复征税的方法。特别是抵免法,既承认了收入来源地税收管辖权的优先地位,又行使了居民税收管辖权,并且起到了减除国际重复征税的作用,还兼顾了来源国、居住国和跨国纳税人三方面的利益关系,因此已为越来越多的国家所采用。抵免法的基本内容有以下几个方面。

1. 抵免法的概念

抵免法的全称为外国税收抵免法,是指一国政府对本国居民来自国内外的全部所得征税时,允许纳税人将其在国外已缴纳的税款,从本国应纳税总额中抵扣。

抵免法的基本特征是:对来源国行使来源地税收管辖权征税,只承认其优先,不承认其独占。也就是说,对跨国纳税人的同一笔所得,来源国可以优先征税,居住国也不放弃征税权力,但要将来源国已征税款给予抵免。抵免法一般的计算公式如下:

居住国应征所得税税额＝居民国内外全部所得×居住国所得税税率－允许抵免的在国外已纳税额

上列公式反映了抵免法的实质:公式中的“居民国内外全部所得×居住国所得税税率”,反映的是居住国政府对本国居民行使居民税收管辖权,就其来自全球的总所得征税;公式中的减去“允许抵免的在国外已纳税额”,表示居住国政府允许纳税人抵免的已缴国外所得税额有一个限度,并不是跨国纳税人在来源国缴纳了多少税额就可以抵扣多少,而是在居住国规定的一定限度内才能允许抵免。

2. **直接抵免法及其分类**

直接抵免法是抵免制度中最基本的方法，是指居住国（国籍国）政府允许本国居民（公民）在来源国缴纳的所得税，在向本国缴纳的所得税中给予扣除。由于上述公式中“允许抵免的在国外已纳税额”，即抵免限额的计算方法不同，可以把直接抵免法分为全额抵免和限额抵免两种。

全额抵免是指居住国政府对跨国纳税人征税时，允许纳税人将其在收入来源国缴纳的所得税，在应向本国缴纳的税款中全部给予抵免。

限额抵免是指居住国政府对跨国纳税人在国外直接缴纳的所得税税款给予抵免时，不能超过最高抵免限额。这个最高抵免限额是国外所得额按本国税率计算的应纳税额。

$$最高抵免限额=收入来源国所得\times居住国税率$$

如果收入来源国与居住国的税率相同，则抵免限额与纳税人在国外已经缴纳的所得税税款是相等的，这样已纳税款可以全部得到抵免；如果收入来源国低于居住国的税率，则最高抵免限额就大于纳税人在国外已经缴纳的所得税税款，这样纳税人国外所得已纳税款抵免后，还要向居住国补齐差额；如果收入来源国的税率高于居住国，则最高抵免限额就小于纳税人在国外已经缴纳的所得税税款，纳税人国外所得已纳税款应按上述最高抵免限额抵免，国外所得已纳税款超出最高抵免限额的部分当年不得扣除，一般允许向后递延若干年扣除。

上面这段文字其实是在说，跨国纳税人的国外所得在收入来源国已经缴纳的所得税税款，在抵免时应将“在收入来源国已经缴纳的所得税税款”与“最高抵免限额”两者相比较，实际扣除的是其中的较小者。为了便于读者理解、记忆，本书在第七章“企业所得税”部分里，对将在第七章“企业所得税”、第八章“个人所得税”中多次出现的这种类似现象进行归纳概括，并借鉴会计上的成本与市价孰低法，称之为“孰低原则”。

抵免限额根据限额的范围和计算方法的不同有两种分类方法：①根据是否区分来自于不同国家的所得计算抵免限额，可分为分国限额法和综合限额法；根据是否区分不同项目所得计算抵免限额，可分为分项限额法和不分项限额法。一般将这两种分类方法结合运用，如我国企业所得税、外商投资企业和外国企业所得税是综合征收的，其对企业境外所得已纳税款的抵免采取“分国不分项”原则；而我国个人所得税采用的分类征收法，其对个人境外所得已纳税款的抵免则采取“分国又分项”原则。本书介绍所得税类的第七、第八章在“境外所得已纳税款的抵免”部分对此内容有更具体的介绍。

3. **抵免法的优缺点**

抵免法有下列优点：第一，既承认了来源国的收入来源地税收管辖权的优先地位，又行使了居民税收管辖权，并且起到了基本上减免国际重复征税的作用，从而较好地体现了来源国、居住国和跨国纳税人三方面的利益。第二，在国外所得税税率等于或低于本国所得税税率的情况下，采用抵免法，能够保证跨国纳税人和一般国内纳税人的平等税收地位，实现税负公平。第三，采用抵免法，对防止跨国纳税人利用国际税负差别进行避税和逃税，也能收到较好的效果。

抵免法也有缺点：第一，当外国所得税税率低于本国所得税税率时，按本国所得税税率征税，即将外国政府少征的部分还要在国内补征，可能会影响跨国纳税人对低税国的投资。第二，居住国的国际税收收入，在某种程度上取决于来源国税率的高低。来源国税率等于或高于居住国税率，居住国是无法征税的，只有来源国税率低于居住国税率，居住国才能补征一定的税款。第三，实行抵免法，居住国税务机关要对纳税人在来源国的纳税情况进行调查核实，这是一项复杂烦琐而又费时的稽征工作。

五、税收饶让抵免

目前世界上许多国家，尤其是发展中国家，为了吸引外国资金和技术发展本国经济，往往对跨国纳税人来源于本国境内的所得给予定期减免税的优惠，如我国 2007 年年底前对生产性外商投资企业从开始获利年度起“两免三减半”的优惠。但是，按照前述广泛采用的抵免法，各国准予其居民（公民）纳税人抵免的税额，必须是在有关国家已实际缴纳的税额，且不能超过抵免限额。这种做法虽然使跨国纳税人的国际重复征税得到了减除，但是跨国纳税人从非居住国（非国籍国）政府应该得到的税收减免优惠，在居住国政府给予抵免时，要补征到相当于居住国税法规定的税负水平，从而使得跨国纳税人原已享受的税收优惠政策完全失去意义。

因此，非居住国（非国籍国）政府如果要使自己的税收优惠措施能够真正加惠于纳税人，以起到引进资金和技术的激励作用，就必须要求居住国（国籍国）政府对这部分优惠减免的税收，视同已经缴纳给外国政府的税额而给予抵免，这就是所谓“税收饶让抵免”。

税收饶让抵免与国际重复征税的减除有密切关系，是伴随着抵免法的实施而产生的。但它本身又不属于国际重复征税的减除方法。它与抵免法有一定的区别：外国税收抵免的目的是避免国际重复征税，而税收饶让的目的是为了使收入来源国对外资的税收优惠措施收到实效，使投资者得到实惠；税收抵免法所抵免的，是跨国投资者实际已缴纳的外国所得税税额，且规定有抵免限额，而税收饶让所减除的，是跨国投资者并未真正向居住国缴纳的所得税税额，所以又有人把税收饶让抵免称作“影子税收抵免”。

居住国可在本国税法中，单方面规定对本国居民来自于外国的所得进行抵免以消除国际重复征税。但税收饶让抵免则必须通过非居住国（非国籍国）与居住国（国籍国）政府之间签订双边税收协定加以规定才能实现，也就是说，来源国的税收优惠措施只有得到居住国政府的配合才能起到应有的作用。

从英国在1953年提出税收饶让抵免开始，世界上大多数发达国家均对税收饶让采取积极配合的态度，其签订的双边税收协定都含有税收饶让的条款，对外国所得进行饶让抵免已在世界大多数国家实行。但税收饶让抵免并不是所有国家都承认的，如美国。由于在1959年和1960年期间，美国国会曾三次否决政府与巴基斯坦、印度和以色列税收协定草案中的税收饶让条款，从此以后，美国再未签订过含有税收饶让条款的双边税收协定。从已同意实施税收饶让抵免的国家来看，税收饶让抵免的范围，包括给予饶让的税种、据以计算饶让的预提所得税税率和税收饶让抵免期限都有很大不同。

复习思考题

1. 如何理解税收的概念？它有哪些特征？
2. 税收产生的条件是什么？税收的存在有什么必要性？
3. 如何理解税收公平原则与税收效率原则的关系？
4. 税收有哪几种分类标准？可以分为哪些类型？
5. 什么是税收管理体制？我国现行的税收管理体制有什么特点？
6. 什么是分税制？我国中央政府和地方政府税权是如何划分的？
7. 确定税收管辖权的原则包括哪些？
8. 国际重复征税的原因是什么？避免国际间对同一所得重复征税的方法有哪些？
9. 税收饶让抵免与税收直接抵免有什么区别？你能思考美国国会主要是出于什么考虑而多次否决政府提出的含有税收饶让条款的双边税收协定吗？

第二章　增　值　税

【学习要求】　本章要求重点掌握增值税的征税范围、视同销售行为、混合销售行为、纳税义务人的认定及增值税应纳税额的计算；一般掌握增值税类型、特点、税率；理解增值税出口退免税；了解增值税的征收管理、增值税专用发票领购与使用。

第一节　增值税概述

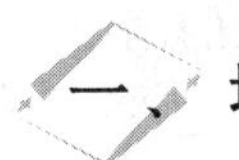

一、增值税的概念

增值税是以商品生产流通和劳务服务各环节中产生的增值额为计税依据而征收的一种流转税。我国 1979 年在部分城市试行增值税，1983 年在全国试行，1993 年 12 月 13 日国务院发布《中华人民共和国增值税暂行条例》(以下简称《增值税暂行条例》)，自 1994 年 1 月 1 日起实行。目前，我国用以调整增值税征收与缴纳权利义务关系的基本法律规范，是 2008 年 11 月 5 日由国务院第 34 次常务会议修订通过并颁布，从 2009 年 1 月 1 日起施行的《中华人民共和国增值税暂行条例》，以及 2008 年 12 月 15 日由财政部、国家税务总局第 50 号令发布的《增值税暂行条例实施细则》。

根据《增值税暂行条例》第 1 条规定，在我国，增值税是对在中国境内销售货物或提供加工、修理修配劳务以及进口货物的单位和个人，以其实现的增值额为征税对象征收的一种税。所谓增值额，是指生产者或经营者在一定期间的生产经营过程中所创造的新增价值或商品的附加值，也可以认为是纳税人在一定时期内销售产品或提供劳务时所取得收入大于其购进商品或取得劳务时所支付的金额的差额。这里的增值额从理论上看是一定时期内劳动者在生产商品或提供劳务过程中新创造的价值额，即相当于商品价值($C+V+M$)中的"$V+M$"部分。C 即商品生产过程中所消耗的生产资料转移价值；V 即工资，是劳动者为自己创造的价值；M 即剩余价值或盈利，是劳动者为社会创造的价值。理论增值额从一个生产经营单位的角度看，是指该单位销售商品所取得的收入扣除为生产这种商品所消耗的外购原辅材料等的价款后的余额，其主要内容包括工资、利润、利息、租金、股息等项目。从一项进入最终消费领域的商品的角度看，增值额是指该项商品经历各个生产流通环节时人们所新创造的价值之和，也就是该项商品的最终销售价格，即商品最终销售价格等于各环节增值额之和。

理论增值额在税收征管实践中不便于操作，所以各国政府从保证增值税计征的统一性和可操作性出发，会根据各自国情、政策需要，在增值税法律制度中明确规定的增值额的具体组成和计算方法，即法定增值额。

二、增值税的类型

各国一般都采用“扣税法”来确定增值额，即不直接根据增值额计算增值税，而是先按纳税期实现的全部销售额乘以税率计算出总体税额，再扣除法定外购项目已纳税额的方法计算出应纳税额。此法因其扣除的是纳税人在购进过程中已付的增值税额，故又称购进扣税法。

一般来说，各国对外购原材料、燃料、商品等流动资产所形成的物质成本都允许扣除，而对外购固定资产形成的物质成本则有的允许扣除、有的不允许扣除，在允许扣除的国家中所规定的具体扣除方法也有不同。根据确定法定增值额时扣除项目中对外购固定资产的处理方法不同，可将增值税分为生产型增值税、收入型增值税和消费型增值税三种类型。

这三种类型增值税的特点及优缺点如表 2-1 所示。

表 2-1 增值税的三种类型

类型	特　点	优　缺　点
生产型增值税	在计算法定增值额时，不允许扣除任何外购固定资产的价值或进项税额。在一个纳税年度内按此计算的法定增值额，从整个社会经济来看相当于国民生产总值	能抑制投资过热，增加税收收入，但不利于资本密集型企业发展和企业技术进步，是我国在 1994—2008 年采用的主要类型
收入型增值税	在计算法定增值额时，允许扣除当期固定资产折旧部分的价值或相应比例的进项税额。在一个纳税年度内按此计算的法定增值额，从整个社会经济来看相当于国民收入	与理论增值额一致，可逐步解决重复征税的问题，但折旧额分期抵扣，不利于扣税法下的凭票抵扣制度的实施，一般很少采用
消费型增值税	确定增值税应纳税额时，允许扣除当期外购的固定资产的价值或全部已纳进项税额。在一个纳税年度内按此计算的法定增值额，从整个社会经济来看相当于全部消费资料的价值	客观上有能鼓励企业加大投资、加速设备更新和避免重复征税，能促进企业技术进步，但对组织财政收入有不利影响，西方国家大都采用

1994 年我国税制改革时，当时国家所面临的投资过热和中央财政收入不足等因素决定了只能采用生产型增值税。为拉动投资刺激经济，鼓励企业加大设备更新改造的投入，

避免重复征税，使我国企业能与国外企业平等竞争，我国在税制改革过程中分步实现了由生产型增值税向消费型增值税的转型。为实施“振兴东北”的战略决策，国务院决定在东北地区部分行业率先进行消费型增值税的改革试点。从 2004 年 7 月 1 日起，东北三省及大连市在装备制造业、石油化工业、冶金业、船舶制造业、汽车制造业、农产品加工业、军品工业和高新技术产业八大行业扩大增值税的抵扣范围，允许新购进(自制)机器设备所含增值税税金予以抵扣。根据中共中央、国务院关于促进中部地区崛起的战略部署，财政部、国家税务总局选择长沙、株洲、湘潭、衡阳等中部地区 26 个老工业基地城市的部分行业，从 2007 年 7 月 1 日起进行扩大增值税抵扣范围的试点。从 2008 年 6 月 1 日起，四川地震受灾地区及内蒙古部分地区试点消费型增值税。为进一步完善税制，减轻企业税负，增强企业竞争能力，抵御发源于美国次贷危机的全球金融危机的影响，2008 年 11 月 5 日国务院常务会议审议通过修订后的《中华人民共和国增值税暂行条例》，自 2009 年 1 月 1 日起全面实行消费型增值税。

消费型增值税改革对企业的节税效果分析

假定某工业公司购入机器一台，专用发票注明价款 1 000 万元，增值税 170 万元。假设该机器设备的正常使用寿命为 10 年，预计净残值为 0，采用平均年限法对其计提折旧，所得税税率为 25%。

增值税转型可以使该公司购置固定资产取得的进项税额抵扣当期销项税额，从而少纳增值税 170 万元。但该项已经抵扣的进项税额不再计入固定资产成本，在未来的 10 年内合计少提折旧 170 万元，每年 17 万元，从而每年要多缴企业所得税 17×25%＝4.25(万元)。10 年内累计多缴 42.5 万元。企业可节税 127.5 万元(170－42.5)。

由于在设备购置当年即可获得少纳增值税的抵扣收益，而多缴的企业所得税则是在未来的 10 年内逐年缴纳的，如考虑资金时间价值(10 年期年金现值系数为 6.1446)，则累计多纳企业所得税 26.12 万元(4.25×6.1446)。因此，按此计算该公司可节税 143.88 万元(170－26.12)。

另外，少缴增值税后，还可相应减少在增值税基础上附加征收的 10%城市维护建设税和教育费附加。

三、增值税的特点

与其他税种相比，增值税具有以下特点。

（一）普遍征收

增值税具有普遍征收的特点，在生产流通的各个环节，工业、商业或加工、修理修配劳务等许多领域都属于增值税的征收范围，税源十分广阔。

（二）具有税收中性效应

增值税是就生产经营过程中实现的增值额课税，可避免对同一对象多次重复征税。这使得增值税对企业的生产经营活动以及消费行为基本不发生影响，具有税收中性效应。这有利于生产的社会专业化分工，不会对资源配置产生扭曲。

（三）税收负担随应税商品的流转而向最终消费者转嫁

流转税一般都易于转嫁，每一购销环节的增值税纳税义务人也只是将其购进时付出的增值税与销售时向购买方收取的增值税之间的差额上缴国家，其本身并未实际承担任何税负，全部增值税逐步转移到最后一个购买者负担。

（四）实行价外计税

以不含增值税税额的商品价格为计税依据，实行价外计税，使增值税的间接税性质更加明显。这是增值税与传统的以全部流转额为计税依据的流转税或商品课税的一个重要区别。

（五）实行税款抵扣制度

在计算企业应纳税款时，要扣除商品在以前生产环节已经负担的税款，以避免重复征税。从世界各国来看，一般都凭购货发票进行抵扣。

（六）对不同经营规模的纳税人采用不同计征方法

按年销售额和会计制度是否健全，可将增值税的纳税人分为一般纳税人和小规模纳税人。一般纳税人实行规范化的购进扣税法，凭增值税专用发票注明税款进行抵扣，而对小规模纳税人实行简易征收法。

四、增值税的作用

(1) 实行增值税可以消除重复征税的弊端，有利于以专业化协作为特征的社会化大生产的发展，而深化专业化分工是现代市场经济运行的内在要求。

(2) 实行增值税可以提高税收对社会经济结构变动的适应性，有利于保持财政收入的及时、稳定和持续增长。从1994年以来，增值税一直是我国的第一大税种。2010年国内增值税(不含进口环节增值税)实现收入21 091.95亿元，占税收总收入的比重为29%。

(3) 实行增值税可以做到出口退税准确、方便，有利于贯彻国家鼓励出口的政策。

(4) 实行增值税有助于在税收征管上建立一种内在的监督制约机制，可以较有效地防止偷税行为。

第二节 征收范围和纳税义务人

一、征收范围

(一) 征收范围的一般规定

根据《增值税暂行条例》的规定，在中华人民共和国境内销售货物或提供加工、修理修配劳务以及进口货物都属增值税的征收范围。

1. 销售货物

这里的"销售"是指有偿转让货物的所有权。而"有偿转让"是指从购买方取得货币、实物或其他利益。但转让企业全部产权涉及的应税货物的转让，不属于增值税的征税范围。且强调销售行为发生在"境内"，即所销售货物的所在地或起运地在我国税收行政管理境内。

这里的"货物"是指有形动产，包括电力、热力和气体等。此时"有形"两个字就从征收范围中排除了无形资产，"动产"两个字就从征收范围中排除了不动产。土地、房屋和其他建筑物等不动产和无形资产的有偿转让属于营业税的征收范围。

2. 提供应税劳务

提供应税劳务是指有偿提供加工、修理修配劳务。其中，加工就是"委托加工"，是指由委托方提供原料及主要材料，受托方按委托方要求制造货物并收取加工费，加工后的货物所有权属于委托方的业务。税法所认可的委托加工业务，不能由委托方向受托方购买原料及主要材料后再委托其加工，也不能由委托方付款并由受托方外购原料及主要材料后加工，否则应视同一般销售货物行为，按受托方自产同类货物的售价征税。

"修理修配"是指受托方对损伤和丧失自身使用功能的货物进行修复，使其恢复原状和功能的业务。员工为本单位服务或受雇为雇主提供加工、修理修配劳务不包括在内。应区分的是，增值税中"修理修配"的对象为有形动产，而营业税中"修缮"的对象为不动产。

3. 进口货物

进口货物是指报关进入我国海关境内的有形动产。

财政部关于开展海南离岛旅客免税购物政策试点的公告

为加快推进海南国际旅游岛的建设发展，自2011年4月20日起在海南省开展离岛旅客免税购物政策试点，即对乘飞机离岛（不包括离境）旅客实行限次、限值、限量和限品种免进口税购物，在实施离岛免税政策的免税商店（以下简称离岛免税店）内付款，在机场隔离区提货离岛的税收优惠政策。

（1）离岛免税政策适用对象是年满18周岁、乘飞机离开海南本岛但不离境的国内外旅客，包括海南省居民（以下简称岛内居民）。

（2）离岛旅客免税购物必须同时符合以下条件：①已经购买离岛机票和持有效的身份证件；②在指定的离岛免税店内付款购买免税商品，商品品种和免税购物次数、金额、数量在国家规定的范围内，并按规定取得购物凭证；③在机场隔离区凭身份证件及购物凭证，在指定的提货点提取所购免税商品，并由旅客本人乘机随身携运离岛。

（3）免税商品限定为进口品，试点期间，具体商品品种限定为首饰、工艺品、手表、香水、化妆品、笔、眼镜（含太阳镜）、丝巾、领带、毛织品、棉织品、服装服饰、鞋帽、皮带、箱包、小皮件、糖果、体育用品共18种，国家规定禁止进口以及20种不予减免税的商品除外。

（4）免税税种。离岛免税政策免税税种为关税、进口环节增值税和消费税。

（5）非岛内居民旅客每人每年最多可以享受两次离岛免税购物政策，岛内居民旅客每人每年最多可以享受一次。离岛旅客（包括岛内居民旅客）每人每次免税购物金额暂定为人民币5 000元以内（含5 000元），即单价5 000元以内（含5 000元）的免税商品，每人每次累计购买金额不得超过5 000元。此外，旅客在按完税价格全额缴纳进境物品进口税的条件下，每人每次还可以购买一件单价5 000元以上的商品。

（二）征收范围的具体规定

1. 属于征税范围的特殊项目

（1）货物期货（包括商品期货和贵金属期货），应当征收增值税，在期货的实物交割环节纳税，并以交割时开具发票的单位（期货交易所或供货会员单位）为纳税人；

（2）银行销售金银的业务，应当征收增值税；

（3）典当业的死当物品销售业务和寄售业代委托人销售寄售物品的业务，均应征收增值税；

(4) 集邮商品(如邮票、首日封、邮折等)的生产以及邮政部门以外的其他单位和个人销售的,均征收增值税。

(5) 邮政部门发行报刊征收营业税,其他单位和个人发行报刊征收增值税。

(6) 电力公司向发电企业收取的过网费,应当收取增值税,不征营业税。

2. 属于征税范围的特殊行为

1) 视同销售行为

纳税人的某些行为虽不同于有偿转让货物所有权的一般销售,但为了保证增值税税款抵扣制度的实施,不至于因发生下述行为而造成税款抵扣环节的中断,也为了避免因为发生下述行为而造成货物销售税收负担不平衡的矛盾,防止纳税人以下述行为来逃税的现象发生,《增值税暂行条例》也将其视同为销售货物的行为:

(1) 将货物交付其他单位或个人代销;

(2) 销售代销货物;

(3) 设有两个以上机构并实行统一核算的纳税人,将货物从一个机构移送到其他机构用于销售,但相关机构设在同一县(市)的除外;

(4) 将自产、委托加工的货物用于非增值税应税项目(如企业基本建设、专项工程等);

(5) 将自产、委托加工的货物用于集体福利或者个人消费;

(6) 将自产、委托加工或购买的货物作为投资提供给其他单位或个体工商户;

(7) 将自产、委托加工或购买的货物分配给股东或投资者;

(8) 将自产、委托加工或购买的货物无偿赠送给其他单位或者个人。

上述第(5)项所称集体福利或者个人消费,是指企业内部设置的供职工使用的食堂、浴室、理发室、宿舍、幼儿园等福利设施及其设备、物品等,或者以福利、奖励、津贴等形式发放给职工个人的物品。

注意,上述视同销售行为中,第(4)、第(5)项的内部使用行为仅含自产或委托加工的货物,而第(6)～(8)项的对外投资行为、对外分配行为、对外赠送行为除自产或委托加工的货物外,还包括外购的货物。

关于"无偿赠送"行为是否视同销售的地方性规定

对纳税人"将自产、委托加工或购买的货物无偿赠送给其他单位或者个人"的行为是否一律作为视同销售行为处理,一些企业和学者认为应当区分不同情况。在税收征管实务中,沈阳市国家税务局和广州市国家税务局就此作了明确的规定。

《沈阳市国家税务局关于增值税若干政策管理问题的处理意见》(沈国税函[2001]

第50号)规定,企业在销售货物的同时赠送的商品,不应视同无偿赠送,不征收增值税;对企业赠送的其他商品,应视同无偿赠送,征收增值税。

《广州市国家税务局关于明确增值税征管若干问题的通知》(穗国税函[2005]第304号)对纳税人赠送行为的增值税处理问题有更为详细的规定:

随着销售方式的变化,纳税人在销售过程中赠送货物的形式多种多样。为严格该类行为的增值税管理,营造公平、合理的经营环境,对涉及纳税人经营过程赠送行为的增值税按以下办法处理:

(一)纳税人与购买方约定购买指定货物或达到约定的购买金额、数量后赠送货物等与直接销售货物行为相关的赠送行为,是纳税人促销经营手段,是销售折扣的一种形式,按《国家税务总局关于印发〈增值税若干具体问题的规定〉的通知》(国税发[1993]第154号)第二条第(二)款"纳税人采取折扣方式销售货物,如果销售额和折扣额在同一张发票上分别注明的,可按折扣后的销售额征收增值税;如果将折扣额另开发票,不论其在财务上如何处理,均不得从销售额中减除折扣额"的规定,在销售单据上填列销售和折扣货物的名称数量、金额的,纳税人可按取得的进货发票计算进项税额,按最终实现的销售价格计算销项税额,附带赠送货物不作视同销售处理。

(二)纳税人与上述第(一)款所指直接销售货物行为无关的赠送货物,属于《增值税暂行条例实施细则》第四条第(八)款"将自产、委托加工或购买的货物无偿赠送他人"的行为,应作视同销售处理。

2) 混合销售行为

一项销售行为既涉及货物销售又涉及非应税劳务提供的行为,为混合销售行为。本章所讲的"非应税劳务"是指不征收增值税但应征营业税的劳务,如属于交通运输、金融保险、建筑安装、饮食娱乐等税目征收范围的劳务。

常见的混合销售行为如销售自产货物并负责运输、安装,销售软件产品并负责培训、维护,建筑业包工包料,电信企业销售通信工具并提供通信服务,销售汽车并提供按揭服务等。纳税人的销售行为是否属于混合销售行为,由国家税务总局所属征收机关确定。

对混合销售行为的纳税义务,一般可按企业的"经营主业"来判定:

(1) 从事货物的生产、批发或零售的企业、企业性单位及个体经营者(包括以从事货物的生产、批发或零售为主,并兼营非应税劳务的企业、企业性单位及个体经营者)的混合销售行为,均视为销售货物,一并征收增值税。所谓以从事货物的生产、批发或零售为主,并兼营非应税劳务,是指纳税人年货物与加工、修理修配劳务销售额,占当年全部销售额(含非应税劳务销售额)比重在50%以上。

(2) 其他单位和个人的混合销售行为,视为销售非应税劳务,一并征收营业税。

但按企业的"经营主业"来判定混合销售的纳税义务也有例外,如对从事运输业务的单位或个人，销售货物并负责运输的，应一并征收增值税。

3）兼营非增值税应税劳务行为

兼营非增值税应税劳务行为是指纳税人的经营范围既包括销售货物和加工、修理修配等增值税应税劳务，又包括提供属于营业税征收范围的非应税劳务。如生产企业的运输车队对外提供运输服务，宾馆酒店设立小卖部销售烟酒日用品等。

纳税人兼营非应税劳务的，应分别核算货物或应税劳务的销售额和非增值税应税劳务的营业额，分别计算缴纳增值税和营业税。未分别核算的，由主管税务机关核定货物或者应税劳务的销售额。

混合销售与兼营行为的区分

混合销售行为与兼营行为虽然都包含销售货物或提供应税劳务和提供非应税劳务两种情况，但混合销售中强调两种情况是在同一项销售行为中紧密相连地发生的，货物销售款和非应税劳务款也都是同时从同一购买方取得；而兼营行为强调在同一纳税人的经营活动中存在着这两类不同性质的应税项目，但它们不一定在同一项销售行为中同时发生，也通常不发生在同一客户身上。混合销售与兼营的性质不同，其纳税处理也不同。前者是按“经营主业”划分，只征收增值税或营业税两者之中的一种税；而后者应分别核算、分别征税，且在未分别核算时，应由主管税务机关核定货物或者应税劳务的销售额。

（三）增值税征税范围的其他特殊规定

《增值税暂行条例》规定，下列项目免征增值税：

（1）农业生产者销售的自产农业产品。是指直接从事植物的种植、收割和动物的饲养、捕捞的单位和个人销售自产的农产品（动物、植物的初级产品），具体范围由财政部、国家税务总局确定。对上述单位和个人销售的外购农产品，或者外购农产品生产加工后销售的仍然属于规定范围的农业产品，不属于免税范围，应按规定税率征收增值税。

（2）避孕药品和用具。

（3）古旧图书。是指向社会收购的古书和旧书。

（4）直接用于科学研究、科学试验和教学的进口仪器、设备。

（5）外国政府、国际组织无偿援助的进口物资和设备。

（6）由残疾人组织直接进口供残疾人专用的物品。

（7）销售自己使用过的物品。是指其他个人自己使用过的物品。

纳税人兼营免税、减税项目的，应当单独核算免税、减税项目的销售额；未单独核算销售额的，不得免税、减税。

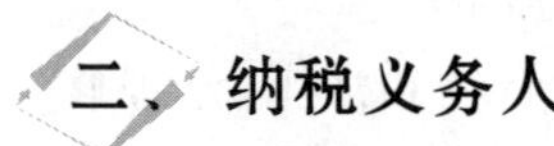

二、纳税义务人

（一）纳税义务人和扣缴义务人

1. 纳税义务人

《增值税暂行条例》规定，凡在中华人民共和国境内从事销售货物或提供加工、修理修配劳务以及进口货物的单位和个人，都是增值税的纳税义务人（以下简称增值税的纳税人）。

这里所称的单位，是指企业、行政单位、事业单位、军事单位、社会团体及其他单位。所称的个人，是指个体工商户及其他个人，包括中国公民和外国公民等。单位租赁或承包给其他单位或个人经营的，以承租人或承包人为纳税人。

2. 扣缴义务人

中华人民共和国境外的单位或个人在我国境内提供应税劳务，在境内未设有经营机构的，以其境内代理人为扣缴义务人；在境内没有代理人的，以购买方为扣缴义务人。

（二）一般纳税人和小规模纳税人

增值税实行凭专用发票抵扣的制度，客观上要求纳税人具备健全的会计核算制度和能力，但实际经济生活中增值税纳税人众多，其中大量的小企业和个人还不具备用发票抵扣的条件。为了配合增值税专用发票的管理，简化计算和征收，减少税收征管漏洞，可将增值税纳税人按会计核算水平和经营规模分为一般纳税人和小规模纳税人两大类，分别采取不同的增值税计算征收办法。

1. 小规模纳税人

所谓小规模纳税人，是指年应税销售额在规定标准以下，并且会计核算不健全，不能按规定报送有关资料的增值税纳税人。所谓会计核算不健全，是指不能正确核算增值税的销项税额、进项税额和应纳税额。

小规模纳税人实行简易征税办法，并且一般不使用增值税专用发票。其认定标准如下：

（1）从事货物生产或提供应税劳务的纳税人，以及以从事货物生产或提供应税劳务为主，并兼营货物批发或零售的纳税人，年应征增值税销售额（以下简称应税销售额）在50万元以下（含本数，下同）的；

（2）对上述规定以外的纳税人，年应税销售额在80万元以下的；

（3）年应税销售额超过小规模纳税人标准的个人、非企业性单位和不经常发生增值税应税行为的企业，视同小规模纳税人。

根据财税字[1998]第113号通知的规定，自1998年7月1日起，凡年应税销售额在180万元(2009年1月1日起为80万元)以下的小规模商业企业、企业性单位，无论财务核算是否健全，一律不得认定为一般纳税人，均应按照小规模纳税人的规定征收增值税。但是，为了加强对加油站成品油销售的征收管理，从2002年1月起对从事成品油销售的加油站，无论其年应税销售额是否超过180万元(2009年1月1日起为80万元)，一律按增值税一般纳税人征税。

2. 一般纳税人

所谓一般纳税人，是指年应税销售额超过规定的小规模纳税人标准，并且会计核算健全的企业和企业性单位(以下简称企业)。企业须按《增值税一般纳税人申请认定办法》规定向税务机关办理认定手续，以取得法定资格。对于被认定为增值税一般纳税人的企业，可以使用增值税专用发票，并实行税款抵扣制度。

年应税销售额未超过标准的，从事货物生产或提供劳务的小规模企业和企业性单位，如果会计核算健全，并能按规定报送有关税务资料的，可申请办理一般纳税人认定手续。

下列纳税人不属于一般纳税人：①年应税销售额未超过小规模纳税人标准的小规模企业；②个人(除个体工商户以外的其他个人)；③非企业性单位；④不经常发生增值税应税行为的企业。

第三节 税率与征收率

一、增值税税率的一般规定

为了实现简化税制、规范管理的目标，我国增值税税率采取了一档基本税率再加一档低税率的模式。由于对某些货物还要通过开征消费税来承担税收负担的特殊调节职能，因此无须设置高税率。

(一) 基本税率

基本税率是根据一国生产力发展水平、财政政策的需要、消费者的承受能力并考虑历史上流转税税负水平后所确定的适用于绝大多数货物和应税劳务的税率。我国增值税一般纳税人销售或进口货物、提供加工、修理修配劳务和进口货物，除低税率适用范围和销售个别旧货适用征收率外，税率一律为17%。自2009年1月1日起，部分金属矿、非金属矿采选产品增值税税率由13%低税率恢复到17%。

（二）低税率

低税率是对基本生活用品确定的适用税率，其目的是为了照顾消费者的利益，保证其对基本生活用品的消费。各国一般对实行低税率的货物采取在税制中单独列举税目的方式。

我国增值税一般纳税人销售或进口下列货物，适用13%低税率：①粮食、食用植物油、鲜奶；②自来水、暖气、冷气、热水、煤气、石油液化气、天然气、沼气、居民用煤炭制品；③图书、报纸、杂志；④饲料、化肥、农药、农机、农膜；⑤国务院规定的其他货物(包括初级农产品、音像制品电子出版物、二甲醚)。

（三）零税率

零税率适用于出口货物，包括报关出境和输往保税区(工厂、仓库)的货物。

零税率不同于免税，出口货物免税仅指在出口环节不征收增值税，而零税率意味着出口退税，即一方面免征货物出口环节销项税额，另一方面退还为收购和生产该出口货物所支付的进项税额，以使该出口产品在出口时完全不含增值税税款，从而增强其国际竞争力。

我国目前并非对所有出口产品都完全实行零税率，而是经常根据经济形势的变化和调节产品出口结构的需要调整出口退税率。

（四）征收率

考虑到小规模纳税人经营规模小，且会计核算不健全，难以按上述税率计税和使用增值税专用发票抵扣进项税款，因此实行按销售额与征收率计算应纳税额的简易征收办法。自2009年1月1日起，小规模纳税人适用征收率由过去的6%(工业企业)或4%(商业企业)一律调整为3%。这次调整一方面是为了平衡消费型增值税改革后小规模纳税人与一般纳税人之间的税负水平；另一方面也是因为现实经济活动中混业经营十分普遍，征管过程中难以明确划分工业和商业小规模纳税人，所以不再作区分而统一调整征收率为3%。

小规模纳税人进口货物的，应按货物本身所适用税率(17%或13%)征税，而不适用小规模纳税人的征收率。

一般纳税人销售自己使用过的2009年1月1日以后购入或自制的固定资产，按照适用税率征收增值税；销售自己使用过的2008年12月31日之前购入或自制的固定资产，按简易办法依4%征收率减半征收增值税政策。按下列公式确定销售额和应纳税额：

$$销售额=含税销售额\div(1+4\%)$$

$$应纳税额=销售额\times4\%\div2$$

小规模纳税人销售自己使用过的固定资产和旧货，按下列公式确定销售额和应纳税额：

销售额＝含税销售额÷(1＋3％)

应纳税额＝销售额×2％

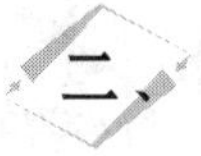

二、增值税税率的特殊规定

(1) 一般纳税人销售自产的下列货物，可以选择按简易办法适用6％的征收率计税：

- 县级及县级以下小型水力发电单位生产的电力。小型水力发电单位，是指各类投资主体建设的装机容量为5万千瓦以下(含5万千瓦)的小型水力发电单位。
- 建筑用和生产建筑材料所用的砂、土、石料。
- 以自己采掘的砂、土、石料或其他矿物连续生产的砖、瓦、石灰(不含黏土实心砖、瓦)。
- 用微生物、微生物代谢产物、动物毒素、人或动物的血液或组织制成的生物制品。
- 自来水。自来水公司按简易办法征税后，不得再抵扣其购进自来水取得的增值税扣税凭证上注明的进项税额。
- 商品混凝土(仅限于以水泥为原料生产的水泥混凝土)。

(2) 一般纳税人销售货物属于下列情形的，暂按简易办法依4％税率征税：

- 寄售商店代销的寄售商品；
- 典当业销售死当物品；
- 免税商店零售的免税品。

第四节 应纳税额的计算

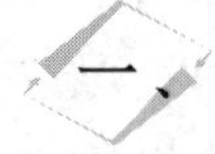

一、一般纳税人应纳税额的计算

增值税一般纳税人应纳税额的计算采用的是各国普遍采用的购进扣税法，即按照税法规定，从当期的销项税额中抵扣当期购进货物或者应税劳务时已缴纳进项税额。其计算公式为

增值税应纳税额＝当期销项税额－当期进项税额

销项税额是销售货物或提供应税劳务的纳税人，依其实现的计税销售额和法定适用税率计算出来，随同货物或劳务价款一并向购买方收取的增值税税款。它表示的不是本环节纳税人的应纳税额，而是到本环节为止该货物或应税劳务的整体税负。

进项税额是指纳税人因购进货物或应税劳务所支付或负担的增值税税额。进项税额表示纳税人不仅支付了所购货物或应税劳务本身的价款，而且支付了货物或应税劳务所承担的税款。纳税人当期可抵扣的进项税额是凭增值税专用发票等法定抵扣凭证经过主管税务机关认证后抵扣。

(一) 销项税额的计算

销项税额的计算公式为

销项税额＝当期计税销售额×税率

在货物适用税率一定的情况下，要计算企业当期销项税额，关键在于正确、合理地确定纳税人当期计税销售额。

1. 销售额的概念和内容

销售额是指纳税人销售货物或者提供应税劳务向购买方收取的全部价款和一切价外费用。价外费用(实属价外收入)是在价外向购买方收取的手续费、补贴、基金、集资费、返还利润、奖励费、违约金、延期付款利息、包装费、包装物租金、储备费、优质费、运输装卸费、代收款项、代垫款项以及其他各种性质的价外收费。凡随同销售货物或提供应税劳务向购买方收取的价外费用，无论其会计制度如何核算，均应并入销售额计算应纳税额。但下列项目不包括在内：

(1) 受托加工应征消费税的消费品所代收代缴的消费税。

(2) 同时符合以下两个条件的代垫运费：①承运者将运费发票开具给购货方；②纳税人将该项发票转交给购货方。

(3) 同时符合以下条件代为收取的政府性基金或行政事业性收费：①由国务院或财政部批准设立的政府性基金，由国务院或省级人民政府及其财政、价格主管部门批准设立的行政事业性收费；②收取时开具省级以上财政部门印制的财政票据；③所收款项全额上缴财政。

(4) 纳税人销售货物的同时代办保险而向购买方收取的保险费，以及从事汽车销售的纳税人向购买方收取的代购买方缴纳的车辆购置税、牌照费，不作为价外费用征收增值税。

税法规定各种性质的价外费用一般都应并入销售额计算征税，目的是为了防止以各种名目收费减少销售额来逃避纳税的现象。企业对价外收费和逾期包装物押金一般都是在“其他应付款”、“其他业务收入”、“营业外收入”等科目核算，应注意这些收入都是含税收入，在征税时应换算成不含税收入后再并入销售额。有的企业不按会计核算要求对价外收费进行核算，又不按规定核算销项税额，而是将价外收费直接冲减有关费用科目，这是逃避纳税的行为。

需特别注意的是，对属于消费税征收范围的货物征收增值税时，其销售额应包括消费税。这是因为消费税属价内税，其消费税是包含在销售额内的，而增值税属价外税。也就是说，对应征消费税的货物征收增值税时，计算增值税的销售额和计算消费税的销售额是相同的。

2．计税销售额的具体规定

一般情况下，销售额按销售方开出的增值税专用发票上注明的销售额或收入额确定，但下列情况下的销售额应依法具体确定：

(1) 销售额价税合一。在实际工作中，常常会出现一般纳税人将销售货物或者应税劳务采用销售额和销项税额合并定价收取的方法，这样就会形成含税销售额，此时必须将其换算成不含税销售额。

将含税销售额换算成不含税销售额的计算公式为

不含税销售额＝含税销售额÷(1＋增值税税率)

判断一项销售额是否含税，最直观的办法是看销货方是否开具了增值税专用发票。如果开了增值税专用发票，则价款部分是不含税的；如果开的是普通发票或者没有开具增值税专用发票，则价款部分是含税的。比如，一般纳税人与小规模纳税人、个人消费者之间的购销行为由于不能开具增值税专用发票，其销售额应该含税；小规模纳税人实现的销售额，除非由税务机关代开增值税专用发票，否则都是含税的。另外，纳税人随同所售货物一并收取的价外费用以及运费、安装费等，如属混合销售行为应一并缴纳增值税的，则都是含税的。

(2) 混合销售行为和兼营的非应税劳务，依照规定应当征收增值税的，其销售额分别为货物与非应税劳务的销售额的合计、货物或者应税劳务与非应税劳务的销售额的合计。

(3) 销售额以外汇结算的，其销售额的人民币折合率可以选择销售发生的当天或当月1日的国家外汇牌价(原则上为中间价)。纳税人应在事先确定采用何种折合率，确定后1年内不得变更。

3．几种特殊销售方式下的销售额

1) 以折扣方式销售货物

折扣销售又称商业折扣，是指销货方在销售货物或提供应税劳务时，因购货方购货数量较大等原因而给予购货方的价格折扣优惠。由于折扣是在实现销售当时发生的，因此，税法规定，如果销售额和折扣额在同一张发票上分别注明的，可按折扣后的余额作为销售额计算增值税；如果将折扣额另开红字发票的，不论会计上如何处理，均不得从销售额中减除折扣额。这样规定的目的是为了保证增值税征税、扣税相一致。如果允许对折扣额另外开具一张退款的红字发票，就可能造成销货方按减除折扣额后的销售净额计算销项税额，但购货方却未按减除折扣额后的购进净额及其进项税额进行抵扣的问题，即购货方有可能将导致自己进项税额减少的红字发票隐瞒藏匿。

折扣销售仅限于货物价格的折扣，如果销货方将自产、委托加工和购买的货物用作实物折扣的，则不但该项实物款额不能从货物销售额中扣除，而且该实物应按《增值税暂行条例》"视同销售行为"中的"赠送他人"计算征收增值税。前已述及，沈阳及广州市国税部门对购买指定数量或金额的商品后"买一赠一"的行为如何纳税有不同规定。

另外还要注意的是，不要将折扣销售方式与现金折扣、销售折让等相混淆，它们的税务处理存在较大的差别。

现金折扣，是指销货方在销售货物或应税劳务后，为了鼓励购货方及早偿还货款而协议给予购货方的一种折扣优待。如信用条件：2/10，1/20，n/30，这表示信用期为 30 天，在 10 天内付款货款可折扣 2%，20 天内付款则折扣率为 1%，30 天内应全价付款。现金折扣发生在销货之后，是一种融资性质的理财费用，不得从销售额中减除。

销售折让是指货物销售后，由于其品种、质量与合同约定不符等原因购货方未予退货，但销货方需给予购货方的一种价格折让。销售折让不仅涉及销货价款或折让价款的退回，还涉及增值税的退回。为此，税法规定，一般纳税人因销货退回或折让而退还给购买方的增值税额，应从发生销售退回或折让当期的销项税额中扣减；购货方因进货退出或折让而收回的增值税额，应从发生进货退出或折让当期的进项税额中扣减。本章第七节"开具专用发票后发生退货或销售折让的处理"。如果纳税人在发生进货退出或折让而收回价款和增值税额，没有相应地减少当期进项税额，造成虚增进项税额而减少纳税的，属于偷税行为，将按偷税予以处罚。

2）以旧换新方式销售货物

以旧换新是指纳税人在销售自己的货物时，有偿收回旧货物的行为。税法规定，采用以旧换新方式销售货物的，应按新货物的同期销售价格确定计税销售额，不得扣除旧货物的收购价格。这是因为销售与收购是两个不同的业务，销售额与收购额不能相互抵减。要防止出现销售额不实、减少纳税的现象。

但对金银首饰以旧换新的，可按销售方实际收取的不含增值税的全部价款征税。

3）以还本方式销售货物

还本销售是指纳税人在销售货物后，到一定期限由销货方一次或分次退还给购货方部分或全部价款。其实质是以提供货物而取得还本不付息的资金的一种融资方法。税法规定，以还本方式销售货物的，应以该货物销售价格作为销售额，不得从销售额中扣除任何将来还本的支出。

4）以物易物方式销售货物

以物易物是指购销双方不是以货币结算，而是以同等价款的货物相互结算，实现货物购销的一种方式。以物易物销售方式虽然不直接涉及货币收支活动，但其实质仍是一种购销行为。因此，以物易物双方均应作购销处理，以各自发出的货物核算销售额并计算销项税额，以各自收到的货物核算购货额并计算进项税额。应注意的是，在以物易物活动中，应分别开具合法的票据，如收到的货物不能取得相应的增值税专用发票或其他合法票据的，就不能抵扣进项税额。

5）出租出借包装物押金

税法规定，纳税人为销售货物出租出借包装物收取的押金，如单独记账核算，时间在1年以内且未过期的，不并入销售额；但对逾期未收回包装物不再退还押金的，应按所包装的货物的税率计算销项税额。这里的“逾期”是指按合同约定实际逾期或以1年为限，对收取1年以上的押金，无论是否退还均并入销售额一并纳税。包装物押金并入销售额征税时，需要先将其换算成不含税价。另外，包装物押金不应混同于包装物租金，包装物租金应在销货时作为价外费用并入销售额。

根据国家税务总局国税发[1995]第192号文规定，从1995年6月1日起，对销售除啤酒、黄酒以外的其他酒类产品收取的包装物押金，不论其是否返还及会计上如何处理，均应并入当期销售额；销售啤酒、黄酒所收取的包装物押金，按上述一般押金的规定处理。包装物押金的税务处理见表2-2。

表2-2　包装物押金的税务处理

<table>
<tr><td rowspan="5">包装物押金的税务处理</td><td rowspan="2">一般货物</td><td colspan="2">1. 收取押金时，单独记账核算的，不并入销售额征税</td></tr>
<tr><td colspan="2">2. 逾期（超过1年）或没收时，计入销售额征税（增值税、消费税）</td></tr>
<tr><td rowspan="3">酒类产品</td><td>啤酒、黄酒</td><td>视同为一般货物，其押金税务处理同上</td></tr>
<tr><td rowspan="2">其他酒类</td><td>1. 收取押金时，无论是否单独记账核算，也无论是否退还，直接并入销售额征收增值税和消费税</td></tr>
<tr><td>2. 逾期（超过1年）或没收时，不再征收增值税和消费税</td></tr>
</table>

6）对视同销售行为的销售额的确定

税法规定，企业发生前述五种视同销售货物行为而无销售额时，或者价格明显偏低且无正当理由时，按下列顺序确定销售额：

（1）按纳税人最近时期同类货物的平均销售价格确定；

（2）按其他纳税人最近时期同类货物的平均销售价格确定；

（3）按组成计税价格确定。

如果该货物不属于消费税征收范围，则其组成计税价格公式为

$$组成计税价格=成本\times(1+成本利润率)$$

若该货物还同时征收消费税，则其组成计税价格中还应该加计消费税税额。公式为

$$组成计税价格=成本\times(1+成本利润率)\div(1-消费税税率)$$

上述公式中，成本是指销售自产货物实际生产成本或销售外购货物的实际采购成本。公式中的成本利润率统一规定为10%，但对属于从价定率征收消费税的货物，其成本利润率为《消费税若干具体问题的规定》中确定的成本利润率。

（二）进项税额的计算和抵扣

销售货物或提供应税劳务行为发生时，销货方所收取的销项税额，从另一方面来看就是购货方所支付或承担的进项税额。增值税运行的关键就是从销项税额中将进项税额予以抵扣，抵扣后还有余额的，就是纳税人当期应该实际缴纳的增值税税额。因当期销项税额小于当期进项税额不足以抵扣时，其不足部分可以结转下期继续抵扣。

我国税法对进项税额的抵扣有严格的规定，采用的是发票扣税法。因此，增值税专用发票的作用十分重要。它既是纳税人从事经营活动的商事凭证，也是抵扣进项税额的法定依据，纳税人只有向税务机关提供增值税专用发票或海关进口增值税缴款书，经比对认证之后才能据以抵扣。需要注意的是，并不是纳税人所支付的所有进项税额都可以从销项税额中抵扣，当纳税人购进货物或者应税劳务是用于非应税项目、免税项目或者用于集体福利、个人消费时，其支付的进项税额就不能从销项税额中抵扣。

1. 准予从销项税额中抵扣的进项税额

纳税人在进行增值税账务处理时，每抵扣一笔进项税额，就要有一份记录该进项税额的法定扣税凭证与之相对应，否则就不能抵扣进项税额。准予从销项税额中抵扣的进项税额，限于下列增值税扣税凭证上注明的增值税税额和按规定的扣除率计算的进项税额：

(1) 从销售方取得的增值税专用发票上注明的增值税额。

(2) 从海关取得的海关进口增值税专用缴款书上注明的增值税额。

(3) 购进农产品。除取得增值税专用发票或者海关进口增值税专用缴款书外，按照农产品收购发票或者销售发票上注明的买价和13%的扣除率计算进项税额。对烟叶税纳税人按规定缴纳的烟叶税，准予按并入烟叶产品的买价计算扣除进项税额。计算公式为

$$进项税额=免税农产品的买价\times 13\%$$

由于农业生产者(包括公司、农户和农民专业合作社)销售的自产初级农产品是免征增值税的，所以一般纳税人购进其农产品无法取得增值税专用发票。为了降低这些农副产品收购加工企业的税负，扶持农业生产加工企业的发展，特准进项扣除。

(4) 购进或者销售货物，以及在生产经营过程中支付运输费用的，允许根据运费结算单据(普通运输发票)所列运费(含建设基金)金额按7%的扣除率计算进项税额予以抵扣，但随同运费支付的装卸费、保险费等其他杂费不得计算扣除进项税额。计算公式为

$$进项税额=运费\times 7\%$$

但购买或销售免税货物(不含免税农产品)所发生的运费，不得抵扣计算进项税额。

准予作为抵扣凭证的运费结算单据，是指国营铁路、民用航空、公路和水上运输单位开具的货票，以及从事货物运输的非国有运输单位开具的套印全国统一发票监制章的货票。一般纳税人取得的国际货物运输代理业发票和国际货物运输发票，不得计算抵扣进项税额。

为防止某些企业利用伪造、虚开的运输发票骗抵税款，国家税务总局印发了《关于加强货物运输业税收管理及运输发票增值税抵扣管理的公告》(国税发[2003]第120号)，规定从2003年11月1日起，提供货物运输劳务的纳税人必须经主管地方税务局认定方可开具货物运输业发票(称为自开票运输企业)，凡未经认定的纳税人开具的运输业发票不得作为记账凭证和增值税抵扣凭证。从2003年12月1日起，经地方税务局认定的自开票纳税人在申报缴纳营业税时应向主管地方税务局报送《自开票纳税人货物运输发票清单》纸质文件和电子信息，国家税务总局将对增值税一般纳税人申请抵扣的所有运输发票与营业税纳税人开具的货物运输业发票进行比对，凡比对不符的，一律不予抵扣。从2007年1月1日起，一般纳税人取得的作为增值税抵扣凭证的货运发票，必须是通过货运发票税控系统开具的新版货运发票。

(5) 混合销售行为和兼营非应税劳务进项税额的确定与抵扣。混合销售行为和兼营非应税劳务，按规定应当征收增值税的，该混合销售行为所涉及的非应税劳务和兼营非应税劳务所用购进货物的进项税额，凡符合上述规定的，准予从销项税额中抵扣。

(6) 以物易物等特殊销售行为进项税额的确定与抵扣。对商业企业采取以物易物、以货抵债、以物投资方式交易的，收货单位可以凭相关的书面合同及与之相符的增值税专用发票和运输费用普通发票确定进项税额，报主管税务机关批准予以抵扣。

再生资源回收利用可以“资源节约、环境友好”，是一件利国利民的好事，故国家自1994年起对废旧物资回收企业一直实行免税的优惠政策。该优惠政策被一些不法分子滥用，通过虚构废品回收业务大肆骗抵国家税款。为此，财政部、国家税务总局发布《关于再生资源增值税政策的通知》(财税[2008]第157号)，规定如下：

一、取消“废旧物资回收经营单位销售其收购的废旧物资免征增值税”和“生产企业增值税一般纳税人购入废旧物资回收经营单位销售的废旧物资，可按废旧物资回收经营单位开具的由税务机关监制的普通发票上注明的金额，按10%计算抵扣进项税额”的政策。

二、单位和个人销售再生资源，应当依照《增值税暂行条例》、《增值税暂行条例实施细则》及财政部、国家税务总局的相关规定缴纳增值税。但个人(不含个体工商户)销售自己使用过的废旧物品免征增值税。增值税一般纳税人购进再生资源，应当凭取得的增值税条例及其细则规定的扣税凭证抵扣进项税额，原印有“废旧物资”字样的专用发票停止使用，不再作为增值税扣税凭证抵扣进项税额。

三、在2010年年底以前，对符合条件的增值税一般纳税人销售再生资源缴纳的增值税实行先征后退政策。对符合退税条件的纳税人2009年销售再生资源实现的增值税，按70%的比例退回给纳税人；对其2010年销售再生资源实现的增值税，按50%的比例退回给纳税人。

2. 不得抵扣进项税额的项目

纳税人购进货物或者应税劳务，取得的增值税扣税凭证不符合法律、法规或者国务院税务主管部门规定的，其进项税额不得从销项税额中抵扣。

根据《增值税暂行条例》的规定，下列项目的进项税额不得从销项税额中抵扣：

(1) 用于非增值税应税项目、免征增值税项目、集体福利或个人消费的购进货物或应税劳务。所指的非增值税应税项目是指提供非增值税应税劳务、转让无形资产、销售不动产和不动产在建工程。

(2) 非正常损失的购进货物及相关的应税劳务。非正常损失是指因管理不善而造成被盗、丢失、霉烂变质的损失。

(3) 非正常损失的在产品、产成品耗用的购进货物或者应税劳务。

(4) 国务院财政、税务主管部门规定的纳税人自用消费品。是指纳税人自用的应征消费税的摩托车、汽车、游艇，其进项税额不得从销项税额中抵扣。

(5) 上述第(1)至(4)项规定的货物的运输费用和销售免税货物的运输费用。

(6) 一般纳税人兼营免税项目或非增值税应税劳务而无法划分不得抵扣的进项税额的，按下列公式计算不得抵扣的进项税额。

$$\text{不得抵扣的进项税额}=\text{当月无法划分的全部进项税额}\times\text{当月免税项目销售额或非增值税应税劳务营业额合计}\div\text{当月全部销售额、营业额合计}$$

3. 扣减发生期进项税额的规定

1) 已抵扣了进项税额的购进货物或应税劳务事后改变用途

由于增值税实行以当期销项税额抵扣当期进项税额的“购进扣税法”，当期购进的货物或者应税劳务如果事先没有确定将用于非生产经营项目，其进项税额就会正常地在当期销项税额中予以抵扣。若已抵扣了进项税额的购进货物或应税劳务事后改变用途，发生了上述第(1)至(5)项所列不得抵扣进项税额情况的，应将该项购进货物或应税劳务的进项税额从当期的进项税额中予以扣减(即所谓“进项税额转出”)，而无须追溯到这些购进货物或应税劳务实际抵扣进项税额的那个时期。对于无法准确划分进项税额的，按发生上述情况的当期该货物或应税劳务的“实际成本”和原适用的税率计算应扣减的进项税额，其实际成本包括进价、运费、保险费和其他有关费用。

用于基本建设、专项工程、集体福利或个人消费等货物的不同税务处理

用于上述用途的货物有三种可能的税务处理办法，根据具体情况的不同，有时需要作视同销售，有时不得抵扣其进项税额，有时要求作进项税额转出。

作视同销售货物处理时，是企业将自产或委托加工收回的货物用于上述非应税项

目，经过企业生产加工后其原材料进项税额已被抵扣，且为了平衡与外购货物的税负，防止企业利用此途径避税，要求企业确认销项税额。如食品厂将自产的月饼，发给自己的员工作为中秋福利。

作不得抵扣其进项税额时，是企业将外购货物用于上述非应税项目，此时货物未经过本企业生产加工，其进项税额尚未抵扣，直接不作扣除。如工厂外购月饼一批，发给员工作为中秋福利。

作进项税额转出时，是企业为生产经营目的，或未明确区分用途而购入的货物，已经在购入时正常抵扣进项税额，但该批货物中途改变用途，用于上述非应税项目，此时按税法规定不能再抵扣进项税额，故应从改变用途当月的进项税额中冲减转出。如超市将原本准备作商品购进的月饼，其中的一部分发给员工作为中秋福利。

2）商业企业向供货方收取部分取得返还收入的税务处理

根据财税[2005]第165号《关于增值税若干政策的通知》的规定，自2004年7月1日起，商业企业向供货方收取的部分收入，按照以下原则征收增值税或营业税：

(1) 对商业企业向供货方收取的与商品销售量、销售额挂钩(如以一定比例、金额、数量计算)的各种返还收入，均应按照平销返利行为的有关规定冲减当期增值税进项税额，不征收营业税。应冲减进项税额的计算公式为

$$当期应冲减进项税额=当期取得的返还资金\div(1+所购货物适用增值税税率)\times所购货物适用增值税税率$$

(2) 对商业企业向供货方收取的与商品销售量、销售额无必然联系，且商业企业向供货方提供一定劳务的收入，如进场费、广告促销费、上架费、展示费、管理费等，不属于平销返利，不冲减当期增值税进项税金，应按营业税的“服务业”税目税率征收营业税。

4. 进项税额申报抵扣时限

增值税一般纳税人取得2010年1月1日以后开具的增值税专用发票、公路内河货物运输业统一发票和机动车销售统一发票，应在发票开具之日起180天内到税务机关办理认证，并在认证通过的次月申报期内，向主管税务机关申报抵扣。

实行海关进口增值税专用缴款书“先比对，后抵扣”管理办法的增值税一般纳税人取得2010年1月1日以后开具的海关进口增值税专用缴款书，应在开具之日起180天内向主管税务机关报送《海关完税凭证抵扣清单》，申请稽核比对，并在比对通过的次月申报期内，向主管税务机关申报抵扣。

未在规定的时间内到税务机关办理认证、申报抵扣或者申请稽核比对的，不得作为合法的增值税扣税凭证，不得计算进项税额抵扣。

（三）增值税应纳税额计算实例

例 2-1 某卷烟生产企业为增值税一般纳税人，适用增值税税率17%。2010 年 12 月有关经营情况如下（相关票据已通过主管税务机关认证）：

（1）本期外购一批烟丝取得防伪税控系统开具的增值税专用发票，注明价款 2 000 万元，增值税 340 万元；支付本期外购烟丝运输费用 50 万元，取得经税务机关认可的运输公司开具的普通发票。

（2）本期生产卷烟 2 500 标准箱、雪茄烟 500 箱。经烟草专卖局批准，销售卷烟给各商场 1 200 箱，取得不含税销售收入 3 600 万元。由于货款收回及时，给了各商场 2%的现金折扣。销售给各卷烟专卖店 800 箱，取得不含税销售收入 2 400 万元。另取得专卖店购买卷烟延期付款的补贴收入 21.06 万元，已向对方开具普通发票。

（3）销售雪茄烟 300 箱给各专卖店，取得不含税销售收入 600 万元；零售雪茄烟 15 箱取得含税收入 35.1 万元；取得雪茄烟逾期的包装物押金收入 7.02 万元。

（4）月末盘存发现库存烟丝短缺 30 万元，经认定，短缺的烟丝属于非正常损失。

计算该烟厂 2010 年 12 月应缴纳的增值税税额。

解：（1）12 月份销售卷烟的销项税额：

$$3\,600\times17\%+2\,400\times17\%+21.06/1.17\times17\%=6\,018\times17\%=1\,023.06\text{（万元）}$$

（2）12 月份销售雪茄烟与押金收入的销项税额：

$$600\times17\%+35.1/1.17\times17\%+7.02/1.17\times17\%=108.12\text{（万元）}$$

（3）12 月份非正常损失烟丝应转出的进项税额：

$$30\times17\%=5.1\text{（万元）}$$

（4）12 月份应抵扣的进项税额：

$$340+50\times7\%-5.1=338.4\text{（万元）}$$

（5）12 月份应缴纳的增值税税额：

$$1\,023.06+108.12-338.4=792.78\text{（万元）}$$

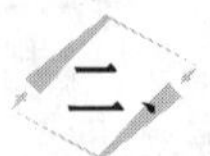

二、小规模纳税人应纳税额的计算

小规模纳税人销售货物或提供应税劳务实行简易计税办法，按照销售额和《增值税暂行条例》规定的 3%的征收率计算应纳税额。其计算公式为

$$\text{应纳税额}=\text{销售额}\times\text{征收率}$$

这里应注意三点：

第一，小规模纳税人取得的销售额与上一节所述的销售额所包含的内容是一致的，都是销售货物或提供应税劳务向购买方收取的全部价款和价外费用，但不包括按 3%的征

收率收取的增值税税额。

第二，小规模纳税人在销售货物或提供应税劳务时，只能开具普通发票，取得的销售收入均为含税销售额。在计算纳税时，必须先将含税销售额换算成不含税销售额。换算公式为

不含税销售额＝含税销售额÷(1＋征收率)

第三，小规模纳税人不得抵扣进项税额。这是因为其会计制度不健全，不实行按销项税额抵扣进项税额求得应纳税额的税款抵扣制度。且其3%的征收率是结合一般纳税人17%和13%两档税率的货物或应税劳务的环节税负水平而设计的，其税收负担水平与一般纳税人基本一致，因此不能再抵扣进项税额。

例2-2　某商店为增值税小规模纳税人，2011年7月取得零售收入总额为12.36万元。计算该商店当月应缴纳的增值税税额。

解：(1) 7月份取得的不含税销售额：

12.36÷(1＋3%)＝12(万元)

(2) 7月份应缴纳增值税税额：

12×3%＝0.36(万元)

三、进口货物应纳税额的计算

(一) 进口货物征税的范围

凡报关进入中华人民共和国海关境内的货物，不论是国外产制的货物还是我国已经出口而转销国内的货物，不论是进口者自行采购还是国外捐赠的货物，也不论是进口者自用还是作为贸易或其他用途等，均应按规定缴纳进口环节的增值税。

国家对某些进口货物制定了减免税的特殊规定，如属于“来料加工、进料加工”贸易方式进口国外的原材料、零部件等在国内加工后复出口的，对进口的料、件按规定给予免税或减税。但这些进口免、减税的料件若不能加工复出口，而是销往国内，就要予以补税。对进口货物是否减免税由国务院统一规定，任何地方、部门都无权规定减免税项目。

(二) 进口货物的纳税人

进口货物的收货人或者办理报关手续的单位和个人，为进口货物增值税的纳税义务人。对代理进口货物，以海关开具的完税凭证上的纳税人为增值税纳税人，实际工作中一般由代理商代缴后再与委托方结算。

（三）进口货物的应纳税额计算

纳税人进口货物，按照组成计税价格和《增值税暂行条例》规定的税率计算应纳税额，不得抵扣任何发生在我国境外的税额。组成计税价格和应纳税额的计算公式为

组成计税价格＝关税完税价格＋关税＋消费税

或　　组成计税价格＝关税完税价格×(1＋关税税率)÷(1－消费税税率)

应纳税额＝组成计税价格×税率

应注意的是：

(1) 进口货物的增值税组成计税价格中包括已经缴纳的关税税额。如果进口货物属于消费税应税消费品，其组成计税价格中还要包括海关代征的进口环节已纳的消费税税额。

(2) 在计算进口环节的应纳增值税时，不得抵扣任何发生在我国境外的各种税金。

根据《中华人民共和国海关法》和《中华人民共和国进出口关税条例》的规定，一般贸易方式下进口货物的关税完税价格以海关审定的成交价格为基础的到岸价格(CIF 价格)作为完税价格。所谓成交价格是一般贸易项下进口货物的买方为购买该项货物而向卖方实际支付或应当支付的价格；到岸价格，包括货价，加上货物运抵我国关境内输入地点起卸前的包装费、运费、保险费和其他劳务费等费用构成的一种价格。

例 2-3　某贸易公司于 2011 年 8 月进口货物一批，该批货物在国外的买价为 400 万元，另该批货物运抵我国海关前发生的包装费、运费、保险费等共计 50 万元。货物报关后，公司按规定缴纳了进口环节的税金并取得海关开具的完税凭证。假定该批货物在国内全部销售，取得不含税销售额 900 万元。

假定该货物关税税率 15%，增值税税率 17%。计算该批货物进口环节、国内销售环节分别应缴纳的增值税。

解：(1) 关税完税价格＝400＋50＝450(万元)

(2) 应缴纳进口关税＝450×15%＝67.5(万元)

(3) 进口环节增值税的组成计税价格＝450＋67.5＝517.5(万元)

(4) 进口环节应纳的增值税额＝517.5×17%＝87.975(万元)

(5) 国内销售环节的销项税额＝900×17%＝153(万元)

(6) 国内销售环节应纳的增值税额＝153－87.975＝65.025(万元)

（四）进口货物的税收管理

进口货物的增值税由海关代征。进口货物的增值税纳税义务发生时间为报关进口的当天；其纳税地点应当由进口人或其代理人向报关地海关申报纳税；其纳税期限为自海关

填发海关进口增值税专用缴款书之日起15日内。

第五节　出口货物退(免)税

为了避免重复征税，增强本国商品在国际市场上的价格竞争优势，各国都采取对出口货物在国内生产、流通各个环节实际缴纳的全部税款予以退还的措施，使出口货物以不含税成本进入国际市场。根据《关税与贸易总协定》第16条和该协定附件9中的解释和补充规定，免除出口货物的国内税，或退还不超过该产品已缴纳的国内税，将不被视为补贴而被限制采用或被征收反倾销税。

我国的出口货物退(免)税是指在国际贸易业务中，对我国报关出口的货物退还或免征其在国内各生产和流转环节按规定缴纳的增值税和消费税，即对增值税出口货物实行零税率，对消费税出口货物免税。

要注意，零税率和免税是两个完全不同的概念，两者不可混淆。前已述及，零税率仅适用于出口货物，是鼓励出口的优惠政策。增值税出口货物的零税率有两层含义：一是对本道环节生产或销售货物的增值部分免征增值税销项税额；二是对出口货物前道环节所含的进项税额进行退付，即出口退税。而免税是指国家对特定纳税人的某一商品或劳务在特定环节(期间)免征全部税款，是纳税人对国家的纳税义务被免除。

一、出口退(免)税的适用范围

《出口货物退(免)税管理办法》规定，对出口的凡属于已征或应征增值税、消费税的货物，除国家明确规定不予退(免)税的货物和出口企业从小规模纳税人购进并持普通发票的部分货物外，都是出口货物退(免)税的货物范围，均应予以退还已征的增值税和消费税或免征应征的增值税和消费税。但可以退(免)税的出口货物一般应具备以下四个条件：

(1) 必须是属于增值税、消费税征税范围的货物。

(2) 必须是报关离境的货物。报关离境即出口，是区别货物是否应退(免)税的主要标准之一。凡报关不离境的货物，不论出口企业以外汇结算还是以人民币结算，也不论企业在财务上和其他管理上如何处理，均不能视为出口货物予以退(免)税。

(3) 必须是在财务上作销售处理的货物。

(4) 必须是出口收汇并已核销的货物。将出口退税与出口收汇核销挂钩，可以有效地防止出口企业高报出口价格骗取退税，有助于提高出口收汇率和强化出口收汇核销制度。

二、出口货物适用的退税率

出口货物的退税率，是出口货物的实际退税额与退税计算依据的比例。现行出口货物的增值税退税率有17%、15%、14%、13%、11%、9%、8%、6%、5%等。财政部和国家税务总局对每一具体的出口货物所适用的退税率，可根据各种影响因素进行调整。

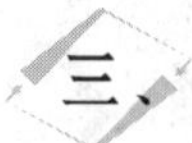三、出口货物退（免）税的基本政策

根据当前的实际情况，我国对出口货物采取出口退税与免税相结合的政策。鉴于我国的出口体制尚不成熟，拥有出口经营权的企业还仅限于少部分经国家批准的企业，并且我国生产的某些货物如稀有金属等还不能满足国内的需要。因此，对某些非生产性企业和国家紧缺的货物则采取限制从事出口业务或限制该货物出口，不予出口退（免）税。目前，我国的出口货物税收政策分为以下三种形式。

（一）出口免税并退税

出口免税是指对货物在销售环节不征增值税、消费税，这是把货物出口环节和出口前的销售环节都同样视为一个征税环节。出口退税是指对货物在出口前实际承担的税收负担，按规定的退税率计算后予以退还。出口货物办理退税后发生退货或者退关的，纳税人应当依法补缴已退的税款。

下列企业出口满足上述四个条件的货物，除另有规定外，出口免税并退税：

(1) 生产企业自营出口或委托外贸企业代理出口的自产货物。

(2) 有出口经营权的外贸企业收购后直接出口或委托其他外贸企业代理出口的货物。

(3) 出口企业从小规模纳税人处购进并持有普通发票的抽纱、工艺品、香料油、山货、草柳竹藤制品、渔网渔具、松香、五倍子、生漆、鬃尾、山羊板皮、纸质品12类货物。

(4) 特准退（免）税企业出口的特定货物。

（二）出口免税不退税

出口免税与上述第（一）项的含义相同。出口不退税是指适用这个政策的出口货物因在前一道生产、销售环节或进口环节是免税的，因此出口时该货物的价格中本身就不含税，也就无须再退税。

下列出口货物免税但不退税：来料加工复出口的货物、避孕药片和用具、古旧图书、有出口卷烟权的企业出口国家计划内的卷烟、军品及军队系统企业出口军需工厂生产或

军需部门调拨的货物、国家规定的其他免税货物等。

（三）出口不免税也不退税

出口不免税是指对国家限制或禁止出口的某些货物的出口环节视同内销环节，照常征税。出口不退税是指对这些货物出口不退还出口前其所承担的税款。

适用这个政策的主要是税法列举限制或禁止出口的货物，如天然牛黄、麝香等。

四、出口货物退税的计算

出口货物只有在适用既免税又退税的政策时，才会涉及如何计算退税的问题。我国《出口货物退（免）税管理办法》规定了两种退税的计算办法：第一种是"免、抵、退"办法，主要适用于自营和委托出口自产货物的生产企业；第二种办法是"先征后退"，目前主要适用于收购货物后出口的外（工）贸企业。

（一）"免、抵、退"税的计算方法

实行"免、抵、退"税管理办法中的"免"税，是指对生产企业出口的自产货物，在出口时免征该企业生产销售环节增值税销项税额；"抵"税，是指生产企业出口自产货物所耗原材料、零部件、燃料、动力等所含应予退还的进项税额，抵顶内销货物的应纳税额；"退"税，是指生产企业出口的自产货物在当月内应抵顶的进项税额大于内销货物应纳税额时，对未抵顶完的部分予以退税。也就是说，纳税人出口货物应予退还的税金，并不直接退还现金，而是将其先用来冲抵纳税人当期内销货物应纳的增值税。如果出口货物应退税额还不足以冲抵内销货物应纳税额的，其差额部分企业仍应向税务机关缴纳。只有当纳税人出口货物应退税额冲抵内销货物应纳税额后还有余额的，才能按期末留抵税额与当期免抵退税额两者中较小的数值实际收到税务机关退税的资金。采用"抵"税的方式其实完全是为了简化征管手续，即用本来要退还给纳税人的退税额抵顶内销货物按规定应该缴纳的增值税税款。如果一个企业完全是出口企业，商品没有内销，则完全可以采用"免"和"退"的方式，不存在"抵"的问题。

"免、抵、退"办法的具体计算如下。

1）当期应纳增值税额的计算

$$\text{当期应纳税额}=\text{当期内销货物的销项税额}-\left(\text{当期进项税额}-\text{当期免、抵、退税不得免征和抵扣税额}\right)-\text{上期留抵税额}$$

其中，

$$\text{当期免、抵、退税不得免征和抵扣税额}=\text{出口货物离岸价}\times\text{外汇人民币牌价}\times\left(\text{出口货物征税率}-\text{出口货物退税率}\right)-\text{免、抵、退税不得免征和抵扣税额抵减额}$$

$$\text{免、抵、退税不得免征和抵扣税额抵减额}=\text{免税购进原材料价格}\times\left(\text{出口货物征税率}-\text{出口货物退税率}\right)$$

免税购进原材料包括从国内购进免税原材料和进料加工免税进口料件，其中进料加工免税进口料件的价格为组成计税价格。

进料加工免税进口料件的组成计税价格＝货物到岸价＋海关实征关税和消费税

如果企业当期没有免税购进原材料价格，前述公式中的免、抵、退税不得免征和抵扣税额抵减额，以及后面公式中的免抵退税额抵减额，就不用计算。

2）免、抵、退税额的计算

$$\text{免、抵、退税额}=\text{出口货物离岸价}\times\text{外汇人民币牌价}\times\text{出口货物退税率}-\text{免、抵、退税额抵减额}$$

其中，

$$\text{免、抵、退税额抵减额}=\text{免税购进原材料价格}\times\text{出口货物退税率}$$

3）当期应退税额和免抵税额的计算

（1）如果当期期末留抵税额≤当期免抵退税额，则

当期应退税额＝当期期末留抵税额

当期免抵税额＝当期免抵退税额－当期应退税额

（2）如果当期期末留抵税额＞当期免抵退税额，则

当期应退税额＝当期免抵退税额

当期免抵税额＝0

当期期末留抵税额根据当期《增值税纳税申报表》中的“期末留抵税额”确定。

例 2-4 某自营出口的生产企业为增值税一般纳税人，出口货物征税税率为 17％，退税率为 13％。2011 年 5 月购进原材料一批，取得增值税专用发票注明价款 200 万元，准予扣除的进项税额 34 万元，货物已验收入库。上月月末留抵税款 5 万元；本月内销货物不含税销售额 100 万元，收款 117 万元存入银行。本月出口货物的销售额折合人民币 300 万元。试计算该企业当期的“免、抵、退”税额。

解：（1）当期“免、抵、退”税不得免征和抵扣税额＝300×（17％－13％）＝12（万元）

（2）当期应纳税额＝100×17％－（34－12）－5＝－10（万元）

当期应纳税额为负数时，就表示为当期期末留抵税额。

（3）出口货物“免、抵、退”税额＝300×13％＝39（万元）

（4）按规定，此时期末留抵税额≤当期免抵退税额。

当期退税额＝期末留抵税额＝10（万元）

（5）当期免抵税额＝当期“免、抵、退”税额－当期应退税额

＝39－10＝29（万元）

例 2-5　某自营出口的生产企业为增值税一般纳税人，出口货物征税税率为17%，退税率为13%。2011年6月购进原材料一批，取得增值税专用发票注明准予扣除的进项税额为34万元，货物已验收入库。当月进料加工免税进口料件的组成计税价格100万元。上月月末留抵税款6万元；本月内销货物不含税销售额100万元，收款117万元存入银行。本月出口货物的销售额折合人民币200万元。试计算该企业当期的"免、抵、退"税额。

解：(1) 免、抵、退税不得免征和抵扣税额抵减额＝100×(17%－13%)＝4(万元)

(2) 当期"免、抵、退"税不得免征和抵扣税额＝200×(17%－13%)－4＝8－4＝4(万元)

(3) 当期应纳税额＝100×17%－(34－4)－6＝－19(万元)

(4) 免、抵、退税抵减额＝100×13%＝13(万元)

(5) 出口货物"免、抵、退"税额＝200×13%－13＝13(万元)

(6) 按规定，此时期末留抵税额＞当期免抵退税额。

当期退税额＝当期免抵退税额＝13(万元)

当期免抵税额＝当期"免、抵、退"税额－当期应退税额
＝13－13＝0(万元)

6月月末留抵结转下月继续抵扣进项税额为6万元(19－13)。

(二) "先征后退"的计算方法

1. 外贸企业收购货物出口的退税计算方法

外贸企业和实行外贸企业财务制度的工贸企业收购货物出口，其出口销售环节的增值税免征；其收购货物的成本部分包含了外贸企业在支付收购货款的同时一并支付的生产经营该类商品的企业已纳的增值税款，在该货物出口后，依据购进出口货物增值税专用发票上所注明的购进金额和退税率计算退税退还给外贸企业，征、退税之差计入企业成本。其公式为

应退税额＝外贸收购不含增值税货物的购进金额×退税率

例 2-6　某进出口公司2011年7月出口日本男式羊皮中褛2 000件，进货增值税专用发票注明单价为850元/件，计税金额170万元，假定退税率为13%。

应退税额＝170×13%＝22.1(万元)

2. 外贸企业从小规模纳税人处购进出口货物的退税计算方法

凡从小规模纳税人处购进由税务机关代开增值税专用发票的出口货物，应按以下公式计算退税：

应退税额＝增值税专用发票注明的金额×3%

3. 外贸企业委托生产企业加工出口货物的退税规定

外贸企业委托生产企业加工收回后报送出口的货物，按购进国内原辅材料的增值税专用发票上注明的购进金额，依原辅材料的退税率计算原辅材料应退税额；支付的加工费凭受托方开具货物的退税率，计算加工费的应退税额。

例 2-7 某进出口公司 2011 年 8 月购进一批牛仔布委托加工成牛仔服出口，取得一张牛仔布增值税专用发票注明购进金额为 20 000 元(退税率为 13%)；支付服装加工费取得增值税专用发票注明金额为 10 000 元(退税率为 17%)。该企业的应退税额为

$$20\,000\times13\%+10\,000\times17\%=4\,300(\text{元})$$

第六节 增值税的征收管理及增值税专用发票的管理

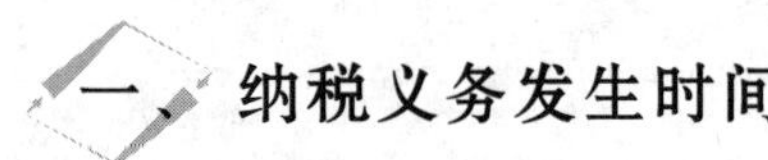

一、纳税义务发生时间

纳税义务发生时间是纳税人发生应税行为应当承担纳税义务的起始时间。税法明确规定纳税义务发生时间的目的在于：①正式确认纳税人的应税行为应承担的纳税义务；②有利于税务机关实施税务管理，合理规定申报期限和纳税期限，监督纳税人切实履行纳税义务。

(一) 一般规定

销售货物或者提供应税劳务时，纳税义务发生时间的一般规定如下：

(1) 纳税人销售货物或者提供应税劳务，其纳税义务发生时间为收讫销售款项或者取得索取销售款项凭据的当天；先开具发票的，为开具发票的当天。

(2) 纳税人进口货物，其纳税人义务发生时间为报关进口的当天。

(3) 增值税扣缴义务发生时间为纳税人增值税纳税义务发生的当天。

(二) 具体规定

纳税人收讫销售款项或者取得索取销售款项凭据的当天，按销售结算方式的不同，具体确定如下：

(1) 采取直接收款方式销售货物，不论货物是否发出，均为收到销售款或取得索取销售款凭据，并将提货单交给买方的当天。

(2) 采取托收承付和委托银行收款方式销售货物，为发出货物并办妥托收手续的当天。

(3) 采取赊销和分期收款方式销售货物，为书面合同约定的收款日期的当天，无书面

合同或书面合同没有约定收款日期的，为货物发出的当天。

(4) 采取预收货款方式销售货物，为货物发出的当天。但生产销售生产工期超过 12 个月的大型机械设备、船舶、飞机等货物，为收到预收款或者书面合同约定的收款日期的当天。

(5) 委托其他纳税人代销货物，为收到代销单位代销清单的当天或者收到全部或部分货款的当天；未收到代销清单及货款的，为发出代销商品满 180 天的当天。

(6) 销售应税劳务，为提供劳务同时收讫价款或取得索取销售款凭据的当天。

(7) 纳税人发生《增值税暂行条例实施细则》第 4 条第③至⑧项所列“视同销售货物行为”的，为货物移送的当天。

二、纳税期限

在明确了纳税义务发生时间以后，还需要掌握具体的纳税期限，以保证按期缴纳税款。

增值税的纳税期限分别为 1 日、3 日、5 日、10 日、15 日、1 个月或者 1 个季度。以 1 个季度为纳税期限的规定仅适用于小规模纳税人。每个不同纳税人的具体纳税期限，由其主管税务机关根据纳税人应纳税额的大小分别核定；不能按固定期限缴税的，可以按次纳税。

纳税人以 1 个月为一期纳税的，自期满之日起 10 日内申报纳税；以 1 日、3 日、5 日、10 日或者 15 日为一期纳税的，自期满之日起 5 日内预缴税款，于次月 1 日至 15 日内申报纳税，并结清上月应纳税款。

纳税人进口货物，应当自海关填发税款缴纳凭证的次日起，15 日内缴纳税款。

出口业务退税的期限，在办理出口报关手续后，凭报关单等凭证，按月申报办理该项出口货物的退税。

三、纳税地点

为了保证纳税人按期申报纳税，根据企业跨地区经营和搞活商品流通的特点及不同情况，税法具体规定了增值税的纳税地点。

(1) 固定业户应当向其机构所在地主管税务机关申报纳税。总机构和分支机构不在同一县(市)的，应当分别向各自所在地主管税务机关申报纳税；经国家税务总局或其授权的税务机关批准，可以由总机构汇总向总机构所在地主管税务机关申报纳税。

(2) 固定业户到外县(市)销售货物的，应当向其机构所在地主管税务机关申请开具《外出经营活动税收管理证明》，向其机构所在地主管税务机关申报纳税。未持有机构所在地主管税务核发的外出经营活动税收管理证明，到外县(市)销售货物或应税劳务的，应向销售地主管税务机关申报纳税；未向销售地主管税务机关申报纳税的，由其机构所在地主管税务机关补征税款。

(3) 非固定业户销售货物或者应税劳务，应向销售地主管税务机关申报纳税。未向销售地主管税务机关申报纳税的，由其机构所在地或居住地主管税务机关补征税款。

(4) 进口货物应当由向报关地海关申报纳税。

(5) 扣缴义务人应当向其机构所在地或者居住地的主管税务机关申报缴纳其扣缴的税款。

(6) 连锁经营企业增值税纳税地点问题。对跨地区经营的直营连锁企业，即连锁店的门店均由总部全资或控股开设，在总部领导下统一经营的连锁企业，凡按照原国内贸易部《连锁店经营管理规范意见》(内贸政体法字[1997]第24号)的要求，采取计算机联网，实行统一采购配送商品、统一核算、统一规范化管理和经营，报经相应的国家税务局会同财政厅(局)审批同意后，可对总店和分店实行由总店向其所在地主管税务机关统一申报缴纳增值税，财政部门应研究采取妥善办法，保证分店所在地的财政利益在纳税地点变化后不受影响。如湖南省规定，由省内连锁经营门店在当地暂按销售额的1%预征增值税，然后由公司总部在长沙结算。

对自愿连锁企业(即连锁店的门店均为独立法人，各自的资产所有权不变的连锁企业)和特许连锁企业(即连锁店的门店同总部签订合同，取得使用总部商标、商号、经营技术及销售总部开发商品的特许权的连锁企业)，其纳税地点不变，仍由各独立核算门店分别向所在地主管税务机关申报缴纳增值税。

四、增值税专用发票的管理

专用发票，是增值税一般纳税人(以下简称一般纳税人)销售货物或者提供应税劳务开具的发票，是购买方支付增值税额并可按照增值税有关规定据以抵扣增值税进项税额的凭证。

增值税专用发票不仅是纳税人经济活动中的重要商事凭证，而且是兼记销货方纳税义务和购货方进项税额的合法证明，对增值税的计算和管理起着决定性的作用。为了加强对增值税专用发票(以下简称专用发票)的使用管理，确保增值税凭发票注明税款抵扣制度的顺利实施，国家税务总局制定了《增值税专用发票使用规定》，该规定从1994年1月1日起执行。为适应增值税专用发票管理需要，规范增值税专用发票使用，进一步加强增值税征收管理，在广泛征求意见的基础上，国家税务总局对原《增值税专用发票使用规定》进行了修订，该规定自2007年1月1日起施行。

一般纳税人应通过增值税防伪税控系统(以下简称防伪税控系统)使用专用发票。使用，包括领购、开具、缴销、认证纸质专用发票及其相应的数据电文。所称防伪税控系统，是指经国务院同意推行的，使用专用设备和通用设备、运用数字密码和电子存储技术管理专用发票的计算机管理系统。专用设备是指金税卡、IC卡、读卡器和其他设备。通用设备是指计算机、打印机、扫描器具和其他设备。

（一）专用发票的联次

专用发票由基本联次或者基本联次附加其他联次构成，基本联次为三联：发票联、抵扣联和记账联。发票联，作为购买方核算采购成本和增值税进项税额的记账凭证；抵扣联，作为购买方报送主管税务机关认证和留存备查的凭证；记账联，作为销售方核算销售收入和增值税销项税额的记账凭证。其他联次用途，由一般纳税人自行确定。

（二）专用发票的开票限额

专用发票实行最高开票限额管理。最高开票限额，是指单份专用发票开具的销售额合计数不得达到的上限额度。

最高开票限额由一般纳税人申请，一般纳税人申请最高开票限额时，需填报《最高开票限额申请表》，由税务机关依法审批。最高开票限额为10万元及以下的，由区县级税务机关审批；最高开票限额为100万元的，由地市级税务机关审批；最高开票限额为1 000万元及以上的，由省级税务机关审批。防伪税控系统的具体发行工作由区县级税务机关负责。

税务机关审批最高开票限额应进行实地核查。批准使用最高开票限额为10万元及以下的，由区县级税务机关派人实地核查；批准使用最高开票限额为100万元的，由地市级税务机关派人实地核查；批准使用最高开票限额为1 000万元及以上的，由地市级税务机关派人实地核查后将核查资料报省级税务机关审核。

一般纳税人领购专用设备后，凭《最高开票限额申请表》、《发票领购簿》到主管税务机关办理初始发行。初始发行是指主管税务机关将一般纳税人的下列信息载入空白金税卡和IC卡的行为：①企业名称；②税务登记代码；③开票限额；④购票限量；⑤购票人员姓名、密码；⑥开票机数量；⑦国家税务总局规定的其他信息。

一般纳税人发生上列第①、③、④、⑤、⑥、⑦项信息变化时，应向主管税务机关申请变更发行；发生第②项信息变化时，应向主管税务机关申请注销发行。

（三）专用发票领购使用范围

一般纳税人凭《发票领购簿》、IC卡和经办人身份证明领购专用发票。一般纳税人有下列情形之一的，不得领购开具专用发票：

（1）会计核算不健全，不能向税务机关准确提供增值税销项税额、进项税额、应纳税额数据及其他有关增值税税务资料的。

(2) 有《中华人民共和国税收征收管理法》(简称《征管法》)规定的税收违法行为，拒不接受税务机关处理的。

(3) 有下列行为之一，经税务机关责令限期改正而仍未改正的：

- 虚开增值税专用发票。
- 私自印制专用发票。
- 向税务机关以外的单位和个人买取专用发票。
- 借用他人专用发票。
- 未按本规定第 11 条开具专用发票。
- 未按规定保管专用发票和专用设备，包括：①未设专人保管专用发票和专用设备；②未按税务机关要求存放专用发票和专用设备；③未将认证相符的专用发票抵扣联、《认证结果通知书》和《认证结果清单》装订成册；④未经税务机关查验，擅自销毁专用发票基本联次。
- 未按规定申请办理防伪税控系统变更发行。
- 未按规定接受税务机关检查。

有上述情形的，如已领购专用发票，主管税务机关应暂扣其结存的专用发票和 IC 卡。

(四) 专用发票开具范围

一般纳税人销售货物或者提供应税劳务，应向购买方开具专用发票。

商业企业一般纳税人零售的烟、酒、食品、服装、鞋帽(不包括劳保专用部分)、化妆品等消费品不得开具专用发票。

增值税小规模纳税人(以下简称小规模纳税人)需要开具专用发票的，可向主管税务机关申请代开。

销售免税货物不得开具专用发票，法律、法规及国家税务总局另有规定的除外。

(五) 专用发票开具要求

专用发票应按下列要求开具：

(1) 项目齐全，与实际交易相符；

(2) 字迹清楚，不得压线、错格；

(3) 发票联和抵扣联加盖财务专用章或者发票专用章；

(4) 按照增值税纳税义务的发生时间开具。

对不符合上述要求的专用发票，购买方有权拒收。

一般纳税人销售货物或者提供应税劳务可汇总开具专用发票。汇总开具专用发票的，同时使用防伪税控系统开具的《销售货物或者提供应税劳务清单》，并加盖财务专用章或者发票专用章。

（六）开具专用发票后发生退货或开票有误时的处理

(1) 一般纳税人在开具专用发票当月，发生销货退回、开票有误等情形，收到退回的发票联、抵扣联符合作废条件的，按作废处理；开具时发现有误的，可即时作废。作废专用发票须在防伪税控系统中将相应的数据电文按“作废”处理，在纸质专用发票(含未打印的专用发票)各联次上注明“作废”字样，全联次留存。

同时具有下列情形的，为所称作废条件：

- 收到退回的发票联、抵扣联时间未超过销售方开票当月；
- 销售方未抄税并且未记账。所谓抄税，是指报税前用 IC 卡或者 IC 卡和软盘抄取开票数据电文。
- 购买方未认证或者认证结果为“纳税人识别号认证不符”、“专用发票代码、号码认证不符”。

(2) 一般纳税人取得专用发票后，发生销货退回、开票有误等情形但不符合作废条件的，或者因销货部分退回及发生销售折让的，购买方应向主管税务机关填报《开具红字增值税专用发票申请单》(以下简称《申请单》)。

- 《申请单》所对应的蓝字专用发票应经税务机关认证。经认证，结果为“认证相符”并且已经抵扣增值税进项税额的，一般纳税人在填报《申请单》时不填写相对应的蓝字专用发票信息。经认证，结果为“纳税人识别号认证不符”、“专用发票代码、号码认证不符”的，一般纳税人在填报《申请单》时应填写相对应的蓝字专用发票信息。

  《申请单》一式两联：第一联由购买方留存；第二联由购买方主管税务机关留存。《申请单》应加盖一般纳税人财务专用章。
- 主管税务机关对一般纳税人填报的《申请单》进行审核后，出具《开具红字增值税专用发票通知单》(以下简称《通知单》)，《通知单》应加盖主管税务机关印章。《通知单》应与《申请单》一一对应。《通知单》一式三联：第一联由购买方主管税务机关留存；第二联由购买方送交销售方留存；第三联由购买方留存。

《通知单》应按月依次装订成册，并比照专用发票保管规定管理。

- 购买方必须暂依《通知单》所列增值税税额从当期进项税额中转出，未抵扣增值税进项税额的可列入当期进项税额，待取得销售方开具的红字专用发票后，与留存的《通知单》一并作为记账凭证。属于《增值税专用发票使用规定》第 14 条第 4 款所列情形的，不作进项税额转出。
- 销售方凭购买方提供的《通知单》开具红字专用发票，在防伪税控系统中以销项负数开具。红字专用发票应与《通知单》一一对应。

（七）专用发票的报税与认证

（1）一般纳税人开具专用发票应在增值税纳税申报期内向主管税务机关报税，在申报所属月份内可分次向主管税务机关报税。报税是纳税人持IC卡或者IC卡和软盘向税务机关报送开票数据电文。

因IC卡、软盘质量等问题无法报税的，应更换IC卡、软盘。因硬盘损坏、更换金税卡等原因不能正常报税的，应提供已开具未向税务机关报税的专用发票记账联原件或者复印件，由主管税务机关补采开票数据。

（2）一般纳税人注销税务登记或者转为小规模纳税人，应将专用设备和结存未用的纸质专用发票送交主管税务机关。主管税务机关应缴销其专用发票，并按有关安全管理的要求处理专用设备。

专用发票的缴销，是指主管税务机关在纸质专用发票监制章处按"V"字剪角作废，同时作废相应的专用发票数据电文。被缴销的纸质专用发票应退还纳税人。

（3）用于抵扣增值税进项税额的专用发票应经税务机关认证相符（国家税务总局另有规定的除外）。认证相符的专用发票应作为购买方的记账凭证，不得退还销售方。

所称认证，是税务机关通过防伪税控系统对专用发票所列数据的识别、确认。所称认证相符，是指纳税人识别号无误，专用发票所列密文解译后与明文一致。

（八）专用发票与不得抵扣进项税额的规定

1. 不得作为增值税进项税额抵扣凭证的情形

经认证，有下列情形之一的，不得作为增值税进项税额的抵扣凭证，税务机关退还原件，购买方可要求销售方重新开具专用发票：

（1）无法认证。即专用发票所列密文或者明文不能辨认，无法产生认证结果。

（2）纳税人识别号认证不符。即专用发票所列购买方纳税人识别号有误。

（3）专用发票代码、号码认证不符。即专用发票所列密文解译后与明文的代码或者号码不一致。

2. 暂不作为增值税进项税额抵扣凭证的情形

经认证，有下列情形之一的，暂不得作为增值税进项税额的抵扣凭证，税务机关扣留原件，查明原因，分别情况进行处理：

（1）重复认证。即已经认证相符的同一张专用发票再次认证。

（2）密文有误。即专用发票所列密文无法解译。

（3）认证不符。即纳税人识别号有误，或者专用发票所列密文解译后与明文不一致。但不含1.中第(2)、第(3)项所列情形。

（4）列为失控专用发票。即认证时的专用发票已被登记为失控专用发票。

3. 对丢失已开具专用发票的发票联和抵扣联的处理

(1) 一般纳税人丢失已开具专用发票的发票联和抵扣联。如果丢失前已认证相符的,购买方凭销售方提供的相应专用发票记账联复印件及销售方所在地主管税务机关出具的《丢失增值税专用发票已报税证明单》,经购买方主管税务机关审核同意后,可作为增值税进项税额的抵扣凭证。

(2) 如果丢失前未认证的,购买方凭销售方提供的相应专用发票记账联复印件到主管税务机关进行认证,认证相符的凭该专用发票记账联复印件及销售方所在地主管税务机关出具的《丢失增值税专用发票已报税证明单》,经购买方主管税务机关审核同意后,可作为增值税进项税额的抵扣凭证。

(3) 一般纳税人丢失已开具专用发票的抵扣联,如果丢失前已认证相符的,可使用专用发票发票联复印件留存备查;如果丢失前未认证的,可使用专用发票发票联到主管税务机关认证,专用发票发票联复印件留存备查。

(4) 一般纳税人丢失已开具专用发票的发票联,可将专用发票抵扣联作为记账凭证,专用发票抵扣联复印件留存备查。

4. 专用发票抵扣联无法认证的处理

专用发票抵扣联无法认证的,可使用专用发票发票联到主管税务机关认证。专用发票发票联复印件留存备查。

练习题

一、复习思考题

1. 增值税的概念及其类型有哪些?每一类型增值税各有什么优缺点?
2. 增值税的征收范围和营业税、消费税的征收范围有什么关联?
3. 区分一般纳税人与小规模纳税人的标准和意义是什么?
4. 增值税计税销售额确定的几种具体情况如何?
5. 在哪些情况下应作进项税额转出处理?
6. 何谓退税率?我国为什么要规定退税率而不按法定税率退税?

二、综合业务题

1. 长沙市某植物油厂系增值税一般纳税人,主要生产各种不同配方的"美味"牌植物油,2011 年 5 月该厂经营情况如下:

(1) 本月从农户手上收购油菜子等榨油原材料一批,开出的农产品收购统一发票上注明价款为 100 万元。

(2) 从某商贸公司购进花生一批,取得增值税专用发票注明价款为 10 万元,进项税额 1.7 万元,全部送往一榨油厂委托其加工成花生油,取得的增值税专用发票注明加工费为 4 万元,收回后勾兑为食用色拉油。

(3) 向本市各商场销售食用色拉油 5 500 箱,每箱不含税价格 160 元,每箱另收取包装物押金 5 元,月底结算时有 300 个包装物未能按合同规定时间退回,按约定扣除其押金。

(4) 本市某大学为欢庆 50 周年校庆而发放职工福利,共采购色拉油 2 000 箱,每箱不含税价格 160 元,因批量大而给予 5%的折扣,在同一张发票上注明了销售额和折扣额。

(5) 本厂所属非独立运输部门本月为各大客户送油上门,随同货款取得运输收入 8 万元。

已知该厂购进免税农产品扣除率为 13%,植物油生产和委托加工均适用 13%增值税税率。请计算该厂本月应纳增值税税额。

2. 某通信产品制造企业系增值税一般纳税人,主要生产销售某自有品牌手机。2011 年 6 月该企业发生如下经济业务:

(1) 采用直接收款方式,以不含税出厂价 1 000 元/部向本市各商家共销售 3168 型手机 20 000 部,均给予 3%的商业折扣,并对折扣额另开红字增值税专用发票入账。

(2) 采用赊销方式,以不含税出厂价为 1 000 元/部售给深圳蜂星通讯电子公司 3168 型手机 1 500 部,合同约定三个月后付款。

(3) 企业在本市电子产品市场设有一销售门市部,本月销售 3188 型手机 500 台,每台零售价 1 755 元。为扩大销售,企业决定任何品牌的手机均可用来以旧换新,旧手机收购价为 155 元/部,本月以旧换新销售 3188 型手机 400 部。

(4) 为奖励某体育代表队为国争光,决定向代表队 30 位成员每人赠送一台 3188 型手机,同时给企业高管人员配发 3188 型手机 20 台。

(5) 购进生产用电子元器件一批,专用发票上注明货款为 5 000 000 元,并支付运费 45 000 元,运输单位开具的运输发票上注明运费 40 000 元、装卸费 1 500 元、保险费 3 500 元。

(6) 从国外进口一台手机检测设备,海关进口增值税专用缴款书上注明的增值税税款为 300 000 元。

该企业购销货物均适用增值税税率 17%,请计算该企业本月应纳增值税税额。

3. 某家用电器商场系增值税一般纳税人,经营各种家用电器,2011 年 7 月发生以下业务:

(1) 销售上月购入的空调 400 台(进价 3 500 元/台),每台零售价 4 500 元;奖励本单位先进职工 10 台空调。

(2) 销售本月购入的冰柜20台(进价2 800元/台),每台零售价3 500元。

(3) 以旧换新方式销售冰箱80台,该款冰箱同期正常零售价为2 000元,旧冰箱作价200元/台,新冰箱出售实际收款1 800元/台。

(4) 5年前以还本方式售出1 000台彩电,本月为还本期,还本额200元/台。

(5) 本月从生产厂家购进同一品牌、同一型号空调100台、冰柜50台,进价与上月同。厂家开具了100台空调和50台冰柜的两张增值税专用发票。

(6) 月底,有10台本月售出的空调因质量问题客户要求退货。商场退给厂家,并提供了税务机关开具的退货证明,收回红字专用发票上注明退货款及税金共40 950元。

假定以上进货价格均为不含税价,请计算商场8月份应纳增值税税额。

4. 某自营出口的生产企业为增值税一般纳税人,出口货物征税税率为17%,退税税率为13%。2011年8月购进原材料一批,取得增值税专用发票注明价款400万元,准予扣除的进项税额68万元,货物已验收入库。上月月末留抵税款5万元;本月内销货物不含税销售额100万元,收款117万元存入银行。本月出口货物的销售额折合人民币200万元。

试计算该企业当期的"免、抵、退"税额。

第三章　消费税

【学习要求】　本章要求重点掌握消费税的征税范围、税率及生产销售环节、委托加工环节、进口应税消费品等情况下应纳税额的计算、消费税已纳税额的扣除；一般掌握消费税的特点、征税范围的选择标准；理解消费税出口退免税；了解消费税的征收管理。

第一节　消费税概述

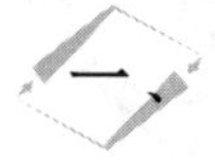

一、消费税的定义

从一般意义上来说，消费税是以特定消费品和消费行为的流转额为课税对象而征收的一种流转税。在我国，消费税是指对在中国境内从事生产、委托加工和进口应税消费品的单位和个人，就其销售额或销售数量在特定环节征收的一种税。消费税作为一种选择性的税收，除承担筹集财政收入的任务以外，还具有调节生产结构、引导消费方向和间接调节收入分配以缓解社会分配不公等功能。

我国的消费税制度是为了配合 1994 年增值税制度的推行而制定的。1994 年以前，我国对货物征收产品税或试点征收增值税，其税率档次多、差异大，而 1994 年建立的规范增值税制度为便于实行凭票抵扣制度，将税率简化设置为 17%和 13%两档，这必然导致一些货物的税率在税制改革后大幅降低。为贯彻政府产业政策和消费政策，保证国家财政收入，我国在对货物普遍征收增值税的基础上，再对部分消费品加以特殊调节，另征一道消费税。目前，我国用以调整消费税征收与缴纳权利义务关系的基本法律规范，是 2008 年 11 月 5 日由国务院第 34 次常务会议修订通过并颁布，从 2009 年 1 月 1 日起施行的《中华人民共和国消费税暂行条例》(以下简称《消费税暂行条例》)以及 2008 年 12 月 15 日由财政部、国家税务总局第 51 号令发布的《中华人民共和国消费税暂行条例实施细则》(以下简称《消费税暂行条例实施细则》)。2010 年国内消费税完成 6 017.54 亿元，同时它在有效组织财政收入、促进资源合理配置和正确引导生产消费等方面发挥了重要的作用。

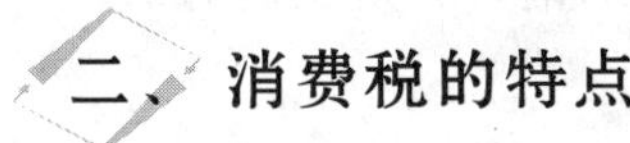

二、消费税的特点

消费税是流转税的一种，与其他流转税相比，其具有以下显著特点。

（一）征收范围具有选择性和灵活性

列入征收范围的消费品，主要包括非生活必需品、奢侈品、高档消费品、不可再生的稀缺性资源产品以及高能耗产品等。并且，一个国家选择确定的消费税征税范围，可以随着社会经济发展水平的提高和其他方面条件的变化而不断增减调整。通过消费税征收与否以及税负的轻重，可以将本国政府鼓励与限制的政策引导意图清晰地体现出来，从而较为有力地对社会经济发挥宏观调控作用。如2006年国家对小汽车按其发动机排量对税率所作的大幅调整，就体现了国家对生产小排量汽车的引导。

（二）平均税率水平较高且税负差异大

消费税属于国家运用税收杠杆对某些消费品进行特殊调节的税种。为了有效体现国家政策，其平均税率水平一般定得比较高，且不同应税项目税负差异较大，对需要限制或控制消费的消费品，通常税负较重。

（三）具有较强的财政能力，能提供稳步增长的税收收入

虽然消费税征收范围有限，但其消费量一般都较大，因而其税源比较充裕。同时，由于消费税是按应税消费品的销售额或者销售数量征税，不受企业盈亏因素的影响，只要应税消费品实现销售，政府就能及时、可靠地取得消费税收入。另外，消费者对应税消费品需求的收入弹性大都比较充足，其消费量会随着收入水平的提高而快速增长。这些因素都使得消费税在征收范围有限的条件下，具有较强的聚财能力。

（四）征税环节具有单一性

消费税的最终负担人是消费者，但为了加强源泉控制，防止税款流失，消费税选择在应税消费品的生产、委托加工或者进口环节一次性地征收。也就是说，应税消费品在生产环节或进口环节征税之后，除个别消费品的纳税环节为零售环节外，再继续转销该消费品不再征收消费税。这就使得消费税的税源比较集中，因而征税成本比较低，征管效率和质量较高，又可以防止重复征税。

（五）税负具有转嫁性

我国消费税直接以应税消费品的生产经营者为纳税人，于产制销售环节、进口环节或

零售环节缴纳税款，并成为商品价格的一个组成部分向购买者收取，消费者是税负的最终承担者。所以，消费税是一种价内税。

第二节　纳税义务人、征税范围及税率

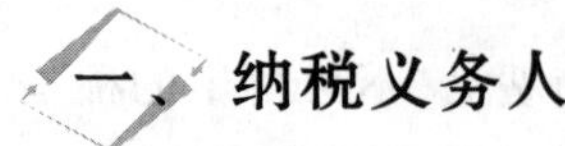

一、纳税义务人

根据《消费税暂行条例》的规定，凡在中华人民共和国境内从事生产、委托加工和进口应税消费品的单位和个人，为消费税的纳税义务人。

所谓“在中华人民共和国境内”，是指生产、委托加工和进口应税消费品的起运地或所在地在中国税收行政管理境内。

“单位”是指企业、行政单位、事业单位、军事单位、社会团体及其他单位；“个人”是指个体工商户及其他个人。这些规定与增值税对“单位和个人”的规定相同。

按现行规定，在我国境内生产的金银首饰，以从事零售业务的单位和个人为纳税人。

委托加工应征消费税的消费品的，由受托方在交付受托加工的消费品时，代收代缴消费税。但受托方为个体工商户的，由委托方收回消费品后，自行申报缴纳消费税。

进口应税消费品尽管其生产制造地不在我国境内，但其在我国境内销售或消费，为了平衡进口应税消费品与国产应税消费品的税负，应该由应税消费品的进口商或代理商按照规定缴纳消费税。个人携带或者邮寄入境的应税消费品的消费税，连同关税一并计征，携带入境者或者邮件收件人为纳税义务人。

二、消费税的征税范围

目前，我国征收消费税的消费品可分为五大类十四个税目：

第一类为过度消费会对人类健康、社会秩序和生态环境等造成危害的消费品。此类消费品包括烟、酒及酒精、鞭炮与焰火、实木地板及木制一次性筷子等。

第二类为奢侈品、非生活必需品。此类消费品包括化妆品、贵重首饰及珠宝玉石、高尔夫球及球具、高档手表及游艇等。

第三类为高能耗的高档消费品。此类消费品包括小汽车、摩托车。

第四类为不可再生且不易替代的稀缺性资源消费品。此类消费品包括成品油税目。

第五类为具有特定财政意义的消费品。包括汽车轮胎税目。

根据《消费税暂行条例》和财税[2006]第 33 号《关于调整和完善消费税政策的通知》的规定，现行消费税的具体税目如下。

（一）烟

凡是以烟叶为原料加工生产的产品，不论使用何种辅料，均属于本税目的征收范围。本税目下设卷烟（包括进口卷烟、白包卷烟、手工卷烟和未经国务院批准纳入计划的企业和个人生产的卷烟）、雪茄烟、烟丝三个子目。

根据国家税务总局《关于卷烟生产企业购进卷烟直接销售不再征收消费税的批复》（国税函[2001]第 955 号），从 2001 年 12 月 20 日起，对既有自产卷烟，又委托联营企业加工与自产卷烟牌号、规格相同卷烟的工业企业（以下简称回购企业），从联营企业购进后再直接销售的卷烟，对外销售时不论是否加价，凡是符合下述条件的，不再征收消费税；不符合下述条件的，则征收消费税：

（1）回购企业在委托联营企业加工卷烟时，除提供给联营企业所需加工卷烟牌号外，还须同时提供税务机关已公示的消费税计税价格。联营企业必须按照已公示的调拨价格申报缴纳消费税。

（2）回购企业将联营企业加工卷烟回购后再销售的卷烟，其销售收入应与自产卷烟的销售收入分开核算，以备税务机关检查。如不分开核算，则一并计入自产卷烟销售收入征收消费税。

（二）酒及酒精

酒类包括粮食白酒、薯类白酒、啤酒、果酒和其他酒。酒精包括各种工业酒精、医用酒精和食用酒精。

关于酒征收范围的确定：①外购酒精生产的白酒，应按酒精所用原料确定白酒的适用税率。凡酒精所用原料无法确定的，一律按照粮食白酒的税率征税。②外购两种以上酒精生产白酒，一律从高适用税率征税。③以外购白酒加浆降度或外购散酒装瓶出售，以及外购白酒以曲香、香精进行调香、调味生产的白酒，按照外购白酒所用原料确定适用税率。凡白酒所用原料无法确定的，一律按照粮食白酒的税率征税。④以外购不同品种白酒勾兑的白酒，一律按照粮食白酒的税率征税。⑤对用粮食和薯类、糠麸等多种原料混合生产的白酒，以粮食白酒为酒基的配置酒、泡制酒，以白酒或酒精为酒基，凡酒基所用原料无法确定的配置酒、泡制酒，一律按照粮食白酒的税率征税。⑥对用薯类和粮食以外的其他原料混合生产的白酒，一律按照薯类白酒的税率征税。

对饮食业、商业、娱乐业举办的啤酒屋利用啤酒生产设备生产的啤酒，应当征收消费税。果啤属于啤酒，应按规定征收消费税。

（三）化妆品

本税目征收范围包括各类美容、修饰类化妆品、高档护肤类化妆品和成套化妆品。

化妆品具体包括香水、香水精、香粉、口红、指甲油、胭脂、眉笔、唇笔、蓝眼油、眼睫毛和成套化妆品。

舞台、戏剧、影视演员化妆用的上妆油、卸装油、油彩、不属于本税目的征收范围。

（四）贵重首饰及珠宝玉石

包括：凡以金、银、铂金、宝石、珍珠、钻石、翡翠、珊瑚、玛瑙等高贵稀有物质以及其他金属、人造宝石等制作的各种纯金银首饰及镶嵌首饰，以及经采掘、打磨、加工的各种珠宝玉石。

免税商店销售给出国人员的金银首饰征收消费税。

（五）鞭炮、焰火

本税目征收范围包括各种鞭炮、焰火。

体育上用的发令纸、鞭炮药引线，不按本税目征收。

（六）成品油

本税目包括汽油、柴油、石脑油、溶剂油、航空煤油、润滑油、燃料油七个子目。

汽油、柴油原为消费税税目，增设成品油税目后，汽油、柴油税目取消，成为成品油的子目，并新增石脑油、溶剂油、航空煤油、润滑油、燃料油子目。

（七）汽车轮胎

汽车轮胎是指用于各种汽车、挂车、专用车和其他机动车上的内、外胎。不包括农用拖拉机、收割机、手扶拖拉机的专用轮胎。自 2001 年 1 月 1 日起，子午线轮胎免征消费税，翻新轮胎停止征收消费税。

（八）摩托车

本税目征收范围包括轻便摩托车和摩托车。对最大设计车速不超过 50 公里/小时、发动机气缸总工作容量不超过 50 毫升的三轮摩托车不征收消费税。

（九）小汽车

小汽车税目包括乘用车、中轻型商用客车子目。

乘用车是指含驾驶员座位在内最多不超过 9 个座位（含 9 座）的，在设计和技术特性上用于载运乘客和货物的各类乘用车。用排气量小于 1.5 升（含 1.5 升）的乘用车底盘（车架）改装、改制的车辆属于乘用车征收范围。

中轻型商用客车是指含驾驶员座位在内的座位数在 10～23 座（含 23 座）的在设计和

技术特性上用于载运乘客和货物的各类中轻型商用客车。用排气量大于1.5升的乘用车底盘(车架)或用中轻型商用客车底盘(车架)改装、改制的车辆属于中轻型商用客车征收范围。

含驾驶员人数(额定载客)为区间值的(如8～10人、17～26人)小汽车,按其区间值下限人数确定征收范围。

电动汽车不属于本税目征收范围。沙滩车、雪地车、卡丁车、高尔夫车不属于消费税征收范围,不征收消费税。

(十)高尔夫球及球具

高尔夫球及球具是指从事高尔夫球运动所需的各种专用装备,包括高尔夫球、高尔夫球杆及高尔夫球包(袋)等。

本税目征收范围包括高尔夫球、高尔夫球杆、高尔夫球包(袋)。高尔夫球杆的杆头、杆身和握把属于本税目的征收范围。

(十一)高档手表

高档手表是指出厂销售价格(不含增值税)或者进口报关价格每只在10 000元(含)以上的各类手表。

本税目征收范围包括符合以上标准的各类手表。

对"高档手表"定价的考虑

高档手表是指出厂价为10 000元(含)以上的手表。低于10 000元的手表不征消费税,故企业在定价时应考虑这一临界点。设某品牌手表出厂价为P元,$P\geqslant$ 10 000元。令

$$P-P\times 20\%=9\ 999(元)$$

得

$$P=12\ 498(元)$$

这表示,该手表至少应定价在12 498元以上,其实际税后净所得才与略低于10 000元时定价的净所得相等。当然,税收因素不是企业经营决策的唯一因素,只考虑税收效果是不行的,从提高市场占有率等市场营销角度出发,企业可能仍选择该区间的定价。

(十二)游艇

本税目征收范围包括艇身长度大于8米(含)小于90米(含),内置发动机,可以在水上

移动，一般为私人或团体购置，主要用于水上运动和休闲娱乐等非牟利活动的各类机动艇。

（十三）木制一次性筷子

木制一次性筷子，是指以木材为原料经过锯段、浸泡、旋切、刨切、烘干、筛选、打磨、倒角、包装等环节加工而成的各类一次性使用的筷子。

本税目征收范围包括各种规格的木制一次性筷子。未经打磨、倒角的木制一次性筷子也属于本税目征税范围。

（十四）实木地板

本税目征收范围包括各类规格的实木地板、实木指接地板、实木复合地板及用于装饰墙壁、天棚的侧端面为榫、槽的实木装饰板。未经涂饰的素板也属于本税目征税范围。

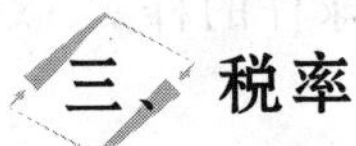

三、税率

我国现行消费税的税率采用比例税率和定额税率，以及同时包括比例税率和定额税率的复合税率，以适应不同应税消费品的实际情况。具体如表 3-1 所示。

表 3-1 消费税税目、税率(税额)表

税　目	税率(税额)	平均成本利润率/%
一、烟		
1. 卷烟		
(1) 甲类卷烟(每标准条调拨价≥70 元)	56%加 0.003 元/支(生产环节)	10
(2) 乙类卷烟(每标准条调拨价＜70 元)	36%加 0.003 元/支(生产环节)	5
(3) 批发环节	5%	
2. 雪茄烟	36%	5
3. 烟丝	30%	5
二、酒及酒精		
1. 粮食白酒	20%加 0.5 元/500 克(或 500 毫升)	10
2. 黄酒	240 元/吨	5
3. 啤酒		
(1) 甲类啤酒(每吨出厂价≥3 000 元)	250 元/吨	
(2) 乙类啤酒(每吨出厂价＜3 000 元)	220 元/吨	
4. 其他酒	10%	5
5. 酒精	5%	5
三、化妆品	30%	5
四、贵重首饰及珠宝玉石		6
1. 金银首饰、铂金首饰和钻石及钻石饰品	5%	

续表

税 目	税率(税额)	平均成本利润率/%
2. 其他贵重首饰及珠宝玉石	10%	
五、鞭炮、焰火	15%	5
六、成品油		
1. 汽油		
(1) 无铅汽油	1.0元/升	
(2) 含铅汽油	1.4元/升	
2. 柴油	0.8元/升	
3. 航空煤油	0.8元/升	
4. 溶剂油	1.0元/升	
5. 石脑油	1.0元/升	
6. 润滑油	1.0元/升	
7. 燃料油	0.8元/升	
七、汽车轮胎	3%	5
八、摩托车		6
1. 汽缸容量(排气量)在250毫升(含)以下的	3%	
2. 汽缸容量在250毫升以上的	10%	
九、小汽车		
1. 乘用车		8
(1) 汽缸容量(排气量)在1.0升(含)以下的	1%	
(2) 汽缸容量在1.0升以上至1.5升(含)的	3%	
(3) 汽缸容量在1.5升以上至2.0升(含)的	5%	
(4) 汽缸容量在2.0升以上至2.5升(含)的	9%	
(5) 汽缸容量在2.5升以上至3.0升(含)的	12%	
(6) 汽缸容量在3.5升以上至4.0升(含)的	25%	
(7) 汽缸容量在4.0升以上的	40%	
2. 中轻型商用客车	5%	5
十、高尔夫球及球具	10%	10
十一、高档手表	20%	20
十二、游艇	10%	10
十三、木制一次性筷子	5%	5
十四、实木地板	5%	5

消费税税率在具体适用时,有以下特殊的规定:

(1) 纳税人兼营不同税率的应税消费品时,应分别核算不同税率的应税消费品销售额或销售数量,未分别核算或未能准确分别核算的,从高适用税率。

(2) 将应税消费品和非应税消费品或不同税率应税消费品组成成套消费品销售的,

按应税消费品中的最高适用税率征税。

第三节 应纳税额的计算

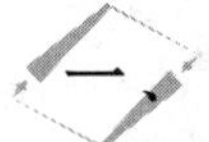一、应纳消费税额的基本计算方法

根据我国现行《消费税暂行条例》的规定，消费税应纳税额的计算分为从价定率、从量定额以及从价定率与从量定额复合计算三类计算方法。

（一）从价定率计算

在从价定率计算方法下，应纳税额的计算取决于应税消费品的销售额和适用税率两个因素。其计算公式为

应纳税额＝应税消费品的销售额×适用税率

1. 销售额的一般规定

应税消费品的销售额，是指纳税人销售应税消费品向购买方收取的全部价款和价外费用。价外费用(实属价外收入)是指在价外向购买方收取的手续费、补贴、基金、集资费、返还利润、奖励费、违约金、延期付款利息、包装费、包装物租金、储备费、优质费、运输装卸费、代收款项、代垫款项以及其他各种性质的价外收费，但不包括下列项目：

(1) 同时符合以下两个条件的代垫运费不包括在内：①承运者将运费发票开具给购货方的；②纳税人将该项发票转交给购货方的。

(2) 同时符合以下条件代为收取的政府性基金或行政事业性收费：①由国务院或财政部批准设立的政府性基金，由国务院或省级人民政府及其财政、价格主管部门批准设立的行政事业性收费；②收取时开具省级以上财政部门印制的财政票据；③所收款项全额上缴财政。

其他价外费用，无论是否属于纳税人的收入，均应并入销售额计算征税。由此可见，消费税对销售额和价外费用的定义与增值税一致。

2. 销售额的其他规定

(1) 实行从价定率办法计算应纳税额的应税消费品连同包装物销售的，不论包装物是否单独计价，也不论在会计上如何核算，均应并入应税消费品的销售额中征收消费税。如果包装物不作价随同产品销售，而是收取押金(收取酒类产品的包装物押金除外)，且单独核算又未过期的，此项押金则不应并入应税消费品的销售额中征税。但对因逾期未收回的包装物不再退还的和已收取1年以上的押金，应并入应税消费品的销售额，按照应税

消费品的适用税率征收消费税。

(2) 对既作价随同应税消费品销售,又另外收取的包装物押金,凡纳税人在规定的期限内不予退还的,均应并入应税消费品的销售额,按照应税消费品的适用税率征收消费税。

(3) 对酒类产品生产企业销售酒类产品(啤酒、黄酒除外)而收取的包装物押金,无论押金是否返还及在会计上如何核算,均需并入酒类产品销售额中,依酒类产品适用税率征收消费税。

(4) 纳税人销售的应税消费品,以外汇结算销售额的,其销售额的人民币折合率可以选择采用结算的当天或者当月1日的国家外汇牌价(原则上为中间价)。纳税人应事先确定采取何种折合率,确定后1年内不得变更。

(5) 含增值税销售额应还原成不含税销售额。应税消费品在缴纳消费税的同时,与一般货物一样还应缴纳增值税。如果纳税人应税消费品的销售额中未扣除增值税税款或者因不得开具增值税专用发票而发生价款与增值税税款合并收取的,在计算消费税时,应将含增值税的销售额换算成不含增值税的销售额。其换算公式为

应税消费品的销售额=包含增值税的销售额÷(1+增值税税率或征收率)

在使用公式时,应根据纳税人的具体情况分别使用增值税税率或征收率。

(二) 从量定额计算

在从量定额计算方法下,应纳税额的计算取决于应税消费品的销售数量和单位税额两个因素。其计算公式为

应纳税额=应税消费品销售数量×单位税额

1. 销售数量的确定

销售数量是指纳税人生产、加工和进口应税消费品的数量。具体规定如下:

(1) 销售应税消费品的,为应税消费品的销售数量;

(2) 自产自用应税消费品的,为应税消费品的移送使用数量;

(3) 委托加工应税消费品的,为纳税人收回的应税消费品数量;

(4) 进口的应税消费品,为海关核定的应税消费品的进口征税数量。

2. 计量单位的换算标准

《消费税暂行条例》规定中,啤酒是以吨为税额单位,成品油是以升为税额单位的。但是,在实际销售过程中,纳税人一般都是以升来计量啤酒,以吨来计量成品油。为了规范不同产品的计量单位,以准确计算应纳税额,税法规定了吨和升这两个计量单位的换算标准,具体见表3-2。

表 3-2 计量单位的换算关系

序号	从量定额计征的应税消费品	计量单位的换算关系
1	黄酒	1 吨＝962 升
2	啤酒	1 吨＝988 升
3	汽油	1 吨＝1 388 升
4	柴油	1 吨＝1 176 升
5	石脑油	1 吨＝1 385 升
6	溶剂油	1 吨＝1 282 升
7	润滑油	1 吨＝1 126 升
8	航空煤油	1 吨＝1 246 升
9	燃料油	1 吨＝1 015 升

（三）从价定率与从量定额复合计税的计算

在现行消费税的 14 个税目中，只有卷烟、粮食白酒和薯类白酒 3 个子目采用复合税率。其计算公式为

应纳税额＝应税销售数量×单位税额＋应税销售额×税率

生产销售卷烟、粮食白酒和薯类白酒从量定额计税依据为实际销售数量。进口、委托加工、自产自用卷烟、粮食白酒和薯类白酒从量定额计税依据分别为海关核定的进口征税数量、委托方收回数量、移送使用数量。

例 3-1 某酒厂 4 月份销售粮食白酒 30 吨，取得不含增值税销售价款 1 200 000 元，另收取包装物押金 30 000 元；销售黄酒 10 吨，取得不含增值税销售价款 40 000 元，另收取包装物押金 2 000 元。该酒厂对上述押金均单独记账核算，按双方约定的期限，对方已于 7 月份按时将上述包装物全部退还该酒厂。

解： 销售白酒和黄酒应纳消费税额＝30×2 000×0.5＋[1 200 000 ＋30 000÷(1＋17%)]×20%＋10×240

＝277 528.21(元)

销售白酒和黄酒应纳增值税税额＝[1 200 000＋30 000÷(1＋17%)]×17% ＋40 000×17%

＝215 158.97(元)

（四）计税依据的特殊规定

(1) 卷烟从价定率计税办法的计税依据为调拨价格或核定价格。

调拨价格是指卷烟生产企业通过卷烟交易市场与购货方签订的卷烟交易价格。计税

调拨价格由国家税务总局按照中国烟草交易中心和各省烟草交易(订货)会2000年各牌号、规格卷烟的调拨价格确定。核定价格是指由税务机关按其零售价倒算一定比例的办法核定计税价格。核定价格的计算公式为

某牌号规格卷烟核定价格＝该牌号规格卷烟市场零售价格÷(1＋35％)

实际销售价格高于计税价格和核定价格的卷烟,按实际销售价格征收消费税;实际销售价格低于计税价格和核定价格的卷烟,按计税价格和核定价格征收消费税。2000年11月以后生产销售的新牌号规格卷烟,暂按生产企业自定的调拨价格征收消费税。

(2) 纳税人通过自设非独立核算门市部销售的自产应税消费品,应当按照门市部对外销售额或者销售数量征收消费税。

(3) 纳税人用于换取生产资料和消费资料(即以物易物),投资入股和抵偿债务等方面的应税消费品,应当以纳税人同类应税消费品的最高销售价格作为计税依据计算消费税。

这里需要注意的是,第二章增值税部分曾介绍过的“视同销售行为”在消费税里仍应作视同销售行为处理。此时以纳税人同类消费品的最高销售价格作为计税依据的自产应税消费品都是用于对外的视同销售行为,如果是用于企业内部非应税项目或集体福利和个人消费的视同销售行为,还是按同类消费品同期加权平均售价确定销售额。

(4) 白酒生产企业不论以何种方式或何种名义向商业销售单位收取价款(如品牌使用费等),都是随着应税白酒的销售而向购货方收取的,均应并入白酒的销售额中缴纳消费税。

二、生产销售环节应纳消费税的计算

(一) 直接对外销售应纳消费税的计算

直接对外销售应税消费品,即生产企业将自产的应税消费品直接对外销售,这是最为基本和常见的方式,计算应纳消费税时可能涉及前述三种消费税计算方法。由于这三种方式均简便、快捷,为避免重复,仅举一按复合税率征收的例子说明。

例 3-2　某白酒生产企业为增值税一般纳税人,2010年8月销售粮食白酒60吨,取得不含增值税的销售额180万元。计算该月应缴纳的消费税额。

应纳税额＝60×2 000×0.000 05＋180×20％＝42(万元)

(二) 自产自用应税消费品应纳税额的计算

所谓自产自用,是指纳税人在生产应税消费品后,不是直接对外销售,而是用于自己连续生产应税消费品,或者用于其他方面。这是实际经济生活中常见的现象,如企业将自

己生产的应税消费品以福利、奖励等形式发给职工。对自产自用应税消费品的行为是否纳税及如何纳税，应该根据其下列的不同用途具体确定。

1. 用于连续生产应税消费品的

纳税人自产自用应税消费品用于连续生产应税消费品的，不纳税。所谓"自产自用应税消费品用于连续生产应税消费品"，是指作为生产最终应税消费品的直接材料，并构成最终产品实体的应税消费品。例如，卷烟厂生产出烟丝，烟丝已经是应税消费品，卷烟厂再用生产的烟丝连续生产卷烟，这样，用于连续生产成卷烟的烟丝就不用纳税，而只就所生产的卷烟征收消费税。当然，如果所生产的烟丝直接对外销售的，则需要征收消费税。税法规定对自产自用应税消费品用于连续生产应税消费品不征税，体现了税不重征且计税简便的原则。

2. 用于其他方面的

纳税人自产自用的应税消费品，除用于连续生产应税消费品外，凡用于其他方面的，一律于移送使用时纳税。所谓"用于其他方面的"，是指纳税人用于生产非应税消费品和在建工程、管理部门、非生产机构、提供劳务，以及用于馈赠、赞助、集资、广告、样品、职工福利、奖励等方面的应税消费品，也就是第二章"增值税"中所规定的第(3)至(8)项"视同销售行为"。如石化厂将自产的柴油用于本厂基建工程的车辆、设备使用，汽车厂将自产的汽车用于提供给行政管理人员使用，摩托车厂将自产的摩托车赠送或赞助给摩托车拉力赛车手使用，兼作商品广告等的行为。

自产自用的应税消费品，用于其他方面按视同销售处理应当征收消费税的，应按照纳税人当月生产的同类消费品的销售价格计算纳税。如果当月同类消费品各期销售价格高低不同，应按销售数量加权平均计算。但销售的应税消费品有下列情况之一的，不得列入加权平均计算：①销售价格明显偏低且无正当理由的；②无销售价格的。如果当月无销售额或者当月月未完结，应按照同类消费品上月或最近月份的销售价格计算纳税。

没有同类消费品销售价格的，按照组成计税价格计算纳税。组成计税价格的公式为

组成计税价格＝(成本＋利润)÷(1－比例税率)

应纳税额＝组成计税价格×适用税率

实行复合计税办法计算纳税的组成计税价格计算公式为

组成计税价格＝(材料成本＋加工费＋委托加工数量×定额税率)÷(1－比例税率)

公式中的成本指应税消费品的生产成本，利润指根据应税消费品的全国平均成本利润率计算的利润，应税消费品的全国平均成本利润率由国家税务总局在 1993 年 12 月颁布的《消费税若干具体问题的规定》中确定，具体见表 3-1 税目、税率表。

表 3-3 显示了生产销售环节的税务处理。

表 3-3　生产销售环节的税务处理

纳税人	应税行为	纳税环节	计税依据
生产消费品的单位和个人	直接销售	出厂销售环节	从价定率:销售额
			从量定额:销售数量
			复合计税:销售额、销售数量
	自产自用	用于连续生产消费品的:不纳税	—
		用于其他方面的:在移送使用环节纳税	从价定率:同类消费品价格或组成计税价格
			从量定额:移送数量
			复合计税:同类消费品价格或组成计税价格、销售数量

例 3-3　某化妆品公司将一批自产的化妆品用作职工福利，该批化妆品的生产成本为 8 000 元，当月及最近时期无同类化妆如下品价格可参考，但知其成本利润率为 5%，消费税税率为 30%。则该批产品应纳消费税如下：

组成计税价格＝8 000×(1＋5%)÷(1－30%)＝12 000(元)

应纳税额＝12 000×30%＝3 600(元)

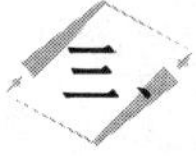

三、委托加工环节应税消费品应纳税额的计算

纳税人由于设备、技术、人力等方面的局限或其他方面的原因，有时需要委托其他单位代为加工应税消费品，收回之后或用于连续生产应税消费品，或用于直接对外销售，或用于其他方面。这是生产应税消费品的另一种形式，为了保证税负的公平，也应将其纳入征收消费税的范围。

（一）委托加工应税消费品的确定

消费税和增值税对委托加工行为的界定是一致的，是指由委托方提供原料及主要材料，受托方只收取加工费和代垫部分辅助材料加工应税消费品的行为。对于由受托方提供原材料生产的应税消费品，或者由受托方先将原料卖给委托方，再接受委托加工的应税消费品，以及由受托方以委托方名义外购原材料后加工的应税消费品，不论受托方在会计上是否作销售处理，都不得作为委托加工应税消费品，而应按受托方自产同类应税消费品售价征税。

这样规定是为了避免出现受托方确定计税价格偏低、代收代缴消费税虚假的现象。同时，受托方也只以加工劳务缴纳增值税，逃避了自制应税消费品要缴纳消费税的责任。

（二）委托加工应税消费品的纳税义务

对符合税法限定条件的委托加工应税消费品的行为，受托方应按收取的加工费（包括代垫的辅助材料实际成本，不包括增值税税金）缴纳增值税，同时按照受托方自产的同类消费品的销售价格计算缴纳消费税。同类消费品的销售价格是指受托方当月销售的同类消费品的销售价格。如果当月同类消费品各期销售价格高低不同，应按销售数量加权平均计算。但销售的应税消费品有下列情况之一的，不得列入加权平均计算：①销售价格明显偏低且无正当理由的；②无销售价格的。如果当月无销售额或者当月未完结，应按照同类消费品上月或最近月份的销售价格计算纳税。没有同类消费品销售价格的，按照组成计税价格计算纳税。

实行从价定率办法计算纳税的组成计税价格的公式为

组成计税价格＝（材料成本＋加工费）÷（1－比例税率）

应纳税额＝组成计税价格×适用税率

实行复合税率办法计算纳税的组成计税价格的公式为

组成计税价格＝（材料成本＋加工费＋委托加工数量×定额税率）÷（1－比例税率）

“材料成本”是指委托方所提供加工材料的实际成本。为了防止出现少报材料成本逃税的现象，委托加工应税消费品的纳税人必须在委托加工合同上如实注明（或以其他方式提供）材料成本。未提供材料成本的，税务机关有权核定其材料成本。

“加工费”是指受托方加工应税消费品向委托方收取的全部费用，包括代垫的部分辅助材料的实际成本，但不含增值税金。

委托加工应税消费品应纳的消费税，由受托方在向委托方交货时代收代缴，受托方是法定的代收代缴义务人。但纳税人委托个体经营者加工应税消费品的，一律由委托方收回后在委托方所在地缴纳消费税。

例 3-4 某化妆品生产企业 2010 年 8 月受托为某单位加工一批化妆品，委托单位提供的原材料金额为 30 万元，收取委托单位不含增值税的加工费 5 万元。该类化妆品无同类产品价格可供参考，试计算化妆品生产企业应代收代缴的消费税。

组成计税价格＝（30＋5）÷（1－30％）＝50（万元）

应纳税额＝50×30％＝15（万元）

四、进口应税消费品应纳税额的计算

纳税人进口应税消费品，应于报关进口时由海关代征进口环节消费税。根据国家税务总局、海关总署联合颁布的《关于对进口货物征收增值税、消费税有关问题的通知》的规定，进口应税消费品的收货人或办理报关手续的单位和个人，为进口应税消费品消费税的纳税义务人。进口应税消费品的消费税税目、税率,依照《消费税暂行条例》所附的《消费税税目、税率(税额)表》执行。纳税人进口应税消费品应纳税额的计算,分为以下几种类型。

(一) 实行从价定率办法的应税消费品应纳税额的计算

组成计税价格=(关税完税价格+关税)÷(1-消费税比例税率)

应纳税额=组成计税价格×消费税税率

其中,关税完税价格是指海关核定的,以到岸价为基础的关税计税价格。

例 3-5 某外贸公司 2010 年 8 月进口一批应税消费品,已知该批应税消费品的关税完税价格为 120 万元,适用关税税率 20%,按规定应缴纳关税 24 万元,假定进口的应税消费品的消费税税率为 10%。则其进口环节应缴纳的消费税如下:

组成计税价格=(120+24)÷(1-10%)=160(万元)

应纳税额=160×10%=16(万元)

(二) 实行从量定额办法的应税消费品应纳税额的计算

应纳税额=应税消费品数量×消费税单位税额

(三) 实行从价定率和从量定额复合征收办法的应税消费品应纳税额的计算

组成计税价格=(关税完税价格+关税+进口数量×消费税单位税额)÷(1-消费税比例税率)

应纳税额=组成计税价格×消费税税率+应税消费品数量×消费税单位税额

例 3-6 某进出口公司(一般纳税人)8 月份从境外进口散装白酒 2.2 吨,每吨白酒海关核定的关税完税价格折合人民币为 420 000 元,进口关税税率为 180%。则该白酒进口环节海关代征的消费税和增值税分别如下:

(1) 组成计税价格

=(2.2×420 000+2.2×420 000×180%+2.2×2 000×0.5)÷(1-20%)

=3 236 750(元)

(2) 应纳消费税

=3 236 750×20%+2.2×2 000×0.5=649 550(元)

(3) 应纳增值税

=(2.2×420 000+2.2×420 000×180%+649 550)×17%=55 0247.5(元)

五、消费税已纳税款扣除的计算

纳税人外购的已税消费品和委托加工收回的已税消费品如果直接出售或用于其他视同销售行为的，按照消费税“一次征收，税不重征”的原则，不再重复征收消费税。但如果将外购已税消费品和委托加工收回的已税消费品用于连续生产应税消费品销售的，所连续生产出的消费品又产生新的消费品纳税义务，为了避税重复征税，准予将外购消费品和委托加工收回消费品的已纳税金进行扣除。

（一）外购应税消费品已纳税款的扣除

由于某些应税消费品是用外购已缴纳消费税的应税消费品连续生产出来的，在对这些连续生产出来的应税消费品计算征税时，税法规定应按当期生产领用数量计算准予扣除外购的应税消费品已纳的消费税税款。

纳税人外购下列已税消费品用于连续生产应税消费品时，准予扣除其已纳税款：

（1）以外购的已税烟丝生产的卷烟；

（2）以外购的已税化妆品生产的化妆品；

（3）以外购的已税珠宝玉石生产的贵重首饰及珠宝玉石；

（4）以外购的已税鞭炮、焰火生产的鞭炮、焰火；

（5）以外购的已税汽车轮胎(内胎和外胎)生产的汽车轮胎；

（6）以外购的已税摩托车生产的摩托车；

（7）以外购的已税杆头、杆身和握把为原料生产的高尔夫球杆；

（8）以外购的已税木制一次性筷子为原料生产的木制一次性筷子；

（9）以外购的已税实木地板为原料生产的实木地板；

（10）以外购的已税石脑油为原料生产的应税消费品；

（11）以外购的已税润滑油为原料生产的润滑油。

这里应特别注意的是，外购已税消费品用于连续生产应税消费品准予扣除已纳税款的范围仅限于上述所列举的11类。根据财政部、国家税务总局财税[2001]第84号《关于调整酒类产品消费税政策的通知》的规定，从2001年5月1日起，停止执行利用外购或委托加工收回的已税酒和酒精生产酒准予扣除已纳消费税的政策，外购酒及酒精已纳税款或受托方代收代缴税款不得再行扣除。

当期准予扣除外购的应税消费品已纳消费税税款，按下式计算：

$$\text{当期准予扣除外购应税消费品已纳税款}=\text{当期准予扣除外购应税消费品买价}\times\text{外购应税消费品适用税率}$$

$$\text{当期准予扣除外购应税消费品买价}=\text{期初库存外购应税消费品买价}+\text{当期购进的外购应税消费品买价}-\text{期末库存的外购应税消费品买价}$$

外购应税消费品的买价是指购货发票上注明的销售额(不包括增值税税款)。

纳税人用外购的已税珠宝玉石生产的改在零售环节征收消费税的金银首饰(镶嵌首饰),在计税时一律不得扣除外购珠宝玉石的已纳税款。

对自己不生产应税消费品,而只是购进后再销售应税消费品的工业企业,其销售的化妆品、鞭炮、焰火和珠宝玉石,凡不能构成最终消费品直接进入消费品市场,而需进一步生产加工的(如需进行深加工、包装、贴标、组合的珠宝玉石、化妆品、鞭炮、焰火等),应当征收消费税,同时允许扣除上述外购应税消费品的已纳税款。

允许扣除已纳税款的应税消费品只限于从工业企业购进的应税消费品和进口环节已缴纳消费税的应税消费品,对从境内商业企业购进应税消费品的已纳税款,一律不得扣除。

若外购的应税消费品直接出售的,不再征收消费税,也不存在扣除已纳税款的问题。

例 3-7 某卷烟生产企业增值税一般纳税人,某月月初库存外购应税烟丝 30 万元,当月又外购应税烟丝金额 70 万元(不含增值税),月末库存烟丝金额 20 万元,其余被当月卷烟生产领用。计算卷烟厂当月准予扣除的外购烟丝已纳消费税税额。

当月准予扣除的外购烟丝买价=30+70-20=80(万元)

当月准予扣除的外购烟丝已纳消费税税额=80×30%=24(万元)

(二) 委托加工收回的应税消费品已纳税款的扣除

如果委托加工收回的应税消费品用于连续生产应税消费品的,与前述外购应税消费品用于连续生产应税消费品允许抵免已纳税款一样,委托加工收回的应税消费品因为已由受托方代收代缴消费税,其已纳税款准予按当期生产领用数量从连续生产的应税消费品应纳的消费税额中抵扣。准予抵扣的委托加工收回应税消费品的范围与前述外购应税消费品用于连续生产应税消费品允许抵免的 11 类消费品的范围是相同的,此处不再重复。

$$\begin{array}{c}\text{当期准予扣除的委托加工}\\\text{应税消费品已纳税款}\end{array}=\begin{array}{c}\text{期初库存的委托加工应税}\\\text{消费品已纳税款}\end{array}+\begin{array}{c}\text{当期收回的委托加工应税}\\\text{消费品已纳税款}\end{array}-\frac{\text{期末库存的委托加工应税}}{\text{消费品已纳税款}}$$

委托加工应税消费品已纳税款为代扣代收税款凭证注明的受托方代收代缴的消费税。

纳税人用委托加工收回的已税珠宝玉石生产的改在零售环节征收消费税的金银首饰(镶嵌首饰),在计税时一律不得扣除委托加工收回的珠宝玉石的已纳消费税税款。

六、消费税计算举例

例 3-8 某卷烟生产企业为增值税一般纳税人，2011 年 7 月有关业务如下：

(1) 期初库存外购已税烟丝 300 万元，本期外购已税烟丝取得防伪控系统开具的增值税专用发票，注明价款 2 000 万元，增值税 340 万元；支付本期外购烟丝运输费用 50 万元，取得经税务机关认可的运输公司开具的普通发票。

(2) 生产领用库存外购烟丝 2 100 万元，生产卷烟 2 500 标准箱(每条调拨价格均大于 70 元)；生产领用库存的烤烟叶生产雪茄烟 500 箱。

(3) 经专卖局批准，销售卷烟给各商场 1 200 箱，取得不含税销售收入 3 600 万元，由于货款收回及时给了各商场 2%的折扣，销售给各卷烟专卖店 800 箱，取得不含税销售收入 2 400 万元，支付销货运输费用 120 万元，并取得经税务机关认定的运输公司开具的普通发票。

(4) 取得专卖店购买卷烟延期付款的利息收入 21.06 万元，已向对方开具了普通发票。

(5) 销售雪茄烟 300 箱给各专卖店，取得不含税销售收入 600 万元；零售雪茄烟 15 箱，取得含税收入 35.1 万元；取得雪茄烟过期的包装物押金收入 7.02 万元。

已知卷烟消费税比例税率为 56%，雪茄烟消费税比例税率为 36%，烟丝消费税税率为 30%，相关票据已通过主管税务机关认证。计算该企业当月应纳消费税。

解：(1) 10 月份销售卷烟相关的应纳消费税

=[3 600+2 400+21.06/(1+17%)]×56%+(1 200+800)×150÷10 000

=3 400.08(万元)

(2) 10 月份与销售雪茄烟相关的消费税

=[600+35.1/(1+17%)+7.02/(1+17%)]×36%=228.96(万元)

(3) 当月生产领用外购已税烟丝可抵扣消费税

=2 100×30%=630(万元)

(4) 当月应缴纳的消费税

=3 400.08+228.96−630=2 999.04(万元)

(注：当月生产领用外购已税烟丝 2 100 万元，须在此扣除烟丝已纳消费税。)

第四节 出口货物退(免)税

纳税人出口应税消费品与已纳增值税出口货物一样，国家都给予退(免)税优惠。出口应税消费品同时涉及退(免)增值税和消费税，且退(免)消费税与出口货物退(免)增值税在退(免)税范围的限定、退(免)税办理程序、退(免)税审核及管理上基本一致。因此，本节仅介绍出口应税消费品退(免)消费税不同于退(免)增值税的特殊规定。

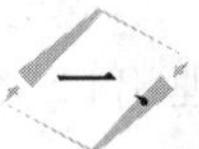

一、出口退税率的规定

计算出口应税消费品应退消费税的税率或单位税额，依据《消费税暂行条例》所附的《税目、税率(税额)表》执行。这是退(免)消费税与退(免)增值税的一个重大区别：当出口的货物是应税消费品时，其退还增值税要按规定的增值税退税率计算，其退还消费税则按该应税消费品所适用的消费税税率计算。企业应将不同消费税税率的出口应税消费品分开核算和申报，凡划分不清的，一律从低适用税率计算应退消费税税额。

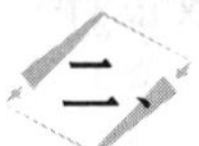

二、出口应税消费品退(免)税规定

(一) 出口免税并退税

这适用于有进出口经营权的外贸企业购进应税消费品直接出口，以及外贸企业受其他外贸企业委托代理出口应税消费品。因为外贸企业购进的应税消费品价款里，包含了生产环节征收的消费税，出口实现后应予退还。但是，外贸企业受其他企业(主要是非生产性的商贸企业)委托，代理出口应税消费品不予退(免)税。这个政策限制与前述增值税出口货物退(免)税的政策规定是一致的。

(二) 出口免税但不退税

对于有进出口经营权的生产性企业自营出口，或生产企业委托外贸企业代理出口自产的应税消费品，应依据其实际出口数量免征消费税，但不予办理退还消费税。因为在免征生产环节消费税后，应税消费品出口时其销售额没有被征收消费税，所以也就不存在退还消费税的问题。这个政策规定与前述生产企业自营出口或委托外贸企业代理出口自产货物退(免)增值税的政策规定是不一致的。原因在于，消费税仅在生产企业的生产环节征收，生产环节免税了，出口的应税消费税就不含消费税了；而增值税是在货物流通的每个环节都征收，出口货物免了销项税额，还要退还进项税额。

(三) 出口不免税也不退税

这适用于除生产企业、外贸企业外的其他企业，具体指一般非生产性的商贸企业。这类企业委托外贸企业代理出口应税消费品一律不予退(免)税。

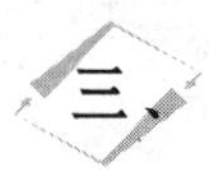

三、出口应税消费品退税额的计算

外贸企业从生产企业购进应税消费品直接出口，或者受其他外贸企业委托代理出口应税消费品应退消费税税款，分以下两种情况处理：

(1) 属于从价定率计征消费税的应税消费品，应依照外贸企业从工厂购进货物时征收消费税的价格计算应退消费税税额。其公式为

应退消费税税款＝出口货物的工厂销售额×税率

出口货物的工厂销售额应不含增值税，对含增值税的价格应换算成不含增值税的销售额。

(2) 属于从量定额计征消费税的应税消费品，应依照货物购进和报关出口的数量计算应退消费税税额。其公式为

应退消费税税款＝出口数量×单位税额

出口的应税消费品办理退税后，发生退关，或者国外退货进口时予以免税的，报关出口者须及时申报补缴已退的消费税税款。纳税人直接出口的应税消费品办理退税后，发生退关或者国外退货，进口时已予以免税的，经所在地主管税务机关批准，可暂不办理补税，待其转为国内销售时，再向其主管税务机关申报补缴消费税。

第五节　消费税的征收管理

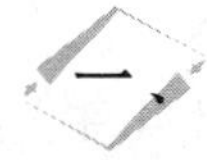

一、纳税义务发生时间

消费税纳税义务发生时间，以货款结算方式或行为发生时间分别确定。

(1) 消费税的销售应税消费品的纳税义务发生时间为：

- 纳税人采取赊销和分期收款结算方式的，其纳税义务的发生时间为销售合同规定的收款日期的当天。
- 纳税人采取预收货款结算方式的，其纳税义务的发生时间为发出应税消费品的当天。
- 纳税人采取托收承付和委托银行收款方式销售的应税消费品，其纳税义务的发生时间为发出应税消费品并办妥托收手续的当天。
- 纳税人采取其他结算方式的，其纳税义务的发生时间为收讫销售款或者取得索取销售款凭据的当天。

(2) 纳税人自产自用的应税消费品，其纳税义务的发生时间为移送使用的当天。

(3) 纳税人委托加工的应税消费品，其纳税义务的发生时间为纳税人提货的当天。

(4) 纳税人进口的应税消费品,其纳税义务的发生时间为报关进口的当天。

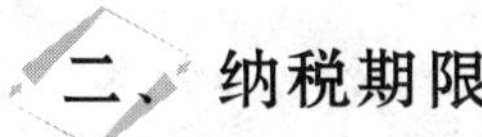

二、纳税期限

消费税的纳税期限分别为1日、3日、5日、10日、15日、1个月或者1个季度。每个不同纳税人的具体纳税期限,由其主管税务机关根据纳税人应纳税额的大小分别核定;不能按固定期限缴税的,可以按次纳税。

纳税人以1个月或者1个季度为一期纳税的,自期满之日起15日内申报纳税;以1日、3日、5日、10日或者15日为一期纳税的,自期满之日起5日内预缴税款,于次月1日至15日内申报纳税,并结清上月应纳税款。

纳税人进口应税消费品,应当自海关填发税款缴纳凭证的次日起,15日内缴纳税款。

三、纳税地点

(1) 纳税人销售的应税消费品,以及自产自用的应税消费品,除国家另有规定外,向纳税人核算地主管税务机关申报纳税。

(2) 委托加工的应税消费品,除受托方为个体工商户外,由受托方向所在地主管税务机关代收代缴消费税税款。

(3) 进口的应税消费品,与进口人或其代理人向报关地海关申报纳税。

(4) 纳税人到外县(市)销售或委托外县(市)代销自产自用应税消费品的,于应税消费品销售后,回纳税人核算地或所在地缴纳消费税。

(5) 纳税人的总机构与分支机构不在同一县(市)的,应当分别向各自所在地主管税务机关缴纳。经财政部、国家税务总局或者其授权的财政、税务部门批准,可以由总机构向总机构所在地的主管税务机关申报缴纳。

(6) 纳税人销售的应税消费品因质量等原因发生销货退回时,经所在地主管税务机关审核批准后,可以退还已征的消费税税款,但不能自行直接抵减应纳税款。

练习题

一、复习思考题

1. 确定消费税征收范围的标准是什么?

2. 消费税的计税依据和增值税的计税依据有何关系?

3. 消费税的纳税环节是如何规定的？其与增值税的纳税环节有何不同？

4. 委托加工应税消费品消费税的计征有何特点？

5. 外购或委托加工收回应税消费品用于连续生产应税消费品时如何计税？为什么？

二、综合业务题

1. ××酒厂 2011 年 5 月发生以下业务：

(1) 以外购粮食白酒和自产糠麸白酒勾兑散装白酒 1 吨并销售，取得不含税销售额 3.8 万元，货款已收到。

(2) 自制粮食白酒 5 吨，对外售出 4 吨，收到不含税销售额 20 万元，另收取包装物押金(单独核算)0.2 万元。

(3) 自产药酒 1 200 斤，全部售出，普通发票上注明销售额为 7.2 万元。

(4) 从另一酒厂购入粮食白酒 800 斤(已纳消费税 0.4 万元)，全部勾兑成低度白酒出售，数量为 1 000 斤，取得不含税销售 2.5 万元。

(5) 为厂庆活动特别制作粮食白酒 2 000 千克，全部发放给职工，无同类产品售价。每千克成本为 15 元。

要求：请计算该厂本月应纳消费税和增值税税额。

2. 某摩托车厂为增值税一般纳税人，2011 年 6 月发生以下业务：

(1) 销售自产摩托车 40 辆，开具普通发票注明销售额 16 万元，另收取运输费 1 万元、包装费 2 万元。

(2) 赞助某摩托车拉力赛 3 辆特制摩托车(无同类价格)，每辆成本 2 万元，税务部门规定的成本利润率为 6%。

(3) 外购摩托车轮胎已入库，取得防伪税控系统开具的增值税专用发票注明价款 8 万元，增值税 1.36 万元，当月生产摩托车领用 50%，发票已认证。

要求：计算本月应纳消费税和增值税。(摩托车消费税税率为 10%)

3. 某卷烟厂为增值税一般纳税人，2011 年 7 月有关生产经营情况如下：

(1) 从某烟丝厂购进已税烟丝 200 吨，每吨不含税单价 2 万元，取得烟丝厂开具的增值税专用发票，注明货款 400 万元，增值税 68 万元，烟丝已验收入库。

(2) 向农业生产者收购烟叶 30 吨，收购凭证上注明支付收购货款 42 万元，另支付运输费用 3 万元，取得运输公司开具的普通发票。烟叶验收入库后，又将其运往烟丝厂加工成烟丝，取得烟丝厂开具的增值税专用发票，注明支付加工费 8 万元，增值税 1.36 万元。卷烟厂收回烟丝时烟丝厂未代收代缴消费税。

(3) 卷烟厂生产领用外购已税烟丝 150 吨，生产卷烟 20 000 标准箱(每条调拨价在 70 元以上)，当月销售给卷烟专卖商 18 000 箱，取得不含税销售额 36 000 万元。

要求：(1) 计算卷烟厂本月应缴纳的增值税。

(2) 计算卷烟厂本月应缴纳的消费税。

第四章 营业税

【学习要求】 本章应重点掌握营业税的纳税人和扣缴义务人、营业税的征收范围、税率及不同税目计税依据的具体规定；一般掌握视同应税行为、混合销售行为和兼营行为；理解营业税的特点和税收优惠；了解营业税的征收管理。

第一节 营业税概述

一、营业税的概念

营业税是以从事工商营利性事业和服务业所取得的营业收入为课税对象而征收的一种流转税。我国现行营业税是对在我国境内提供应税劳务、转让无形资产和销售不动产所取得的营业收入额为计税依据而征收的一个税种。目前，我国用以调整营业税征收与缴纳权利义务关系的基本法律规范，是 2008 年 11 月 5 日由国务院第 34 次常务会议修订通过并颁布，从 2009 年 1 月 1 日起施行的《中华人民共和国营业税暂行条例》(以下简称《营业税暂行条例》)以及 2008 年 12 月 15 日由财政部、国家税务总局第 52 号令发布的《中华人民共和国营业税暂行条例实施细则》(以下简称《营业税暂行条例实施细则》)。

营业税作为中央、地方共享税，其收入绝大部分划归地方政府，是地方政府财政收入的主要来源。

二、营业税的起源与发展

营业税是一个古老的税种。早在西周时期，我国就有"凡商贾虞衡皆有税"的历史记载。汉代时征收的"算缗钱"，就是一种对商业征收的营业税。宋代将商业分为行商和坐商，对其分别征收"过税"。明朝时期的门摊、课铁和清朝时期的铺间房税、牙当等，都属营业税性质的税收。国民党政府于 1928 年 7 月制定《营业税办法大纲》，并于 1931 年 6 月后开征营业税。

新中国成立后，1950 年公布的《工商业税暂行条例》中规定，凡在中国境内的工商营业企业，均应按营业额于营业行为所在地缴纳营业税。1958 年税制改革后，将货物税、商品流通税、印花税以及工商营利性企业的营业税，合并为工商统一税。改革开放以后，为了适应经济发展的要求，改变税制过于简单的状况，充分发挥不同税种的特定作用，国务院于1984年9月颁布了《营业税条例(草案)》，规定自同年10月1日起试行，对商业和服务业等行业单独征收营业税。1994年税制改革保留了营业税，但对其进行了适当的调整和改革。由于增值税征收范围的扩大，将商品批发和零售划入增值税的征收范围，营业税的征税范围有所缩小，只限于对提供应税劳务、转让无形资产和销售不动产业务征收。

三、营业税的特点

(一) 以对非商品销售额征税为主，征收面较广，税源较为普遍

营业税的征收范围包括交通运输业、建筑业、金融保险业、邮电通信业、文化体育业、娱乐业、服务业、转让无形资产和销售不动产。单位和个人凡在我国境内从事上述经营行为的，都要缴纳营业税。因此，营业税的征收面较为广泛，税源较为普遍。

(二) 按行业大类设计税目、税率

营业税按不同行业、不同经营业务设置税目税率，同一经营业务税负相同，不同经营业务税负不同。此外，还区别情况按全额或差额征税，税负较为均衡、合理。这与增值税、消费税按货物设置税目、税率是不同的。

(三) 计算简便，征收成本较低

营业税对其征税范围设计的九个税目列举清晰，且税率档次较少，有四个税目税率为3%，有四个税目税率为5%，只有娱乐业税目为5%～20%。这样征税对象和计税依据易于确定，计算方式简单、明确，不像增值税那样实行复杂的抵扣制度。因此，实行起来简便、易行，征收成本较低。

四、营业税的作用

营业税是我国流转税体系中的一个重要税种。1994年的税制改革将营业税确定为共享税，但除铁道部、各银行总行、各保险公司总公司等在国税总局集中缴纳部分归中央财政所有外，其他营业税均归地方财政，是地方财政收入的主要来源。因此，征收营业税具有重要的财政作用和经济作用。主要体现在以下几个方面。

(一) 广泛筹集财政资金，增加财政收入

营业税主要以非商品销售额为征税对象，它不受纳税人成本升降的影响，因此收入比

较稳定。随着我国第三产业的迅速发展，营业税的收入也得到了快速增长，对地方组织财政收入的作用越来越明显。2010 年国内营业税完成 11 157.64 亿元，占税收总收入的比重为 15.2%。

（二）体现国家政策，促进各个行业协调发展

营业税按不同行业和经营业务及其利润水平分别设计税率，对一些有利于社会稳定发展的福利单位和教育、卫生等部门，分别给予一定的减免税；对一些关系到国计民生的行业如交通运输、邮政通信等适用 3%的低税率；而对营业收入较高的歌厅、舞厅、卡拉 OK 歌舞厅、高尔夫、狩猎等娱乐行业则适用最高可达 20%的税率，这充分体现了营业税既保证财政收入，又照顾到与人民群众生活密切相关的行业的发展。

（三）促进企业公平竞争和改善经营管理

营业税按行业设计税目税率，一般不考虑企业的所有制性质、地域的不同。由于同一行业采用的税率相同，企业所取得的营业额中所含的税金比重是一样的。如果企业加强经营管理、降低成本费用，获得利润的能力就会增强；反之，利润就会下降，因此营业税能起到鼓励先进和鞭策落后的作用。

第二节 纳税义务人和扣缴义务人

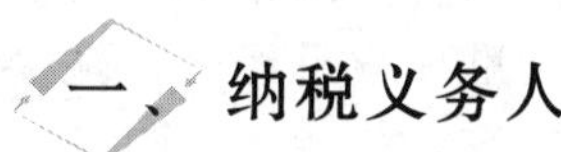

一、纳税义务人

（一）纳税义务人的一般规定

《营业税暂行条例》规定，在中华人民共和国境内提供应税劳务、转让无形资产、销售不动产的单位和个人，为营业税的纳税义务人。

（1）在中华人民共和国境内是指税收行政管辖权的区域。具体情况如下：

- 提供或者接受条例规定劳务的单位或者个人在境内；
- 所转让的无形资产（不含土地使用权）的接受单位或者个人在境内；
- 所转让或者出租土地使用权的土地在境内；
- 所销售或者出租的不动产在境内。

（2）应税劳务是指属于交通运输业、建筑业、金融保险业、邮电通信业、文化体育业、娱乐业、服务业税目征收范围的劳务。加工和修理、修配属于增值税的征收范围，但不属于营业税应税劳务（以下简称非应税劳务）。单位或个体经营者聘用的员工为本单位或雇

主提供应税劳务，也不属于营业税应税劳务。

(3) 提供应税劳务、转让无形资产或销售不动产，是指有偿提供应税劳务、有偿转让无形资产或者有偿转让不动产所有权的行为(以下简称应税行为)。所称有偿，是指通过提供、转让或销售行为取得货币、货物或其他经济利益。

所称单位，是指企业、行政单位、事业单位、军事单位、社会团体及其他单位。

所称个人，是指个体工商户及其他有经营行为的个人。

(二) 纳税义务人的特殊规定

(1) 单位以承包、承租、挂靠方式经营的，承包人、承租人、挂靠人(以下统称承包人)发生应税行为，承包人以发包人、出租人、被挂靠人(以下统称发包人)的名义对外经营并由发包人承担相关法律责任的，以发包人为纳税人，否则以承包人为纳税人。

(2) 铁道运输企业的纳税人：中央铁路运营业务的纳税人为铁道部，合资铁路运营业务的纳税人为合资铁路公司；地方铁路运营业务的纳税人为地方铁路管理机构，基建临管线运营业务的纳税人为基建临管线管理机构。

(3) 从事水路运输、航空运输、管道运输或者其他陆路运输业务并负有营业税纳税义务的单位，为从事运输业务并计算盈亏的单位。从事交通运输业务并计算盈亏的单位，是指同时具备以下条件的单位：①利用运输工具，从事运输业务，取得运输收入；②在银行开设有结算账户；③在财务上计算营业收入、营业支出、经营利润。

(4) 建筑安装业务实行分包或转包的，分包或转包者为纳税人。

(5) 金融保险业纳税人包括银行、信用合作社、证券公司、金融租赁公司、证券基金管理公司、财务公司、信托投资公司、证券投资基金、保险公司和其他经批准成立且经营金融保险业务的机构等。

二、扣缴义务人

现实生活中，由于有些情况下难以具体确定纳税人，或者为了实现税收的源泉扣缴，税法规定了扣缴义务人。

(1) 委托金融机构发放贷款，其应纳税款以受托发放贷款的金融机构为扣缴义务人。

(2) 纳税人提供建筑业应税劳务时，应按下列规定确定扣缴义务人：

- 建筑工程实行总承包、分包方式的，以总承包人为扣缴义务人。
- 纳税人提供建筑业应税劳务，符合以下情形之一的，无论工程是否实行分包，税务机关均可以建设单位和个人作为营业税的扣缴义务人：①纳税人从事跨地区(包括省、市、县)工程提供建筑业应税劳务的；②纳税人在劳务发生地没有办理税务登记或临时税务登记的。

(3) 境外单位或者个人在境内发生应税行为而在境内未设有机构的,其应纳税款以代理人为扣缴义务人;没有代理人的,以受让者或者购买者为扣缴义务人。

(4) 单位或者个人进行演出由他人售票的,其应纳税款以售票者为扣缴义务人。演出经纪人为个人的,其办理演出业务的应纳税款以售票者为扣缴义务人。

(5) 分保险业务,以初保人为扣缴义务人。

(6) 个人转让专利权、非专利技术、著作权、商标权等无形资产的,其应纳税款以受让者为扣缴义务人。

(7) 财政部规定的其他扣缴义务人。

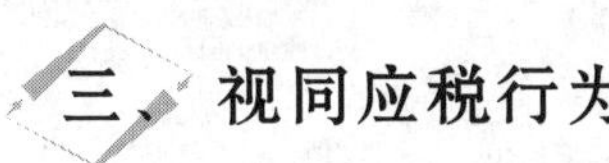

三、视同应税行为

纳税人有下列情形之一的,视同发生应税行为:①单位或者个人将不动产或者土地使用权无偿赠送其他单位或者个人;②单位或者个人自己新建(以下简称自建)建筑物后销售,其所发生的自建行为;③财政部、国家税务总局规定的其他情形。

第三节 税目与税率

现行营业税的税目是按行业、类别的不同分别设置的,共九个税目。营业税的税率分为3%、5%和20%三个档次。

一、税目

(一) 交通运输业

交通运输业,是指使用运输工具或人力、畜力将货物或旅客送达目的地,使其空间位置得到转移的业务活动。包括陆路运输、水路运输、航空运输、管道运输、装卸搬运。凡与运营业务有关的各项劳务活动,均属交通运输业税目的征收范围。

(1) 陆路运输,是指通过陆路(地上或地下)运送货物或旅客的运输业务,包括铁路运输、公路运输、缆车运输、索道运输及其他陆路运输。

(2) 水路运输,是指通过江、河、湖、川等天然、人工水道或海洋航道运送货物或旅客的运输业务。

(3) 航空运输,是指通过空中航线运送货物或旅客的运输业务。

(4) 管道运输,是指通过管道设施输送气体、液体、固体物质的运输业务。

(5) 装卸搬运,是指使用装卸搬运工具或人力、畜力将货物在运输工具之间、装卸现场之间或运输工具与装卸现场之间进行装卸和搬运的业务。

凡与上述运营业务有关的各项劳务活动,均属交通运输业的税目征收范围,包括:通用航空业务、航空地面服务业务、打捞、搬家、理货,港务局提供的引航、系解缆、停泊、移泊等劳务及引水员交通费、过闸费、货物港务费等。

(6) 对远洋运输企业从事程租、期租业务和航空运输企业从事湿租业务取得的收入,按本税目征税。

(7) 自 2005 年 6 月 1 日起,对公路经营企业收到的高速公路车辆通行费收入统一按 3%的税率征收营业税。

(二) 建筑业

建筑业,是指建筑安装工程,包括建筑、安装、修缮、装饰、其他工程作业。

(1) 建筑,是指新建、改建、扩建各种建筑物、构筑物的工程作业、包括与建筑物相连的各种设备或支柱、操作平台的安装或装设工程作业,以及各种窑炉和金属结构工程作业在内。

单位内部所属的非独立核算单位,承担本单位的建筑业务,凡与本单位结算工程价款的,应当征税;不与本单位结算价款的,不征营业税。

(2) 安装,是指生产设备、动力设备、起重设备、运输设备、传动设备、医疗实验设备及其他各种设备的装配、安置工程作业。包括与设备相连的工作台、梯子、栏杆的装设工程作业和被安装设备的绝缘、防腐、保温、油漆等工程作业在内。

(3) 修缮,是指对建筑物、构筑物进行修补、加固、养护、改善,使之恢复原来的使用价值或延长其使用期限的工程作业。

(4) 装饰,是指对建筑物、构筑物进行修饰,使之美观或具有特定用途的工程作业。

(5) 其他工程作业,是指上列工程作业以外的各种工程作业。如代办电信工程、水利工程、道路修建、疏浚、钻井(打井)、拆除建筑物或构筑物、平整土地、搭脚手架、爆破等工程作业。

(6) 基本建设单位和从事建筑安装业务的企业附设的工厂、车间生产的水泥预制构件、其他构件或建筑材料,用于本单位或本企业的建筑工程的,应在移送使用时征收增值税;但对其在建筑现场制造的预制构件,凡直接用于本单位或本企业的建筑工程的,征收营业税。

(7) 管道煤气集资费(初装费)业务。

(三) 金融保险业

金融保险业是指经营金融、保险的业务。

1. 金融

金融是指经营货币资金融通活动的业务。包括贷款、融资租赁、金融商品转让、金融经纪业和其他金融业务。

(1) 贷款包括外汇转贷业务和一般贷款业务。外汇转贷业务,是指金融企业直接从境外借入外汇资金,然后贷放给境内单位或个人使用的业务。各银行总行向境外借入外汇资金后,通过下属分支机构贷给境内单位或个人使用的,也属于外汇转贷业务。一般贷款业务,是指除外汇转贷以外的各种贷款。

(2) 融资租赁,是指经中国人民银行或原对外经济贸易合作部(现商务部)批准可从事融资租赁业务的单位所从事的具有融资性质和所有权转移特点的设备租赁业务。

(3) 金融商品转让,是指转让外汇、有价证券或非货物期货的所有权的行为。非货物期货,是指商品期货、贵金属期货以外的期货,如外汇期货等。金融机构从事黄金实物交易征收增值税。

(4) 金融经纪业,是指受托代他人经营金融活动的中间业务。

(5) 其他金融业务,是指上列业务以外的各项金融业务,如银行结算、票据贴现等。存款或购入金融商品行为,不征收营业税。

(6) 对在我国境内的外资金融机构从事离岸银行业务,属于在我国境内提供应税劳务的,征收营业税。

2. 保险

保险是指将通过契约形式集中起来的资金,用以补偿被保险人的经济利益的业务。

(四) 邮电通信业

邮电通信业,是指专门办理信息传递的业务。包括邮政、电信。

1. 邮政

邮政是指传递实物信息的业务。包括传递函件或包件、邮汇、报刊发行、邮务物品(如信封、信纸、汇款单、邮件包装用品等)销售、邮政储蓄及其他邮政业务。

集邮商品、报纸杂志的生产、调拨征收增值税。邮电部门(含集邮公司)销售集邮商品、报纸杂志应当征收营业税;邮政部门以外的其他单位与个人销售集邮商品和报纸杂志征收增值税。邮政储蓄虽属经营金融业务,但按"邮政通信业"税目征税。这样规定的原因在于,自 1998 年邮政与电信拆分以后,邮政系统由于其内部管理薄弱,人员包袱沉重等原因,生产经营比较困难,且邮政系统承担着全国邮政普遍服务的义务,每年造成大量的政策性亏损,这些规定都体现了国家对邮政行业的扶持和帮助。

2. 电信

电信是指用各种电传设备传输电信号来传递信息的业务。包括电报、电传、电话、电话机安装、电信物品销售及其他电信业务。

对电信单位自己销售电信物品，并为客户提供有关的电信劳务服务的，征收营业税；对单纯销售电信物品而不提供有关的电信劳务服务的，征收增值税。

电信部门主办的信息台所提供的咨询、信息或点歌等服务，本应属于营业税“服务业”征税范围，出于对国家电信部门的扶持，同时为便于征管，减少税目划分，按“邮电通信业”税目征税；对于非国家电信管理部门直属的信息台，向用户提供电话咨询或信息服务的业务收入，应按“服务业——其他服务业”税目征收营业税。

（五）文化体育业

文化体育业，是指经营文化、体育活动的业务。包括文化业、体育业。

1. 文化业

文化业是指经营文化活动的业务，包括表演、播映、经营游览场所和各种展览、培训活动，举办文学、艺术、科技讲座、讲演、报告会，以及图书馆的图书和资料的借阅业务。

表演，是指进行戏剧、歌舞、时装、健美、杂技、民间艺术、武术、体育等表演活动的业务。

播映，是指通过电台、电视台、音响系统、闭路电视、卫星通信等无线或有线装置传播作品以及在电影院、影剧院、录像厅及其他场所放映各种节目的业务。广告的播映不按本税目征税。

经营游览场所的业务，是指公园、动（植）物园及其他各种游览场所销售门票的业务。

2. 体育业

体育业是指举办各种体育比赛和为体育比赛或体育活动提供场所的业务。以租赁方式为文化活动、体育比赛提供场所，不按本税目征税。

（六）娱乐业

娱乐业，是指为娱乐活动提供场所和服务的业务。包括经营歌厅、舞厅、卡拉 OK 歌舞厅、音乐茶座、台球、高尔夫球、保龄球场、网吧、游艺场等娱乐场所，以及娱乐场所为顾客进行娱乐活动提供服务的业务。

游艺场，是指举办各种游艺、游乐（如射击、狩猎、跑马、游戏机等）活动的场所。

娱乐场所为顾客提供的饮食服务及其他各种服务，均属于本税目征收范围。

KTV 内设的小超市零售收入如何纳税？

有纳税人在国家税务总局网上“纳税咨询”提问：“KTV 内设的小超市卖零食给客人，账上已分开核算，零售收入如何纳税？”国家税务总局纳税服务司回复为：“根据

《营业税暂行条例实施细则》第23条规定，娱乐业的营业额为经营娱乐业向顾客收取的各项费用，包括门票收费、台位费、点歌费、烟酒和饮料收费及经营娱乐业的其他各项收费。KTV内设的超市如果是非独立纳税人，即使能分开核算，其销售收入也应并入娱乐业项目营业额计缴营业税。”

该回复是否意味着KTV娱乐城投资者可以通过将内设的超市独立注册为企业法人，使其成为增值税的小规模纳税人，仅适用3%的税率从而达到避税的效果？

长沙市地方税务局稽查局调查发现，长沙市现有量贩式KTV10多家，在税收缴纳上，绝大多数企业将KTV娱乐与超市销售分类办理地税、国税税务登记证，分别开具地税发票、国税发票，分开将KTV娱乐收入征收营业税，而超市销售收入则征收增值税。如“好乐迪娱乐广场”和“好乐迪超市”分别办理了营业执照以及地税、国税税务登记证，其投资人都同为张××（出资75%）和陆××（出资25%）两人。超市和广场对内具体事务、人员都是统一管理，对外宣传、签订合同、采购基本上都是以“好乐迪娱乐广场”的名义进行。这种情况，实际上就是通常所讲的一套人马、两块牌子。

（七）服务业

(1) 服务业，是指利用设备、工具、场所、信息或技能为社会提供服务的业务。包括代理业、旅店业、饮食业、旅游业、仓储业、租赁业、广告业、其他服务业。

(2) 对远洋运输企业从事光租业务和航空运输企业从事干租业务取得的收入，按“服务业”税目中的“租赁业”项目征收营业税。

(3) 自2002年1月1日起，对福利彩票机构发行销售福利彩票取得的收入不征收营业税。对福利彩票机构以外的代销单位销售福利彩票取得的手续费收入应按规定征收营业税。

(4) 对社保基金投资管理人、社保基金托管人从事社保基金管理活动取得的收入，依照税法的规定征收营业税。

(5) 单位和个人在旅游景点经营索道取得的收入，按“服务业——旅游业”税目征收营业税。

(6) 双方签订承包、租赁合同，将企业或企业部分资产出包、出租，出包、出租者向承包、租赁方收取的承包费、租赁费按“服务业”税目征收营业税。出包方收取的承包费凡同时符合以下三个条件的，属于企业的内部分配行为，不征收营业税：①承包方以出包方的名义对外经营，由出包方承担法律责任；②承包方的经营收支全部纳入出包方的财务会计核算；③出包方和承包方的利益分配是以出包方的利润为基础的。

(7) 交通部门有偿转让高速公路收费权的行为，属于营业税征收范围，按“服务业——租赁业”税目征收营业税。

(8) 无船承运业务应按照“服务业——代理业”征收营业税。

(9) 酒店产权式经营业主在约定的时间内提供房产使用权与酒店进行合作经营，如房产产权并未归属新的经济实体，业主按约定取得的固定收入和分红收入，视为租金收入，按照“服务业——租赁业”项目征收营业税。

(10) 自2004年7月1日起，商业企业向供货方收取的与商品销售量、销售额无必然联系，且商业企业向供货方提供一定劳务的收入(如进场费、广告促销费、上架费、展示费、管理费等)，不属于平销返利，不冲减当期增值税进项税额，按营业税的“服务业”税目依5%的税率征收营业税。

(八) 转让无形资产

转让无形资产，是指转让无形资产的所有权或使用权的行为。包括转让土地使用权、商标权、专利权、非专利技术、著作权、商誉和出租电影拷贝。

对土地所有者出让土地使用权和土地使用者将土地使用权归还给土地所有者的行为，不征收营业税。土地租赁，不按本税目征税。

自2003年1月1日起，对以无形资产投资入股，参与接受投资方的利润分配、共同承担投资风险的行为，不征收营业税。对于在投资后转让该项股权的，也不征收营业税。

(九) 销售不动产

销售不动产，是指有偿转让不动产所有权的行为。包括销售建筑物或构筑物及其他土地附着物。

自2003年1月1日起，对以不动产投资入股，参与接受投资方利润分配、共同承担投资风险的行为，不征营业税。对于在投资后转让该项股权的，也不征收营业税。

单位或个人将不动产或者土地使用权无偿赠送给其他单位或者个人的，视同发生应税行为。

二、税率

营业税按照行业、类别的不同分别采用了不同的比例税率，具体规定如下：

(1) 交通运输业、建筑业、邮电通信业、文化体育业，税率为3%。

(2) 金融保险业、服务业、销售不动产、转让无形资产，税率为5%。

(3) 娱乐业执行5%～20%的幅度税率，具体适用的税率由各省、自治区、直辖市人民政府根据当地的实际情况在税法规定的幅度内决定。其中，湖南省人民政府规定，从2009年1月1日起，全省娱乐业中的歌厅、舞厅、酒吧、卡拉OK厅、高尔夫球(高尔夫练习场除外)营业税的适用税率暂按10%执行，其余娱乐业征税项目的适用税率暂为5%。

营业税税目税率情况见表4-1。

表4-1　营业税税目税率

税　目	征收范围	税率/%
交通运输业	陆路运输、水路运输、航空运输、管道运输、装卸搬运	3
建筑业	建筑、安装、修缮、装饰及其他工程作业	3
金融保险业	贷款、融资租赁、金融商品转让、金融经纪业、其他金融业务、保险	5
邮电通信业	传递函件或包件、邮汇、报刊发行、邮务物品销售、邮政储蓄及其他邮政业务电报、电传、电话、电话机安装、电信物品销售及其他电信业务	3
文化体育业	表演、播映、经营游览场所、其他文化业、体育业	3
娱乐业	歌厅、舞厅、卡拉OK歌舞厅、音乐茶座、台球、高尔夫球、保龄球、网吧、游艺	5～20
服务业	代理业、旅店业、饮食业、旅游业、仓储业、租赁业、广告业及其他服务业	5
转让无形资产	转让土地使用权、专利权、非专利技术、商标权、著作权、商誉	5
销售不动产	销售建筑物及其他土地附着物	5

第四节　应纳税额的计算

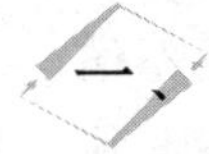

一、营业税的计税依据

营业税的计税依据是营业额。营业额是纳税人提供应税劳务、转让无形资产或销售不动产向对方收取的全部价款和价外费用。价外费用包括向对方收取的手续费、补贴、基金、集资费、返还利润、奖励费、违约金、滞纳金、延期付款利息、罚息、赔偿金、代收款项、代垫款项及其他各种性质的价外收费，但不包括同时符合以下条件代为收取的政府性基金或行政事业性收费：

（1）由国务院或者财政部批准设立的政府性基金，由国务院或者省级人民政府及其财政、价格主管部门批准设立的行政事业性收费；

（2）收取时开具省级以上财政部门印制的财政票据；

（3）所收款项全额上缴财政。

《营业税暂行条例》及其实施细则对不同行业的计税依据作了具体的规定。

（一）交通运输业

（1）纳税人将承揽的运输业务分给其他单位或者个人的，以其取得的全部价款和价外费用扣除其支付给其他单位或者个人的运输费用后的余额为营业额。

（2）运输企业自中华人民共和国境内运输旅客或者货物出境，在境外改由其他运输企业承运乘客或者货物的，以全程运费减去付给该承运企业运费后的余额为营业额。

（3）运输企业从事联运业务，以实际取得的营业额为计税依据。联运业务是指两个以上的运输企业完成旅客或货物从发送地点至到达地点所进行的运输业务。联运的特点是一次购买、一次收费、一票到底。

（二）建筑业

（1）建筑业的总承包人将工程分包或者转包给他人的，以工程的全部承包额减去付给分包人或者转包人的价款后的余额为营业额。

工程承包公司承包建筑安装工程业务，即工程承包公司与建设单位签订承包合同的建筑安装工程业务，无论其是否参与施工，均应按“建筑业”税目征收营业税。工程承包公司不与建设单位签订承包建筑安装工程合同，只是负责工程的组织协调业务，对工程承包公司的此项业务则为“服务业”税目征收营业税。

（2）纳税人从事建筑业劳务（不含装饰劳务）的，其营业额应当包括工程所用原材料及设备及其他物资和动力的价款在内，但不包括建设方提供的设备的价款。从事安装工程作业，凡所安装设备的价值作为安装工程产值的，其营业额包括设备的价款。

（3）自建行为和单位或个人将不动产无偿赠送给他人的，由主管税务机关按规定核定其营业额。自建行为是指纳税人自己建造房屋的行为。纳税人自建自用的房屋不纳税。如纳税人（包括个人自建自用住房销售）将自建的房屋对外销售，其自建行为应按“建筑业”缴纳营业税，再按“销售不动产”征收营业税。

（三）金融保险业

（1）一般贷款业务的营业额为贷款利息收入（包括各种加息、罚息等）。

（2）经中国人民银行和原外经贸部（现商务部）批准从事融资租赁业务的单位，以其向承租者收取的全部价款和价外费用（包括残值）减去出租方承担的出租物的实际成本后的全额，以直线法折算出本期的营业额。

本期营业额＝（应收取的全部价款和价外费用－实际成本）×（本期天数÷总天数）

实际成本＝货物购入原价＋关税＋增值税＋消费税＋运杂费＋安装费＋保险费＋支付给境外的外汇借款利息和人民币借款利息

（3）外汇、有价证券、期货等金融商品买卖业务，以卖出价减去买入价后的余额为营业额。其中，卖出价指原价，不得扣除卖出过程中支付的各种费用和税金。买入价是指购进原价，不包括购进过程中支付的各种费用和税金，但买入价应依照财务会计制度的规定，以股票、债券的购入价减去持有期间所取得的股票、债券红利收入。

买卖金融商品（包括股票、债券、外汇、其他金融商品），可在同一会计年度末，将不同纳税期出现的正差和负差按同一会计年度汇总的方式计算并缴纳营业税。即每类金融商品买卖中发生的正、负差，在一个会计年度内可以相抵。但不属同一类的金融商品的正负差不得相抵，不属同一个会计年度的正负差也不得相抵。如果汇总计算应缴的营业税小于本年度已经缴纳的营业税税额，可以向税务机关申请办理退税，但不得将一个纳税年度内汇总后仍为负差的部分结转下一会计年度。

(4) 金融经纪业务和其他金融业务（中间业务）营业额为手续费（佣金）类的全部收入。

(5) 保险公司的营业额：

- 办理初保业务。营业额为纳税人经营保险业务而向被保险人收取的全部保险费。
- 储金业务。保险公司如采用收取储金方式取得经济利益的（即以被保险人所交保险资金的利息收入作为保费收入，保险期满后将保险资金本金返还被保险人），其储金业务的营业额，为纳税人在纳税期内的储金平均余额，乘以中国人民银行公布的1年期存款的月利率。储金平均余额为纳税期期初储金余额与期末储金余额之和乘以50%。
- 境内保险人将其承保的以境内标的物为保险标的的保险业务向境外再保险人办理分保的，以全部保费收入减去分保费后的余额为营业额，同时境内保险人还应代扣代缴境外再保险人应缴纳的营业税税款。
- 保险公司已征过营业税的应收未收保费，凡在财务会计制度规定的核算期内未收回的，允许从营业额中减除。将来又收回应收未收保费时，再并入收回当期营业额。
- 保险公司开展无赔偿奖励业务的，以向投保人实际收取的保费为营业额。

（四）邮政电信业

(1) 自2006年1月1日起，对国家邮政局及其所属邮政单位提供邮政普遍服务和特殊服务业务（具体为函件、包裹、汇票、机要通信、党报党刊发行）取得的收入免征营业税。享受免税的党报党刊发行收入按邮政企业报刊发行收入的70%计算。

(2) 电信部门以集中受理方式为集团客户提供跨省的出租电路业务，由受理地区的电信部门按取得的全部价款减除分割给其他参与提供跨省电信业务的电信部门的价款后的差额为营业额。对参与提供跨省电信业务的电信部门，按各自取得的全部价款为营业额。

(3) 邮政电信部门与其他单位合作，共同为用户提供邮政电信业务及其他服务并由邮政电信部门统一收取价款的,以全部收入减去支付给合作方价款后的余额为营业额。如电信部门与教育部门合作的168信息台考试查分业务。

(4) 电信部门销售的各种有价电话卡,由于其计费系统只能按有价电话卡面值出账并确认收入,不能直接在销售发票上注明折扣折让额,以按面值确认的收为减去当期财务会计上体现的销售折扣、折让后的余额为营业额。

(5) 中国移动、中国联通、中国电信等通过手机短信公益特服号(如"8858")为中国儿童少年基金会等慈善机构接受捐款业务,以全部收入减去支付给基金会的价款后的余额为营业额。

(五) 文化体育业

单位或个人进行演出,以全部票价收入或者包场收入减去付给提供演出场所的单位、演出公司或者经纪人的费用后的余额为营业额。

游览场所的应税营业额为公园、动(植)物园及其他浏览场所的门票收入,不包括这些场所从事其他游艺活动或其他经营活动所取得的收入。

(六) 娱乐业

娱乐业的营业额为经营娱乐业向顾客收取的各项费用,包括门票收费、台位费、点歌费、烟酒、饮料、茶水、鲜花、小吃等收费及经营娱乐业的其他各项收费。

(七) 服务业

(1) 代理业以纳税人从事代理业务向委托方实际收取的报酬为营业额。

(2) 从事物业管理的单位,以与物业管理有关的全部收入减去代业主支付的水、电、燃(煤)气费以及代承租者支付的水、电、燃(煤)气、房屋租金的价款后的余额为营业额。

(3) 广告代理业的营业额为代理者向委托方收取的全部价款和价外费用减去支付给广告发布者的广告发布费后的余额。

(4) 对拍卖行向委托方收取的手续费应征收营业税。

(5) 纳税人从事旅游业务的,以取得的全部价款和价外费用扣除替旅游者支付给其他单位或者个人的住宿费、餐费、交通费、景点门票和支付给其他接团旅游企业旅游费后的余额为营业额。

旅游企业组织旅游团到中华人民共和国境外旅游,在境外改由其他旅游企业接团的,以全程旅游费减去付给该接团企业的旅游费后的余额为营业额。

对单位和个人在旅游景区经营旅游游船、观光电梯、观光电车、景区环保客运车所取得的收入,也按"服务业——旅游业"征收营业税。

(6) 对经过国家版权局注册登记,在销售时一并转让著作权、所有权的计算机软件征收营业税。只通过复制光盘销售计算机软件的许可使用权的，属于增值税的征收范围。

(7) 对境内企业派本单位员工赴境外，为境外企业提供劳务服务取得的各项所得，不属于在境内提供应税劳务，不征收营业税。

(8) 纳税人从事无船承运业务，以其向委托人收取的全部价款和价外费用扣除其支付的海运费以及报关、港杂、装卸费用后的余额为营业额申报缴纳营业税。

(八) 转让无形资产和销售不动产

(1) 单位和个人销售或转让其购置的不动产或土地使用权，以全部收入减去不动产或土地使用权的购置或受让原价后的余额为营业额。

(2) 单位和个人销售或转让抵债所得的不动产、土地使用权的，以全部收入减去该项不动产或土地使用权抵债时作价后的余额为营业额。

个人住房转让营业税的征收管理

由于近年来房价飞涨，为抑制投机和投资性购房需求，贯彻落实《国务院办公厅关于切实稳定住房价格的通知》(国办发明电[2005]8 号)精神，财政部、国家税务总局运用税收手段调控二手房交易。二手房交易计税营业额依据纳税人持有住房时间的长短和房地产市场宏观调控的需要随时调整。

(1) 自 2005 年 6 月 1 日起，对个人购买住房不足两年转手交易的，销售时按其取得的收入全额征收营业税；个人购买普通住房超过两年(含两年)转手交易的，销售时免征营业税；对个人购买非普通住房超过两年(含两年)转手交易的，销售时按其售房收入减去购买房屋的价款后的差额征收营业税。

(2) 自 2006 年 6 月 1 日后，为进一步加强调控，个人住房转让营业税全额征收、免征和差额征收的年限调整为五年。

(3) 自 2009 年 1 月 1 日起，为刺激消费，抵御美国次贷危机的影响，征免时限由五年调整为两年。

(4) 自 2010 年 1 月 1 日起，受经济复苏和房价猛涨的影响，征免时限由两年恢复到五年。

(九) 对纳税人提供劳务、转让无形资产或销售不动产价格明显偏低而无正当理由，以及发生视同销售行为而无营业额的，税务机关按下列顺序确定其营业额

(1) 按纳税人最近时期发生同类应税行为的平均价格核定；

(2) 按其他纳税人最近时期发生同类应税行为的平均价格核定；

(3) 按下列公式核定:

营业额=营业成本或工程成本×(1+成本利润率)÷(1-营业税税率)

其中,成本利润率由省、自治区、直辖市人民政府所属地方税务机关确定。

(十) 营业额的其他规定

(1) 纳税人的营业额缴纳营业税后发生退款减除营业额的,应当退还已征税款,也可以从纳税人以后的营业税税额中减除。

(2) 纳税人发生应税行为,如果将价款与折扣额在同一张发票上注明的,以折扣后的价款为营业额;如果将折扣额另开发票的,不论其在财务上如何处理,均不得从营业额中减除。

(3) 单位和个人提供应税劳务、转让无形资产和销售不动产时,因受让方违约而从受让方取得的赔偿金收入,应并入营业额中征收营业税。

(4) 单位和个人因财务会计核算办法改变将已缴纳过营业税的预收性质的价款逐期转为营业收入时,允许从营业额中减除。

(5) 劳务公司接受用工单位的委托,为其安排劳动力,凡用工单位将其应支付给劳动力的工资和为劳动力上交的社会保险(包括养老保险金、医疗保险、失业保险、工伤保险等,下同)以及住房公积金统一交给劳务公司代为发放或办理的,以劳务公司从用工单位收取的全部价款减去代收转付给劳动力的工资和为劳动力办理社会保险及住房公积金后的余额为营业额。

二、应纳税额的计算

营业税应纳税额的计算比较简单,纳税人发生提供应税劳务、转让无形资产或销售不动产的应税行为,大多数情况下以营业收入全额作为计税营业额,按规定的税率计算应纳税额。也有一些应税行为允许从营业收入中扣除相应的金额后作为计税营业额。

营业税应纳税额的计算过程如下。

1. 按营业收入全额计算

应纳税额=营业收入×税率

例 4-1 长沙市某娱乐公司 2011 年 3 月正式开业,经营范围包括娱乐、餐饮及其他服务。当年全年营业收入情况如下:

(1) 门票收入 220 万元,歌舞厅收入 400 万元,游戏厅收入 100 万元;

(2) 保龄球馆自 7 月 1 日开馆,至当年年底取得收入 120 万元;

(3) 美容美发、中式按摩收入 150 万元;

(4) 非独立核算的小卖部销售收入 30.9 万元;

(5) 餐饮收入 600 万元(其中包括销售自制的 180 吨啤酒所取得的收入 60 万元);

(6) 与某公司签订租赁协议书,将部分空闲的歌舞厅出租,分别取得租金 76 万元、赔偿金 4 万元;

(7) 派出 5 名员工赴国外提供中医按摩服务取得收入 70 万元;

(8) 经批准从事代销福利彩票业务取得手续费 10 万元。

湖南省政府规定,原由税法统一规定的特殊项目税率为 10%,其他娱乐业项目的营业税税率为 5%。试计算该娱乐公司当年应缴纳的营业税。

解:(1) 门票收入应缴纳的营业税:220×10%=22(万元)

歌舞厅收入应缴纳的营业税:400×10%=40(万元)

游戏厅收入应缴纳的营业税:100×10%=10(万元)

(2) 保龄球收入应缴纳的营业税:120×5%=6(万元)

(3) 美容美发、中医按摩收入应缴纳的营业税:150×5%=7.5(万元)

(4) 非独立核算小卖部是兼营行为,不缴纳营业税,缴纳增值税。

应缴纳的增值税:30.9÷(1+3%)×3%=0.9(万元)

(5) 餐饮收入应缴纳的营业税:600×5%=30(万元)

注:销售自制的啤酒所取得的收入属于营业税的混合销售行为,征收营业税和消费税。

(6) 将部分空闲的歌舞厅出租应缴纳的营业税:(76+4)×5%=4(万元)

(7) 赴国外提供中医按摩服务取得收入属于境外发生的劳务,不是营业税的征收范围。

(8) 代销福利彩票业务手续费收入应缴纳的营业税:10×5%=0.5(万元)

该娱乐公司当年应缴纳的营业税合计=22+40+10+6+7.5+30+4+0.5=120(万元)

2. 按营业收入差额计算

应纳税额=(营业收入-允许扣除金额)×税率

例 4-2 湖南某旅行社 2011 年五一黄金周期间组织一个 30 人旅游团去九寨沟旅游,每人收取旅游团费 3 800 元,途中由旅行社支付每人住宿费 640 元、餐费 680 元、交通费 830 元、门票等费用 470 元,支付地接旅行社费用每人共计 150 元。已知营业税中旅游服务业税率为 5%。该旅行社本单旅游业务收入应纳营业税额如下:

应纳税额=30×(3 800-640-680-830-470-150)×5%

=1 545(元)

三、几种特殊经营行为的税务处理

实际经济生活中，纳税人可从事多种经营活动，其应纳税义务有时很难直接区分。如电信公司向客户出售电信设备并提供电信服务，车站兼设商店等适用不同税种的活动。我们需要根据税法的规定，正确处理不同经营活动的纳税义务。这既是维护税法严肃性的需要，也是保护纳税人合法利益的客观要求。

（一）兼营营业税不同税目的应税行为

纳税人兼营不同税目应税行为的，应当分别核算不同税目的营业额、转让额和销售额，然后按各自适用税率分别计算缴纳营业税；未分别核算的，从高适用税率计算应纳税额。

如一家宾馆附设有餐厅、卡拉OK厅、演艺剧场、停车场等适用不同税率的应税项目，其在会计核算上应在“主营业务收入”下设置不同明细科目，分别反映住宿、餐饮、卡拉OK、文艺表演和停车的收入，其中住宿、餐饮和停车收入按“服务业”税目的5%税率计算纳税，卡拉OK收入按“娱乐业”的适用税率（5%～20%）计算纳税，文艺表演收入按“文化体育业”税目的3%税率征税。如果不分别核算不同税目的收入，则其全部收入都应按娱乐业税率计算纳税。

（二）混合销售行为

一项销售行为如果既涉及应税劳务又涉及货物，则为混合销售行为。第二章增值税部分曾经介绍过，对混合销售应按纳税人的“经营主业”来判定其纳税义务：从事货物的生产、批发或零售的企业、企业性单位及个体工商户的混合销售行为，视同销售货物，不征营业税，应当一并征收增值税；其他单位的混合销售行为，视同提供劳务，不征增值税，应当一并征收营业税。但对于从事运输业务的单位和个人发生销售货物并负责运输的混合销售行为，征收增值税。

另外，根据国家税务总局国税发[2002]第117号《关于纳税人销售自产货物、提供增值税劳务并同时提供建筑业劳务征收流转税问题的通知》的规定，从事货物生产的单位或个人以签订建设工程施工总包或分包合同（包括建筑、安装、装饰、修缮等工程总包和分包合同）方式开展经营活动时，销售自产货物、提供增值税应税劳务并同时提供建筑业劳务（包括建筑、安装、修缮、装饰、其他工程作业），且符合以下条件的，对销售自产货物和提供增值税应税劳务取得的收入征收增值税，提供建筑业劳务收入（不包括按规定应征收增值税的自产货物和增值税应税劳务收入）征收营业税：

（1）必须具备建设行政部门批准的建筑业施工（安装）资质。

（2）签订建设工程施工总包或分包合同中单独注明建筑业劳务价款。凡不同时符合以上条件的，对纳税人取得的全部收入征收增值税，不征收营业税。

这里所讲的纳税人销售的自产货物是指：①金属结构件，包括活动板房、钢结构房、钢结构产品、金属网架等产品；②铝合金门窗；③玻璃幕墙；④机器设备、电子通信设备；⑤国家税务总局规定的其他自产货物。

（三）兼营应税劳务与货物或非应税劳务

纳税人兼营应税劳务与货物或非应税劳务的，应当分别核算应税行为的营业额与货物或非应税劳务的销售额，其应税行为营业额缴纳营业税，货物或非应税劳务的销售额缴纳增值税；未分别核算的，由主管税务机关核定其应税行为营业额。

纳税人兼营免税、减税项目的，应当单独核算免税、减税项目的营业额；未单独核算营业额的，不得免税、减税。

（四）代购代销业务的税务处理

在第三章增值税的“视同销售行为”中包含有委托他人代销和受托代销货物，而营业税的“服务业”税目中的代理业，也包含有代购、代销业务。因此，如何区分代购、代销业务的纳税义务就显得非常重要，其税务处理如表4-2所示。

表4-2 代购、代销业务的税务处理

类 型	特 点	税务处理
代购货物	（1）受托方不垫付资金 （2）销货方将增值税专用发票开具给委托方，并由受托方将其转交给委托方 （3）受托方按代购实际发生的销售额和增值税额与委托方结算货款，并另收取手续费	（1）同时具备三个条件的，征收营业税，受托方收取的手续费按服务业税目计算缴纳营业税 （2）不同时具备三个条件的，征收增值税，受托方收取的手续费属增值税价外费用，应并入销售额缴纳增值税
代销货物	（1）代销货物的所有权属于委托方 （2）受托方按委托方规定的条件出售 （3）货物的销售收入为委托方所有，受托方只收取手续费	（1）就销售代销货物而言，属增值税的征税范围 （2）就受托方提供代理劳务取得的报酬如代理手续费，属营业税的征收范围，应按服务业税目计算缴纳营业税

四、增值税、消费税和营业税征收范围的划分

在我国现行流转税体系中，营业税和增值税并行征收，征收范围不交叉、不重复，两者共同覆盖了企业生产经营的全部业务领域。其中，增值税的征税范围是销售和进口有形动产、

提供加工修理、修配等工业性劳务。在对有形动产普遍征收增值税的基础上，又在其中选择了烟酒等 14 大类应税消费品再征收一道消费税。营业税针对提供服务性的劳务、转让无形资产和销售不动产征收。增值税、消费税和营业税的征收范围的划定可由图 4-1 表示。

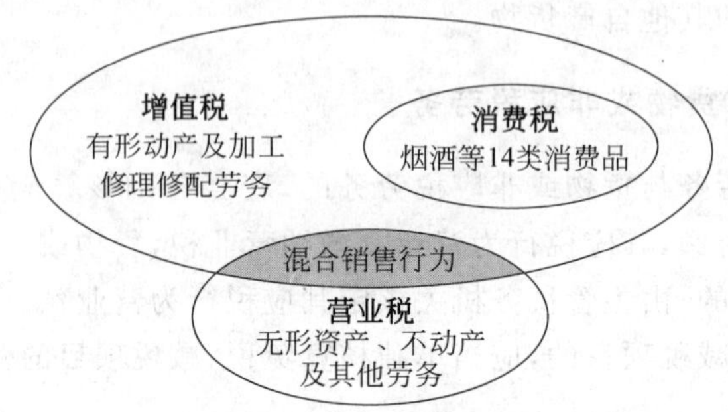

图 4-1　增值税、消费税和营业税征收范围的划分

如果纳税人出现混合销售和兼营行为，必须划清两税的征税范围。一般来说，对混合销售行为，我们按“经营主业”来确定其一并缴纳增值税或营业税；对兼营行为，我们要分别核算销售货物及加工修理修配劳务的销售额与营业税应税劳务的营业额，分别计算缴纳增值税和营业税；未分别核算的，由主管税务机关审核确定其销售额和营业额。

第五节　税收优惠与征收管理

一、起征点

对于经营营业税应税项目的个人，税法规定了起征点。营业额达到或超过起征点即照章全额计算征税，营业额低于起征点则免予征收营业税。起征点的规定如下：

(1) 按期纳税的起征点(除另有规定外)为月营业额 1 000～5 000 元；

(2) 按次纳税的起征点(除另有规定外)为每次(日)100 元。

各省、自治区、直辖市人民政府所属地方税务机关可以在规定的幅度内，根据当地实际情况确定本地区适用的起征点，并报国家税务总局备案。

二、减免税优惠项目

(一) 免征营业税的项目

根据《营业税暂行条例》的规定，下列项目免征营业税：

(1) 托儿所、幼儿园、养老院、残疾人福利机构提供的育养服务，婚姻介绍，殡葬服务；

(2) 残疾人员个人提供的劳务；

(3) 学校和其他教育机构提供的教育劳务，学生勤工俭学提供的劳务。

学校和其他教育机构是指普通学校及经地、市级以上人民政府或者同级政府的教育行政部门批准成立、国家承认其学员学历的各类学校。

(4) 农业机耕、排灌、病虫害防治、植保、农牧保险以及相关技术培训业务，家禽、牲畜、水生动物的配种和疾病防治；

(5) 纪念馆、博物馆、文化馆、美术馆、展览馆、书画院、图书馆、文物保护单位举办文化活动的门票收入，宗教场所举办文化、宗教活动的门票收入。

(二) 减征或免征营业税的项目

根据国家的其他规定，下列项目减征或免征营业税：

(1) 对保险公司开展的1年期以上返还性人身保险业务的保费收入免征营业税。

(2) 单位和个人从事技术转让、技术开发业务(指自然科学领域的技术开发与技术转让业务)和与之相关的技术咨询、技术服务业务所取得的收入，免征营业税。

(3) 个人转让著作权，免征营业税。

(4) 将土地使用权转让给农业生产者用于农业生产，免征营业税。

(5) 个人无偿赠与不动产、土地使用权，属于下列情形之一的，暂免征收营业税：①离婚财产分割；②无偿赠与配偶、父母、子女、祖父母、外祖父母、孙子女、外孙子女、兄弟姐妹；③无偿赠与对其承担直接抚养或者赡养义务的抚养人或者赡养人；④房屋产权所有人死亡，依法取得房屋产权的法定继承人、遗嘱继承人或者受遗赠人。受赠人须办理相关公证。

(6) 对非营利性医疗机构按照国家规定的价格取得的医疗服务收入，免征各项税收。对工会疗养院(所)可视为“其他医疗机构”，免征营业税。

对营利性医疗机构取得的收入，按规定征收各项税收。但为了支持营利性医疗机构的发展，自其取得执业登记之日起，3年内对其取得的医疗服务收入免征营业税。

(7) 社会团体按财政部门或民政部门的规定标准收取的会费，不征收营业税。各党派、共青团、工会、妇联、中科协、青联、台联、侨联收取的党费、会费，比照上述规定执行。

(8) 对从原高校后勤管理部门剥离出来而成立的进行独立核算并有法人资格的高校后勤经济实体，经营学生公寓和教师公寓及为高校教学提供后勤服务而获得的租金和服务性收入，免征营业税。但利用学生公寓或教师公寓等高校后勤服务设施向社会人员提供服务而获得的租金和其他各种服务性收入，应按现行规定计征营业税。对社会性投资建立学生公寓为高校学生提供住宿服务并按高教系统统一收费标准收取租金的，比照执行上述优惠。

对设置在校园内的实行社会化管理和独立核算的食堂，向师生提供餐饮服务获得的收入，免征营业税；向社会提供餐饮服务获得的收入，应按现行规定计征营业税。

(9) 对房地产主管部门及其指定机构、公积金管理中心、开发企业以及物业管理单位代收的住房专项维修基金，不计征营业税。

(10) 对住房公积金管理中心用住房公积金在指定的委托银行发放个人住房贷款取得的收入，免征营业税。

(11) 对按政府规定价格出租的公有住房和廉租住房暂免征收营业税；对个人按市场价格出租的居民住房，暂按3%的税率征收营业税。

(12) 中国人民银行和中国进出口银行办理的出口信用保险业务，不作为境内提供保险，不征收营业税。

(13) 中国人民银行对金融机构的贷款业务不征收营业税。中国人民银行对企业贷款或委托金融机构贷款的业务，应当征收营业税。

(14) 金融机构往来业务暂不征收营业税。

(15) 对金融机构的出纳长款收入不征收营业税。

(16) 对电影放映单位放映电影取得的票价收入按收入全额征收营业税后，对电影发行企业向电影放映单位收取的电影发行收入免征营业税。但对电影发行单位取得的片租收入仍应按全额征收营业税。

(17) 企业集团或集团内的核心企业委托企业集团所属的财务公司代理统借统还贷款业务，从财务公司取得的用于归还金融机构的利息不征收营业税；财务公司承担此项统借统还委托贷款业务，从贷款企业收取的贷款利息不代扣代缴营业税。

(18) 对信达、华融、长城和东方资产管理公司接受相关国有银行的不良债权，免征销售转让不动产、无形资产以及利用不动产从事融资租赁业务应缴营业税。对资产公司接受相关国有银行的不良债权取得的利息收入免征营业税。

(19) 对纳入全国试点范围的非营利性中小企业信用担保、再担保机构，可由地方政府确定，对其从事担保业务的收入，3年内免征营业税。

(20) 对转让企业产权的行为，不应征收营业税。它是整体转让企业资产、债权、债务及劳动力的行为，其转让价格不仅仅是由资产价值确定的，而且与企业销售不动产、无形资产的行为完全不同，不属于营业税征收范围。

(21) 对保险企业取得的追偿款不征收营业税。

(22) 对QFII委托境内公司在我国从事证券买卖业务取得的差价收入，免征营业税。

(23) 对从事个体经营的军队转业干部、城镇退役士兵和随军家属，自领取税务登记证之日起，3年内免征营业税。

(24) 为了促进下岗失业人员再就业工作，自2005年1月1日起，下岗失业人员再就业有关税收优惠政策规定如下：

- 对下岗失业人员从事个体经营活动免征营业税，是指其雇工7人(含7人)以下的个体经营行为。下岗失业人员从事经营活动雇工 8 人(含 8 人)以上,无论其领取的营业执照是否注明为个体工商业户,均按照新办服务型企业有关营业税优惠政策执行。

- 服务型企业是指从事现行营业税"服务业"税目规定的经营活动的企业。原有的企业合并、分立、改制、改组、扩建、搬迁、转产以及吸收新成员、改变隶属关系、改变企业名称和企业法人代表的,不能视为新办企业。

三、纳税义务发生时间

营业税纳税义务发生时间为纳税人收讫营业收入款项或者取得索取营业收入款项凭据的当天。各税目具体纳税义务发生时间如下:

(1) 转让土地使用权或销售不动产,采用预收款方式的,为收到预收款当天。

纳税人提供建筑业或者租赁业劳务,采用预收款方式的,为收到预收款当天。

(2) 单位或个人自建新建建筑物后出售的,其自建行为的纳税义务发生时间为销售自建建筑物并收讫营业收入款项或者取得索取营业收入款项凭据的当天。

(3) 纳税人将不动产或土地使用权无偿赠送给其他单位或个人的,为不动产所有权或土地使用权转移的当天。

(4) 会员费、席位费和资格保证金收入为收讫款项或取得索取这些款项凭据的当天。

(5) 建筑业按工程结算方式分为以下几种情况:

- 合同完成后一次性结算价款的,为进行合同价款结算的当天。
- 旬末或月中预支、月终结算、竣工后清算的,为月份终了后进行已完工程价款结算的当天。
- 按工程形象进度划分不同阶段结算的,为各月份终了后进行已完工程价款结算的当天。
- 实行其他结算方式的,为施工单位与发包方进行工程价款结算的当天。

(6) 金融机构贷款逾期(含展期)90 天尚不收回的,纳税义务发生时间为纳税人取得利息收入权利的当天。原有的应收未收贷款利息逾期 90 天以上的,该笔贷款新发生利息纳税义务发生时间为实际收到利息的当天。

四、纳税期限

营业税的纳税期限,分别为 5 日、10 日、15 日、1 个月或者 1 个季度。纳税人的具体纳税期限,由主管税务机关根据纳税人应纳税额的大小分别核定;不能按照固定期限纳税的,可以按次纳税。

纳税人以1个月或者1个季度为一期纳税的，自期满之日起15日内申报纳税；以5日、10日或者15日为一期纳税的，自期满之日起5日内预缴税款，于次月1日起15日内申报纳税并结清上月应纳税款。

扣缴义务人的解缴税款期限，比照前两款的规定执行。

五、纳税地点

营业税的纳税地点原则上采取属地征收的方法，就是纳税人在经营行为发生地缴纳应纳税款。具体规定如下：

(1) 纳税人提供应税劳务应当向其机构所在地或者居住地的主管税务机关申报纳税。

(2) 纳税人转让无形资产应当向其机构所在地或者居住地的主管税务机关申报纳税。但是，纳税人转让、出租土地使用权，应当向土地所在地的主管税务机关申报纳税。

(3) 纳税人销售、出租不动产应当向不动产所在地的主管税务机关申报纳税。

扣缴义务人应当向其机构所在地或者居住地的主管税务机关申报缴纳其扣缴的税款。

(4) 建筑业纳税人及扣缴义务人应按照下列规定确定建筑业营业税的纳税地点：

- 纳税人提供建筑业应税劳务，其营业税纳税地点为建筑业应税劳务的发生地。
- 纳税人从事跨省工程的，应向其机构所在地主管地方税务机关申报纳税。
- 扣缴义务人代扣代缴的建筑业营业税税款的解缴地点为该工程建筑业应税劳务发生地。
- 扣缴义务人代扣代缴跨省工程的，其建筑业营业税税款的解缴地点为被扣缴纳税人的机构所在地。
- 纳税人提供建筑业劳务，应按月就其本地和异地提供建筑业应税劳务取得的全部收入向其机构所在地主管税务机关进行纳税申报，就其本地提供建筑业应税劳务取得的收入缴纳营业税；同时，自应申报之月(含当月)起6个月内向机构所在地主管税务机关提供其异地建筑业应税劳务收入的完税凭证，否则，应就其异地提供建筑业应税劳务取得的收入向其机构所在地主管税务机关缴纳营业税。
- 纳税人在本省、自治区、直辖市和计划单列市范围内提供建筑业应税劳务的，其营业税纳税地点需要调整的，由省、自治区、直辖市和计划单列市税务机关确定。

(5) 在中华人民共和国境内的电信单位提供电信业务的营业税纳税地点为电信单位机构所在地。

(6) 在中华人民共和国境内的单位提供的设计(包括在开展设计时进行的勘探、测量等业务)、工程监理、调试和咨询等应税劳务的，其营业税纳税地点为单位机构所在地。

(7) 在中华人民共和国境内的单位通过网络为其他单位和个人提供培训、信息和远程调试、检测等服务的，其营业税纳税地点为单位机构所在地。

练习题

一、复习思考题

1. 营业税的征收范围包括哪些？如何划分营业税与增值税的征收范围？
2. 营业税的计税依据是怎样确定的？
3. 营业税的减免税规定包括哪些内容？
4. 营业税的扣缴义务人的规定有哪些？
5. 如何确定营业税的纳税义务发生时间？

二、综合业务题

(一) 某商业银行2011年第四季度发生以下经营业务：

(1) 代发行国债手续费收入23万元，受托发放贷款200万元(期限1年)，贷款利率4%，已收到手续费收入1万元。

(2) 吸收存款600万元，支付存款利息10万元，自有资金发放贷款1 000万元，取得贷款利息100万元。

(3) 外汇转贷业务取得贷款利息收入30万元，支付转贷利息支出25万元。

(4) 办理结算业务手续费收入20万元。

(5) 销售支票、账单凭证收入15万元。

(6) 结算罚息、加息2万元，出纳长款0.5万元。

要求：(1) 计算该银行本期应纳营业税税额及纳税义务发生时间。
　　　(2) 应代扣代缴的营业税额。

(二) 甲歌舞团与乙演出公司签订协议，在丙剧院连续演出三场，由丙剧院代售门票，共取得门票收入30万元。根据协议规定，演出结束后甲付给乙中介费7万元，付给丙租金5万元。

要求：计算此项活动中，甲、乙、丙三方应如何计算缴纳营业税？

(三) 甲建筑公司以16 000万元的总承包额中标为某房地产开发公司承建一幢写字楼，之后甲建筑公司又将该写字楼工程的装饰工程以7 000万元分包给乙建筑公司。工程完工后，房地产开发公司用其自有的市值为4 000万元的两幢普通住宅楼抵顶了应付给甲建筑公司的工程劳务费；建设单位又支付给甲建筑公司100万元的材料价差和300万元提前竣工奖，甲建筑公司又将提前竣工奖中的50万元支付给乙建筑公司。

要求：计算此项活动中，甲、乙建筑公司和房地产开发公司分别应如何计算缴纳营业税？

第五章 城市维护建设税与教育费附加

【学习要求】 本章应重点掌握城市维护建设税及教育费附加的纳税人、征收范围、计征依据及税率(征收率);一般掌握外商投资企业和外国企业征收城市维护建设税和教育附加的变化情况、城市维护建设税的税收优惠;理解城市维护建设税的征收管理;了解教育费附加的减免规定。

第一节 城市维护建设税概述

城市维护建设税是对缴纳增值税、消费税、营业税(以下简称“三税”)的单位和个人,按其实际缴纳的“三税”的一定比例征收的,专门用于城市维护建设的一种税收。现行《中华人民共和国城市维护建设税暂行条例》是国务院于 1985 年 2 月发布,并于同年 1 月 1 日在全国施行。

城市维护建设税属于特定目的税,是国家为加强城市的维护建设,扩大和稳定城市维护建设资金的来源而采取的一项税收措施。它具有如下特点:①具有附加性质,是以纳税人实际缴纳的“三税”税额为计税依据,本身没有特定的、独立的征税对象;②具有特定目的,其税款专门用于城市的公用事业和公共设施的维护建设。

第二节 纳税义务人及征税范围

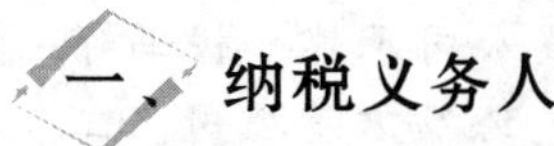

一、纳税义务人

城市维护建设税的纳税人是指缴纳增值税、消费税和营业税“三税”的单位和个人。单位和个人包括国有、集体、私营、股份制企业和其他企业和行政单位、事业单位、军事单位、社会团体、其他单位以及个体工商户及其他个人。

应指出的是，我国在相当长的时期内未对外商投资企业和外国企业征收城市维护建设税。这是根据第八届全国人大常委会第5次会议通过的《关于外商投资企业和外国企业适用增值税、消费税、营业税等税收暂行条例的决定》精神，外商投资企业和外国企业自1994年1月1日起适用国务院发布的《增值税暂行条例》、《消费税暂行条例》和《营业税暂行条例》。除增值税、消费税、营业税外，其他税种对外商投资企业和外国企业的适用，法律有规定的，依照法律的规定执行；法律未作规定的，依照国务院的规定执行。为了进一步统一税制、公平税负，创造平等竞争的外部环境，国务院发布《关于统一内外资企业和个人城市维护建设税和教育费附加制度的通知》(国发[2010]第35号)，决定自2010年12月1日起，外商投资企业、外国企业及外籍个人适用国务院1985年发布的《中华人民共和国城市维护建设税暂行条例》和1986年发布的《征收教育费附加的暂行规定》。1985年及1986年以来国务院及国务院财税主管部门发布的有关城市维护建设税和教育费附加的法规、规章、政策同时适用于外商投资企业、外国企业及外籍个人。

二、征税范围

城市维护建设税在全国范围征收，不仅包括城市、县城、建制镇和工矿区，而且包括广大农村，即只要征纳增值税、消费税和营业税的地方，除税法另有规定外，都属于其征税范围。

财政部、国家税务总局《关于对外资企业征收城市维护建设税和教育费附加有关问题的通知》(财税[2010]第103号)规定，对外资企业2010年12月1日(含)之后发生纳税义务的增值税、消费税、营业税征收城市维护建设税和教育费附加，对外资企业2010年12月1日之前发生纳税义务的“三税”，不征收城市维护建设税和教育费附加。

第三节　计税依据和税率

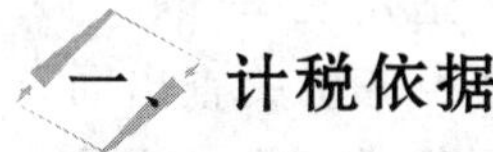

一、计税依据

城市维护建设税的计税依据是纳税人实际缴纳的“三税”税额。纳税人违反“三税”有关规定加收的滞纳金和罚款，不包括在其计税依据内，但纳税人被查补的“三税”和被处以罚款时，应同时对其偷漏的城市维护建设税进行补税、征收滞纳金和罚款。

城市维护建设税的计税依据为“三税”税额，不包括非税款项。如果要免征或者减征“三税”，也就要同时免征或者减征城市维护建设税(城市维护建设税原则上不单独减免)。

自1997年1月1日起，供货企业向出口企业和市县外贸企业销售出口产品时，以增值税当期销项税额抵扣进项税额后的余额，计算缴纳城建税。但对出口产品退还增值税、消费税的，不退还已缴纳的城市维护建设税。

自2005年1月1日起，经国家税务总局正式审核批准的当期免抵的增值税税额应纳入城市维护建设税和教育费附加的计征的范围，分别按规定的税(费)率征收城市维护建设税和教育费附加。2005年1月1日前，已按免抵的增值税税额征收的城市维护建设税和教育费附加不再退还，未征的不再补征。

二、税率

城市维护建设税的税率是指纳税人应缴纳的城市维护建设税税额与纳税人实际缴纳的"三税"税额之间的比例。城市维护建设税实行地区差别税率，根据纳税人所在地不同而设置了三档税率，即：

(1) 纳税人所在地为市区的，税率为7%；

(2) 纳税人所在地为县城、建制镇的，税率为5%；

(3) 纳税人所在地不在市区、县城、建制镇的，税率为1%。

城市维护建设税的税率按纳税人所在地的规定税率执行。但对下列两种情况，可按缴纳"三税"所在地的规定税率就地缴纳：①由受托方代扣代缴、代收代缴"三税"的单位和个人，适用受托方所在地的规定税率；②流动经营等无固定纳税地点的单位和个人，在经营地缴纳"三税"的，按经营地适用税率执行。

第四节 应纳税额的计算

城市维护建设税的应纳税额是由纳税人实际缴纳的"三税"税额及其适用税率决定的。其计算公式如下：

应纳税额＝(纳税人实际缴纳的增值税＋消费税＋营业税税额)×适用税率

例5-1 长沙市内某企业2011年8月应纳增值税52万元，9月初被税务机关查出同年5月31日为他人代开增值税专用发票，不含税价款20万元，此行为属偷税行为。应补缴增值税并处以1倍罚款，还要按滞纳天数加收滞纳金，城市维护建设税比照增值税进行补缴与处罚，并规定连同8月份税款在9月10日前一并入库。该企业9月8日将应纳税款、罚款及滞纳金一起上缴。

要求：计算该纳税人2011年9月初实际缴纳的城市维护建设税税额、罚款及滞纳金。

解：(1) 本月应纳城市维护建设税＝520 000×7%＝36 400(元)

(2) 本月应补缴增值税＝200 000×17％＝34 000(元)

(3) 增值税罚款和滞纳金＝34 000×(1＋0.5‰×90)＝35 530(元)

注：滞纳金比例为每天0.5‰，滞纳天数从6月11日至9月8日共计90天。

(4) 本月应补缴城市维护建设税＝34 000×7％＝2 380(元)

(5) 城市维护建设税罚款和滞纳金＝2 380×(1＋0.5‰×90)＝2 487.1(元)

(6) 本月实纳城市维护建设税＝36 400＋2 380＋2 487.1＝41 267.1(元)

第五节　税收优惠及征收管理

一、税收优惠

城市维护建设税原则上不单独减免，但它是一种附加税，当“三税”发生减免时，其也相应地发生税收减免。具体规定如下：

(1) 城市维护建设税按减免后实际缴纳的“三税”税额计征，即随“三税”的减免而减免。但对“三税”实行先征后返、先征后退、即征即退办法的，除另有规定外，对随“三税”附征的城市维护建设税和教育费附加，一律不予退(返)还。

(2) 对于因减免税而需进行“三税”退库的，城市维护建设税也可以同时退库。

(3) 海关对进口产品代征的增值税、消费税，不征收城市维护建设税。

二、征收管理

城市维护建设税是由纳税人在缴纳“三税”的同时缴纳的，所以其纳税期限分别与“三税”的纳税期限一致。而且纳税人缴纳“三税”的地点也是城市维护建设税的纳税地点。纳税人在办理“三税”纳税申报的同时，单独填写《城市维护建设税纳税申报表》。

第六节　教育费附加

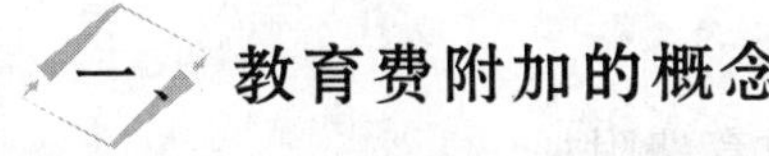

一、教育费附加的概念

教育费附加是对缴纳增值税、消费税、营业税的单位和个人，就其实际缴纳的税额为计算依据征收的一种附加费。

教育费附加是为了加快地方教育事业，扩大地方教育经费的资金来源而征收的一项专用资金。1984 年，国务院颁布了《关于筹措农村学校办学经费的通知》，开征了农村教育事业经费附加。1985 年，中共中央作出了《关于教育体制改革的决定》，指出必须在国家增拨教育基本建设投资和教育经费的同时，开辟企、事业单位和其他各种社会力量多种渠道来筹措经费。为此，国务院于 1986 年 4 月 28 日颁布了《征收教育费附加的暂行规定》，并于同年 7 月 1 日在全国范围内实施。

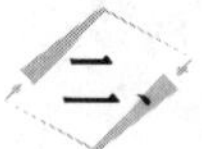

二、教育费附加的征收范围与计征依据

教育费附加的征收范围是缴纳增值税、消费税、营业税的单位和个人，并以其实际缴纳的增值税、消费税和营业税为计征依据，分别与增值税、消费税和营业税同时缴纳。

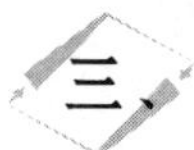

三、教育费附加的征收率

现行的教育费附加的征收率为 3%。

四、教育费附加的计算

教育费附加的计算公式为

应纳教育费附加＝(实纳增值税＋实纳消费税＋实纳营业税)×3%

例 5-2 某卷烟厂(地处县城)2010 年 12 月销售卷烟 500 箱，取得不含税销售额 150 万元，卷烟比例税率为 56%，固定税额为 150 元/箱。计算当月应纳城市维护建设税和教育费附加。

解：(1) 卷烟消费税实行复合计税，其应纳消费税如下：

应纳消费税＝500×150÷10 000＋150×56%＝91.5(万元)

(2) 应纳增值税＝150×17%＝25.5(万元)

(3) 应纳城市维护建设税＝(91.5＋25.5)×5%＝5.85(万元)

(4) 应纳教育费附加＝(91.5＋25.5)×3%＝3.51(万元)

五、减免规定

(1) 对海关进口的产品征收的增值税、消费税，不征收教育费附加。

(2) 对由于减免增值税、消费税和营业税而发生退税的，可同时退还已征收的教育费附加。但对于出口产品退还增值税、消费税的，不退还已征的教育费附加。

一、复习思考题

1. 城市维护建设税和教育费附加的纳税人各包括哪些?

2. 外商投资企业和外国企业征收城市维护建设税与教育费附加的过程有什么变化?

3. 城市维护建设税和教育费附加的计税依据各是什么?

4. 城市维护建设税和教育费附加的征收管理各有什么要求?

二、计算题

某县城一加工企业 2010 年 8 月份因进口半成品缴纳增值税 12 万元,销售产品缴纳增值税 280 万元,本月又出租门面收到租金 40 万元。

要求:计算该企业本月应缴纳的城市维护建设税和教育费附加。

第六章 关 税

【学习要求】 本章要求重点掌握关税的基本概念和分类、关税的特点、关税完税价格的确定、关税应纳税额的计算方法；一般掌握关税征税对象、纳税人、关税减免税、关税原产地的确定、行邮物品关税的计征方法；理解关税的征税标准、关税税率的基本分类、关税税则；了解关税的发展历史、关税的基本制度规定、关税税则精神、关税纳税方式、关税的征收管理。

第一节 关税概述

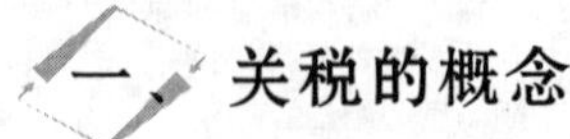

一、关税的概念

关税是指国家海关对进出我国关境的货物或物品征收的一种税。关境，又称“海关境域”或“关税领域”，是一个国家海关法令完全自主实施的领域。通常情况下，一国的关境与其国境是一致的，包括国家全部的领土、领海和领空。但当一国在该国境内设立了自由港、自由贸易区等，这些区域就进出口关税而言处在关境之外，这时该国的关境小于国境。如我国根据《中华人民共和国香港特别行政区基本法》和《中华人民共和国澳门特别行政区基本法》的规定，香港、澳门保持自由港地位，为我国单独的关税地区，即单独关境区。单独关境区是不完全适用该国海关法律、法规或实施单独海关管理制度的区域。当几个国家结成关税同盟，组成一个共同的关境并实施统一的关税法令和统一的对外税则时，这些国家彼此之间货物进出国境不征收关税，只对来自或运往其他国家的货物进出共同关境时征收关税，那么这些国家的关境大于国境，如欧洲联盟。

我国目前用以调整关税征收与缴纳权利义务关系的基本法律规范，是全国人大于2000年7月修正颁布的《中华人民共和国海关法》（以下简称《海关法》）为法律依据，以国务院于2003年11月颁布的《中华人民共和国进出口关税条例》（以下简称《进出口条例》），以及由国务院关税税则委员会审定并报国务院批准，作为条例组成部分的《中华人民共和国海关进出口税则》和《中华人民共和国海关入境旅客行李物品和个人邮递物品征收进口税办法》为基本法规，由负责关税政策制定和征收管理的主管部门依据基本法规拟定的管理办法和实施细则为主要内容。

二、关税的特点

关税是流转税中的一个独立税种，具有以下几个显著特点：

(1) 征税对象限于进出关境的货物或物品。只有当货物或物品进出关境时才能征税，凡不进出关境的货物或物品不征税。

(2) 课税环节限于进出口环节。关税只在货物进出口环节一次性征收，以后在国内任何流通环节都不再征收。

(3) 计税依据为完税价格。完税价格是关税法的独有概念，它通常是到岸价格或离岸价格。当不能确定到岸价格或离岸价格时，由海关估定。

(4) 征税机关为海关。一般税收主要由税务机关负责征收，而关税由海关专门负责征收。在我国，关税由海关总署及其领导下的各地方口岸海关负责征收。

(5) 具有较强的政策性。关税属于涉外税收，这在很大程度上体现了国家各类政策的要求，在对外政治、经济、文化和科技交流中，关税经常被当做斗争的工具和贯彻对外政策的手段，成为国际贸易合作谈判的重要内容。

三、我国关税的产生与发展

据史料记载，我国早在西周时期就设有“关”，其主要任务是根据王国法令检查进出境的人员及其货物，防止外敌入侵和人员外逃，并不征收关税。到西周后期和春秋时期，随着商品交换的发展，才开始对通关的货物征收关税，其目的是“关市之赋，以待王之膳服”。

自先秦至明清漫长的历史时期，我国一直是陆地边境关与内地水陆要道关长期并存，历代政府虽然设置了征收关税的专门机构，但陆地边境贸易关税基本免征，关税主要是内地关税和海关关税。清朝时期，政府对各海关进行封建包税制，听任洋行行商向进出口商人肆意勒索和勾结走私，海关关境形同虚设。鸦片战争后，我国进入半封建半殖民地社会，丧失了关税自主权，海关的行政、人事管理权被掠夺，关税收支权被侵占。这种状况从清末经北洋政府一直延续到国民党政府时期。至 1931 年逐步撤销了内地关税，只在国境征收进出口关税。

新中国成立后，我国成立了海关总署，由其统一领导全国海关机构和关境业务。1951 年 5 月 10 日我国颁布了《中华人民共和国暂行海关法》、《中华人民共和国海关进出口税则》及《中华人民共和国海关进出口税则暂行实施条例》，建立了独立自主的保护关税制度和海关管理制度。1985 年以后，为适应改革开放的需要，我国对关税制度进行了较大的改革。国务院于 1985 年 3 月 7 日发布了《中华人民共和国进出口关税条例》、《中华人民共和国海关进出口税则》。1987 年 1 月 22 日全国人大通过了《中华人民共和国海关法》，自同年 7 月 1 日起施行。1987 年 9 月 12 日、1992 年 3 月 18 日国务院两次对《中华人民共和国进出口关税条例》进行修订。2003 年 10 月 29 日国务院审议通过了新的《中华人民共和国进出口关税条例》，自 2004 年 1 月 1 日起施行。至此，我国已基本建立起了较为完善的关税制度。

四、关税政策

关税政策反映了国家在一定时期内的贸易政策、产业政策以及国民经济发展的基本思路，是政府调节经济的重要方式。我国目前实行的是以财政关税政策服从于保护关税政策的复合型关税政策，即贯彻国家的对外开放政策，鼓励出口和扩大必需品的进口，保护和促进国民经济的发展，保证国家的财政收入。自加入 WTO 后，我国关税政策的制定必须符合 WTO 各项协议的要求。

这一关税政策通过如下原则具体体现出来：

(1) 对进口国家建设和人民生活所必需的，而且国内不能生产或者供应不足的动植物良种、肥料、饲料、药剂、精密仪器、仪表、关键机械设备和粮食等，予以免税或低税；

(2) 原材料的进口税率一般比半成品、成品要低，特别是受自然条件制约、国内生产短期内不能迅速发展的原材料，其税率应更低；

(3) 对于国内不能生产的机械设备和仪器、仪表的零件、部件，其税率应比整机低；

(4) 对国内已能生产的非国计民生所必需的物品，应制定较高的税率；

(5) 对国内需要进行保护的产品和国内外价差大的产品，应制定更高的税率；

(6) 为了鼓励出口，对绝大多数出口商品不征出口关税，但对在国际市场上容量有限而又竞争性强的商品，以及需要限制出口的极少数原料、材料和半制成品，必要时可征收适当的出口关税。

第二节 征税对象与纳税义务人

一、征税对象

关税的征税对象是准许进出境的货物与物品。这里所说的货物，是指贸易性商品；物品，是指入境旅客携带的行李物品、个人邮递物品、各种运输工具上的服务人员携带进口自用物品、馈赠物品，以及以其他方式进境的个人物品。

二、纳税义务人

进口货物的收货人、出口货物的发货人、进出境物品的所有人，是关税的纳税义务人。进出口货物的收、发货人是依法取得对外贸易经营权，并进口或者出口货物的法人或其他社会团体。进出境物品的所有人，包括该物品的所有人和推定为所有人的人。一般情况下，对于携带进境的物品，推定其携带人为所有人；对分离运输的行李，推定相应的进出境旅客为所有人；对以邮递方式进境的物品，推定其收件人为所有人；以邮递或其他运输方式出境的物品，推定其寄件人或托运人为所有人。

第三节 进出口税则

一、进出口税则概况

进出口税则是一国政府根据国家关税政策和经济政策，通过一定的立法程序制定并公布实施的进出口货物和物品应税的关税税率表。进出口税则以税率表为主体，通常还包括实施税则的法令、使用税则的有关说明和附录等。《中华人民共和国海关进出口税则》是我国海关据以征收关税的法律依据，也是我国关税政策的具体体现。我国现行税则包括《中华人民共和国海关进出口关税条例》、《税率适用说明》、《中华人民共和国海关进出口税则》以及《进口商品从量税、复合税、滑准税税目税率表》、《进口商品关税配额税目税率表》、《进口商品税则暂定税率表》、《出口商品税则暂定税率表》、《非全税目信息技术产品税率表》等附录。

税率表作为税则主体，包括税则商品分类目录和税率栏两大部分。税则商品分类目录是把种类繁多的商品加以综合，按照其不同特点分门别类地简化成数量有限的商品类目，分别编号按序排列，称为税则号列，并逐号列出该号中应列入的商品名称。税率栏是按商品分类目录逐项定出的税率栏目。

新中国成立以来，我国分别于 1951 年、1985 年和 1992 年先后实施了三部进出口税则，进出口商品都采用同一税则目录分类。

二、税则商品分类目录

《商品名称及编码协调制度》(以下简称 HS)是一部科学、系统的国际贸易商品分类体系，是国际上多个商品分类目录协调的产物，它适合于与国际贸易有关的多方面的需要，如海关、统计、贸易、运输、生产等，是国际贸易商品分类的一种“标准语言”。我国于1992年6月正式加入《HS公约》，并于1992年1月1日起正式实施HS。

HS及我国现行税则的商品分类如下。

1. 总体结构

HS的总体结构有三部分：一是归类总规则，共6条，规定了分类原则和方法，以保证对HS使用和解释的一致性，使某一具体商品能够始终归入一个唯一编码。二是类(section)、章(chapter)、目(heading)和子目(sub-heading)注释。严格界定了相应的商品范围，阐述了专用术语的定义或区分某些商品的技术标准及界限。三是按顺序编排的目与子目编码及条文，采用六位编码，将所有商品分为21类、97章(其中77章是留作备用的空章)，章下再分为目和子目。缩码前两位数代表“章”，前四位数代表“目”，五、六位数代表“子目”。

2. 类

HS中的“类”基本上按社会生产部类分类，将属于同一生产部类的产品归在同一类中。21个类的具体设置如下：

第一类，活动物；动物产品。

第二类，植物产品。

第三类，动、植物油、脂及其分解产品；精制的食用油脂；动、植物蜡。

第四类，食品；饮料、酒及醋；烟草及烟草代用品的制品。

第五类，矿产品。

第六类，化学工业及其相关工业的产品。

第七类，塑料及其制品；橡胶及其制品。

第八类，生皮、皮革、毛皮及其制品；鞍具及挽具；旅行用品、手提包及类似容器；动物肠线(蚕胶丝除外)制品。

第九类，木及木制品；木炭；软木及软木制品；稻草、秸秆、针茅或其他编结材料制品；篮筐及柳条编结品。

第十类，木浆及其他纤维状纤维素浆；回收(废碎)纸或纸板；纸、纸板及其制品。

第十一类，纺织原料及其纺织制品。

第十二类，鞋、帽、伞、杖、鞭及其零件；已加工的羽毛及其制品；人造花；人发制品。

第十三类，石料、石膏、水泥、石棉、云母及类似材料的制品；陶瓷产品；玻璃及其制品。

第十四类，天然或养殖珍珠、宝石或半宝石、贵金属、包贵金属及其制品；仿首饰；硬币。

第十五类，贱金属及其制品。

第十六类，机器、机械器具、电气设备及其零件；录音机及放声机、电视图像、声音的录制和重放设备及其零件、附件。

第十七类,车辆、航空器、船舶及有关运输设备。

第十八类,光学、照相、电影、计量、检验、医疗或外科用仪器及设备、精密仪器及设备;钟表;乐器;上述物品的零件、附件。

第十九类,武器、弹药及零件、附件。

第二十类,杂项制品。

第二十一类,艺术品、收藏品及古物。

3. 章

HS 中的"章"的分类有两种情况:一是按商品原材料的属性分类。相同原料的产品一般归入同一章,在章内按产品加工程度从原料到成品顺序排列,如第 52 章棉花,按原棉—已梳棉—棉纱—棉布顺序排列。二是按商品的用途或性能分类。制造业的许多产品很难按其原料分类,尤其是可用多种材料制作的产品或由混合材料制成的产品,如鞋、帽等。

4. 子目

我国现行税则采用八位编码,前六位采用 HS 编码,第七、八位为我国根据中国进出口商品的实际情况,在 HS 的基础上延伸的两位编码,也称为增列税目。增列税目的原则主要是,遵循 HS 分类原则和方法,适应科学技术发展需要,有利于对相关商品实行有区别的关税政策,有利于执行国家重要产业政策,有利于解决商品归类分歧,便于海关统计。

三、税率及其运用

(一) 进口关税税率

1. 税率设置与适用

我国加入 WTO 之后,为履行我国在加入 WTO 关税减让谈判中承诺的有关义务,享有 WTO 成员应有的权利,自 2002 年 1 月 1 日起,我国进口税则设有最惠国税率、协定税率、特惠税率、普通税率、关税配额税率等。

原产于共同适用最惠国待遇条款的世界贸易组织成员的进口货物,原产于与我国签订含有相互给予最惠国待遇条款的双边贸易协定的国家或者地区的进口货物,以及原产于我国境内的进口货物,适用最惠国税率。

原产于与我国签订含有关税优惠条款的区域性贸易协定的国家或者地区的进口货物,适用协定税率。目前对原产于韩国、斯里兰卡、孟加拉三个曼谷协定成员的 739 个税目进口商品实行协定税率(即曼谷协定税率)。

原产于与我国签订含有特殊关税优惠条款的贸易协定的国家或者地区的进口货物,

适用特惠税率。目前对原产于孟加拉的 18 个税目进口商品实行特惠税率(即曼谷协定特惠税率)。

原产于上述三款所列以外国家或者地区的进口货物,以及原产地不明的进口货物,适用普通税率。

按照国家规定实行关税配额管理的进口货物,关税配额内的,适用关税配额税率;关税配额外的,其税率的适用按照上述规定执行。

对进口货物在一定期限内可以实行暂定税率。暂定税率优待适用于优惠税率或最惠国税率,按普通税率征税的进口货物不适用暂定税率。

按照普通税率征税的进口货物,经国务院关税税则委员会特别批准,可以适用最惠国税率。适用最惠国税率、协定税率、特惠税率的国家或地区的名单,由国务院关税税则委员会决定。

进口商品的税率结构主要体现为产品加工程度越深,关税税率越高,即在不可再生资源性产品、一般资源性产品及原材料、半成品、制成品中,不可再生资源性产品税率较低,制成品税率较高。

2. 税率计征办法

我国对进口商品基本上都实行从价税,即以进口货物的完税价格作为计税依据。自 1997 年 7 月 1 日起,对部分产品实行从价税、从量税、复合税和滑准税。

从价税是一种最常用的关税计税标准。它是以货物的价格或者价值为征税标准,以应征税额占货物价格或者价值的百分比为税率,价格越高,税额越高。货物进口时,将此税率和海关审定的实际进口货物完税价格相乘计算应征税额。从价税的特点是,相对进口商品价格的高低,其税额也相应高低。其优点是:税负公平明确,易于实施;但是,从价税也存在一些不足,如不同品种、规格、质量的同一货物价格有很大差异,海关估价有一定的难度,因此计征关税的手续也较繁杂。目前,我国海关计征关税标准主要是从价税。

从量税是以货物的数量、重量、体积、容量等计量单位为计税标准,以每计量单位货物的应征税额为税率。从量税的特点是,每一种货物的单位应税额固定,不受该货物价格的影响。计税时将货物的计量单位乘以每单位应纳税金额即可得出该货物的关税税额。从量税的优点是:计算简便,通关手续快捷,并能起到抑制低廉商品或故意低瞒价格货物的进口。但是,由于应税额固定,物价涨落时,税额不能相应变化,因此,在物价上涨时,关税的调控作用相对减弱。我国目前对原油、部分鸡产品、啤酒和胶卷等进口商品征收从量税。

复合税又称混合税,即对某种商品同时使用从价和从量两种税率计征的一种计征关税的方法。如现行进口税则中“广播级录像机”的最惠国税率:当每台价格不高于 2 000 美元时,执行 36%的单一从价税;当每台价格高于 2 000 美元时,每台征收 5 480 元的从量税,再加上 3%的从价税。复合税既可发挥从量税抑制低价进口货物的特点,又可发挥从价税税负合理、稳定的特点。我国目前仅对录像机、放像机、摄像机、数字照相机和摄录一体机等进口商品征收复合税。

滑准税是一种关税税率随进口货物价格由高至低而由低至高设置计征关税的方法。通俗地讲，就是进口货物的价格越高，其进口关税税率越低；进口商品的价格越低，其进口关税税率越高。滑准税的特点是可保持实行滑准税商品的国内市场价格的相对稳定，而不受国际市场价格波动的影响。我国目前仅对进口新闻纸实行滑准税。

（二）出口关税税率

出口税率设一栏。为鼓励出口，税则中大部分税目未订有出口税率，凡不订出口税率的货物不征出口税。国家仅对少数资源性产品及易于竞相杀价、盲目出口、需要规范出口秩序的半制成品征收出口关税。现行税则共对 36 个税目商品制定出口税率，同时对 23 个税目出口商品制定了 0～20％的暂定税率。目前，我国真正征收出口关税的商品只有 20 种左右，税率也较低。如 2000 年中国出口税率最低为 20％（如鳗鱼苗），最高为 50％（如锡矿砂及其精矿）。

（三）特别关税

特别关税是因某种特定目的而对进口的货物和物品征收的关税。包括报复性关税、反倾销税与反补贴税、保障性关税。征收特别关税的货物、适用国别、税率、期限和征收办法，由国务院关税税则委员会决定，由海关总署负责实施。

1. 报复性关税

报复性关税是指为报复他国对本国出口货物的关税歧视，而对相关国家的进口货物征收的一种进口附加税。任何国家或者地区违反与我国签订或者共同参加的贸易协定及相关协定，对我国在贸易方面采取禁止、限制、加征关税或者其他影响正常贸易的措施的，对原产于该国家或者地区的进口货物可以征收报复性关税，适用报复性关税税率。征收报复性关税的货物、适用国别、税率、期限和征收办法，由国务院关税税则委员会决定并公布。如 2001 年 4 月 23 日，日本开始对中国三种农产品实行 200 天的紧急进口限制措施，并对可能增加的进口配额准备实施高额关税惩罚。同年 6 月 22 日，作为反击，中国开始对日本汽车、手机和空调实施 100％的报复性关税。

2. 反倾销税与反补贴税

反倾销税是针对实行商品倾销的进口商品而征收的一种进口附加税。反补贴税是对于直接或间接接受资金或补贴的进口货物和物品所征收的一种进口附加税。征收反倾销税与反补贴税的目的在于抵消他国的补贴。按照有关法律、行政法规的规定对进口货物采取反倾销、反补贴措施的，其税率的适用按照《中华人民共和国反倾销条例》、《中华人民共和国反补贴条例》的有关规定执行。采取反倾销和反补贴措施由商务部作出决定并予以公告,海关自公告规定实施之日起执行。

3. 保障性关税

当某类商品进口量剧增,对我国相关产业带来巨大威胁或损害时,按照 WTO 有关规则,可以启动一般保障措施。按照《中华人民共和国保障措施条例》,由商务部与有实质性利益的国家或地区进行磋商后,可以在一定时期内提高该项商品的进口关税或采取数量限制措施,以保护国内相关产业不受损害。

(四) 税率的运用

进出口货物应当依照税则规定的归类原则归入合适的税号,并按照适用的税率征税。其中:

(1) 进出口货物,应当适用海关接受该货物申报进口或者出口之日实施的税率。

(2) 进口货物到达前,经海关核准先行申报的,应当适用装载该货物的运输工具申报进境之日实施的税率。

(3) 有下列情形之一,需缴纳税款的,应当适用海关接受申报办理纳税手续之日实施的税率:

- 保税货物经批准不复运出境的;
- 减免税货物经批准转让或者移作他用的;
- 暂准进境货物经批准不复运出境,以及暂准出境货物经批准不复运进境的;
- 租赁进口货物,分期缴纳税款的。

(4) 补征和退还进出口货物关税,应当按照《进出口关税条例》第 15 条或者第 16 条的规定确定适用的税率。因纳税义务人违反规定需要追征税款的,应当适用该行为发生之日实施的税率;行为发生之日不能确定的,适用海关发现该行为之日实施的税率。

(5) 对于无法确定原产地的进口货物,按普通税率征收进口关税。对于某些包装特殊的货物(如中性包装)经查验又无法确定原产地,除申报时能提供原产地证明的仍可按其原产地确定税率外,一律按普通税率计征关税。

四、进口货物原产地的认定

确定进境货物原产地的目的,是便于正确运用进口税则的各栏税率,对产自不同国家或地区的进口货物适用不同的关税税率。2004 年 9 月 3 日国务院令第 416 号公布《中华人民共和国进出口货物原产地条例》,自 2005 年 1 月 1 日起施行。我国原产地规定基本上采用了“全部产地生产标准”、“实质加工标准”两种国际上通用的原产地标准。

（一）全部产地生产标准

完全在一个国家（地区）获得的货物，以该国（地区）为原产地。所指“完全在一个国家（地区）获得的货物”包括：

（1）在该国（地区）出生并饲养的活的动物；

（2）在该国（地区）野外捕捉、捕捞、搜集的动物；

（3）从该国（地区）的活的动物获得的未经加工的物品；

（4）在该国（地区）收获的植物和植物产品；

（5）在该国（地区）采掘的矿物；

（6）在该国（地区）获得的除本条第（1）项至第（5）项范围之外的其他天然生成的物品；

（7）在该国（地区）生产过程中产生的只能弃置或者回收用作材料的废碎料；

（8）在该国（地区）收集的不能修复或者修理的物品，或者从该物品中回收的零件或者材料；

（9）由合法悬挂该国旗帜的船舶从其领海以外海域获得的海洋捕捞物和其他物品；

（10）在合法悬挂该国旗帜的加工船上加工本条第（9）项所列物品获得的产品；

（11）从该国领海以外享有专有开采权的海床或者海床底土获得的物品；

（12）在该国（地区）完全从本条第（1）项至第（11）项所列物品中生产的产品。

在确定货物是否在一个国家（地区）完全获得时，不考虑下列微小加工或者处理：①为运输、储存期间保存货物而作的加工或者处理；②为货物便于装卸而作的加工或者处理；③为货物销售而作的包装等加工或者处理。

（二）实质加工标准

实质加工标准，是指两个以上国家（地区）参与生产的货物，以最后完成实质性改变的国家（地区）为原产地。

实质性改变的确定标准，以税则归类改变（即应归于原来税目以外的税目）为基本标准。税则归类改变不能反映实质性改变的，以从价百分比、制造或者加工工序等为补充标准。如加工增值部分所占新产品总值的比例已超过30%及以上。

（三）其他

对机器、仪器、车辆等所用零配件、工具等，与主件同时进口且数量合理的，其原产地按主件的原产地确认。分别进口的按各自的原产地确认。

第四节　关税完税价格

《中华人民共和国海关法》(以下简称《海关法》)规定,进口货物的完税价格,由海关以该货物的成交价格为基础审查确定。成交价格不能确定的,由海关依法估定。海关审定进出口货物完税价格的主要依据,是由海关总署颁布,自 2006 年 5 月 1 日起实施的《海关审定进出口货物完税价格办法》(以下简称《完税价格办法》)。

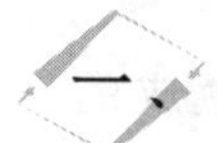

一、一般进口货物的关税完税价格

(一) 以成交价格为基础的完税价格

进口货物的完税价格,由海关以该货物的成交价格为基础审查确定,并应当包括货物运抵中华人民共和国境内输入地点起卸前的运输及其相关费用、保险费。进口货物的成交价格,是指卖方向中华人民共和国境内销售该货物时买方为进口该货物而向卖方实付、应付的,并且按照《完税价格办法》规定调整后的价款总额,包括直接支付的价款和间接支付的价款。

1. 进口货物的成交价格应当符合的条件

(1) 对买方处置或者使用进口货物不予限制,但是法律、行政法规规定实施的限制、对货物销售地域的限制和对货物价格无实质性影响的限制除外。

(2) 进口货物的价格不得受到使该货物成交价格无法确定的条件或者因素的影响。

(3) 卖方不得直接或者间接获得因买方销售、处置或者使用进口货物而产生的任何收益,除非能够按照《完税价格办法》第 11 条第一款第(四)项的规定作出调整。

(4) 买卖双方之间没有特殊关系,或者虽然有特殊关系但是按照《完税价格办法》第 17 条的规定未对成交价格产生影响。

有下列情形之一的,应当视为对买方处置或者使用进口货物进行了限制:①进口货物只能用于展示或者免费赠送的;②进口货物只能销售给指定第三方的;③进口货物加工为成品后只能销售给卖方或者指定第三方的;④其他经海关审查,认定买方对进口货物的处置或者使用受到限制的。

2. 进口货物的下列费用应当计入完税价格

(1) 由买方负担的购货佣金以外的佣金和经纪费。

(2) 由买方负担的在审查确定完税价格时与该货物视为一体的容器的费用。

(3) 由买方负担的包装材料费用和包装劳务费用。

(4) 与该货物的生产和向中华人民共和国境内销售有关的，由买方以免费或者以低于成本的方式提供并可以按适当比例分摊的料件、工具、模具、消耗材料及类似货物的价款，以及在境外开发、设计等相关服务的费用。

(5) 作为该货物向中华人民共和国境内销售的条件，买方必须支付的、与该货物有关的特许权使用费。

(6) 卖方直接或者间接从买方获得的该货物进口后转售、处置或者使用的收益。

3. 进口货物海关估价方法

进口货物的成交价格不符合上述规定的，或者成交价格不能确定的，海关经了解有关情况，并与纳税义务人进行价格磋商后，依次以下列方法审查确定该货物的完税价格：

(1) 相同货物成交价格估价方法，是指与该货物同时或者大约同时(海关接受申报进口之日的前后各45天内)向中华人民共和国境内销售的相同货物的成交价格。

(2) 类似货物成交价格估价方法，是指与该货物同时或者大约同时向中华人民共和国境内销售的类似货物的成交价格。

(3) 倒扣价格估价方法，是指与该货物进口的同时或者大约同时，将该进口货物、相同或者类似进口货物在第一级销售环节销售给无特殊关系买方最大销售总量的单位价格。

(4) 计算价格估价方法，是指按照下列各项总和计算的价格：生产该货物所使用的料件成本和加工费用，向中华人民共和国境内销售同等级或者同种类货物通常的利润和一般费用，该货物运抵境内输入地点起卸前的运输费用及其相关费用、保险费。

(5) 以合理方法估定的价格。

纳税义务人向海关提供有关资料的，可以提出申请，颠倒前款第(3)项和第(4)项的适用次序。

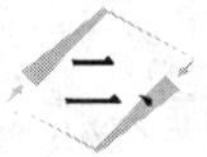

二、特殊进口货物的完税价格

(一) 加工贸易进口料件及其制成品的完税价格

加工贸易进口料件或者其制成品应当征税或内销补税的，海关按照以下规定审查确定完税价格：

(1) 进口时应当征税的进料加工进口料件，以该料件申报进口时的成交价格为基础审查确定完税价格。

(2) 进料加工进口料件或者其制成品(包括残次品)内销时，海关以料件原进口成交价格为基础审查确定完税价格。料件原进口成交价格不能确定的，海关以接受内销申报的同时或者大约同时进口的与料件相同或者类似的货物的进口成交价格为基础审查确定完税价格。

(3) 来料加工进口料件或者其制成品(包括残次品)内销时,海关以接受内销申报的同时或者大约同时进口的与料件相同或者类似的货物的进口成交价格为基础审查确定完税价格。

(4) 加工企业内销加工过程中产生的边角料或者副产品,以海关审查确定的内销价格作为完税价格。

(二) 保税区、出口加工区货物的完税价格

保税区、出口加工区内的加工企业内销的制成品(包括残次品),海关以接受内销申报的同时或者大约同时进口的相同或者类似货物的进口成交价格为基础审查确定完税价格。

保税区、出口加工区内的加工企业内销加工过程中产生的边角料或者副产品,以海关审查确定的内销价格作为完税价格。

(三) 以租赁方式进口货物的完税价格

以租赁方式进口的货物,以海关审查确定的该货物的租金作为完税价格;留购的租赁货物,以海关审定的留购价格作为完税价格;承租人要求一次性缴纳税款的,经海关同意,按照一般进口货物估价办法估定完税价格,或者按照海关审查确定的租金总额作为完税价格。

(四) 运往境外加工货物的完税价格

运往境外加工的货物,出境时已向海关报明并在海关规定的期限内复运进境的,应当以境外加工费和料件费、复运进境的运输费用及其相关费用和保险费审查确定完税价格。

(五) 运往境外修理货物的完税价格

运往境外修理的机械器具、运输工具或者其他货物,出境时已向海关报明并在海关规定的期限内复运进境的,应当以境外修理费和料件费审查确定完税价格。

(六) 暂时进境货物的完税价格

经海关批准的暂时进境货物,应当缴纳税款的,由海关按照规定审查确定完税价格。经海关批准留购的暂时进境货物,以海关审查确定的留购价格作为完税价格。

(七) 应予补税的减免税货物的完税价格

减税或者免税进口的货物应当补税时,应当以海关审查确定的该货物原进口时的价格,扣除折旧部分价值作为完税价格。其计算公式如下:

完税价格＝海关审查确定的该货物原进口时的价格×
［1－申请补税时实际已使用的时间(月)÷
(监管年限×12)］

监管年限从减免税进口货物的放行之日起计算。下列享受税收优惠的进口货物监管年限为：船舶、飞机及建筑材料（包括钢材、木材、胶合板、人造板、玻璃等）为 8 年；机动车辆和家用电器为 6 年；机器设备和其他设备、材料等为 5 年。

（八）以其他方式进口货物的完税价格

以易货贸易、寄售、捐赠、赠送等其他方式进口的货物，应当按照一般进口货物估价办法，估定完税价格。

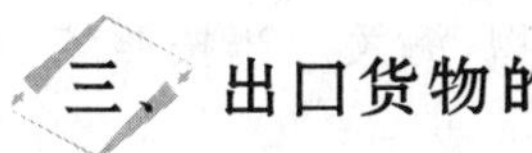

三、出口货物的完税价格

（一）以成交价格为基础审查确定

出口货物的完税价格由海关以该货物的成交价格为基础审查确定，并应当包括货物运至中华人民共和国境内输出地点装载前的运输费用及其相关费用、保险费。

出口货物的成交价格，是指该货物出口时卖方为出口该货物应当向买方直接收取和间接收取的价款总额。但出口关税、在货物价款中单独列明的货物运至中华人民共和国境内输出地点装载后的运输费用及其相关费用、保险费和在货物价款中单独列明由卖方承担的佣金等不计入出口货物的完税价格。

（二）出口货物海关估定完税价格

出口货物的成交价格不能确定的，海关经了解有关情况，并与纳税义务人进行价格磋商后，依次以下列价格估定该货物的完税价格：

(1) 与该货物同时或者大约同时向同一国家或者地区出口的相同货物的成交价格。

(2) 与该货物同时或者大约同时向同一国家或者地区出口的类似货物的成交价格。

(3) 按照下列各项总和计算的价格：境内生产相同或者类似货物的料件成本、加工费用，通常的利润和一般费用，境内发生的运输费用及其相关费用、保险费。

(4) 以合理方法估定的价格。

四、进出口货物完税价格中运输费与保险费的确定

（一）以一般陆运、空运、海运方式进口的货物

(1) 进口货物的运费，应当按照实际支付的费用计算。如果进口货物的运费无法确

定，海关应当按照该货物的实际运输成本或者该货物进口同期运输行业公布的运费率（额）计算运费。运输工具作为进口货物，利用自身动力进境的，海关在审查确定完税价格时，不再另行计入运费。

（2）进口货物的保险费，应当按照实际支付的费用计算。如果进口货物的保险费无法确定或者未实际发生，海关应当按照“货价加运费”两者总额的3‰计算保险费。其计算公式如下：

保险费＝（货价＋运费）×3‰

（二）以其他方式进口的货物

（1）邮运进口的货物，应当以邮费作为运输费用及其相关费用、保险费。

（2）以境外边境口岸价格条件成交的铁路或者公路运输进口货物，海关应当按照境外边境口岸价格的1%计算运输费用及其相关费用、保险费。

（三）出口货物

出口货物的销售价格如果包括离境口岸到境外口岸之间的运输费、保险费的，该运费、保险费应当扣除。

总之，纳税人发生进出口货物行为向海关申报时，应当按照《完税价格办法》的有关规定，如实向海关提供发票、合同、提单、装箱清单等单证。根据海关要求，纳税人还应当如实提供与货物买卖有关的支付凭证以及证明申报价格真实、准确的其他商业单证、书面资料和电子数据。货物买卖中发生价格调整项目的，纳税义务人应当如实向海关申报。价格调整项目如果需要分摊计算的，纳税义务人应当根据客观量化的标准进行分摊，并同时向海关提供分摊的依据。

第五节 一般贸易方式应纳税额的计算

进出口货物关税，以从价计征、从量计征或者国家规定的其他方式征收。各种征收方式的相应应纳税额计算公式如下。

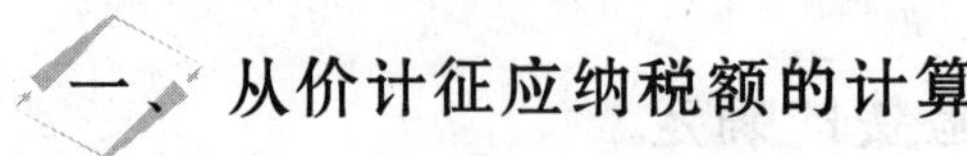

一、从价计征应纳税额的计算

应纳税额＝应税进（出）口货物数量×单位完税价格×关税税率

二、从量计征应纳税额的计算

应纳税额＝应税进(出)口货物数量×单位货物税额

三、复合税应纳税额的计算

应纳税额＝应税进(出)口货物数量×单位货物税额＋应税进(出)口货物数量×单位完税价格×关税税率

四、滑准税应纳税额的计算

应纳税额＝应税进(出)口货物数量×单位完税价格×滑准税税率

第六节 行李和邮递物品进口税

行李和邮递物品进口税简称行邮税，是海关对入境旅客行李物品和个人邮递物品征收的进口税。由于其中包含了在进口环节征收的增值税、消费税，因而它也是对个人非贸易性入境物品征收的进口关税和进口工商税收的总称。

对准许应税进口旅客行李物品、个人邮递物品以及其他个人自用物品，均应依据《入境旅客行李物品和个人邮递物品进口税税率表》征收行邮税。课税对象包括入境旅客、运输工具、服务人员携带的应税行李物品、个人邮递物品、馈赠物品以及以其他方式入境的个人物品等项物品，简称进口物品。进境物品的纳税义务人，是指携带应税自用物品入境的旅客及运输工具服务人员、进境邮递物品的收件人以及以其他方式进口个人自用物品的收件人。上述所称的个人自用物品，不包括汽车、摩托车及其配件、附件。对进口应税个人自用汽车、摩托车及其配件、附件，以及超过海关规定自用合理数量部分的应税物品，应按货物进口程序办理报送验放手续。

《入境旅客行李物品和个人邮递物品进口税税率表》由国务院关税税则委员会审定后，由海关总署对外公布实施。我国行邮税税目、税率经过了多次调整，现行行邮税税率分为50％、20％和10％三个档次。

(1) 烟、酒税率为50％。

(2) 纺织品及其制成品、摄像机、摄录一体机、数码相机及其他电器用具、照相机、自行车、手表、钟表(含配件、附件)、化妆品等税率为20％。

（3）书报、刊物、教育专用电影片、幻灯片、原版录音带、录像带、金、银及其制品、食品、饮料和其他商品等税率为10%。

进口税采用从价计征，完税价格由海关参照该项物品的境外正常零售平均价格确定。完税价格乘以进口税税率，即为应纳的进口税税额。海关按照填发税款缴纳书当日有效的税率和完税价格计算征收。纳税人应当在海关放行个人自用物品之前缴清税款。

第七节 关税的征收管理

一、关税减免

关税减免是对某些纳税人和征税对象进行鼓励和照顾的一种特殊调节手段，是贯彻国家关税政策的一项重要措施。关税减免分为法定减免税、特定减免税和临时减免税。

（一）法定减免税

根据我国《海关法》和《进出口条例》等的规定，下列进出口货物可免征关税：

（1）关税税额在人民币50元以下的一票货物。

（2）无商业价值的广告品和货样。

（3）外国政府、国际组织无偿赠送的物资。

（4）进出境运输工具装载的途中必需的燃料、物料和饮食用品。

（5）在海关放行前损失的货物。

（6）经海关核准暂时进境或暂时出境，并在6个月内复运出境或者复运进境的货样、展览品、施工机械、工程车辆、工程船舶、供安装设备时使用的仪器和工具、电视或者电影摄制器械、盛装货物的容器以及剧团服装道具，在货物收发人向海关缴纳相当于税款的保证金或者提供担保后，可予暂时免税。

（7）为境外厂商加工、装配成品和为制造外销产品而进口的原材料、辅料、零件、部件、配套件和包装物料，海关按照实际加工出口的成品数量免征进口关税；或者对进口料、件先征进口关税，再按照实际加工出口的成品数量予以退税。

（8）因故退还的中国出口货物，经海关审查属实，可予免征进口关税，但已征收的出口关税不予退还。

（9）因故退还的境外进口货物，经海关审查属实，可予免征出口关税，但已征收的进口关税不予退还。

（10）进口货物如有以下情形，经海关查明属实，可酌情减免进口关税：在境外运输途中或者在起卸时，遭受损坏或者损失的；起卸后海关放行前，因不可抗力遭受损坏或者损失的；海关查验时已经破漏、损坏或者腐烂，经证明不是保管不慎造成的。

（11）中华人民共和国缔结或者参加的国际条约规定减征、免征关税的货物、物品。

（12）法律规定减征、免征关税的其他货物、物品。

（二）特定减免税

除法定减免税之外，国家按照国际通行规则和我国实际情况，制定发布的有关进出口货物减免关税的政策，称为特定减免税，或政策性减免税。特定减免税一般有地区、企业和用途的限制，海关需要进行后续管理。

1. 科教用品

按照《科学研究和教学用品免征进口税收暂行规定》，对科研机构和学校，不以营利为目的，在合理数量范围内进口国内不能生产的科学研究和教学用品，直接用于科研和教学的，免征进口关税和进口环节增值税、消费税。

2. 残疾人专用品

按照《残疾人专用品免征进口税收暂行规定》，对规定的残疾人个人专用品，免征进口关税和进口环节增值税、消费税；对康复、福利机构、假肢厂和荣誉军人康复医院进口国内不能生产的、《残疾人专用免征进口税收暂行规定》明确的残疾人专用品，免征进口关税和进口环节增值税、消费税。

3. 扶贫、慈善性捐赠物资

按照《扶贫、慈善性捐赠物资免征进口税收的暂行办法》，对境外自然人、法人或者其他组织等境外捐赠人，无偿向经国务院主管部门依法批准成立的，以人道救助和发展扶贫、慈善事业为宗旨的社会团体以及国务院有关部门和各省、自治区、直辖市人民政府捐赠的，直接用于扶贫、慈善事业的物资，免征进口关税和进口环节增值税、消费税。

4. 加工贸易产品

（1）加工装配和补偿贸易，即“三来一补”业务，有利于较快地提高出口产品生产技术，改善我国产品质量与品种，扩大出口，增加我国外汇收入，解决劳动就业问题，国家对此给予一定的关税优惠：进境不予征税，准许在境内保税加工为成品后返销出口；进口外商的不作价设备和作价设备，分别比照外商投资项目和国内投资项目的免税规定执行；剩余料件或增产的产品，经批准转为内销时，价值在进口料件总值2%以内，且总价值在3 000元以下的，可予免税。

（2）进料加工，对专为加工出口商品而进口的料件，海关按照实际加工复出口的数量，免征进口关税；加工的成品出口，免征出口税，但内销料件及成品照章征税；对加工过程中产生的副产品、次品、边角料，海关根据其使用价值分析估价征税或者酌情减免税；剩余料件或增产的产品，经批准转为内销时，价值在进口料件总值2%以内，且总价值在

5 000 元以下的，可予免税。

5. 边境贸易进口物资

为鼓励我国边境地区积极发展与我国毗邻国家间的边境贸易和经济合作，我国对边民通过互市贸易进口的商品，每人每日价值在 3 000 元以下的，免征进口关税和进口环节增值税。边境小额贸易企业通过指定边境口岸进口原产于毗邻国家的商品，除烟、酒、化妆品以及国家规定必须照章征税的其他商品外，进口关税和进口环节增值税减半征收。

6. 保税区进口货物

保税区是海关监管的特定区域。海关依照《保税区海关监管办法》对进出保税区的货物、运输工具、个人携带物品实施监管。保税区与中华人民共和国境内的其他地区（简称非保税区）之间，应当设置符合海关监管要求的隔离设施。保税区的主要关税优惠政策有：进口供保税区使用的机器、设备、基建物资、生产用车辆，为加工出口产品进口的原材料、零部件、元器件、包装材料，供储存的转口货物以及在保税区内加工运输出境的产品免征进口关税和进口环节税；保税区内企业进口专为生产加工出口产品所需的原材料、零部件、包装材料，以及转口货物予以保税；从保税区运往境外的货物，一般免征出口关税，等等。

7. 出口加工区进出口货物

出口加工区是海关监管的特定区域，海关在加工区内设立机构，依法对进、出加工区的货物及区内相关场所实行 24 小时监管。加工区与我国境内的其他地区之间，须设置符合海关监管要求的隔离设施及闭路电视监控系统，经海关总署对加工区的隔离设施验收合格后，方可开展加工区有关业务。出口加工区的主要关税优惠政策有：从境外进入区内生产性的基础设施建设项目所需的机器、设备和建设生产厂房、仓储设施所需的基建物资，区内生产企业所需的机器、设备、模具及其维修零配件，区内企业和行政管理机构自用的合理数量的办公用品，予以免征进口关税和进口环节税；区内企业为加工出口产品所需的原材料、零部件、元器件、包装物料和消耗性材料，予以保税；对加工区运往区外的货物，海关按照对进口货物的有关规定办理报关手续，并按照制成品征税；对从区外进入加工区的货物视同出口，可按规定办理出口退税。

8. 进口设备

为进一步扩大引进外资，引进国外先进技术和设备，促进产业结构的调整和技术进步，保持国民经济持续、快速、健康发展，国务院决定自 1998 年 1 月 1 日起，对国家鼓励发展的国内投资项目和外商投资项目进口设备，除《国内投资项目不予免税的进口商品目录》所列商品外，免征进口关税和进口环节增值税。对符合规定的项目，按照合同随设备进口的技术及配套件、备件，也免征进口关税和进口环节增值税。

9. 特定行业或用途的减免税政策

为鼓励、支持部分行业或特定产品的发展,国家制定了部分特定行业或用途的减免税政策,这类政策一般对可减免税的商品列有具体清单。如为支持我国海洋和陆上特定地区石油、天然气开采作业,对相关项目进口国内不能生产或性能不能满足要求的,直接用于开采作业的设备、仪器、零附件、专用工具,免征进口关税和进口环节增值税,等等。

(三) 临时减免税

临时减免税是指以上法定和特殊减免税以外的其他减免税,即由国务院根据《海关法》对某个单位、某类商品、某个项目或某批进出口货物的特殊情况,给予特别照顾,一案一批,专文下达的减免税。临时减免税一般有单位、品种、期限、金额或数量等限制,不能比照执行。

为遵循统一、规范、公平、公开的原则,国家严格控制减免税,一般不办理个案临时性减免税,对特定减免税也在逐步清理、规范,对不符合国际惯例的税收优惠将逐步予以废止。

二、关税缴纳

进口货物的纳税人应当自运输工具申报进境之日起 14 日内,出口货物的纳税人除海关特准外,应当在货物运抵海关监管区后、装货的 24 小时以前,向货物进出境地海关申报。

纳税人应自海关填发税款缴纳书的次日起 15 日内缴纳税款。

关税纳税义务人因不可抗力或者在国家税收政策调整的情形下,不能按期缴纳税款的,经海关总署批准,可以延期缴纳税款,但最长不得超过 6 个月。

三、关税的税收保全和强制执行措施

《海关法》和《海关税收保全和强制措施暂行办法》赋予海关对滞纳关税的纳税人实施税收保全、强制执行和征收滞纳金的权力。

(一) 税收保全

进出口货物的纳税人在规定的纳税期限内有明显的转移、藏匿其应税货物以及其他财产迹象的,海关应当制发《海关责令提供担保通知书》,要求纳税人在海关规定的期限内提供海关认可的担保。纳税人不能在海关规定的期限内按照海关要求提供担保的,经直属海关关长或者其授权的隶属海关关长批准,海关应当采取税收保全措施。包括:

（1）制发《海关暂停支付通知书》，并通知纳税人开户银行或者其他金融机构暂停支付纳税人相当于应纳税款的存款。

（2）无法查明纳税人账户、存款数额等情形不能实施暂停支付措施的，应当扣留纳税人价值相当于应纳税款的货物或者其他财产。

纳税人自海关填发税款缴款书之日起15内未缴纳税款的，经直属海关关长或者其授权的隶属海关关长批准，海关应当向金融机构制发《海关扣缴税款通知书》，通知其从暂停支付的款项中扣缴相应税款；或向纳税人制发《海关抵缴税款通知书》，依法变卖被扣留的货物或者其他财产，并以变卖所得抵缴税款。

纳税人自海关填发税款缴款书之日起15日内缴纳税款的，海关应当解除扣留措施。

若采取税收保全措施不当，或者纳税人在规定期限内已缴纳税款，海关未立即解除税收保全措施，致使纳税人的合法权益受到损失的，海关应当依法承担赔偿责任。

（二）强制执行措施

进出口货物的纳税人、担保人自规定的纳税期限届满之日起超过3个月未缴纳税款的，经直属海关关长或者其授权的隶属海关关长批准，海关可以依次采取下列强制措施：

（1）书面通知金融机构从其存款中扣缴税款；

（2）将应税货物依法变卖，以变卖所得抵缴税款；

（3）扣留并依法变卖其价值相当于应纳税款的货物或者其他财产，以变卖所得抵缴税款。

（三）征收滞纳金

滞纳金自关税缴纳期限届满滞纳之日起，到纳税义务人缴纳关税之日止，周末和法定节假日不予扣除，按滞纳税款5‰的比例按日征收。

$$关税滞纳金=滞纳关税税额\times 5‰\times 滞纳天数$$

四、关税退还

有下列情形之一的，纳税义务人自缴纳税款之日起1年内，可以申请退还关税，并应当以书面形式向海关说明理由，提供原缴款凭证及相关资料。

（1）已征进口关税的货物，因品质或者规格原因，原状退货复运出境的；

（2）已征出口关税的货物，因品质或者规格原因，原状退货复运进境，并已重新缴纳因出口而退还的国内环节有关税收的；

（3）已征出口关税的货物，因故未装运出口，申报退关的。

海关应当自受理退税申请之日起30日内查实并通知纳税义务人办理退还手续。纳税义务人应当自收到通知之日起3个月内办理有关退税手续。

海关发现多征税款的，应当立即通知纳税义务人办理退还手续。

五、关税补征和追缴

进出口货物放行后，海关发现少征或者漏征税款的，应当自缴纳税款或者货物放行之日起1年内，向纳税人补征税款。但因纳税人违反规定造成少征或者漏征税款的，海关可以自缴纳税款或者货物放行之日起3年内追征税款，并从缴纳税款或者货物放行之日起按日加收少征或者漏征税款5‱的滞纳金。

海关发现海关监管货物因纳税人违反规定造成少征或者漏征税款的，应当自纳税人应缴纳税款之日起3年内追征税款，并从应缴纳税款之日起按日加收少征或者漏征税款5‱的滞纳金。

练习题

一、复习思考题

1. 关税的作用主要有哪些？
2. 什么是优惠税率？什么是普通税率？其适用有何规定？
3. 关税的计税依据如何确定？
4. 我国对一些进口货物为什么要实行从量关税、复合关税和滑准税？
5. 关税的减免税规定有哪些种类？其主要内容有哪些？
6. 什么是特别关税？我国现行的特别关税有哪些种类？
7. 关税的税收保全和强制执行措施的主要内容有哪些？

二、综合业务题

1. 某进出口公司2011年5月进口一批汽车，海关审定的关税完税价格为1 000万美元。已知当月美元对人民币汇率为1∶6.3，该货物进口关税税率为25%，消费税税率为12%，增值税税率为17%。当月将该批汽车全部销售完毕，不含税销售额为18 000万元。

请计算该公司应纳进口环节增值税、消费税和当月应纳增值税税额。

2. 某商贸公司为增值税一般纳税人，并具有进出口经营权，2011年3月发生相关经营业务如下：

(1) 从国外进口小轿车一辆，支付买价400 000元、相关费用30 000元，支付到达我国海关前的运输费用 40 000 元、保险费用 20 000 元。

(2) 将生产中使用的价值 500 000 元设备运往国外修理，出境时已向海关报明，支付给境外的修理费用 50 000 元、料件费 100 000 元，并在海关规定的期限内收回了该设备。

(3) 从国外进口卷烟 80 000 条(每条 200 支)，支付买价 2 000 000 元，支付到达我国海关前的运输费用 120 000 元、保险费用 80 000 元。

(注：进口关税税率均为 20%，小轿车消费税税率 12%，单位金额：元)

要求：按下列顺序回答问题，每问均为共计金额：

(1) 计算进口小轿车、修理设备和进口卷烟应缴纳的关税。

(2) 计算小轿车在进口环节应缴纳的消费税。

(3) 计算卷烟在进口环节应缴纳的消费税。

(4) 计算小轿车、修理设备和卷烟在进口环节应缴纳的增值税。

第七章　企业所得税

【学习要求】　本章要求重点掌握企业所得税的纳税人、税率、税前扣除项目中各具体项目的列支标准、税前弥补亏损和企业所得税应纳税额的计算；一般掌握企业所得税的收入总额组成、不征税收入、免税收入、不得税前扣除项目、资产的税务处理、税收优惠等；理解境外所得已纳税款的抵免、特别纳税调整；了解企业所得税的征收管理。

第一节　企业所得税概述

一、企业所得税的概念

企业所得税是对我国境内的企业和其他取得收入的组织的生产经营所得和其他所得依法开征的一种税。它是国家参与企业利润分配的重要手段。我国现行用于调整企业所得税征收与缴纳权利义务关系的基本法律规范是2007年3月中华人民共和国第63号主席令颁布的《中华人民共和国企业所得税法》(以下简称《企业所得税法》)、2007年11月国务院常务会议通过的《中华人民共和国企业所得税法实施条例》和2009年1月国家税务总局颁布的《特别纳税调整实施办法》。2010年企业所得税实现收入12 842.79亿元，占税收总收入的比重为17.5%。

二、企业所得税的特点

企业所得税作为我国税收体系中的主体税种之一，具有以下特点：

(1) 征税对象是所得额。企业所得税的征税对象为所得额，即纳税人的收入总额扣除与纳税人取得收入有关的各项成本、费用和损失后的余额。它既不是企业实现的会计利润总额，也不是企业的销售额或营业额。这是企业所得税与增值税、消费税和营业税等流转税相比差异较大的一点。

(2) 应纳税所得额的计算程序复杂。与流转税直接根据销售额或营业额计算征税不同,企业所得税的计税依据是应纳税所得额,其计算过程比较复杂。应纳税所得额是在企业会计利润的基础上,再根据税法的规定作纳税调整加减某些项目后得出的。

(3) 征税以量能负担为原则。所得税是按照纳税人负担能力的大小和有无所得确定所得税的税收负担,都能起到自动调节的作用。企业所得税以纳税人的生产、经营所得为税基,贯彻量能负担的原则,即所得多的多征,所得少的少征,无所得的不征,体现了税收公平原则。

(4) 一般实行按年计征,分期预缴,年度终了后五个月内汇算清缴的办法。会计利润是应纳税所得额的基础,而利润是企业一定时期生产经营成果的最终反映,一般是按年度计算和衡量的。因此,企业所得税也一般以全年的应纳税所得额为计税依据,分月或分季预缴,年终汇算清缴。

三、企业所得税的产生与发展

所得税最早产生于18世纪末的英国,现已成为许多国家,尤其是发达国家的主体税种。

新中国成立后,1950年政务院颁布《工商业税暂行条例》,规定除国营企业以外,所有的工商企业都应按照税法规定纳税。1958年工商税制改革,又将所得税从工商业税中分离出来,使其成为一个独立的税种,并正式定名为工商所得税,主要对国营企业以外的集体经济和个体经济征收。在1983年以前的相当长时期里,国家对国营企业一直是实行利润上缴制度,不征收所得税。

党的十一届三中全会以后,为适应引进国外资金、技术和人才,开展对外经济技术合作的需要,1980年9月第五届全国人民代表大会通过了《中华人民共和国中外合资经营企业所得税法》并公布实施。1981年12月又通过了《中华人民共和国外国企业所得税法》。作为企业和城市改革的一项重大措施,为了规范国家与国营企业之间的分配关系,充分调动企业和职工的积极性,国务院于1983年对国营企业实行"利改税",即将新中国成立后实行了30多年的国营企业向国家上缴利润的制度改为缴纳企业所得税,其中大中型企业实行55%的比例税率,小型企业实行新的8级超额累进税率,税率为55%~10%。1984年9月国务院颁布了《中华人民共和国国营企业所得税条例(草案)》,标志着国家与国营企业的分配关系以法律的形式确定下来。

利改税后,工商所得税已名不副实。1985年国务院将原工商所得税改名为集体企业所得税,并于同年4月颁布了《中华人民共和国集体企业所得税暂行条例》,规定对城乡集体企业取得的生产经营所得和其他所得,统一征收集体企业所得税。私营企业是新中国成立初期企业所得税的主要纳税人,但经过1958年的社会主义改造后,私营企业不复存在。改革开放后,私营经济获得迅猛发展,为了加强对私营企业生产和收入分配的管理和

监督，引导私营企业的健康发展，国务院于1988年6月颁布了《私营企业所得税暂行条例》，决定开征私营企业所得税。至此，在我国形成了按照企业不同所有制性质而设置的企业所得税税制。

1991年，第七届全国人民代表大会将《中华人民共和国中外合资经营企业所得税法》和《中华人民共和国外国企业所得税法》合并，制定了《中华人民共和国外商投资企业和外国企业所得税法》。为了适应市场经济的要求，统一和规范所得税制，进一步规范国家与企业之间的分配关系，公平税负，促进公平竞争，1994年国家进行工商税制改革，国务院将原国营企业所得税、集体企业所得税和私营企业所得税统一为一个税种，于1993年12月颁布了《中华人民共和国企业所得税暂行条例》，并实行33%的基本税率。这样，我国按企业投资主体形成了内外有别的两套企业所得税制度。

从改革开放30多年的实践来看，单独设置外资企业所得税制度对于我国吸引外国投资、引进先进技术、学习国外先进的管理经验、推动我国国民经济的迅速发展确实起到了很大的作用。但内外资企业所得税法并存也带来了很多的弊端和问题。为了满足落实科学发展观、建设公平市场竞争环境、充分发挥税收调控经济职能和优化国民经济结构的需要，2007年3月16日，第十届全国人民代表大会第五次会议审议通过了《中华人民共和国企业所得税法》，并于同日由中华人民共和国国家主席令公布，从2008年1月1日起适应于在中华人民共和国境内所有的企业和其他取得收入的组织。

第二节　纳税义务人、征税对象与税率

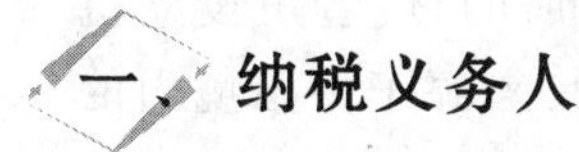

一、纳税义务人

企业所得税的纳税义务人，是指在中华人民共和国境内的企业和其他取得收入的组织（以下统称企业）。为避免重复征税，个人独资企业、合伙企业不适用《企业所得税法》。

《企业所得税法》以是否具有法人资格作为企业所得税纳税人的认定标准，改变了以往内资企业所得税以独立核算的三个条件来判定纳税人标准的做法，使内资企业与外资企业纳税人的认定标准完全统一，符合国际通行做法。按此标准，企业设有多个不具有法人资格营业机构的，实行由法人汇总纳税。

为了保障有效行使我国税收管辖权，统一后的企业所得税法按照国际通行做法，采用了规范的“居民企业”和“非居民企业”概念对纳税人加以区分，这是确定纳税人是否负有全面纳税义务的基础。

（一）居民企业

居民企业是指依法在中国境内成立，或者依照外国（地区）法律成立但实际管理机构在中国境内的企业。居民企业承担全面纳税义务，应当就其来源于中国境内、境外的所得缴纳企业所得税。

所称依法在中国境内成立的企业，包括依照中国法律、行政法规在中国境内成立的企业、事业单位、社会团体以及其他取得收入的组织。

所称依照外国（地区）法律成立的企业，包括依照外国（地区）法律成立的企业和其他取得收入的组织。

所称实际管理机构，是指对企业的生产经营、人员、账务、财产等实施实质性全面管理和控制的机构。

比如，在我国境内注册成立的沃尔玛（中国）投资有限公司，就是我国的居民企业；在英属维尔京群岛、百慕大群岛等国家和地区注册成立的离岸公司，但实际管理机构在我国境内的，也是我国的居民企业。

（二）非居民企业

非居民企业是指依照外国（地区）法律成立且实际管理机构不在中国境内，但在中国境内设立机构、场所的；或者在中国境内未设立机构、场所，但有来源于中国境内所得的企业。非居民企业承担有限纳税义务，其在中国境内设立机构、场所的，应当就其所设机构、场所取得的来源于中国境内的所得，以及发生在中国境外但与其所设机构、场所有实际联系的所得，缴纳企业所得税；非居民企业在中国境内未设立机构、场所的，或者虽设立机构、场所但取得的所得与其所设机构、场所没有实际联系的，应当就其来源于中国境内的所得缴纳企业所得税。

所称实际联系，是指非居民企业在中国境内设立的机构、场所拥有据以取得所得的股权、债权，以及拥有、管理、控制据以取得所得的财产等。

上述机构、场所，是指在中国境内从事生产经营活动的机构、场所，包括：

（1）管理机构、营业机构、办事机构；

（2）工厂、农场、开采自然资源的场所；

（3）提供劳务的场所；

（4）从事建筑、安装、装配、修理、勘探等工程作业的场所；

（5）其他从事生产经营活动的机构、场所。

非居民企业委托营业代理人在中国境内从事生产经营活动的，包括委托单位或者个人经常代其签订合同，或者储存、交付货物等，该营业代理人视为非居民企业在中国境内设立的机构、场所。

（三）对改组改制企业纳税人的规定

近年来，我国企业合并、兼并、分立、股权重组、资产转让等改组、改制行为经常发生。为了规范企业改组、改制业务的所得税处理，国家税务总局制定了《企业改组改制中若干所得税业务问题的暂行规定》，其中对纳税人的规定如下：

(1) 吸收合并的。被吸收或兼并的企业和存续企业符合企业所得税纳税人条件的，分别以被吸收或兼并的企业和存续企业为纳税人；被吸收或兼并的企业已不符合企业所得税纳税人条件的，应以存续企业为纳税人，被吸收或兼并企业的未了税务事宜，应由存续企业承继。

(2) 新设合并的。新设企业符合企业所得税纳税人条件的，以新设企业为纳税人。合并前企业的未了税务事宜，应由新设企业承继。

(3) 企业分立的。分立后各企业符合企业所得税纳税人条件的，以各企业为纳税人。分立前企业的未了税务事宜，由分立后的企业承继。

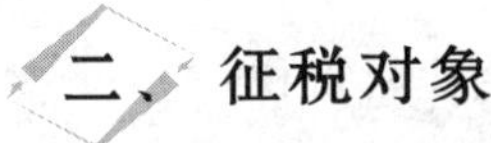

二、征税对象

企业所得税的征税对象是纳税人每一纳税年度取得的生产、经营所得和其他所得。

所谓生产经营所得，是指企业从事物质生产、商品流通、交通运输、劳务服务以及其他营利事业取得的所得。这些所得在会计核算上，主要体现为“主营业务收入”科目的核算内容。

其他所得包括：企业有偿转让各类财产取得的财产转让所得；纳税人购买各种有价证券取得的利息及外单位欠款取得的利息所得；纳税人出租固定资产、包装物等取得的租赁所得；纳税人因转让专利权、非专利技术、商标权、著作权等取得的特许权使用费所得；纳税人对外投资入股取得的股息、红利所得及固定资产盘盈、因债权人原因确实无法支付的应付款项、物资及现金溢余等取得的其他所得。这些所得在会计核算上，主要体现为“其他业务收入”、“投资收益”、“营业外收入”等科目的核算内容。

《企业所得税法》所称来源于中国境内、境外的所得，按照以下原则确定：

(1) 销售货物所得，按照交易活动发生地确定；

(2) 提供劳务所得，按照劳务发生地确定；

(3) 转让财产所得，不动产转让所得按照不动产所在地确定，动产转让所得按照转让动产的企业或者机构、场所所在地确定，权益性投资资产转让所得按照被投资企业所在地确定；

(4) 股息、红利等权益性投资所得，按照分配所得的企业所在地确定；

(5) 利息所得、租金所得、特许权使用费所得，按照负担、支付所得的企业或者机构、场所所在地确定，或者按照负担、支付所得的个人的住所地确定；

(6) 其他所得，由国务院财政、税务主管部门确定。

三、税率

企业所得税的税率，是指对纳税人应纳税所得额征税的比率，即企业应纳税额与应纳税所得额的比率。税率直接体现纳税人税负的高低，是企业所得税法的基本要素。

根据《企业所得税法》的规定，企业所得税的税率为25%的比例税率。

在本章第六节"税收优惠"部分将提到，对下列符合条件的纳税人实施低税率：

(1) 非居民企业在中国境内未设立机构、场所而有来源于中国境内所得的，或者虽设立机构、场所但取得来源于中国境内的所得与其所设机构、场所没有实际联系的，实际征税时适用10%的税率。

(2) 国家规划布局内的集成电路设计企业及国家规划布局内重点软件享受企业所得税10%的优惠税率。

(3) 对国家需要重点扶持的高新技术企业，减按15%的税率征收企业所得税。

(4) 对符合条件的小型微利企业，减按20%的税率征收企业所得税。

第三节 应纳税所得额的计算

应纳税所得额是企业所得税的计税依据。其计算公式为

应纳税所得额＝收入总额－不征税收入－免税收入－准予扣除项目金额－允许弥补的以前年度亏损

由于我国目前实行的会计制度与税收法规对收入总额及各项扣除的认定时间和标准口径上存在较大的差异，所以应纳税所得额与会计利润是两个不同的概念，两者既相联系又有区别。应纳税所得额是一个税收概念，是根据《企业所得税法》按照一定的标准确定的，纳税人在一个时期内的计税所得，即企业所得税的计税依据。而会计利润是一个会计核算概念，反映的是企业按现行会计制度核算的一定时期内生产经营的财务成果。会计利润是确定应纳税所得额的基础，但是不能等同于应纳税所得额。企业按照财务会计制度的规定进行核算得出的会计利润，要根据税法规定做相应的纳税调整后，才得到应纳税所得额。

企业应纳税所得额的计算以权责发生制为原则，属于当期的收入和费用，不论款项是否收付，均作为当期的收入和费用；不属于当期的收入和费用，即使款项已经在当期收付，均不作为当期的收入和费用，国务院财政、税务主管部门另有规定的除外。

一、收入总额

企业以货币形式和非货币形式从各种来源取得的收入，为收入总额，包括纳税人来源于中国境内、境外的生产经营收入和其他收入。

企业取得收入的货币形式，包括现金、存款、应收账款、应收票据、准备持有至到期的债券投资以及债务的豁免等。

企业取得收入的非货币形式，包括固定资产、生物资产、无形资产、股权投资、存货、不准备持有至到期的债券投资、劳务以及有关权益等。以非货币形式取得的收入，应当按照公允价值确定收入额。

（一）收入总额的一般规定

企业的收入总额一般包括以下项目：

(1) 销售货物收入，指纳税人销售商品(产品)所取得的销售收入。

(2) 提供劳务收入，指纳税人取得的劳务服务收入、营运收入、工程价款结算收入、工业性作业收入等。

(3) 转让财产收入，指纳税人有偿转让各类财产取得的收入，包括转让固定资产、有价证券、股权以及其他财产而取得的收入。

(4) 股息、红利等权益性投资收益，指纳税人对外投资入股分得的股利、红利收入。

(5) 利息收入，指纳税人购买各种债券等有价证券的利息、外单位欠款付给的利息以及其他利息收入。但纳税人购买国债取得的利息收入，不计入应纳税所得额。

(6) 租金收入，指纳税人出租固定资产、包装物以及其他财产而取得的租金收入。它是企业从事经营租赁业务取得的收入。

(7) 特许权使用费收入，指纳税人提供或者转让专利权、非专利技术、商标权、著作权以及其他特许权的使用权而取得的收入。

(8) 接受捐赠收入，指纳税人接受其他单位或个人以现金或者实物方式捐赠所得的收入。

(9) 其他收入，指除上述各项收入之外的一切收入，包括固定资产盘盈收入、罚款收入、因债权人缘故确实无法支付的应付款项、物资及现金的溢余收入、教育费附加返还款、包装物押金收入以及其他收入。

（二）特殊收入的确认

(1) 以分期收款方式销售货物的，按照合同约定的收款日期确认收入的实现。

(2) 企业受托加工制造大型机械设备、船舶、飞机，以及从事建筑、安装、装配工程业务或者提供其他劳务等，持续时间超过 12 个月的，按照纳税年度内完工进度或者完成的工作量确认收入的实现。

(3) 采取产品分成方式取得收入的，按照企业分得产品的日期确认收入的实现，其收入额按照产品的公允价值确定。

(4) 企业发生非货币性资产交换，以及将货物、财产、劳务用于捐赠、偿债、赞助、集资、广告、样品、职工福利或者利润分配等用途的，应当视同销售货物、转让财产或者提供劳务，但国务院财政、税务主管部门另有规定的除外。

(三) 处置资产收入的确认

(1) 企业发生下列情形的处置资产，除将资产转移至境外以外，由于资产所有权属在形式和实质上均不发生改变，可作为内部处置资产，不视同销售确认收入，相关资产的计税基础延续计算：

- 将资产用于生产、制造、加工另一产品；
- 改变资产形状、结构或性能；
- 改变资产用途(如自建商品房转为自用或经营)；
- 将资产在总机构及其分支机构之间转移；
- 上述两种或两种以上情形的混合；
- 其他不改变资产所有权属的用途。

(2) 企业将资产移送他人的下列情形，因资产所有权属已发生改变而不属于内部处置资产，应按规定视同销售确定收入：

- 用于市场推广或销售；
- 用于交际应酬；
- 用于职工奖励或福利；
- 用于股息分配；
- 用于对外捐赠；
- 其他改变资产所有权属的用途。

企业发生上述规定视同销售情形时，属于企业自制的资产，应按企业同类资产同期对外销售价格确定销售收入；属于外购的资产，可按购入时的价格确定销售收入。

(四) 相关收入实现的确认

企业销售收入的确认，必须遵循权责发生制原则和实质重于形式原则。

(1) 企业销售商品同时满足下列条件的，应确认收入的实现：

- 商品销售合同已经签订，企业已将与商品所有权相关的主要风险和报酬转移给购货方。

- 企业对已售出的商品既没有保留通常与所有权相联系的继续管理权，也没有实施有效控制。
- 收入的金额能够可靠地计量。
- 已发生或将发生的销售方的成本能够可靠地核算。

(2) 符合上款收入确认条件，采取下列商品销售方式的，应按以下规定确认收入实现时间：

- 销售商品采用托收承付方式的，在办妥托收手续时确认收入。
- 销售商品采取预收款方式的，在发出商品时确认收入。
- 销售商品需要安装和检验的，在购买方接受商品以及安装和检验完毕时确认收入。如果安装程序比较简单，可在发出商品时确认收入。
- 销售商品采用支付手续费方式委托代销的，在收到代销清单时确认收入。

(3) 采用售后回购方式销售商品的，销售的商品按售价确认收入，回购的商品作为购进商品处理。有证据表明不符合销售收入确认条件的，如以销售商品方式进行融资，收到的款项应确认为负债；回购价格大于原售价的，差额应在回购期间确认为利息费用。

(4) 销售商品以旧换新的，销售商品应当按照销售商品收入确认条件确认收入，回收的商品作为购进商品处理。

(5) 企业为促进商品销售而在商品价格上给予的价格扣除属于商业折扣，商品销售涉及商业折扣的，应当按照扣除商业折扣后的金额确定销售商品收入金额。

销售商品涉及现金折扣的，应当按扣除现金折扣前的金额确定销售商品收入金额，现金折扣在实际发生时作为财务费用扣除。

企业已经确认销售收入的售出商品发生销售折让和销售退回，应当在发生当期冲减当期销售商品收入。

(6) 下列提供劳务满足收入确认条件的，应按规定确认收入：

- 安装费。应根据安装完工进度确认收入。安装工作是商品销售附带条件的，安装费在确认商品销售实现时确认收入。
- 宣传媒介的收费。应在相关的广告或商业行为出现于公众面前时确认收入。广告的制作费，应根据制作广告的完工进度确认收入。
- 软件费。为特定客户开发软件的收费，应根据开发的完工进度确认收入。
- 服务费。包含在商品售价内可区分的服务费，在提供服务的期间分期确认收入。
- 艺术表演、招待宴会和其他特殊活动的收费。在相关活动发生时确认收入。收费涉及几项活动的，预收的款项应合理分配给每项活动，分别确认收入。
- 会员费。申请入会或加入会员，只允许取得会籍，所有其他服务或商品都要另行收费，在取得该会员费时确认收入。申请入会或加入会员后，会员在会员期内不再付费就可得到各种服务或商品，或者以低于非会员的价格销售商品或提供服务的，该会员费应在整个受益期内分期确认收入。

- 特许权费。属于提供设备和其他有形资产的特许权费，在交付资产或转移资产所有权时确认收入；属于提供初始及后续服务的特许权费，在提供服务时确认收入。
- 劳务费。长期为客户提供重复的劳务收取的劳务费，在相关劳务活动发生时确认收入。

（7）企业以买一赠一等方式组合销售本企业商品的，不属于捐赠，应将总的销售金额按各项商品的公允价值的比例来分摊确认各项的销售收入。

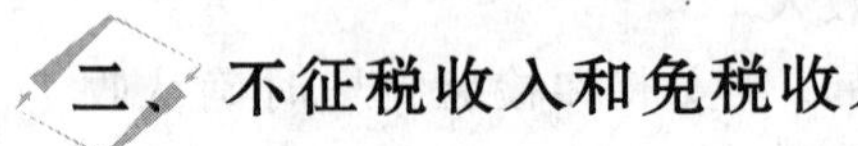

二、不征税收入和免税收入

国家为了扶持和鼓励某些特殊的纳税人和特定的项目，或者避免因征税影响企业的正常经营，对企业取得的某些收入予以不征税或免税的特殊政策，以减轻企业的负担。

（一）不征税收入

收入总额中的下列收入为不征税收入：

（1）财政拨款。是指各级人民政府对纳入预算管理的事业单位、社会团体等组织拨付的财政资金，但国务院和国务院财政、税务主管部门另有规定的除外。

（2）依法收取并纳入财政管理的行政事业性收费、政府性基金。行政事业性收费是指依照法律、法规等有关规定，按照国务院规定程序批准，在实施社会公共管理，以及在向公民、法人或者其他组织提供特定公共服务的过程中，向特定对象收取并纳入财政管理的费用。政府性基金，是指企业依照法律、行政法规等有关规定，代政府收取的具有专项用途的财政资金。

（3）国务院规定的其他不征税收入。是指企业取得的，由国务院财政、税务主管部门规定专项用途并经国务院批准的财政性资金。

（二）免税收入

企业的下列收入为免税收入：

（1）国债利息收入。

（2）符合条件的居民企业之间的股息、红利等权益性投资收益。是指居民企业直接投资于其他居民企业取得的投资收益。

（3）在中国境内设立机构、场所的非居民企业从居民企业取得与该机构、场所有实际联系的股息、红利等权益性投资收益。该收益不包括连续持有居民企业公开发行并上市流通的股票不足12个月取得的投资收益。

（4）符合条件的非营利组织的收入。一般不包括其从事营利性活动取得的收入。

三、准予扣除项目

按照税法规定，企业在计算应纳税所得额时，准予扣除实际发生的与取得收入有关的、合理的支出。包括成本、费用、税金、损失和其他支出。

成本是纳税人销售商品、提供劳务、转让固定资产、无形资产（包括技术转让）的成本。

费用是指纳税人每一纳税年度发生的可扣除的销售费用、管理费用和财务费用，已计入成本的有关费用除外。

税金是指"营业税金及附加"会计科目所核算的内容，包括纳税人按规定缴纳的消费税、营业税、城建税、资源税、土地增值税及教育费附加，但不含增值税。

损失，即纳税人生产、经营过程中的各项营业外支出、已发生的经营亏损和投资损失以及其他损失。

纳税人申报的扣除项目要真实、合法。真实是指能提供证明有关支出确属已经实际发生的适当凭据；合法是指符合国家税收规定，其他法规规定与税收法规规定不一致的，以税收法规规定为准。纳税人发生的费用支出必须严格区分经营性支出和资本性支出。资本性支出不得在发生当期直接扣除，必须按税收法规规定分期折旧、摊销或计入有关投资的成本。

除税收法规另有规定的外，税前扣除的确认一般应遵循以下原则：

(1) 权责发生制原则，即纳税人应在费用发生时而不是实际支付时确认扣除。

(2) 配比原则，即纳税人发生的费用应在费用应配比或应分配的当期申报扣除。纳税人某一纳税年度应申报的可扣除费用不得提前或滞后申报扣除。

(3) 相关性原则，即纳税人可扣除的费用从性质和根源上必须与取得应税收入相关。

(4) 确定性原则，即纳税人可扣除的费用不论何时支付，其金额必须是确定的。

(5) 合理性原则，即纳税人可扣除费用的计算和分配方法应符合一般的经营常规和会计惯例。

现行税法对部分准予扣除项目的具体范围和标准的规定如下。

（一）工资、薪金支出

工资、薪金支出是纳税人每一纳税年度支付给在本企业任职或与其有雇佣关系的员工的所有现金或非现金形式的劳动报酬。包括基本工资、奖金、津贴、补贴（含地区补贴、物价补贴和误餐补贴）、年终加薪、加班工资，以及与任职或者受雇有关的其他支出。

工资薪金是否属合理范围，按以下原则掌握：

(1) 企业制定了较为规范的员工工资薪金制度。

(2) 企业所制定的工资薪金制度符合行业及地区水平。

(3) 企业在一定时期所发放的工资薪金是相对固定的，工资薪金的调整是有序进行的。

(4) 企业对实际发放的工资薪金，已依法履行了代扣代缴个人所得税义务。

(5) 有关工资薪金的安排，不以减少或逃避税款为目的。

(二) 职工福利费、工会经费和职工教育经费等“三项经费”

企业发生的职工福利费、工会经费和职工教育经费按标准扣除，未超过标准的按实际数扣除，超过标准的只能按标准扣除。

企业发生的职工福利费支出，不超过工资薪金总额14%的部分，准予扣除。

企业拨缴的工会经费，不超过工资薪金总额2%的部分，准予扣除。

除国务院财政、税务主管部门另有规定外，企业发生的职工教育经费支出，不超过工资薪金总额2.5%的部分，准予扣除，超过部分准予结转以后纳税年度扣除。软件生产企业发生的职工教育经费中的职工培训费用，可以全额在税前扣除。

上述作为计提基数的“工资薪金总额”，是指企业按照上述第(一)条规定实际发放的工资、薪金总和，不包括企业的职工福利费、职工教育经费、工会经费以及养老保险、医疗保险、失业保险、工伤保险、生育保险等社会保险费和住房公积金。

(三) 社会保险费

(1) 纳税人依照国务院有关部门或者省级人民政府规定的范围和标准为职工缴纳的“五险一金”，即基本养老保险费、基本医疗保险费、失业保险费、工伤保险费、生育保险费等基本社会保险费和住房公积金，准予扣除。

(2) 企业为投资者或者职工支付的补充养老保险、补充医疗保险，在国务院财政、税务主管部门或省级人民政府规定的范围和标准内的，准予税前扣除。企业按国家有关规定为特殊工种职工支付的人身安全保险费和符合国务院财政、税务主管部门规定可以扣除的商业保险费，准予扣除。

(3) 企业参加财产保险，按规定缴纳的保险费准予扣除。企业为其投资者或职工支付的商业保险费，不得扣除。

(四) 借款费用

所谓借款费用，是指企业因借款而发生的利息及其他相关成本。包括借款利息、折价或者溢价的摊销、辅助费用以及因外币借款而发生的汇兑差额。借款利息是借款费用的最主要组成部分，是指企业向其他组织、个人借用资金而支付的利息。包括企业向银行或者其他金融机构等借入资金发生的利息，发行公司债券发生的利息等。

(1) 企业发生的借款费用，应根据借款的用途区分其是收益性支出还是资本性支出，

以决定其是记入当期“财务费用”科目扣除，还是记入“在建工程”科目分期摊销：

- 企业在生产经营活动中发生的合理的不需要资本化的借款费用，准予扣除。
- 企业为购置、建造固定资产、无形资产和经过12个月以上的建造才能达到预定可销售状态的存货发生借款的，在有关资产购置、建造期间发生的合理的借款费用，应当作为资本性支出计入有关资产的成本，并依照本条例的规定扣除。有关资产交付使用后发生的借款利息，可在发生当期扣除。

需要注意的是，借款费用应否资本化与借款期间长短无直接关系。如果某纳税年度企业发生长期借款，并且没有指定用途，当期也没有发生购置固定资产支出，则其借款费用全部可直接扣除。但是，从事房地产开发业务的企业为开发房地产而借入资金所发生的借款费用，在房地产完工前，应计入有关房地产的开发成本。

(2) 借款费用支出的主要组成部分是借款利息，企业在生产经营活动中发生的利息支出，应根据其借款来源渠道决定是全部据实扣除，还是部分扣除：

- 非金融企业向金融企业借款的利息支出、金融企业的各项存款利息支出和同业拆借利息支出、企业经批准发行债券的利息支出，准予扣除。
- 非金融企业向非金融企业借款的利息支出，不超过按照金融企业同期同类贷款利率计算的数额的部分，准予扣除。

(3) 关联企业利息费用的扣除。

由于企业可以通过关联方之间的借款来达到“资本弱化”避税的目的，税法规定企业从其关联方接受的债权性投资与权益性投资的比例超过规定标准而发生的利息支出，不得在计算应纳税所得额时扣除。其接受关联方债权性投资与其权益性投资比例为：①金融企业，为5∶1；②其他企业，为2∶1。

超过的部分不得在发生当期和以后年度扣除。企业如果能够按照税法及其实施条例的有关规定提供相关资料，并证明相关交易活动符合独立交易原则的；或者该企业的实际税负不高于境内关联方的，其实际支付给境内关联方的利息支出，在计算应纳税所得额时准予扣除。

(4) 企业向自然人借款的利息支出企业所得税税前的扣除。

- 企业向股东或其他与企业有关联关系的自然人借款的利息支出，应比照上述第(3)项关联企业利息费用处理的条件，计算企业所得税扣除额。
- 企业向除第一点规定以外的内部职工或其他人员借款的利息支出，其借款情况同时符合以下条件的，其利息支出在不超过按照金融企业同期同类贷款利率计算的数额的部分，根据《企业所得税法》第8条和《中华人民共和国企业所得税法实施条例》(简称《企业所得税法实施条例》)第27条规定，准予扣除：①企业与个人之间的借贷是真实、合法、有效的，并且不具有非法集资目的或其他违反法律、法规的行为；②企业与个人之间签订了借款合同。

（五）汇兑损益

企业在货币交易中，以及纳税年度终了时将人民币以外的货币性资产、负债按照期末即期人民币汇率中间价折算为人民币时产生的汇兑损失，除已经计入有关资产成本以及与向所有者进行利润分配相关的部分外，准予扣除。

（六）公益性捐赠支出

企业通过公益性社会团体或者县级以上人民政府及其部门，用于《中华人民共和国公益事业捐赠法》规定的公益事业的公益性捐赠支出，不超过年度利润总额12%的部分，准予扣除。年度利润总额，是指企业依照国家统一会计制度的规定计算的年度会计利润。

公益性社会团体，是指同时符合下列条件的基金会、慈善组织等社会团体：①依法登记，具有法人资格；②以发展公益事业为宗旨，且不以营利为目的；③全部资产及其增值为该法人所有；④收益和营运结余主要用于符合该法人设立目的的事业；⑤终止后的剩余财产不归属任何个人或者营利性组织；⑥不经营与其设立目的无关的业务；⑦有健全的财务会计制度；⑧捐赠者不以任何形式参与社会团体财产的分配；⑨国务院财政、税务主管部门会同国务院民政部门等登记管理部门规定的其他条件。

（七）业务招待费

企业发生的与生产经营活动有关的业务招待费支出，按照发生额的60%扣除，但最高不得超过当年销售(营业)收入的5‰。

此处应注意，作为计提基数的当年销售(营业)收入，是指企业的主营业务收入和其他业务收入，还包括《企业所得税法实施条例》第25条规定的视同销售(营业)收入，但不包括投资收益、补贴收入和营业外收入等。

（八）广告费与业务宣传费

企业发生的符合条件的广告费和业务宣传费支出，除国务院财政、税务主管部门另有规定外，不超过当年销售(营业)收入15%的部分，准予扣除；超过部分，准予在以后纳税年度结转扣除。

纳税人申报扣除的广告费支出应与赞助支出严格区分。纳税人申报扣除的广告费支出，必须符合下列条件：

(1) 广告是通过经工商部门批准的专门机构制作的。

(2) 已实际支付费用，并已取得相应发票。

(3) 通过一定的媒体传播。

赞助支出是指企业发生的与生产经营活动无关的各种非广告性质支出。

烟草企业的烟草广告费和业务宣传费支出，一律不得在计算应纳税所得额时扣除。

（九）资产损失

企业在生产经营活动中发生的固定资产和存货的盘亏、毁损、报废损失、转让财产损失、呆账损失、坏账损失、自然灾害等不可抗力因素造成的损失以及其他损失，减除责任人赔偿和保险赔款后的余额，依照国务院财政、税务主管部门的规定扣除。

企业因存货盘亏、毁损、报废等原因不得从销项税额中抵扣的进项税额，应视同企业财税损失，准予与财产损失一起在税前扣除。

企业已经作为损失处理的资产，在以后纳税年度又全部收回或者部分收回时，应当计入当期收入。

（十）总机构分摊的费用

企业之间支付的管理费、企业内营业机构之间支付的租金和特许权使用费，以及非银行企业内营业机构之间支付的利息，不得扣除。

这是由于《企业所得税法》采取法人所得税，对总分机构之间因总机构提供管理服务而分摊的合理管理费，通过总分机构自动汇总得到解决。对属于不同独立法人的母、子公司之间，确实发生提供管理服务的管理费，应按照独立企业之间公平交易原则确定管理服务的价格，作为企业正常的劳务费用进行税务处理，不得再采用分摊管理费用的方式在税前扣除，以避免重复扣除。

非居民企业在中国境内设立的机构、场所，就其中国境外总机构发生的与该机构、场所生产经营有关的费用，能够提供总机构出具的费用汇集范围、定额、分配依据和方法等证明文件，并合理分摊的，准予扣除。

（十一）手续费和佣金支出

(1) 企业发生与生产经营有关的手续费及佣金支出，不超过以下规定计算限额以内的部分，准予扣除；超过部分，不得扣除：

- 保险企业，财产保险企业按当年全部保费收入扣除退保金等后余额的15%（含本数，下同）计算限额；人身保险企业按当年全部保费收入扣除退保金等后余额的10%计算限额。
- 其他企业，按与具有合法经营资格中介服务机构或个人（不含交易双方及其雇员、代理人和代表人等）所签订服务协议或合同确认的收入金额的5%计算限额。

(2) 企业应与具有合法经营资格中介服务企业或个人签订代办协议或合同，并按国家有关规定支付手续费及佣金。除委托个人代理外，企业以现金等非转账方式支付的手续费及佣金不得在税前扣除。企业为发行权益性证券支付给有关证券承销机构的手续费及佣金不得在税前扣除。

(3) 企业不得将手续费及佣金支出计入回扣、业务提成、返利、进场费等费用。

(4) 企业已计入固定资产、无形资产等相关资产的手续费及佣金支出,应当通过折旧、摊销等方式分期扣除,不得在发生当期直接扣除。

(5) 企业支付的手续费及佣金不得直接冲减服务协议或合同金额,并如实入账。

(6) 企业应当如实向当地主管税务机关提供当年手续费及佣金计算分配表和其他相关资料,并依法取得合法真实凭证。

"孰低原则"在企业所得税税前扣除上的应用

在企业所得税应纳税所得额的计算过程中,为了加强对税前列支成本费用的控制,现行《企业所得税法》及《企业所得税法实施条例》设计了许多总额控制和比例控制相结合的方法,要求将某项成本费用实际发生额与按规定比例计算的最高列支限额相比较。如果实际发生额低于计算出的最高列支限额,则按实际发生额在税前扣除;如果实际发生额高于计算出的最高列支限额,则按列支限额在税前扣除。总之,是选择两者中数值较低者进行扣除。本书借鉴会计学中的"成本与市价孰低法",将这种思路称为"孰低原则",将有助于我们迅速记忆和掌握相关内容。"孰低原则"适用的项目简单归纳如下:

(1) 企业发生的职工福利费、工会经费和职工教育经费按标准扣除,未超过标准的按实际数扣除,超过标准的只能按标准扣除。

- 企业发生的职工福利费支出,不超过工资薪金总额14%的部分,准予扣除。
- 企业拨缴的工会经费,不超过工资薪金总额2%的部分,准予扣除。
- 企业发生的职工教育经费支出,不超过工资薪金总额2.5%的部分,准予扣除,超过部分准予结转以后纳税年度扣除。

(2) 企业发生的公益性捐赠支出,不超过年度利润总额12%的部分,准予扣除。

(3) 企业发生的与生产经营活动有关的业务招待费支出,按照发生额的60%扣除,但最高不得超过当年销售(营业)收入的5‰。(本项目按实际发生额的60%与扣除限额比较)

(4) 企业发生的符合条件的广告费和业务宣传费支出,不超过当年销售(营业)收入15%的部分,准予扣除;超过部分,准予在以后纳税年度结转扣除。

(5) 企业发生与生产经营有关的手续费及佣金支出,不超过以下规定计算限额以内的部分,准予扣除;超过部分,不得扣除:

- 保险企业,财产保险企业按当年全部保费收入扣除退保金等后余额的15%计算限额;人身保险企业按当年全部保费收入扣除退保金等后余额的10%计算限额。

- 其他企业，按与具有合法经营资格中介服务机构或个人所签订服务协议或合同确认的收入金额的5%计算限额。本章第五节“企业境外所得税收抵免的计算”部分，也体现了这一规律。

四、不得扣除项目

企业在计算应纳税所得额时，下列支出不得扣除：

(1) 向投资者支付的股息、红利等权益性投资收益款项。

(2) 企业所得税税款。

(3) 税收滞纳金。

(4) 罚金、罚款和被没收财物的损失。

(5)《企业所得税法》第9条规定以外的捐赠支出。

(6) 赞助支出，指企业发生的与生产经营活动无关的各种非广告性质支出。

(7) 未经核定的准备金支出，指各种资产减值准备、风险准备等。

(8) 与取得收入无关的其他支出。

五、亏损弥补

亏损，是指企业依照《企业所得税法》和《企业所得税法实施条例》的规定，将每一纳税年度的收入总额减除不征税收入、免税收入和各项扣除后小于零的数额。

企业纳税年度发生的亏损，准予向以后年度结转，用以后年度的所得弥补，但结转年限最长不得超过五年。而且企业在汇总计算缴纳企业所得税时，其境外营业机构的亏损不得抵减境内营业机构的盈利。

亏损弥补的含义有两个：一是自亏损年度的下一个年度起连续5年不间断地计算；二是连续发生年度亏损，也必须从第一个亏损年度算起，先亏先补，按顺序连续计算亏损弥补期，不得将每个亏损年度的连续弥补期相加，更不得断开计算。

第四节　资产的税务处理

《企业所得税法》及相关法规规定了纳税人资产的税务处理，主要是固定资产的计价和折旧、无形资产的计价和摊销及递延资产的扣除。这些规定的目的是要通过对资产的分类，区别资本性支出和收益性支出，确定准予扣除的项目和不准扣除的项目，以正确计算应纳税所得额。

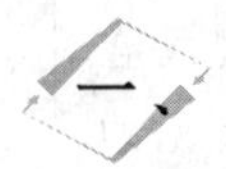

一、固定资产的税务处理

固定资产，是指企业为生产产品、提供劳务、出租或者经营管理而持有的，使用时间超过12个月的非货币性资产。包括房屋、建筑物、机器、机械、运输工具以及其他与生产经营活动有关的设备、器具、工具等。

（一）固定资产的计税基础

企业的各项资产，包括固定资产、生物资产、无形资产、长期待摊费用、投资资产、存货等，以历史成本为计税基础。固定资产根据取得方式不同，具体分为：

（1）外购的固定资产，以购买价款和支付的相关税费以及直接归属于使该资产达到预定用途发生的其他支出为计税基础。

（2）自行建造的固定资产，以竣工结算前发生的支出为计税基础。

（3）融资租入的固定资产，以租赁合同约定的付款总额和承租人在签订租赁合同过程中发生的相关费用为计税基础；租赁合同未约定付款总额的，以该资产的公允价值和承租人在签订租赁合同过程中发生的相关费用为计税基础。

（4）盘盈的固定资产，以同类固定资产的重置完全价值为计税基础。

（5）通过捐赠、投资、非货币性资产交换、债务重组等方式取得的固定资产，以该资产的公允价值和支付的相关税费为计税基础。

（6）改建的固定资产，除《企业所得税法》第13条第（一）项和第（二）项规定的支出外，以改建过程中发生的改建支出增加计税基础。

企业持有各项资产期间资产增值或者减值，除国务院财政、税务主管部门规定可以确认损益外，不得调整该资产的计税基础。

（二）固定资产的折旧范围

在计算应纳税所得额时，企业按照规定计算的固定资产折旧，准予扣除。

下列固定资产不得计算折旧扣除：

（1）房屋、建筑物以外未投入使用的固定资产；

（2）以经营租赁方式租入的固定资产；

（3）以融资租赁方式租出的固定资产；

（4）已足额提取折旧仍继续使用的固定资产；

（5）与经营活动无关的固定资产；

（6）单独估价作为固定资产入账的土地；

(7) 其他不得计算折旧扣除的固定资产。

(三) 固定资产折旧的年限和方法

(1) 固定资产按照直线法计算的折旧,准予扣除。

(2) 企业应当自固定资产投入使用月份的次月起计算折旧;停止使用的固定资产,应当自停止使用月份的次月起停止计算折旧。

(3) 企业应当根据固定资产的性质和使用情况,合理确定固定资产的预计净残值。固定资产的预计净残值一经确定,不得变更。

(4) 除国务院财政、税务主管部门另有规定外,固定资产计算折旧的最低年限如下:

- 房屋、建筑物,为 20 年;
- 飞机、火车、轮船、机器、机械和其他生产设备,为 10 年;
- 与生产经营活动有关的器具、工具、家具等,为 5 年;
- 飞机、火车、轮船以外的运输工具,为 4 年;
- 电子设备,为 3 年。

从事开采石油、天然气等矿产资源的企业,在开始商业性生产前发生的费用和有关固定资产的折耗、折旧方法,由国务院财政、税务主管部门另行规定。

(四) 可以缩短折旧年限或者采取加速折旧方法的固定资产

符合下列条件的固定资产可以缩短折旧年限或者采取加速折旧方法,包括:

(1) 由于技术进步,产品更新换代较快的固定资产;

(2) 常年处于强震动、高腐蚀状态的固定资产。

采取缩短折旧年限方法的,最低折旧年限不得低于《企业所得税法实施条例》第 60 条规定折旧年限的 60%;采取加速折旧方法的,可以采取双倍余额递减法或者年数总和法。

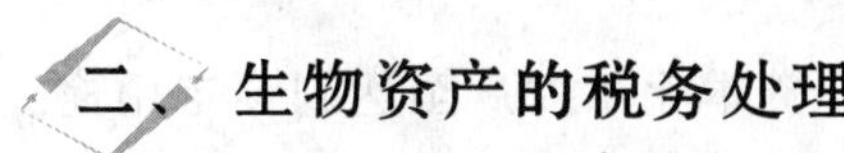

二、生物资产的税务处理

生物资产,是指有生命的动物和植物,分为消耗性生物资产、生产性生物资产和公益性生产资产。消耗性生物资产,是指为出售而持有的,或在将来收获为农产品的生物资产,包括生长中的大田作物、蔬菜、用材林以及存栏待售的牲畜等。生产性生物资产,是指为产出农产品、提供劳务或出租等目的而持有的生物资产,包括经济林、薪炭林、产畜和役畜等。公益性生物资产,是指以防护、环境保护为主要目的的生物资产,包括防风固沙林、水土保持林和水源涵养林等。

（一）生产性生物资产的计税基础

（1）外购的生产性生物资产，以购买价款和支付的相关税费为计税基础。

（2）通过捐赠、投资、非货币性资产交换、债务重组等方式取得的生产性生物资产，以该资产的公允价值和支付的相关税费为计税基础。

（二）生产性生物资产的折旧方法和折旧年限

生产性生物资产按照直线法计算的折旧，准予扣除。

企业应当自生产性生物资产投入使用月份的次月起计算折旧；停止使用的生产性生物资产，应当自停止使用月份的次月起停止计算折旧。

企业应当根据生产性生物资产的性质和使用情况，合理确定生产性生物资产的预计净残值。生产性生物资产的预计净残值一经确定，不得变更。

生产性生物资产计算折旧的最低年限如下：

（1）林木类生产性生物资产，为 10 年；

（2）畜类生产性生物资产，为 3 年。

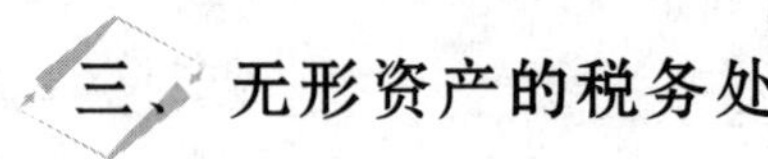

三、无形资产的税务处理

无形资产，是指企业为生产产品、提供劳务、出租或者经营管理而持有的，没有实物形态的非货币性长期资产。包括专利权、商标权、著作权、土地使用权、非专利技术、商誉等。

（一）无形资产的计税基础

（1）外购的无形资产，以购买价款和支付的相关税费以及直接归属于使该资产达到预定用途发生的其他支出为计税基础。

（2）自行开发的无形资产，以开发过程中该资产符合资本化条件后至达到预定用途前发生的支出为计税基础。

（3）通过捐赠、投资、非货币性资产交换、债务重组等方式取得的无形资产，以该资产的公允价值和支付的相关税费为计税基础。

（二）无形资产的摊销方法、年限和范围

无形资产按照直线法计算的摊销费用，准予扣除。

无形资产的摊销年限不得低于 10 年。作为投资或者受让的无形资产，有关法律规定或者合同约定了使用年限的，可以按照规定或者约定的使用年限分期摊销。

外购商誉的支出，在企业整体转让或者清算时，准予扣除。

下列无形资产不得计算摊销费用扣除：

(1) 自行开发的支出已在计算应纳税所得额时扣除的无形资产；

(2) 自创商誉；

(3) 与经营活动无关的无形资产；

(4) 其他不得计算摊销费用扣除的无形资产。

四、长期待摊费用的扣除

长期待摊费用，是指企业发生的应在一个年度以上或几个年度进行摊销的费用。在计算应纳税所得额时，企业发生的下列支出作为长期待摊费用，按照规定摊销的，准予扣除：①已足额提取折旧的固定资产的改建支出；②租入固定资产的改建支出；③固定资产的大修理支出；④其他应当作为长期待摊费用的支出。

固定资产修理支出可在发生当期直接扣除。纳税人的固定资产改建支出，如有关固定资产尚未提足折旧，可增加固定资产价值；如有关固定资产已提足折旧，可作为长期待摊费用，在规定的期限内平均摊销。

固定资产的改建支出，是指改变房屋或者建筑物结构、延长使用年限等发生的支出。已提足折旧固定资产的改建支出，按照固定资产预计尚可使用年限分期摊销；租入固定资产的改建支出，按照合同约定的剩余租赁期限分期摊销。

改建的固定资产延长使用年限的，除已提足折旧固定资产及租入固定资产外，应当适当延长折旧年限。

固定资产大修理支出，是指同时符合下列条件的支出：

(1) 修理支出达到取得固定资产时的计税基础 50%以上；

(2) 修理后固定资产的使用年限延长 2 年以上。

其他应当作为长期待摊费用的支出，自支出发生月份的次月起，分期摊销，摊销年限不得低于 3 年。

五、存货的税务处理

存货，是指企业持有以备出售的产品或者商品、处在生产过程中的在产品、在生产或者提供劳务过程中耗用的材料和物料等。

(一) 存货的计税基础

存货按照以下方法确定成本：

(1) 通过支付现金方式取得的存货，以购买价款和支付的相关税费为成本。

(2) 通过支付现金以外的方式取得的存货,以该存货的公允价值和支付的相关税费为成本。

(3) 生产性生物资产收获的农产品,以产出或者采收过程中发生的材料费、人工费和分摊的间接费用等必要支出为成本。

(二) 存货的成本计算方法

企业使用或者销售的存货的成本计算方法,可以在先进先出法、加权平均法、个别计价法中选用一种。计价方法一经选用,不得随意变更。

企业转让以上资产,该项资产的净值,准予在计算应纳税所得额时扣除。资产的净值是指有关资产、财产的计税基础减除已经按照规定扣除的折旧、折耗、摊销、准备金等之后的余额。

六、投资资产的税务处理

投资资产,是指企业对外进行权益性投资和债权性投资形成的资产。

企业在转让或者处置投资资产时,投资资产的成本,准予扣除。

投资资产按照以下方法确定成本:

(1) 通过支付现金方式取得的投资资产,以购买价款为成本。

(2) 通过支付现金以外的方式取得的投资资产,以该资产的公允价值和支付的相关税费为成本。

七、税法规定与会计规定差异的处理

税法规定与会计规定差异的处理,是指企业在财务会计核算中与税法规定不一致的,应当依照税法规定进行调整。即企业平时进行会计核算时,可以按会计制度或准则的有关规定进行账务处理,但在申报纳税时,应当依照税收法律、行政法规的规定进行纳税调整。

如业务招待费的发生,会计上据实记入“管理费用”科目,但在申报缴纳企业所得税时,应按税法口径计算出允许税前列支的业务招待费最高限额,实际发生额小于允许列支的最高限额的,不做调整;实际发生额大于允许列支的最高限额的,差额部分在会计利润基础上作纳税调整增加,以得到应纳税所得额。

第五节　应纳税额的计算

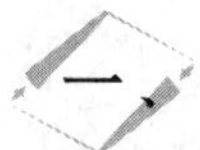

一、居民企业应纳税额的计算

企业的应纳税所得额乘以适用税率，减除依照税法关于税收优惠的规定减免和抵免的税额后的余额，为应纳税额。其计算公式为

应纳税额＝应纳税所得额×税率－减免税额－抵免税额

在实际工作中，应纳税所得额有两种计算方法。

（一）直接计算法

在直接计算法下，企业每一纳税年度的收入总额减除不征税收入、免税收入、各项扣除以及允许税前弥补的以前年度亏损后的余额，为应纳税所得额。

应纳税所得额＝收入总额－不征税收入－免税收入－扣除项目金额－允许弥补亏损

（二）间接计算法

间接计算法，是指在会计利润总额的基础上，加或减按照税法规定调整的项目金额后，即为应纳税所得额。现行企业所得税纳税申报表格式，采用的是间接计算法。其计算公式为

应纳税所得额＝会计利润总额＋纳税调整增加额－纳税调整减少额

根据上述公式，现举例说明应纳税所得额和应纳税额的计算。

例 7-1　某企业为居民企业，2010 年会计资料反映经营情况如下：

(1) 销售收入 5 000 万元，销售成本 2 800 万元。

(2) 销售费用 770 万元(其中广告费 650 万元)；管理费用 480 万元(其中业务招待费 50 万元)；财务费用 80 万元。

(3) 已纳增值税 120 万元、销售税金及附加 60 万元。

(4) 营业外收入 80 万元，营业外支出 50 万元(营业外支出中包含通过公益性社会团体向贫困山区捐款 30 万元，支付税收滞纳金 6 万元)。

(5) 已计入成本、费用中的实发工资总额 200 万元、拨缴职工工会经费 5 万元、发生职工福利费 31 万元、发生职工教育经费 7 万元。

要求：计算该企业 2010 年度应纳企业所得税额。

解：(1) 会计利润总额＝5 000＋80－2 800－770－480－80－60－50＝840(万元)

(2) 广告费和业务宣传费列支限额＝5 000×15％＝750(万元)

广告费和业务宣传费实际发生额为650万元，未超过列支限额，不做调整。

(3) 业务招待费列支限额＝5 000×5‰＝25(万元)

业务招待费实际发生额50万元的60％为30万元，已超过列支限额，只允许按限额列支，应作纳税调整增加25万元(50－25)。

(4) 公益性捐赠支出列支限额＝840×12％＝100.80(万元)

公益性捐赠实际发生额为30万元，未超过列支限额，不做调整。

(5) 营业外支出中的税收滞纳金不允许在税前扣除，应作纳税调整增加6万元。

(6) 工会经费列支限额＝200×2％＝4(万元)

工会经费实际发生额为5万元，已超过列支限额，应作纳税调整增加1万元。

(7) 职工福利费列支限额＝200×14％＝28(万元)

职工福利费实际发生额为31万元，已超过列支限额，应作纳税调整增加3万元。

(8) 职工教育经费列支限额＝200×2.5％＝5(万元)

职工教育经费实际发生额为7万元，已超过列支限额，应作纳税调整增加2万元。

(9) 应纳税所得额＝840＋25＋6＋1＋3＋2＝877(万元)

(10) 企业2010年度应纳税额＝877×25％＝219.25(万元)

例7-2 某工业企业为居民企业，2010年发生如下经营业务：

(1) 全年取得主营业务收入5 600万元，主营业务成本4 000万元；

(2) 其他业务收入800万元，其他业务成本694万元；

(3) 取得国债利息收入40万元；

(4) 缴纳非增值税销售税金及附加300万元；

(5) 发生管理费用760万元，其中新技术研究开发费为60万元，业务招待费50万元；

(6) 发生财务费用200万元；

(7) 取得直接投资于其他居民企业的投资性收益34万元(已在投资方所在地按15％的税率缴纳了所得税)；

(8) 取得营业外收入100万元，发生营业外支出250万元(其中含公益性捐赠38万元)。

要求：计算该公司应纳税额。

解：(1) 会计利润总额＝5 600＋800＋40＋34＋100－4 000－694－300－760－200－250
＝370(万元)

(2) 国债利息收入免税，应作纳税调整减少40万元。

(3) 新技术开发费加计扣除额＝60×50％＝30(万元)，应作纳税调整减少30万元。

(4) 业务招待费列支限额＝(5 600＋800)×5‰＝32(万元)

业务招待费实际发生额50万元的60％为30万元，低于最高列支限额，只允许按

30 万元税前扣除，应做纳税调整，增加 20 万元(50－30)。

(5) 取得直接投资于其他居民企业的投资性收益属于免税收益，应作纳税调整减少 34 万元。

(6) 公益性捐赠支出列支限额＝370×12％＝44.40(万元)

公益性捐赠实际发生额为 38 万元，未超过列支限额，可据实列支，不做调整。

(7) 应纳税所得额＝370－40－30＋20－34＝286(万元)

(8) 企业 2010 年度应纳税额＝286×25％＝71.50(万元)

二、境外所得抵扣税额的计算

国家对企业来自境外所得依法征收所得税时，允许企业将其已在境外缴纳的所得税税额从其应向本国缴纳的所得税税额中扣除。税额扣除是为了避免国际间对同一所得重复征税的一项重要措施，它能保证对同一项所得只征收一次税，能比较彻底地消除国际间重复征税，平衡境外投资所得与境内投资所得的税负，有利于资本的跨国流动，也有利于维护各国的税收管辖权和经济利益。

自 2008 年 1 月 1 日起，居民企业以及非居民企业在中国境内设立的机构、场所(以下统称企业)依照《企业所得税法》第 23 条、第 24 条的有关规定，应在其应纳税额中抵免在境外缴纳的所得税额的，按以下规定执行：

(1) 企业应按照《企业所得税法》及其实施条例、税收协定以及《关于企业境外所得税收抵免有关问题的通知》(财税[2009]第 125 号)及其操作指南的规定，准确计算下列当期与抵免境外所得税有关的项目后，确定当期实际可抵免分国(地区)别的境外所得税税额和抵免限额：

- 境内所得的应纳税所得额(以下称境内应纳税所得额)和分国(地区)别的境外所得的应纳税所得额(以下称境外应纳税所得额)；
- 分国(地区)别的可抵免境外所得税税额；
- 分国(地区)别的境外所得税的抵免限额。

企业不能准确计算上述项目实际可抵免分国(地区)别的境外所得税税额的，在相应国家(地区)缴纳的税收均不得在该企业当期应纳税额中抵免，也不得结转以后年度抵免。

(2) 企业应就其按照《企业所得税法实施条例》第 7 条规定确定的中国境外所得(境外税前所得)，按以下规定计算《企业所得税法实施条例》第 78 条规定的境外应纳税所得额：

- 居民企业在境外投资设立不具有独立纳税地位的分支机构，其来源于境外的所得，以境外收入总额扣除与取得境外收入有关的各项合理支出后的余额为应纳税所得额。各项收入、支出按企业所得税法及实施条例的有关规定确定。

居民企业在境外设立不具有独立纳税地位的分支机构取得的各项境外所得，

无论是否汇回中国境内，均应计入该企业所属纳税年度的境外应纳税所得额。

- 居民企业应就其来源于境外的股息、红利等权益性投资收益，以及利息、租金、特许权使用费、转让财产等收入，扣除按照企业所得税法及实施条例等规定计算的与取得该项收入有关的各项合理支出后的余额为应纳税所得额。来源于境外的股息、红利等权益性投资收益，应按被投资方作出利润分配决定的日期确认收入实现；来源于境外的利息、租金、特许权使用费、转让财产等收入，应按有关合同约定应付交易对价款的日期确认收入实现。
- 非居民企业在境内设立机构、场所的，应就其发生在境外但与境内所设机构、场所有实际联系的各项应税所得，比照上述第 2 项的规定计算相应的应纳税所得额。
- 在计算境外应纳税所得额时，企业为取得境内、外所得而在境内、境外发生的共同支出，与取得境外应税所得有关的、合理的部分，应在境内、境外（分国（地区）别，下同）应税所得之间，按照合理比例进行分摊后扣除。
- 在汇总计算境外应纳税所得额时，企业在境外同一国家（地区）设立不具有独立纳税地位的分支机构，按照企业所得税法及实施条例的有关规定计算的亏损，不得抵减其境内或他国（地区）的应纳税所得额，但可以用同一国家（地区）其他项目或以后年度的所得按规定弥补。

（3）可抵免境外所得税税额，是指企业来源于中国境外的所得依照中国境外税收法律以及相关规定应当缴纳并已实际缴纳的企业所得税性质的税款。但不包括：

- 按照境外所得税法律及相关规定属于错缴或错征的境外所得税税款；
- 按照税收协定规定不应征收的境外所得税税款；
- 因少缴或迟缴境外所得税而追加的利息、滞纳金或罚款；
- 境外所得税纳税人或者其利害关系人从境外征税主体得到实际返还或补偿的境外所得税税款；
- 按照我国《企业所得税法》及《企业所得税法实施条例》的规定，已经免征我国企业所得税的境外所得负担的境外所得税税款；
- 按照国务院财政、税务主管部门的有关规定已经从企业境外应纳税所得额中扣除的境外所得税税款。

（4）居民企业在按照《企业所得税法》第 24 条的规定用境外所得间接负担的税额进行税收抵免时，其取得的境外投资收益实际间接负担的税额，是指根据直接或者间接持股方式合计持股 20％以上（含 20％，下同）的规定层级的外国企业股份，由此应分得的股息、红利等权益性投资收益中，从最低一层外国企业起逐层计算的属于由上一层企业负担的税额。其计算公式如下：

本层企业所纳税额属于由一家上一层企业负担的税额＝（本层企业就利润和投资收

益所实际缴纳的税额＋符合本通知规定的由本层企业间接负担的税额）×本层企业向一家上一层企业分配的股息（红利）÷本层企业所得税后利润额

（5）除国务院财政、税务主管部门另有规定外，按照《企业所得税法实施条例》第80条规定由居民企业直接或者间接持有20％以上股份的外国企业，限于符合以下持股方式的三层外国企业：

第一层，单一居民企业直接持有20％以上股份的外国企业。

第二层，单一第一层外国企业直接持有20％以上股份，且由单一居民企业直接持有或通过一个或多个符合本条规定持股条件的外国企业间接持有总和达到20％以上股份的外国企业。

第三层，单一第二层外国企业直接持有20％以上股份，且由单一居民企业直接持有或通过一个或多个符合本条规定持股条件的外国企业间接持有总和达到20％以上股份的外国企业。

例 7-3　多层持股条件的综合判定。

假定中国居民企业A分别控股了四家公司甲国B1、甲国B2、乙国B3、乙国B4，持股比例分别为50％、50％、100％、100％。B1持有丙国C1公司30％的股份，B2持有丙国C2公司50％的股份，B3持有丁国C3公司50％的股份，B4持有丁国C4公司50％的股份；C1、C2、C3、C4分别持有戊国D公司20％、40％、25％、15％的股份；D公司持有戊国E公司100％的股份，如图7-1所示。

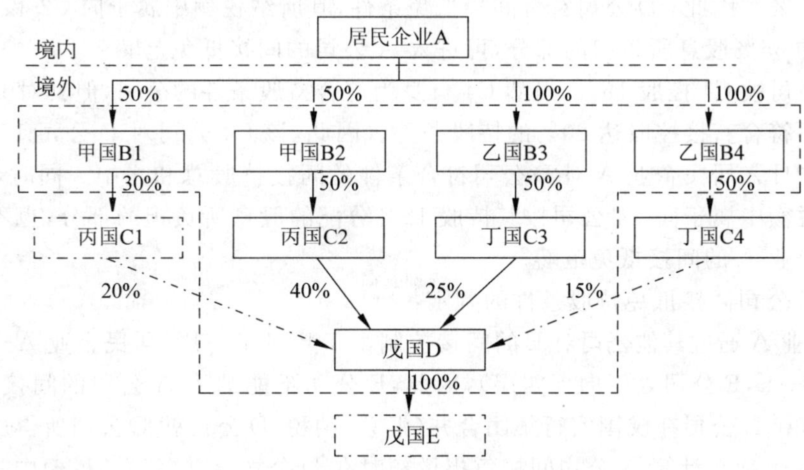

图 7-1　多层持股条件的综合判定

注：虚线内为判定符合间接持股条件的公司及可就分配的股息计算间接抵免税额的所持股份。

第一，B层各公司间接抵免持股条件的判定：

B1、B2、B3、B4公司分别直接被A公司控股50％、50％、100％、100％，均符合间接抵免第一层公司的持股条件。

第二,C层各公司间接抵免持股条件的判定:

- C1公司虽然被符合条件的上一层公司B1控股30%,但仅受居民企业A间接控股15%(50%×30%),因此,属于不符合间接抵免持股条件的公司(但如果协定的规定为10%,则符合间接抵免条件)。
- C2公司被符合条件的上一层公司B2控股50%,且被居民企业A间接控股达到25%(50%×50%),因此,属于符合间接抵免持股条件的公司。
- C3公司被符合条件的上一层公司B3控股50%,且被居民企业A间接控股达到50%(100%×50%),因此,属于符合间接抵免持股条件的公司。
- C4公司情形与C3公司相同,属于符合间接抵免持股条件的公司。

第三,D公司间接抵免持股条件的判定:

- 虽然D公司被C1控股达到了20%,但由于C1属于不符合持股条件的公司,所以,C1对D公司的20%持股也不得再计入D公司间接抵免持股条件的范围,来源于D公司20%部分的所得的已纳税额不能进入居民企业A的抵免范畴。
- D公司被C2控股达到40%,但被A通过符合条件的B2、C2间接持股仅10%,未达到20%,因此,还不能由此判定D是否符合间接抵免条件。
- D公司被C3控股达到25%,且由A通过符合条件的B3、C3间接控股达12.5%(100%×50%×25%),加上A通过B2、C2的间接控股10%,间接控股总和达到22.5%。因此,D公司符合间接抵免条件,其所纳税额中属于向C2和C3公司分配的65%股息所负担的部分,可进入A公司的间接抵免范畴。
- D公司被C4控股15%,虽然C4自身为符合持股条件的公司,但其对D公司的持股不符合直接控股达20%的持股条件。因此,该C4公司对D公司15%的持股,不能计入居民企业A对D公司符合条件的间接持股总和之中。同时,D公司所纳税额中属于向C4公司按其持股15%分配的股息所负担的部分,也不能进入居民企业A的间接抵免范畴。

第四,E公司间接抵免持股条件的判定:

居民企业A通过其他公司对E的间接控制由于超过了三层(居民企业A→B2(B3)→C2(C3)→D→E,E公司处于向下四层),因此,E公司不能纳入A公司的间接抵免范畴。即使D公司和E公司在戊国实行集团合并(汇总)纳税,D公司就E公司所得所汇总缴纳的税额部分,也须在计算A公司间接负担税额时在D公司合并(汇总)税额中扣除。

(6) 居民企业从与我国政府订立税收协定(或安排)的国家(地区)取得的所得,按照该国(地区)税收法律享受了免税或减税待遇,且该免税或减税的数额按照税收协定规定应视同已缴税额在中国的应纳税额中抵免的,该免税或减税数额可作为企业实际缴纳的境外所得税额用于办理税收抵免。

(7) 企业应按照《企业所得税法》及《企业所得税法实施条例》和本通知的有关规定分国(地区)别计算境外税额的抵免限额。

某国(地区)所得税抵免限额＝中国境内、境外所得依照《企业所得税法》及《企业所得税法实施条例》的规定计算的应纳税总额×来源于某国(地区)的应纳税所得额÷中国境内、境外应纳税所得总额

据以计算上述公式中“中国境内、境外所得依照《企业所得税法》及《企业所得税法实施条例》的规定计算的应纳税总额”的税率，除国务院财政、税务主管部门另有规定外，应为《企业所得税法》第 4 条第一款规定的税率。

企业按照《企业所得税法》及《企业所得税法实施条例》和本通知的有关规定计算的当期境内、境外应纳税所得总额小于零的，应以零计算当期境内、境外应纳税所得总额，其当期境外所得税的抵免限额也为零。

(8) 在计算实际应抵免的境外已缴纳和间接负担的所得税税额时，企业在境外一国(地区)当年缴纳和间接负担的符合规定的所得税税额低于所计算的该国(地区)抵免限额的，应以该项税额作为境外所得税抵免额从企业应纳税总额中据实抵免；超过抵免限额的，当年应以抵免限额作为境外所得税抵免额进行抵免，超过抵免限额的余额允许从次年起在连续五个纳税年度内，用每年度抵免限额抵免当年应抵税额后的余额进行抵补。

(9) 属于下列情形的，经企业申请，主管税务机关核准，可以采取简易办法对境外所得已纳税额计算抵免：

- 企业从境外取得营业利润所得以及符合境外税额间接抵免条件的股息所得，虽有所得来源国(地区)政府机关核发的具有纳税性质的凭证或证明，但因客观原因无法真实、准确地确认应当缴纳并已经实际缴纳的境外所得税税额的，除就该所得直接缴纳及间接负担的税额在所得来源国(地区)的实际有效税率低于我国《企业所得税法》第 4 条第一款规定税率 50%以上外，可按境外应纳税所得额的 12.5%作为抵免限额，企业按该国(地区)税务机关或政府机关核发具有纳税性质凭证或证明的金额，其不超过抵免限额的部分，准予抵免；超过的部分不得抵免。

  属于本款规定以外的股息、利息、租金、特许权使用费、转让财产等投资性所得，均应按本通知的其他规定计算境外税额抵免。

- 企业从境外取得营业利润所得以及符合境外税额间接抵免条件的股息所得，凡就该所得缴纳及间接负担的税额在所得来源国(地区)的法定税率且其实际有效税率明显高于我国的，可直接以按财税[2009]第 125 号通知规定计算的境外应纳税所得额和我国《企业所得税法》规定的税率计算的抵免限额作为可抵免的已在境外实际缴纳的企业所得税税额。实际有效税率明显高于我国的具体国家(地区)名单为美国、阿根廷、布隆迪、喀麦隆、古巴、法国、日本、摩洛哥、巴基斯坦、赞比亚、科威特、孟加拉国、叙利亚、约旦、老挝。财政部、国家税务总局可根据实际情

况适时对名单进行调整。

属于本款规定以外的股息、利息、租金、特许权使用费、转让财产等投资性所得，均应按本通知的其他规定计算境外税额抵免。

(10) 企业在境外投资设立不具有独立纳税地位的分支机构，其计算生产、经营所得的纳税年度与我国规定的纳税年度不一致的，与我国纳税年度当年度相对应的境外纳税年度，应为在我国有关纳税年度中任何一日结束的境外纳税年度。所称不具有独立纳税地位，是指根据企业设立地法律不具有独立法人地位或者按照税收协定规定不认定为对方国家(地区)的税收居民。

企业取得上款以外的境外所得实际缴纳或间接负担的境外所得税，应在该项境外所得实现日所在的我国对应纳税年度的应纳税额中计算抵免。

(11) 企业抵免境外所得税额后实际应纳所得税额的计算公式为

企业实际应纳所得税额＝企业境内外所得应纳税总额－企业所得税减免、抵免优惠税额－境外所得税抵免额

(12) 企业取得来源于中国香港、中国澳门、中国台湾地区的应税所得，参照财税[2009]125号通知执行。

(13) 中华人民共和国政府同外国政府订立的有关税收的协定与本通知有不同规定的，依照协定的规定办理。

例 7-4 某公司2008年度境内应纳税所得额为100万元，适用25%的公司所得税税率。另外，该公司分别在A、B两国设有分支机构(我国与A、B两国已经缔结避免双重征税协定)，在A国分支机构的应纳税所得额为50万元，A国税率为20%；在B国的分支机构的应纳税所得额为30万元，B国税率为30%。假设该公司在A、B两国所得按我国税法计算的应纳税所得额和按A、B两国税法计算的应纳税所得额一致，两个分支机构在A、B两国分别缴纳了10万元和9万元的公司所得税。

要求：计算该公司汇总时在我国应缴纳的公司所得税税额。

解：(1) 该公司按我国税法计算的境内、境外所得的应纳税额：

应纳税额＝(100＋50＋30)×25%＝45(万元)

(2) A、B两国的扣除限额：

A国扣除限额＝50×25%＝12.5(万元)

B国扣除限额＝30×25%＝7.5(万元)

在A国缴纳的所得税为10万元，低于扣除限额12.5万元，可全额扣除。

在B国缴纳的所得税为9万元，高于扣除限额7.5万元，其超过扣除限额的部分1.5万元，当年不能扣除。

(3) 汇总时在我国应缴纳的所得税＝45－10－7.5＝27.5(万元)

纳税人来源于境外所得在境外实际缴纳的税款，低于按上述公式计算的扣除限额的，

可以从应纳税额中按实扣除；超过扣除限额的，其超过部分不得在本年度的应纳税额中扣除。可见，此处也应用到了“孰低原则”，即将企业在境外实际缴纳的税款与计算出的该国抵免限额相比较，以其中较小者在汇总纳税时实际扣除。

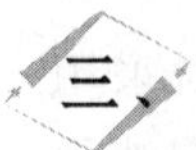

三、居民企业核定征收应纳税额的计算

为了加强企业所得税征收管理，规范核定征收企业所得税工作，保障国家税款及时足额入库，维护纳税人合法权益，根据《企业所得税法》及其实施条例、《税收征收管理法》及其实施细则的有关规定，明确了居民企业核定征收应纳税额的办法。

（一）核定征收应纳税额的范围

居民企业纳税人具有下列情形之一的，核定征收企业所得税：

(1) 依照法律、行政法规的规定可以不设置账簿的；

(2) 依照法律、行政法规的规定应当设置但未设置账簿的；

(3) 擅自销毁账簿或者拒不提供纳税资料的；

(4) 虽设置账簿，但账目混乱或者成本资料、收入凭证、费用凭证残缺不全，难以查账的；

(5) 发生纳税义务，未按照规定的期限办理纳税申报，经税务机关责令限期申报，逾期仍不申报的；

(6) 申报的计税依据明显偏低，又无正当理由的。

特殊行业、特殊类型的纳税人和一定规模以上的纳税人不适用本办法。上述特定纳税人由国家税务总局另行明确。

（二）核定征收的办法

税务机关应根据纳税人具体情况，对核定征收企业所得税的纳税人，核定应税所得率或者核定应纳所得税额。

1. 纳税人具有下列情形之一的，核定其应税所得率

(1) 能正确核算(查实)收入总额，但不能正确核算(查实)成本费用总额的；

(2) 能正确核算(查实)成本费用总额，但不能正确核算(查实)收入总额的；

(3) 通过合理方法，能计算和推定纳税人收入总额或成本费用总额的。

2. 纳税人不属于以上情形的，核定其应纳所得税额

税务机关采用下列方法核定征收企业所得税：

(1) 参照当地同类行业或者类似行业中经营规模和收入水平相近的纳税人的税负水

平核定；

(2) 按照应税收入额或成本费用支出额定率核定；

(3) 按照耗用的原材料、燃料、动力等推算或测算核定；

(4) 按照其他合理方法核定。

采用前款所列一种方法不足以正确核定应纳税所得额或应纳税额的，可以同时采用两种以上的方法核定。采用两种以上方法测算的应纳税额不一致时，可按测算的应纳税额从高核定。

采用应税所得率方式核定征收企业所得税的，应纳所得税额计算公式如下：

$$应纳所得税额=应纳税所得额\times适用税率$$

$$应纳税所得额=应税收入额\times应税所得率$$

或

$$应纳税所得额=成本(费用)支出额/(1-应税所得率)\times应税所得率$$

实行应税所得率方式核定征收企业所得税的纳税人，经营多业的，无论其经营项目是否单独核算，均由税务机关根据其主营项目确定适用的应税所得率。

主营项目应为纳税人所有经营项目中，收入总额或者成本(费用)支出额或者耗用原材料、燃料、动力数量所占比重最大的项目。

应税所得率按表 7-1 规定的幅度标准确定。

表 7-1 应税所得率表

行　　业	应税所得率/%	行　　业	应税所得率/%
1. 农林牧渔业	3～10	5. 建筑业	8～20
2. 制造业	5～15	6. 饮食业	8～25
3. 批发和零售贸易业	4～15	7. 娱乐业	15～30
4. 交通运输业	7～15	8. 其他行业	10～30

纳税人的生产经营范围、主营业务发生重大变化，或者应纳税所得额或应纳税额增减变化达到 20%的，应及时向税务机关申报调整已确定的应纳税额或应税所得率。

税务机关应在每年 6 月底前对上年度实行核定征收企业所得税的纳税人进行重新鉴定。重新鉴定工作完成前，纳税人可暂按上年度的核定征收方式预缴企业所得税；重新鉴定工作完成后，按重新鉴定的结果进行调整。

主管税务机关应当分类逐户公示核定的应纳所得税额或应税所得率。纳税人对税务机关确定的企业所得税征收方式、核定的应纳所得税额或应税所得率有异议的，应当提供合法、有效的相关证据，税务机关经核实认定后调整有异议的事项。

第六节　税收优惠

税收优惠，是指国家运用税收政策在税收法律、行政法规中规定对某一部分特定企业和课程对象给予减轻或免除税收负担的一种措施。企业所得税的税收优惠方式包括免税、减税、加计扣除、加速折旧、减计收入、税额抵免等。新的《企业所得税法》按照科学发展观和完善社会主义市场经济体制的要求，坚持按税收公平原则进行改革，享受主体不再区分内、外资企业。新《企业所得税法》的税收优惠对象以“产业优惠为主、区域优惠为辅”，并将最终过渡到产业性税收优惠；税收优惠方式以“间接优惠为主，直接优惠为辅”；为保证新旧税法的平稳过渡，体现我国政府的守信态度，新税法对在新《企业所得税法》公布前已经批准设立的外商投资企业和外国企业税收优惠政策规定了五年的过渡期。税收优惠作为一般税法制度规定的例外，具有很强的政策导向作用。正确制定并运用这些措施，可以更好地发挥税收的调节作用，促进国民经济健康发展。

一、免征与减征优惠

企业的下列所得，可以免征、减征企业所得税。企业如果从事国家限制和禁止发展项目的，不得享受企业所得税优惠。企业同时从事适用不同企业所得税待遇项目的，其优惠项目应当单独计算所得，并合理分摊企业的期间费用；没有单独计算的，不得享受企业所得税优惠。

（一）从事农、林、牧、渔业项目的所得

企业从事农、林、牧、渔业项目的所得，包括免征和减征两部分。

1. 企业从事下列项目的所得，免征企业所得税

（1）蔬菜、谷物、薯类、油料、豆类、棉花、麻类、糖料、水果、坚果的种植；

（2）农作物新品种的选育；

（3）中药材的种植；

（4）林木的培育和种植；

（5）牲畜、家禽的饲养；

（6）林产品的采集；

（7）灌溉、农产品初加工、兽医、农技推广、农机作业和维修等农、林、牧、渔服务业项目；

（8）远洋捕捞。

2. 企业从事下列项目的所得，减半征收企业所得税

(1) 花卉、茶以及其他饮料作物和香料作物的种植；

(2) 海水养殖、内陆养殖。

(二) 从事国家重点扶持的公共基础设施项目投资经营的所得

国家重点扶持的公共基础设施项目，是指《公共基础设施项目企业所得税优惠目录》规定的港口码头、机场、铁路、公路、城市公共交通、电力、水利等项目。

企业从事前款规定的国家重点扶持的公共基础设施项目的投资经营的所得，自项目取得第一笔生产经营收入所属纳税年度起，第一年至第三年免征企业所得税，第四年至第六年减半征收企业所得税。

企业承包经营、承包建设和内部自建自用本条规定的项目，不得享受本条规定的企业所得税优惠。

(三) 从事符合条件的环境保护、节能节水项目的所得

符合条件的环境保护、节能节水项目，包括公共污水处理、公共垃圾处理、沼气综合开发利用、节能减排技术改造、海水淡化等。项目的具体条件和范围由国务院财政、税务主管部门、国务院有关部门制定，报国务院批准后公布施行。

企业从事前款规定的符合条件的环境保护、节能节水项目的所得，自项目取得第一笔生产经营收入所属纳税年度起，第一年至第三年免征企业所得税，第四年至第六年减半征收企业所得税。

依照上述规定享受减免税优惠的项目，在减免税期限内转让的，受让方自受让之日起，可以在剩余期限内享受规定的减免税优惠；减免税期限届满后转让的，受让方不得就该项目重复享受减免税优惠。

(四) 符合条件的技术转让所得

符合条件的技术转让所得免征、减征企业所得税，是指一个纳税年度内，居民企业技术转让所得不超过500万元的部分，免征企业所得税；超过500万元的部分，减半征收企业所得税。

1. 享受减免企业所得税优惠的技术转让应符合的条件

(1) 享受优惠的技术转让主体是企业所得税法规定的居民企业；

(2) 技术转让属于财政部、国家税务总局规定的范围；

(3) 境内技术转让经省级以上科技部门认定；

(4) 向境外转让技术经省级以上商务部门认定；

(5) 国务院税务主管部门规定的其他条件。

2. 符合条件的技术转让所得的计算：

技术转让所得＝技术转让收入－技术转让成本－相关税费

技术转让收入是指当事人履行技术转让合同后获得的价款，不包括销售或转让设备、仪器、零部件、原材料等非技术性收入。不属于与技术转让项目密不可分的技术咨询、技术服务、技术培训等收入，不得计入技术转让收入。

技术转让成本是指转让的无形资产的净值，即该无形资产的计税基础减除在资产使用期间按照规定计算的摊销扣除额后的余额。

相关税费是指技术转让过程中实际发生的有关税费，包括除企业所得税和允许抵扣的增值税以外的各项税金及其附加、合同签订费用、律师费等相关费用及其他支出。

3. 享受技术转让所得减免企业所得税优惠的会计核算要求

享受技术转让所得减免企业所得税优惠的企业，应单独计算技术转让所得，并合理分摊企业的期间费用；没有单独计算的，不得享受技术转让所得企业所得税优惠。

(五) 非居民企业的所得

非居民企业在中国境内未设立机构、场所的，或者虽设立机构、场所但取得的所得与其所设机构、场所没有实际联系的，其来源于中国境内的所得，减按10%的税率征收企业所得税。

下列所得可以免征企业所得税：

(1) 外国政府向中国政府提供贷款取得的利息所得；

(2) 国际金融组织向中国政府和居民企业提供优惠贷款取得的利息所得；

(3) 经国务院批准的其他所得。

(六) 符合条件的小型微利企业，减按20%的税率征收企业所得税

符合条件的小型微利企业，是指从事国家非限制和禁止行业，并符合下列条件的企业：

(1) 工业企业，年度应纳税所得额不超过30万元，从业人数不超过100人，资产总额不超过3 000万元；

(2) 其他企业，年度应纳税所得额不超过30万元，从业人数不超过80人，资产总额不超过1 000万元。

(七) 高新技术企业优惠

国家需要重点扶持的高新技术企业，减按15%的税率征收企业所得税。

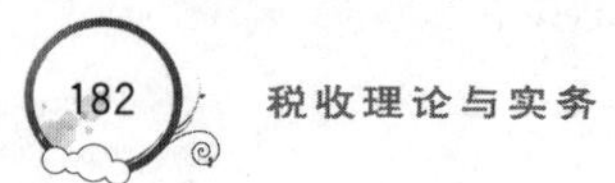

国家需要重点扶持的高新技术企业，是指拥有核心自主知识产权，并同时符合下列条件的企业：

(1) 在中国境内(不含港、澳、台地区)注册的企业，近三年内通过自主研发、受让、受赠、并购等方式，或通过5年以上的独占许可方式，对其主要产品(服务)的核心技术拥有自主知识产权。

(2) 产品(服务)属于《国家重点支持的高新技术领域》规定的范围。

(3) 具有大学专科以上学历的科技人员占企业当年职工总数的30%以上，其中研发人员占企业当年职工总数的10%以上。

(4) 企业为获得科学技术(不包括人文、社会科学)新知识，创造性运用科学技术新知识，或实质性改进技术、产品(服务)而持续进行了研究开发活动，且近三个会计年度的研究开发费用总额占销售收入总额的比例符合如下要求：

- 最近一年销售收入小于5 000万元的企业，比例不低于6%；
- 最近一年销售收入在5 000万元至20 000万元的企业，比例不低于4%；
- 最近一年销售收入在20 000万元以上的企业，比例不低于3%。

其中，企业在中国境内发生的研究开发费用总额占全部研究开发费用总额的比例不低于60%。企业注册成立时间不足三年的，按实际经营年限计算。

(5) 高新技术产品(服务)收入占企业当年总收入的60%以上。

(6) 企业研究开发组织管理水平、科技成果转化能力、自主知识产权数量、销售与总资产成长性等指标符合《高新技术企业认定管理工作指引》(另行制定)的要求。

《国家重点支持的高新技术领域》和高新技术企业认定管理办法由国务院科技、财政、税务主管部门、国务院有关部门制定，报国务院批准后公布施行。

(八) 民族自治地方企业的优惠

实行民族区域自治的自治区、自治州、自治县等民族自治地方的自治机关对本民族自治地方的企业应缴纳的企业所得税中属于地方分享的部分，可以决定减征或者免征。自治州、自治县决定减征或者免征的，须报省、自治区、直辖市人民政府批准。

对民族自治地方内国家限制和禁止行业的企业，不得减征或者免征企业所得税。

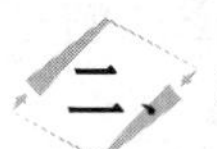

二、研究开发费和安置残疾人员就业的加计扣除

企业的下列支出，可以在计算应纳税所得额时加计扣除。

1. 开发新技术、新产品、新工艺发生的研究开发费用

研究开发费用的加计扣除，是指企业为开发新技术、新产品、新工艺发生的研究开发费用，未形成无形资产计入当期损益的，在按照规定据实扣除的基础上，按照研究开发费

用的50%加计扣除；形成无形资产的，按照无形资产成本的150%摊销。

企业从事《国家重点支持的高新技术领域》与国家发展和改革委员会等部门公布的《当前优先发展的高技术产业化重点领域指南（2007年度）》规定项目的研究开发活动，其在一个纳税年度中实际发生的下列费用支出，允许在计算应纳税所得额时按照规定实行加计扣除：

(1) 新产品设计费、新工艺规程制定费以及与研发活动直接相关的技术图书资料费、资料翻译费。

(2) 从事研发活动直接消耗的材料费用、燃料费用和动力费用。

(3) 在职直接从事研发活动人员的工资、薪金、奖金、津贴、补贴。

(4) 专门用于研发活动的仪器、设备的折旧费或租赁费。

(5) 专门用于研发活动的软件、专利权、非专利技术等无形资产的摊销费用。

(6) 专门用于中间试验和产品试制的模具、工艺装备开发及制造费。

(7) 勘探开发技术的现场试验费。

(8) 研发成果的论证、评审、验收费用。

2. 安置残疾人员及国家鼓励安置的其他就业人员所支付的工资

企业安置残疾人员的，在支付给残疾职工工资据实扣除的基础上，按照支付给残疾职工工资的100%加计扣除。残疾人员的范围适用《中华人民共和国残疾人保障法》的有关规定。

企业享受安置残疾职工工资100%加计扣除应同时具备如下条件：

(1) 依法与安置的每位残疾人签订了1年以上（含1年）的劳动合同或服务协议，并且安置的每位残疾人在企业实际上岗工作。

(2) 为安置的每位残疾人按月足额缴纳了企业所在区县人民政府根据国家政策规定的基本养老保险、基本医疗保险、失业保险和工伤保险等社会保险。

(3) 定期通过银行等金融机构向安置的每位残疾人实际支付了不低于企业所在区县适用的经省级人民政府批准的最低工资标准的工资。

(4) 具备安置残疾人上岗工作的基本设施。

企业安置国家鼓励安置的其他就业人员所支付的工资的加计扣除办法，由国务院另行规定。

三、创业投资企业优惠

创业投资企业从事国家需要重点扶持和鼓励的创业投资，可以按投资额的一定比例抵扣应纳税所得额。

具体来说，创业投资企业采取股权投资方式投资于未上市的中小高新技术企业2年以上的，可以按照其投资额的70%在股权持有满2年的当年抵扣该创业投资企业的应纳税所得额；当年不足抵扣的，可以在以后纳税年度结转抵扣。

四、资源综合利用的减计收入优惠

企业综合利用资源，生产符合国家产业政策规定的产品所取得的收入，可以在计算应纳税所得额时减计收入。

减计收入，是指企业以《资源综合利用企业所得税优惠目录》规定的资源作为主要原材料，生产国家非限制和禁止并符合国家和行业相关标准的产品取得的收入，减按90%计入收入总额。

上述所称原材料占生产产品材料的比例不得低于《资源综合利用企业所得税优惠目录》规定的标准。

五、环保、节能和安全设备投资的税额抵免优惠

企业购置用于环境保护、节能节水、安全生产等专用设备的投资额，可以按一定比例实行税额抵免。

税额抵免，是指企业购置并实际使用《环境保护专用设备企业所得税优惠目录》、《节能节水专用设备企业所得税优惠目录》和《安全生产专用设备企业所得税优惠目录》规定的环境保护、节能节水、安全生产等专用设备的，该专用设备的投资额的10%可以从企业当年的应纳税额中抵免；当年不足抵免的，可以在以后5个纳税年度结转抵免。

享受前款规定的企业所得税优惠的企业，应当实际购置并自身实际投入使用前款规定的专用设备；企业购置上述专用设备在5年内转让、出租的，应当停止享受企业所得税优惠，并补缴已经抵免的企业所得税税款。

六、其他有关行业的税收优惠

（一）关于鼓励软件产业和集成电路产业发展的优惠政策

根据《国务院关于印发进一步鼓励软件产业和集成电路产业发展若干政策的通知》（国发[2011]4号）规定，自即日起：

(1) 对集成电路线宽小于0.8微米(含)的集成电路生产企业，经认定后，自获利年度起，第一年至第二年免征企业所得税，第三年至第五年按照25%的法定税率减半征收企业所得税（以下简称企业所得税“两免三减半”优惠政策）。

(2) 对集成电路线宽小于0.25微米或投资额超过80亿元的集成电路生产企业，经认定后，减按15%的税率征收企业所得税，其中经营期在15年以上的，自获利年度起，第一年至第五年免征企业所得税，第六年至第十年按照25%的法定税率减半征收企业所得税(以下简称企业所得税"五免五减半"优惠政策)。

(3) 对我国境内新办集成电路设计企业和符合条件的软件企业，经认定后，自获利年度起，享受企业所得税"两免三减半"优惠政策。

(4) 国家规划布局内的集成电路设计企业符合相关条件的，可比照国发18号文件享受国家规划布局内重点软件企业所得税享受10%优惠税率政策。

(5) 为完善集成电路产业链，对符合条件的集成电路封装、测试、关键专用材料企业以及集成电路专用设备相关企业给予企业所得税优惠。具体办法由财政部、国家税务总局会同有关部门制定。

(6) 国家对集成电路企业实施的所得税优惠政策，根据产业技术进步情况实行动态调整。符合条件的软件企业和集成电路企业享受企业所得税"两免三减半"、"五免五减半"优惠政策，在2017年12月31日前自获利年度起计算优惠期，并享受至期满为止。符合条件的软件企业和集成电路企业所得税优惠政策与企业所得税其他优惠政策存在交叉的，由企业选择一项最优惠政策执行，不叠加享受。

(二) 关于鼓励证券投资基金发展的优惠政策

(1) 对证券投资基金从证券市场中取得的收入，包括买卖股票、债券的差价收入，股权的股息、红利收入，债券的利息收入及其他收入，暂不征收企业所得税。

(2) 对投资者从证券投资基金分配不公中取得的收入，暂不征收企业所得税。

(3) 对证券投资基金管理人运用基金买卖股票、债券的差价收入，暂不征收企业所得税。

七、西部大开发的所得税优惠

1. 适用范围

西部大开发的所得税优惠政策的适用范围包括重庆市、四川省、贵州省、云南省、西藏自治区、陕西省、甘肃省、宁夏回族自治区、青海省、新疆维吾尔自治区、新疆生产建设兵团、内蒙古自治区和广西壮族自治区(上述地区以下统称"西部地区")。湖南省湘西土家族苗族自治州、湖北省恩施土家族苗族自治州、吉林省延边朝鲜族自治州，可以比照西部地区的税收优惠政策执行。

2. 具体内容

(1) 对设在西部地区国家鼓励类产业的企业，在2001—2010年，减按15%的税率征收企业所得税。国家鼓励类产业的企业是指以《当前国家重点鼓励发展的产业、产品和技术目录(2000年修订)》中规定的产业项目为主营业务,其主营业务收入占企业总收入70%以上的企业。

(2) 经省级人民政府批准,民族自治地方的企业可以定期减征或免征企业所得税,凡减免税款涉及中央收入100万元(含100万元)以上的,需报国家税务总局批准。

(3) 对在西部地区新办交通、电力、水利、邮政、广播电视企业,上述项目业务收入占企业总收入70%以上的,可以享受企业所得税如下优惠政策:内资企业自开始生产经营之日起,第一年至第二年免征企业所得税,第三年至第五年减半征收企业所得税;外商投资企业经营期在10年以上的,自获利年度起,第一年至第二年免征企业所得税,第三年至第五年减半征收企业所得税。

对实行汇总(合并)纳税企业,应将西部地区的成员企业与西部地区以外的成员企业分开,分别汇总(合并)申报纳税,分别适用税率。

八、新旧税制过渡阶段对税收优惠的安排

税收政策调整时给予老企业过渡期优惠并非是法定必须的,也不是国际上的通行做法。为了保证我国统一的《企业所得税法》通过后的顺利实施,并考虑到老企业有一个适应过程,考虑到各级政府在招商引资上往往参与程度较深,企业在制定投资方案时也一般将国家税收优惠政策作为权衡因素之一,为了减少社会震动,也体现我国政府的守信态度,继续发挥经济特区的特殊作用,缓解新税法出台对部分老企业税负增加的影响,新税法设置了过渡办法,以确保新旧税制平稳衔接。

(1) 对在《企业所得税法》公布前(2007年3月16日)经工商等登记管理机关登记设立的企业,按照原税收法律、行政法规和具有行政法规效力文件规定享受的企业所得税优惠政策,按以下办法实施过渡:

自2008年1月1日起,原享受低税率优惠政策的企业,在新税法施行后5年内逐步过渡到法定税率。其中,享受企业所得税15%税率的企业,2008年按18%的税率执行,2009年按20%的税率执行,2010年按22%的税率执行,2011年按24%的税率执行,2012年按25%的税率执行;原执行24%的税率的企业,2008年起按25%的税率执行。

自2008年1月1日起,原享受企业所得税"两免三减半"、"五免五减半"等定期减免税优惠的企业,新税法施行后继续按原税收法律、行政法规及相关文件规定的优惠办法及年限享受至期满为止,但因未获利而尚未享受税收优惠的,其优惠期限从2008年度起计算。

(2) 实施企业税收过渡优惠政策的其他规定:

- 享受企业所得税过渡优惠政策的企业,应按照新税法及其实施条例中有关收入和

扣除的规定计算应纳税所得额，并按规定计算享受税收优惠。

- 企业所得税过渡优惠政策与新税法及其实施条例规定的优惠政策存在交叉的，由企业选择最优惠的政策执行，不得叠加享受，且一经选择，不得改变。

第七节 特别纳税调整

随着我国对外开放的不断深入和扩大，跨国投资日益增多，有的跨国企业为谋求集团利益最大化，往往利用境内外税收制度的差异和境内地区间税收优惠的差异等，通过集团内部关联交易的转让定价、资本弱化等多种方式将利润转移到国外，造成我国税收流失。企业避税侵蚀我国税基，损害我国税收权益，蚕食合资企业中方资产，影响税收调控作用，扭曲市场机制，不利于促进公平竞争，危害十分严重。反避税工作是国家税务管理的重要内容，也是世界各国税务管理机关维护国家税收主权和税收利益的主要手段之一。《企业所得税法》特别纳税调整的规定，为进一步完善转让定价制度，有效遏制各种避税行为提供了必要的法律依据。

一、特别纳税调整的概念

（一）一般纳税调整与特别纳税调整

特别纳税调整是相对一般纳税调整而言的。一般纳税调整是指按照税法规定在计算应纳税所得额时，如果企业财务会计处理办法与税收法律、行政法规的规定不一致，应当依照税收法律、行政法规的规定计算纳税所作的税务调整，并据此重新调整计算纳税。如国债利息收入，会计上作为收益处理，而按照税法规定作为免税收入，在计算缴纳企业所得税时需作的纳税调整。

特别纳税调整是指税务机关出于反避税目的而对纳税人特定纳税事项所作的税务调整。包括针对纳税人关联交易、资本弱化、避税港避税及其他避税方式所进行的税务调整。

（二）《特别纳税调整实施办法》的内容

为贯彻落实《企业所得税法》及其实施条例，规范和加强特别纳税调整管理，国家税务总局制定了《特别纳税调整实施办法（试行）》（国税发[2009]第 2 号），适用于税务机关对企业的转让定价、预约定价安排、成本分摊协议、受控外国企业、资本弱化以及一般反避税等特别纳税调整事项的管理。

转让定价管理是指税务机关按照《企业所得税法》第 6 章和《税收征收管理法》第 36 条的有关规定，对企业与其关联方之间的业务往来（以下简称关联交易）是否符合独立交易原则进行审核评估和调查调整等工作的总称。

预约定价安排管理是指税务机关按照《企业所得税法》第 42 条和《税收征收管理法实施细则》第 53 条的规定，对企业提出的未来年度关联交易的定价原则和计算方法进行审核评估，并与企业协商达成预约定价安排等工作的总称。

成本分摊协议管理是指税务机关按照《企业所得税法》第 41 条第二款的规定，对企业与其关联方签署的成本分摊协议是否符合独立交易原则进行审核评估和调查调整等工作的总称。

受控外国企业管理是指税务机关按照《企业所得税法》第 45 条的规定，对受控外国企业不作利润分配或减少分配进行审核评估和调查，并对归属于中国居民企业所得进行调整等工作的总称。

资本弱化管理是指税务机关按照《企业所得税法》第 46 条的规定，对企业接受关联方债权性投资与企业接受的权益性投资的比例是否符合规定比例或独立交易原则进行审核评估和调查调整等工作的总称。

一般反避税管理是指税务机关按照《企业所得税法》第 47 条的规定，对企业实施其他不具有合理商业目的的安排而减少其应纳税收入或所得额进行审核评估和调查调整等工作的总称。

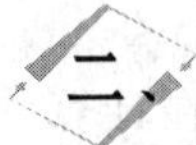

二、企业关联交易的税务处理

（一）关联交易的基本规定

企业与其关联方之间的业务往来，不符合独立交易原则而减少企业或者其关联方应纳税收入或者所得额的，税务机关有权按照合理方法调整。企业与其关联方共同开发、受让无形资产，或者共同提供、接受劳务发生的成本，在计算应纳税所得额时应当按照独立交易原则进行分摊。

所称独立交易原则，是指没有关联关系的交易各方，按照公平成交价格和营业常规进行业务往来遵循的原则。

（二）关联关系的认定

上述所称关联方，是指与企业有以下之一关系的公司、企业和其他经济组织：①在资金、经营、购销等方面，存在直接或者间接的拥有或者控制关系；②直接或者间接地同为第三者所拥有或者控制；③其他在利益上相关联的关系。

具体来说，关联关系包括企业与其他企业、组织或个人具有下列之一关系：

(1) 一方直接或间接持有另一方的股份总和达到25%以上，或者双方直接或间接同为第三方所持有的股份达到25%以上。若一方通过中间方对另一方间接持有股份，只要一方对中间方持股比例达到25%以上，则一方对另一方的持股比例按照中间方对另一方的持股比例计算。

(2) 一方与另一方(独立金融机构除外)之间借贷资金占一方实收资本50%以上，或者一方借贷资金总额的10%以上是由另一方(独立金融机构除外)担保。

(3) 一方半数以上的高级管理人员(包括董事会成员和经理)或至少一名可以控制董事会的董事会高级成员是由另一方委派，或者双方半数以上的高级管理人员(包括董事会成员和经理)或至少一名可以控制董事会的董事会高级成员同为第三方委派。

(4) 一方半数以上的高级管理人员(包括董事会成员和经理)同时担任另一方的高级管理人员(包括董事会成员和经理)，或者一方至少一名可以控制董事会的董事会高级成员同时担任另一方的董事会高级成员。

(5) 一方的生产经营活动必须由另一方提供的工业产权、专有技术等特许权才能正常进行。

(6) 一方的购买或销售活动主要由另一方控制。

(7) 一方接受或提供劳务主要由另一方控制。

(8) 一方对另一方的生产经营、交易具有实质控制，或者双方在利益上具有相关联的其他关系，包括虽未达到本条第(1)项持股比例，但一方与另一方的主要持股方享受基本相同的经济利益，以及家族、亲属关系等。

(三) 关联交易的主要类型

关联交易主要包括以下类型：

(1) 有形资产的购销、转让和使用，包括房屋建筑物、交通工具、机器设备、工具、商品、产品等有形资产的购销、转让和租赁业务。

(2) 无形资产的转让和使用，包括土地使用权、版权(著作权)、专利、商标、客户名单、营销渠道、牌号、商业秘密和专有技术等特许权，以及工业品外观设计或实用新型等工业产权的所有权转让和使用权的提供业务。

(3) 融通资金，包括各类长、短期资金拆借和担保以及各类计息预付款和延期付款等业务。

(4) 提供劳务，包括市场调查、行销、管理、行政事务、技术服务、维修、设计、咨询、代理、科研、法律、会计事务等服务的提供。

实行查账征收的居民企业和在中国境内设立机构、场所并据实申报缴纳企业所得税的非居民企业向税务机关报送年度企业所得税纳税申报表时，应附送《企业年度关联业务往来报告表》,包括《关联关系表》、《关联交易汇总表》、《购销表》、《劳务表》、《无形资产表》、《固定资产表》、《融通资金表》、《对外投资情况表》和《对外支付款项情况表》。

(四) 转让定价方法

企业发生关联交易以及税务机关审核、评估关联交易均应遵循独立交易原则,选用合理的转让定价方法。转让定价方法包括可比非受控价格法、再销售价格法、成本加成法、交易净利润法、利润分割法和其他符合独立交易原则的方法。

1. 可比非受控价格法

可比非受控价格法以非关联方之间进行的与关联交易相同或类似业务活动所收取的价格作为关联交易的公平成交价格。

可比非受控价格法可以适用于所有类型的关联交易。

2. 再销售价格法

再销售价格法以关联方购进商品再销售给非关联方的价格减去可比非关联交易毛利后的金额作为关联方购进商品的公平成交价格。其计算公式如下:

公平成交价格=再销售给非关联方的价格×(1-可比非关联交易毛利率)

可比非关联交易毛利率=可比非关联交易毛利/可比非关联交易收入净额×100%

再销售价格法通常适用于再销售者未对商品进行改变外形、性能、结构或更换商标等实质性增值加工的简单加工或单纯购销业务。

3. 成本加成法

成本加成法以关联交易发生的合理成本加上可比非关联交易毛利作为关联交易的公平成交价格。其计算公式如下:

公平成交价格=关联交易的合理成本×(1+可比非关联交易成本加成率)

可比非关联交易成本加成率=可比非关联交易毛利/可比非关联交易成本×100%

成本加成法通常适用于有形资产的购销、转让和使用,劳务提供或资金融通的关联交易。

4. 交易净利润法

交易净利润法以可比非关联交易的利润率指标确定关联交易的净利润。利润率指标包括资产收益率、销售利润率、完全成本加成率、贝里比率等。

交易净利润法通常适用于有形资产的购销、转让和使用,无形资产的转让和使用以及劳务提供等关联交易。

5. 利润分割法

利润分割法根据企业与其关联方对关联交易合并利润的贡献计算各自应该分配的利

润额。利润分割法分为一般利润分割法和剩余利润分割法。

一般利润分割法根据关联交易各参与方所执行的功能、承担的风险以及使用的资产，确定各自应取得的利润。

剩余利润分割法将关联交易各参与方的合并利润减去分配给各方的常规利润的余额作为剩余利润，再根据各方对剩余利润的贡献程度进行分配。

利润分割法通常适用于各参与方关联交易高度整合且难以单独评估各方交易结果的情况。

（五）转让定价调查及调整

税务机关有权依据《税收征收管理法》及其实施细则有关税务检查的规定，确定调查企业，进行转让定价调查、调整。被调查企业必须据实报告其关联交易情况，并提供相关资料，不得拒绝或隐瞒。转让定价调查应重点选择以下企业：

(1) 关联交易数额较大或类型较多的企业；

(2) 长期亏损、微利或跳跃性盈利的企业；

(3) 低于同行业利润水平的企业；

(4) 利润水平与其所承担的功能风险明显不相匹配的企业；

(5) 与避税港关联方发生业务往来的企业；

(6) 未按规定进行关联申报或准备同期资料的企业；

(7) 其他明显违背独立交易原则的企业。

实际税负相同的境内关联方之间的交易，只要该交易没有直接或间接导致国家总体税收收入的减少，原则上不作转让定价调查、调整。

税务机关对企业实施转让定价纳税调整后，应自企业被调整的最后年度的下一年度起 5 年内实施跟踪管理。在跟踪管理期内，企业应在跟踪年度的次年 6 月 20 日之前向税务机关提供跟踪年度的同期资料，税务机关根据同期资料和纳税申报资料进行重点分析、评估。

（六）同期资料管理

企业应根据《企业所得税法实施条例》第 114 条的规定，按纳税年度准备、保存、并按税务机关要求提供其关联交易的同期资料。

同期资料主要包括以下内容：①组织结构；②生产经营情况；③关联交易情况；④可比性分析；⑤转让定价方法的选择和使用。

属于下列情形之一的企业，可免于准备同期资料：

(1) 年度发生的关联购销金额（来料加工业务按年度进出口报关价格计算）在 2 亿元人民币以下且其他关联交易金额（关联融通资金按利息收付金额计算）在 4 000 万元人民

币以下，上述金额不包括企业在年度内执行成本分摊协议或预约定价安排所涉及的关联交易金额；

(2) 关联交易属于执行预约定价安排所涉及的范围；

(3) 外资股份低于50%且仅与境内关联方发生关联交易。

(七) 预约定价安排管理

企业可以按相关法律、法规的规定，与税务机关就企业未来年度关联交易的定价原则和计算方法达成预约定价安排。预约定价安排的谈签与执行通常经过预备会谈、正式申请、审核评估、磋商、签订安排和监控执行六个阶段。预约定价安排包括单边、双边和多边三种类型。

预约定价安排应由设区的市、自治州以上的税务机关受理。

预约定价安排一般适用于同时满足以下条件的企业：

(1) 年度发生的关联交易金额在4 000万元人民币以上；

(2) 依法履行关联申报义务；

(3) 按规定准备、保存和提供同期资料。

预约定价安排适用于自企业提交正式书面申请年度的次年起3～5个连续年度的关联交易。

预约定价安排的谈签不影响税务机关对企业提交预约定价安排正式书面申请当年或以前年度关联交易的转让定价调查调整。

如果企业申请当年或以前年度的关联交易与预约定价安排适用年度相同或类似，经企业申请，税务机关批准，可将预约定价安排确定的定价原则和计算方法适用于申请当年或以前年度关联交易的评估和调整。

税务机关与企业就单边预约定价安排草案内容达成一致后，双方的法定代表人或法定代表人授权的代表正式签订单边预约定价安排。国家税务总局与税收协定缔约对方税务主管当局就双边或多边预约定价安排草案内容达成一致后，双方或多方税务主管当局授权的代表正式签订双边或多边预约定价安排。主管税务机关根据双边或多边预约定价安排与企业签订《双边(多边)预约定价安排执行协议书》。

预约定价安排期满后自动失效。如企业需要续签的，应在预约定价安排执行期满前90日内向税务机关提出续签申请。

税务机关与企业不能达成预约定价安排的，税务机关在会谈、协商过程中所获取的有关企业的提议、推理、观念和判断等非事实性信息，不得用于以后对该预约定价安排涉及交易行为的税务调查。

三、成本分摊协议管理

企业与其关联方签署成本分摊协议，共同开发、受让无形资产，或者共同提供、接受劳务，应符合本规定。

成本分摊协议的参与方对开发、受让的无形资产或参与的劳务活动享有受益权，并承担相应的活动成本。关联方承担的成本应与非关联方在可比条件下为获得上述受益权而支付的成本相一致。参与方使用成本分摊协议所开发或受让的无形资产不需另支付特许权使用费。

企业对成本分摊协议所涉及无形资产或劳务的受益权应有合理的、可计量的预期收益，且以合理商业假设和营业常规为基础。

涉及劳务的成本分摊协议一般适用于集团采购和集团营销策划。

企业应自成本分摊协议达成之日起30日内，层报国家税务总局备案。税务机关判定成本分摊协议是否符合独立交易原则须呈报国家税务总局审核。

成本分摊协议执行期间，参与方实际分享的收益与分摊的成本不相配比的，应根据实际情况作出补偿调整。

对于符合独立交易原则的成本分摊协议，有关税务处理如下：

(1) 企业按照协议分摊的成本，应在协议规定的各年度税前扣除；

(2) 涉及补偿调整的，应在补偿调整的年度计入应纳税所得额；

(3) 涉及无形资产的成本分摊协议，加入支付、退出补偿或终止协议时对协议成果分配的，应按资产购置或处置的有关规定处理。

企业与其关联方签署成本分摊协议，有下列情形之一的，其自行分摊的成本不得税前扣除：

(1) 不具有合理商业目的和经济实质；

(2) 不符合独立交易原则；

(3) 没有遵循成本与收益配比原则；

(4) 未按本办法有关规定备案或准备、保存和提供有关成本分摊协议的同期资料；

(5) 自签署成本分摊协议之日起经营期限少于20年。

四、受控外国企业管理

受控外国企业是指根据《企业所得税法》第45条的规定，由居民企业，或者由居民企业和居民个人(以下统称中国居民股东，包括中国居民企业股东和中国居民个人股东)控制的设立在实际税负低于12.5%的国家(地区)，并非出于合理经营需要对利润不作分配或减少分配的外国企业。

(一) 受控外国企业的认定

所称控制，是指在股份、资金、经营、购销等方面构成实质控制。其中，股份控制是指由中国居民股东在纳税年度任何一天单层直接或多层间接单一持有外国企业10%以上有表决权股份，且共同持有该外国企业50%以上股份。

中国居民股东多层间接持有股份按各层持股比例相乘计算，中间层持有股份超过50%的，按100%计算。

计入中国居民企业股东当期的视同受控外国企业股息分配的所得，应按以下公式计算：

中国居民企业股东当期所得＝视同股息分配额×实际持股天数÷受控外国企业纳税年度天数×股东持股比例

中国居民股东多层间接持有股份的，股东持股比例按各层持股比例相乘计算。

(二) 免于视同股息分配的条件

中国居民企业股东能够提供资料证明其控制的外国企业满足以下条件之一的，可免于将外国企业不作分配或减少分配的利润视同股息分配额，计入中国居民企业股东的当期所得：

(1) 设立在国家税务总局指定的非低税率国家(地区)；

(2) 主要取得积极经营活动所得；

(3) 年度利润总额低于500万元人民币。

什么情况下不分配利润是“合理的经营需要”？

企业通过在国际避税地(如英属维尔京群岛等地)设立关联企业，然后通过关联交易将利润转移至国际避税地避税。上述转移到国外的利润如果向国内的投资者分配，将按我国《税法》计算出应纳税款，并抵免其在国外的实际已纳税款后补税。出于避税考虑，上述受控外国企业往往将利润一直保留在国际避税地不予分配，则按照原内、外资《企业所得税法》的规定，我国税务机关无法对其境外所得进行征税。但按照新税法，对受控外国企业保留利润不予分配的行为是否是出于合理的经营需要的判断，就直接决定了我国税务机关是否将其应得份额并入当期应纳税所得额征税。

“合理的经营需要”是一个比较模糊的说法。比如，企业将税后利润用于境外项目追加投资而转增注册资本等大致可认定为合理的经营需要。一般地，受控外国企业的

设立，往往是出于避税目的，这些公司通常注册资本金额较小，在境外并无实际经营实体和管理机构，其实际经营管理地往往就在国内。所以，可从其是否有实际的经营业务和管理机构、是否能够提供经常性地在境外召开董事会等证据来判定其是否仅仅出于避税目的而设立。如果其董事会任职人员常年在国内，且其董事会很少召开或一般在国内召开，则可以判断其为非居民企业但在中国境内设立机构、场所，应当就其所设机构、场所取得的来源于中国境内的所得，以及发生在中国境外但与其所设机构、场所有实际联系的所得，缴纳企业所得税。

五、资本弱化管理

企业从其关联方接受的债权性投资与权益性投资的比例超过规定标准而发生的利息支出，不得在计算应纳税所得额时扣除。

债权性投资，是指企业直接或者间接从关联方获得的，需要偿还本金和支付利息或者需要以其他具有支付利息性质的方式予以补偿的融资。

企业间接从关联方获得的债权性投资，包括：①关联方通过无关联第三方提供的债权性投资；②无关联第三方提供的、由关联方担保且负有连带责任的债权性投资；③其他间接从关联方获得的具有负债实质的债权性投资。

所谓利息支出包括直接或间接关联债权投资实际支付的利息、担保费、抵押费和其他具有利息性质的费用。不得在计算应纳税所得额时扣除的利息支出应按以下公式计算：

不得扣除利息支出＝年度实际支付的全部关联方利息×(1－标准比例/关联债资比例)

其中，标准比例是指《财政部 国家税务总局关于企业关联方利息支出税前扣除标准有关税收政策问题的通知》(财税[2008]第121号)规定的比例；关联债资比例是指根据《企业所得税法》第46条及《企业所得税法实施条例》第119的规定，企业从其全部关联方接受的债权性投资(以下简称关联债权投资)占企业接受的权益性投资(以下简称权益投资)的比例，关联债权投资包括关联方以各种形式提供担保的债权性投资。

关联债资比例的具体计算方法如下：

关联债资比例＝年度各月平均关联债权投资之和/年度各月平均权益投资之和

其中，

各月平均关联债权投资＝(关联债权投资月初账面余额＋月末账面余额)/2

各月平均权益投资＝(权益投资月初账面余额＋月末账面余额)/2

权益投资为企业资产负债表所列示的所有者权益金额。如果所有者权益小于实收资本(股本)与资本公积之和，则权益投资为实收资本(股本)与资本公积之和；如果实收资本(股本)与资本公积之和小于实收资本(股本)金额，则权益投资为实收资本(股本)金额。

《企业所得税法》第 46 条规定，不得在计算应纳税所得额时扣除的利息支出，不得结转到以后纳税年度；应按照实际支付给各关联方利息占关联方利息总额的比例，在各关联方之间进行分配，其中，分配给实际税负高于企业的境内关联方的利息准予扣除；直接或间接实际支付给境外关联方的利息应视同分配的股息，按照股息和利息分别适用的所得税税率差补征企业所得税，如已扣缴的所得税税款多于按股息计算应征所得税税款，多出的部分不予退税。

企业关联债资比例超过标准比例的利息支出，如要在计算应纳税所得额时扣除，除遵照《特别纳税调整实施办法(试行)》第 3 章规定外，还应准备、保存、并按税务机关要求提供相关同期资料，证明关联债权投资金额、利率、期限、融资条件以及债资比例等均符合独立交易原则。企业未按规定准备、保存和提供同期资料证明关联债权投资金额、利率、期限、融资条件以及债资比例等符合独立交易原则的，其超过标准比例的关联方利息支出，不得在计算应纳税所得额时扣除。

六、一般反避税管理

《企业所得税法》第 47 条规定，企业实施其他不具有合理商业目的的安排而减少其应纳税收入或者所得额的，税务机关有权按照合理方法调整。《企业所得税法实施条例》第 120 条规定，《企业所得税法》所称不具有合理商业目的，是指以减少、免除或者推迟缴纳税款为主要目的。这是《企业所得税法》借鉴了国外立法经验，针对以后可能会出现的一些新的避税手段，预先将一般反避税条款作为兜底的补充性条款，主要目的在于打击和遏制以规避税收为主要目的、其他反避税措施又无法涉及的避税行为。

(一) 启动一般反避税调查的条件

税务机关可依据《企业所得税法》第 47 条及《企业所得税法实施条例》第 120 条的规定对存在以下避税安排的企业，启动一般反避税调查：

(1) 滥用税收优惠。

(2) 滥用税收协定。

(3) 滥用公司组织形式。

(4) 利用避税港避税。

(5) 其他不具有合理商业目的的安排。

一般反避税调查及调整须呈报国家税务总局批准。税务机关应按照实质重于形式的原则审核企业是否存在避税安排，并综合考虑安排的以下内容：

(1) 安排的形式和实质。

(2) 安排订立的时间和执行期间。

（3）安排实现的方式。

（4）安排各个步骤或组成部分之间的联系。

（5）安排涉及各方财务状况的变化。

如何判断企业的某种安排“不具有合理的商业目的”？

具体如何判断“合理的商业目的”?《企业所得税法实施条例》的阐释并未正面列举,也无法列举哪些行为才是合理的商业目的。但不具有合理商业目的的安排通常具有以下特征:一是必须存在一个安排,即人为规划的一个或一系列行动或交易;二是企业必须从该安排中获取“税收利益”,即减少企业的应纳税收入或者所得额;三是企业获取税收利益是其安排的唯一或主要目的。满足以上三个特征,可推断该安排已经构成了避税事实。理论上说,税务机关应审查该项安排的形式与实质。形式是指该项安排所产生的法律权利和责任,即该项安排的法律后果;实质是指该项安排在实际上或商业上的最终结果。在考虑这些事宜时,须比较该项安排的法律后果和商业上的最终结果。适用这个条款的重点应在于首先关注该商业安排是否以避税为目的,而不是侧重对于不具有合理商业目的安排的调整。

2010 年 6 月 9 日,《中国税务报》刊发了《最大单笔间接转让股权非居民税款入库》一文,披露了税务机关查处的一起不具有合理商业目的的公司避税行为。

扬州某公司是由江都一民营企业与外国一家投资集团合资成立。其中,该投资集团通过其香港全资子公司持有扬州某公司 49%股权。2009 年年初,江都市国税局获悉,外方投资者可能进行股权转让,在推测的数种方案中,最大的可能就是间接转让,即境外控制方某投资集团整体转让香港公司来间接转让扬州公司股权。

2009 年 12 月 10 日,国家税务总局发布《关于加强非居民企业股权转让所得企业所得税管理的通知》(国税函[2009]第 698 号),该文件对非居民股权转让所得的税务问题进行规定,对于间接转让行为,经国家税务总局审核后可以按照经济实质对股权转让交易重新定性,否定被用作税收安排的境外控股公司的存在。

698 号文件的发布,显示了中国税务机关已决心遏制外国投资者通过转让特殊目的公司来间接转让中国境内公司股权,从而逃避中国税收的行为。2010 年 5 月 18 日,该跨国投资集团在江苏省江都市国税局申报入库非居民企业所得税 1.73 亿元。

（二）安排的税收结果

税务机关应按照经济实质对企业的避税安排重新定性,取消企业从避税安排获得的税收利益。对于没有经济实质的企业,特别是设在避税港并导致其关联方或非关联方避税的企业,可在税收上否定该企业的存在。

税务机关启动一般反避税调查时,应按照《税收征收管理法》及其实施细则的有关规定向企业送达《税务检查通知书》。企业应自收到通知书之日起 60 日内提供资料证明其安排具有合理的商业目的。企业未在规定期限内提供资料,或提供资料不能证明安排具有合理商业目的的,税务机关可根据已掌握的信息实施纳税调整,并向企业送达《特别纳税调查调整通知书》。

税务机关实施一般反避税调查,可按照《税收征收管理法》第 57 条的规定要求避税安排的筹划方如实提供有关资料及证明材料。

第八节　企业所得税的征收管理

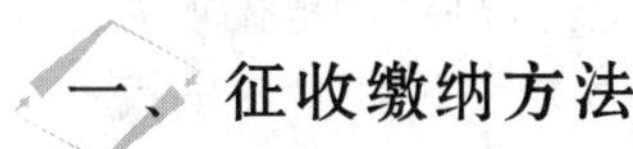

一、征收缴纳方法

1. 纳税期限

企业所得税是按照纳税人每一纳税年度的应纳税所得额和适用税率计算征收的。纳税年度,是指自公历 1 月 1 日起至 12 月 31 日止。纳税人在一个纳税年度的中间开业,或者终止经营活动,使该纳税年度的实际经营期不足 12 个月的,应当以其实际经营期为一个纳税年度。企业依法清算时,应当以清算期间作为一个纳税年度。

由此可见,税款入库必须在纳税年度终了后的一段时间,但为了国家稳定、均衡地取得财政收入,世界各国政府对企业所得税都采取了预缴及汇算清缴的办法。

2. 纳税申报

我国《企业所得税法》规定,缴纳企业所得税,按年计算,分月或者分季预缴。分月或者分季预缴,由主管税务机关根据纳税人应纳税额的大小,具体核定;企业应当自月份或者季度终了之日起 15 日内,向税务机关报送预缴企业所得税纳税申报表,预缴税款。自年度终了之日起 5 个月内,向税务机关报送年度企业所得税纳税申报表,并汇算清缴,多退少补,结清应缴应退税款。

但是,企业在年度中间终止经营活动的,应当自实际经营终止之日起 60 日内,向税务机关办理当期企业所得税汇算清缴。

纳税人进行清算时,应当在办理工商注销登记之前,向当地主管税务机关办理所得税申报,并应就其清算终了后的清算所得,依法缴纳企业所得税。所谓清算所得,是指纳税人清算时的全部资产或者财产,扣除各项清算费用、损失、负债、企业未分配利润、公益金和公积金后的金额,超过实缴资本的部分。

纳税人缴纳的所得税额,应以人民币为计算单位。所得为外国货币的,分月或者分季

预缴税款时，应当按照月份（季度）最后一日的国家外汇牌价（原则上为中间价，下同）折合成人民币计算应纳税所得额；年度终了后汇算清缴时，对已按月份（季度）预缴税款的外国货币所得，不再重新折合计算，只就全年未纳税的外币所得部分，按照年度最后一日的国家外汇牌价，折合成人民币计算应纳税所得额。

二、源泉扣缴

源泉扣缴是指以所得支付者为扣缴义务人，在每次向纳税人支付有关所得款项时，代为扣缴税款的做法。实行源泉扣缴的最大优点在于可以有效地保护税源，保证国家的财政收入，防止偷漏税，简化纳税手续。《企业所得税法》第五章对纳税人取得的下列所得，规定必须实行源泉扣缴：

（1）对非居民企业在中国境内未设立机构、场所的，或者虽设立机构、场所但取得的所得与其所设机构、场所没有实际联系的，其来源于中国境内的所得应缴纳的所得税，实行源泉扣缴，以支付人为扣缴义务人。税款由扣缴义务人在每次支付或者到期应支付时，从支付或者到期应支付的款项中扣缴。

（2）对非居民企业在中国境内取得工程作业和劳务所得应缴纳的所得税，税务机关可以指定工程价款或者劳务费的支付人为扣缴义务人。

依照上述两条规定应当扣缴的所得税，扣缴义务人未依法扣缴或者无法履行扣缴义务的，由纳税人在所得发生地缴纳。纳税人未依法缴纳的，税务机关可以从该纳税人在中国境内其他收入项目的支付人应付的款项中，追缴该纳税人的应纳税款。

扣缴义务人每次代扣的税款，应当自代扣之日起 7 日内缴入国库，并向所在地的税务机关报送扣缴企业所得税报告表。

三、纳税地点

（1）除税收法律、行政法规另有规定外，居民企业以企业登记注册地为纳税地点。但登记注册地在境外的，以实际管理机构所在地为纳税地点。

居民企业在中国境内设立不具有法人资格的营业机构的，应当汇总计算并缴纳企业所得税。

（2）非居民企业在中国境内设立的机构、场所取得的来源于中国境内的所得，以及发生在中国境外但与其所设机构、场所有实际联系的所得，以机构、场所所在地为纳税地点。非居民企业在中国境内设立两个或者两个以上机构、场所的，经税务机关审核批准，可以选择由其主要机构、场所汇总缴纳企业所得税。

非居民企业在中国境内未设立机构、场所的，或者虽设立机构、场所但取得的所得与其所设机构、场所没有实际联系，其取得的来源于中国境内的所得，以扣缴义务人所在地为纳税地点。

(3) 大型企业集团分别以核心企业、独立经济核算的其他成员企业为纳税人，纳税人一律于所在地就地缴纳所得税。

(4) 联营企业的生产经营所得，一律先就地缴纳所得税，然后再进行分配。

(5) 除国务院另有规定外，企业之间不得合并缴纳企业所得税。

四、新增企业的所得税征管范围调整

(一) 基本规定

以2008年为基年，2008年年底之前国家税务局、地方税务局各自管理的企业所得税纳税人不做调整。2009年起新增企业所得税纳税人中，应缴纳增值税的企业，其企业所得税由国家税务局管理；应缴纳营业税的企业，其企业所得税由地方税务局管理。

同时，2009年起下列新增企业的所得税征管范围实行以下规定：

(1) 企业所得税全额为中央收入的企业和在国家税务局缴纳营业税的企业，其企业所得税由国家税务局管理。

(2) 银行(信用社)、保险公司的企业所得税由国家税务局管理，除上述规定外的其他各类金融企业的企业所得税由地方税务局管理。

(3) 外商投资企业和外国企业常驻代表机构的企业所得税仍由国家税务局管理。

(二) 对若干具体问题的规定

(1) 境内单位和个人向非居民企业支付《企业所得税法》第3条第三款规定的所得的，该项所得应扣缴的企业所得税的征管，分别由支付该项所得的境内单位和个人的所得税主管国家税务局或地方税务局负责。

(2) 2008年年底之前已成立跨区经营汇总纳税企业，2009年起新设立的分支机构，其企业所得税的征管部门应与总机构企业所得税征管部门相一致。2009年起新增跨区经营汇总纳税企业，总机构按基本规定确定的原则划分征管归属，其分支机构企业所得税的管理部门也应与总机构企业所得税管理部门相一致。

(3) 按税法规定免缴流转税的企业，按其免缴的流转税税种确定企业所得税征管归属。既不缴纳增值税也不缴纳营业税的企业，其企业所得税暂由地方税务局管理。

(4) 既缴纳增值税又缴纳营业税的企业，原则上按照其税务登记时自行申报的主营业务应缴纳的流转税税种确定征管归属。企业税务登记时无法确定主营业务的，一般以工商登记注明的第一项业务为准。一经确定，原则上不再调整。

(5) 2009年起新增企业，是指按照《财政部 国家税务总局关于享受企业所得税优惠政策的新办企业认定标准的通知》(财税[2006]第1号)及有关规定的新办企业认定标准成立的企业。

练习题

一、复习思考题

1. 企业所得税的纳税人如何确定？如何划分居民企业和非居民企业？

2. 企业所得税的准予扣除项目包括哪些？关于其扣除具体范围和标准有哪些规定？

3. 哪些项目不得在企业所得税前扣除？为什么？

4. 我国税法对关联企业之间的业务往来有什么要求？《企业所得税法》对此有哪些特别调整的规定？

5. 纳税人发生年度亏损的弥补有何规定？

6. 企业境外所得已纳税款在我国汇总纳税时如何抵免？

7. 新旧《企业所得税法》有哪些重大变化？这将对我国的区域经济发展和社会、科技进步产生哪些积极影响？

二、综合业务题

1. 某酒类生产企业主要生产粮食白酒，2010年度生产经营情况如下：

(1) 取得产品销售收入总额5 500万元。

(2) 取得企业债券利息收入85万元。

(3) 应扣除产品销售成本1 280万元。

(4) 本年应纳增值税税金210万元，应纳消费税等产品销售税金及附加1 400万元。

(5) 发生产品销售费用180万元，其中广告费120万元。

(6) 发生管理费用220万元，其中业务招待费55万元。

(7) 发生财务费用150万元，包括逾期未还银行流动资金贷款的违约罚息5万元及支付在建的一条白酒自动灌装线贷款利息33万元。

(8) 本年企业通过希望工程基金会捐款100万元，直接向一对口帮扶贫困山村捐赠20万元。

已知企业适用企业所得税税率25%，求企业本年度应纳企业所得税税额。

2. 某酒厂系增值税一般纳税人，主要生产各种葡萄酒，2010年经营情况如下：

(1) 全年销售收入2 000万元(不含增值税)，国债利息收入15万元。

(2) 9 月份收取包装箱押金 5.85 万元，固定资产出租收入 60 万元。

(3) 10 月份厂庆，将一批自产葡萄酒发放给职工，该批葡萄酒总生产成本为 45 万元。

(4) 本年销售成本 1 200 万元，购进各种货物准予抵扣的进项税额为 275 万元。

(5) 产品销售费用 80 万元(其中广告费 60 万元)；管理费用 120 万元(其中业务招待费 15 万元)；财务费用为：本年 5 月 1 日向非金融机构借款 60 万元，用于生产经营，期限 8 个月，已付息 4 万元。同期银行借款年利率为 6%。

(6) 全年工资薪金支出 420 万元，并据此计提了三项经费，本项费用已经计入当年各项成本费用。

已知葡萄酒成本利润率为 5%，消费税税率为 10%，租赁业营业税税率为 5%，企业所得税税率为 25%。

求该酒厂全年应纳的增值税、消费税、营业税和企业所得税(假定不考虑城建税、教育费附加等)。

3. 某企业 2010 年度生产经营情况如下：

(1) 产品销售收入 2 200 万元。

(2) 产品销售成本 1 080 万元。

(3) 产品销售税金及附加 150 万元。

(4) 发生产品销售费用 130 万元，其中广告费 50 万元。

(5) 发生管理费用 180 万元，其中，列支业务招待费 35 万元，列支“三新”开发费 40 万元。

(6) 财务费用 150 万元，其中从上级主管部门拆借资金 100 万元，支付一年资金占用费 15 万元，同期商业银行贷款年利率为 10%；列支未完工程借款利息 30 万元。

(7) 从直接投资企业分回的投资收益 100 万元，国债利息收入 14 万。

(8) 经批准年终核销固定资产盘亏净损失 6 万元。

(9) 通过民政部门向灾区捐款 50 万元，直接向一聋哑学校捐赠 10 万元。

该企业适用 25% 的税率。请根据上述资料计算该企业本年度应缴纳企业所得税税额。

第八章 个人所得税

【学习要求】 本章要求重点掌握个人所得税的纳税人、征税范围、税率、应纳税所得额的确定、应纳税额的计算；一般掌握工资薪金所得税目几种具体情况应纳税额的计算、对收入中“次”的确定、个体工商户应纳税额的计算；理解个人所得税的税收优惠；了解个人所得税的征收管理、全员申报等内容。

第一节 个人所得税概述

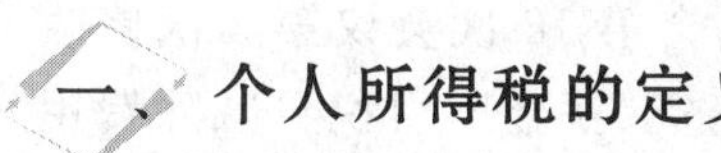

一、个人所得税的定义

个人所得税是对个人（自然人）取得的各项应税所得征收的一种税。我国现行个人所得税的基本法律规范，是第十一届全国人民代表大会常务委员会于 2011 年 6 月 30 日修订通过的《中华人民共和国个人所得税法》（以下简称《个人所得税法》），自 2011 年 9 月 1 日起施行。2010 年，我国个人所得税实现收入 4 837.17 亿元，占当年税收总收入的比重为 6.6%。

二、个人所得税的建立与发展

个人所得税最早于 1799 年在英国创立，目前世界上已有 140 多个国家开征了这一税种。尤其是发达国家，因其人均国民生产总值较高，个人收入较多，因而个人所得税的收入在整个税收收入中占有较高比重。

我国的个人所得税法诞生于 1980 年。1980 年 9 月第五届全国人民代表大会审议通过了《中华人民共和国个人所得税法》，同年 12 月经国务院批准，财政部公布了《中华人民共和国个人所得税法实行细则》，适用于中国公民和在我国取得收入的外籍人员。对在中国境内居住的个人所得和不在中国境内居住但从中国取得的所得都要征税。这项重要立法是中国税制建设的一个重大发展，对于在国际经济交往中合理地实施中国的税收管辖权，按照平等互利原则处理国家间的税收利益和鼓励外籍人员来华从事业务，都有着积极意义。

根据我国社会经济发展状况，为了有效调节社会成员收入水平差距，国务院于1986年发布了《中华人民共和国个人收入调节税暂行条例》，适用于中国公民，原《中华人民共和国个人所得税法》从1987年1月1日起只适用于在我国取得收入的外籍人员。同年颁布《中华人民共和国城乡个体工商业户所得税暂行条例》，适用于个体工商户。

以上法律、法规对促进中外经济技术交流、调节收入分配起了积极作用。但随着经济形势的发展，这三个法律、法规已显露出一些矛盾和问题。例如，对同属个人所得，区别不同对象，分别适用不同税种，在法律上不够规范；原规定的费用扣除偏低，名义税率偏高；由于社会经济生活的变化，原规定的征税范围、项目以及免税政策等已不能适应。

1993年10月31日，第八届全国人民代表大会常务委员会第4次会议首次修改《中华人民共和国个人所得税法》，将原来的《个人所得税法》、《个人收入调节税暂行条例》及《城乡个体工商业户所得税暂行条例》合为一体，统一适用于中国公民、外籍个人和个体工商户，自1994年1月1日起施行。1999年8月30日，第九届全国人民代表大会常务委员会第11次会议第2次修订《中华人民共和国个人所得税法》，恢复了对储蓄存款利息征税。2005年10月27日，第十届全国人民代表大会常务委员会第18次会议第3次修改《中华人民共和国个人所得税法》，自2006年1月1日起将工资、薪金所得税目减除费用标准从800元/月提高到1 600元/月。2007年6月29日，第十届全国人民代表大会常务委员会第28次会议将第4次修改《中华人民共和国个人所得税法》，将第12条修订为："对储蓄存款利息所得开征、减征、停征个人所得税及其具体办法，由国务院规定。"2007年12月29日，第十届全国人民代表大会常务委员会第31次会议第5次对《中华人民共和国个人所得税法》进行修订，自2008年3月1日起将工资、薪金所得税目减除费用标准从1 600元/月提高到2 000元/月。2011年6月30日，第十一届全国人民代表大会常务委员会第21次会议第6次修订《中华人民共和国企业所得税法》，自2011年9月1日起将工资、薪金所得税目减除费用标准从2 000元/月提高到3 500元/月，将工资、薪金所得税率从九级超额累进调整为七级超额累进税率，并相应地调整了个体工商户生产经营所得和企事业单位承包承租经营所得税目的税率。

三、个人所得税法的特点

（一）在征收制度上实行分类征收制

世界各国的个人所得税制，主要分为综合所得税制、分类所得税制和混合所得税制三种类型。我国现行税制采用分类所得税制，即将个人取得的各项应税所得划分为11类，并对不同的应税项目实行不同的税率和不同的费用扣除标准。分类征收制对收入总额相同，但收入来源（税目）不同的纳税人税负不均衡。

（二）在费用扣除上定额和定率扣除并用

现行的个人所得税对各项应税所得，根据情况不同分别在费用扣除上实行定额扣除和定率扣除两种方法。定额扣除标准为 800 元、3 500 元或 4 800 元，定率扣除标准为 20％。由于我国目前税收征管手段还比较落后，难以准确掌握纳税人家庭人口、赡养、抚养、就业、教育、是否残疾等基本情况，定额、定率综合扣除费用的办法虽然简单明了，但是存在照顾不到单个纳税人具体情况的弊端。

（三）在税率上累进税率和比例税率并用

现行的个人所得税在税率上，根据不同的应税所得分别实行累进税率和比例税率两种形式。对工资薪金所得、承包经营所得、承租经营所得、个体工商户所得实行累进税率，对其他所得实行比例税率，从而实现了对个人收入差距的合理调节。

（四）在申报缴纳上采用自行申报和代扣代缴两种方法

现行个人所得税的申报缴纳，分别采取由支付单位代扣代缴和纳税人自行申报缴纳两种方法。对可以在应税所得的支付环节扣缴的，均由法定的扣缴义务人在向纳税人支付应税所得时代扣代缴个人所得税税款；对没有扣缴义务人的，以及个人在两处以上取得工资、薪金所得等情况下，实行由纳税人自行申报的方法。这样的规定有利于从源头上控制个人所得税税款以防流失，也便于个人所得税的征管。

第二节 纳税义务人

个人所得税的纳税义务人，包括中国公民、个体工商业户以及在中国有所得的外籍人员（包括无国籍人员，下同）和香港、澳门、台湾同胞。上述纳税义务人依据住所和居住时间两个标准，区分为居民纳税义务人和非居民纳税义务人，分别承担不同的纳税义务。

一、居民纳税义务人

居民纳税义务人是指在中国境内有住所，或虽无住所但在境内居住满 1 年的纳税义务人。居民纳税义务人负有无限纳税义务，应就其从中国境内和境外取得的全部应税所得在中国缴纳个人所得税。

一个人在某地是否有住所，主要考虑两个因素：①是否有长期居住的权利；②是否有长期居住的意思。

具体地说，所谓在中国境内有住所的个人，是指因户籍、家庭、经济利益关系而在中国境内习惯性居住的个人。这里所说的习惯性居住，是判定纳税义务人属于居民还是非居民的重要依据。它是指个人因学习、工作、探亲等原因消除后，没有理由在其他地方继续居留时，所要回到的地方，而不是指实际居住或在某一特定时期内的居住地。一个纳税人因学习、工作、探亲、旅游等原因，原来是在中国境外居住，但是在这些原因消除之后，如果必须回到中国境内居住的，则中国为该人的习惯性居住地。尽管该纳税义务人可能在一个或连续多个纳税年度内都未在中国境内居住过一天，他仍然是中国居民纳税人，应就其来自全球的应纳税所得向中国缴纳个人所得税。

所谓在中国境内居住满 1 年，是指在一个纳税年度(即公历 1 月 1 日起至 12 月 31 日止，下同)中在中国境内居住满 365 天。对临时离境的，不扣减日数。所说的临时离境，是指在一个纳税年度中一次不超过 30 日或者多次累计不超过 90 天的离境。

综上所述，个人所得税的居民纳税义务人主要包括以下两类：

(1) 在中国境内定居的中国公民和外国侨民。但不包括虽具有中国国籍，却并没有在中国内地定居，而是侨居海外的华侨和居住在香港、澳门、台湾的同胞。

(2) 从公历 1 月 1 日起至 12 月 31 日止，居住在中国境内的外国人、海外侨胞以及香港、澳门、台湾同胞。

现行税法中关于“中国境内”的概念，是指中国内地地区，目前还不包括香港、澳门和台湾地区。

自 2000 年 1 月 1 日起，个人独资企业和合伙企业投资者也为个人所得税的纳税义务人。

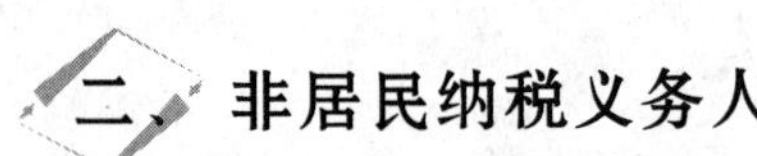

二、非居民纳税义务人

非居民纳税义务人，是指在中国境内无住所又不居住，或无住所而在境内居住不满 1 年并从中国境内取得应税所得的个人，即不符合居民纳税义务人判定标准的纳税义务人。非居民纳税义务人承担有限纳税义务，仅就其来源于中国境内的所得向我国申报纳税。

非居民纳税义务人，实际上只能是在一个纳税年度内，没有在中国境内居住，或者在境内居住不满 1 年的外籍人员、华侨以及香港、澳门、台湾同胞。

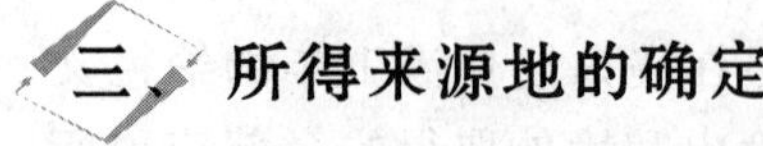

三、所得来源地的确定

个人所得税的居民纳税人与非居民纳税人的区分，以及其承担纳税义务的不同，可用图 8-1 来概括。

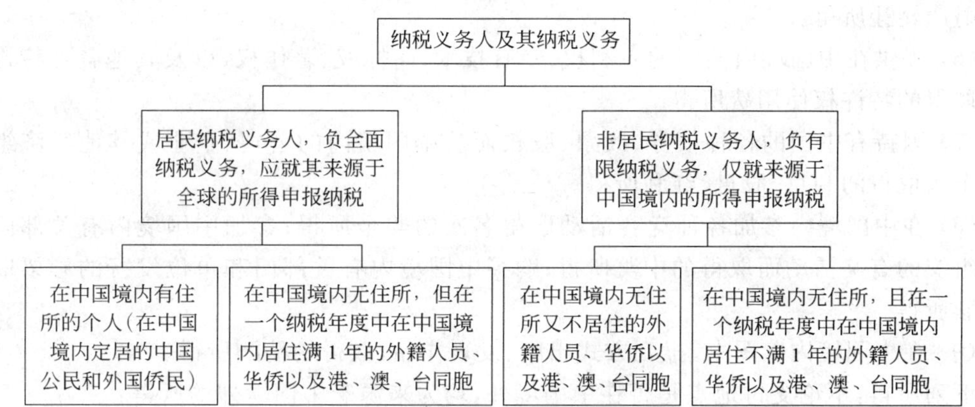

图 8-1 纳税义务人及其纳税义务示意图

由于非居民纳税义务人只就其来源于中国境内的所得征税，所以判定一项所得的来源地，就显得十分重要，它是确定该项所得是否应该征收个人所得税的重要依据。中国的个人所得税，依据所得来源地的判断应反映经济活动的实质，要遵循方便税务机关实行有效征管的原则，具体规定如下：

(1) 工资、薪金所得，以纳税人任职、受雇的公司、企业、事业单位、机关、团体、部队、学校等单位的所在地作为所得来源地。

(2) 生产、经营所得，以生产、经营活动实现地作为所得来源地。

(3) 劳务报酬所得，以纳税人实际提供劳务的地点作为所得来源地。

(4) 不动产转让所得，以不动产坐落地为所得来源地；动产转让所得，以实现转让的地点为所得来源地。

(5) 财产租赁所得，以被租赁财产的使用地作为所得来源地。

(6) 利息、股息、红利所得，以支付利息、股息、红利的企业、机构、组织的所在地作为所得来源地。

(7) 特许权使用费所得，以特许权的使用地作为所得来源地。

所得的来源地与所得的支付地并不是同一概念，有时两者是一致的，有时却是不相同的。根据上述原则和方法，来源于中国境内的所得有：

(1) 在中国境内的公司、企业、事业单位、机关、社会团体、部队、学校等单位或经济组织中任职、受雇而取得的工资、薪金所得。

(2) 在中国境内提供各种劳务而取得的劳务报酬所得。

(3) 在中国境内从事生产、经营活动而取得的所得。

(4) 个人出租的财产，被承租人在中国境内使用而取得的财产租赁所得。

(5) 转让中国境内的房屋、建筑物、土地使用权，以及在中国境内转让其他财产而取得的财产转让所得。

(6) 提供在中国境内使用的专利权、专有技术、商标权、著作权，以及其他各种特许权利而取得的特许权使用费所得。

(7) 因持有中国的各种债券、股票、股权而从中国境内的公司、企业或其他经济组织以及个人取得的利息、股息、红利所得。

(8) 在中国境内参加各种竞赛活动取得名次的奖金所得；参加中国境内有关部门和单位组织的有奖活动而取得的中奖所得；购买中国境内有关部门和单位发行的彩票取得的中彩所得。

(9) 在中国境内以图书、报刊方式出版、发表作品，取得的稿酬所得。

下列所得，不论支付地点是否在中国境外，均为来源于中国境外的所得：

(1) 因任职、受雇、履约等而在中国境外提供劳务取得的所得；

(2) 将财产出租给承租人在中国境外使用而取得的所得；

(3) 转让中国境外的建筑物、土地使用权等财产或者在中国境外转让其他财产取得的所得；

(4) 许可各种特许权在中国境外使用而取得的所得；

(5) 从中国境外的公司、企业以及其他经济组织或者个人取得的利息、股息、红利所得。

第三节　征税范围和税率

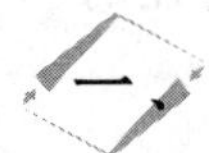

一、个人所得税的征税范围

个人所得税以纳税人取得的应税所得为征税对象。我国实行分类所得税制，将属于纳税人的征税对象具体划分为 11 个具体项目，即为个人所得税的征税范围。

(一) 工资、薪金所得

工资、薪金是指个人因任职或受雇而取得的工资、薪金、奖金、年终加薪、劳动分红、津贴及与任职或受雇有关的其他所得。

(1) 一般来说，工资、薪金所得属于非独立个人劳动所得。所谓非独立个人劳动所得，是指个人所从事的是由他人指定、安排并接受管理的劳动。工作或服务于公司、工厂、行政、事业单位的人员(私营企业主除外)均为非独立劳动者，他们从上述单位取得的劳动报酬是以工资、薪金的形式体现的。

(2) 下列不属于工资、薪金性质的补贴、津贴，不予征税：①独生子女补贴；②执行公

务员工资制度未纳入基本工资总额的补贴、津贴差额和家属成员副食品补贴；③托儿补助费；④差旅费津贴；⑤误餐补助等。

(3) 实行内部退养的个人在其办理内部退养手续后至法定离退休年龄之间从原任职单位取得的工资、薪金，不属于离退休工资，应按“工资、薪金所得”项目计征个人所得税。

个人在办理内部退养手续后从原任职单位取得的一次性收入，应按办理内部退养手续后至法定离退休年龄之间的所属月份进行平均，并与领取当月的“工资、薪金”所得合并后减除当月费用扣除标准，以余额为基数确定适用税率，再将当月工资、薪金加上取得的一次性收入，减去费用扣除标准，按适用税率计征个人所得税。

个人在办理内部退养手续后至法定离退休年龄之间重新就业取得的“工资、薪金”所得，应与其从原任职单位取得的同一月份的“工资、薪金”所得合并，并依法自行向主管税务机关申报缴纳个人所得税。

(4) 个人因公务用车和通信制度改革而取得的公务用车、通信补贴收入，扣除一定标准的公务费用后，按照“工资、薪金”所得项目计征个人所得税。按月发放的，并入当月“工资、薪金”所得计征个人所得税；不按月发放的，分解到所属月份，并与该月份“工资、薪金”所得合并后计征个人所得税。公务费用的扣除标准，由省级地方税务局根据纳税人公务交通、通信费用的实际发生情况调查测算，报经省级人民政府批准后确定，并报国家税务总局备案。如当地政府未制定公务费用扣除标准的，按交通补贴全额的30%和通信补贴全额的20%作为个人收入扣缴个人所得税。

(5) 自2004年1月20日起，对商品营销活动中，企业和单位对其营销业绩突出的雇员以培训班、研讨会、工作考察等名义组织旅游活动，通过免收差旅费、旅游费对个人实行的营销业绩奖励(包括实物和有价证券等)，应根据所发生费用的全额作为该营销人员当期的工资薪金所得，按照“工资、薪金所得”税目由提供上述费用的企业和单位代扣代缴个人所得税。

(6) 出租汽车经营单位对出租车驾驶员采取单车承包或承租方式运营，出租车驾驶员从事客货营运取得的收入，按“工资、薪金所得”税目征税。从事个体出租车运营的出租车驾驶员取得的收入，按照个体工商户生产经营所得税目纳税。

(7) 企业和个人按照国家或地方政府规定的比例提取并向指定金融机构实际缴付的住房公积金、医疗保险金、基本养老保险金和失业保险基金(简称“三险一金”)，不计入个人当期的工资、薪金收入，免予征收个人所得税。超过国家或地方政府规定的比例缴付的“三险一金”，应将其超过部分并入个人当期的工资、薪金收入，计征个人所得税。个人领取原提存的“三险一金”时，免予征收个人所得税。上述“三险一金”资金存入个人账户所取得的利息收入也免征个人所得税

(8) 企业以现金形式发给个人的住房补贴、医疗补助费，应全额计入领取人的当期工资、薪金收入，计征个人所得税。但对外籍个人以实报实销形式取得的住房补贴，暂免征

收个人所得税。

（二）个体工商户生产、经营所得

个体工商户生产、经营所得，是指：

（1）个体工商户从事工业、手工业、建筑业、交通运输业、商业、饮食业、服务业、修理业及其他行业的生产经营所得。

（2）个人经政府有关部门批准，取得执照，从事办学、医疗、咨询以及其他有偿服务活动取得的所得。

（3）个人因从事彩票代销业务而取得的所得。

（4）其他个人从事个体工商业生产、经营取得的所得。

个体工商户取得的与其生产、经营无关的其他应税所得，应分别按照其他应税项目的有关规定计算纳税。如买彩票中奖所得，应按“偶然所得”税目征税，将自有房屋出租取得的租金收入应按“财产租赁所得”税目征税。

个人独资企业、合伙企业的个人投资者以企业资金为本人、家庭成员及其相关人员支付与企业生产经营无关的消费性支出及购买汽车、住房等财产性支出，视为企业对个人投资者分配利润，应并入投资者个人的生产、经营所得，依照本税目计征所得税。

（三）企事业单位承包、承租经营所得

企事业单位承包、承租经营所得，是指个人承包经营、承租经营以及转包、转租取得的所得。

目前实行承包（租）经营的形式较多，分配方式也不相同，对企事业单位的承包经营、承租经营所得项目如何计征个人所得税，具体规定如下：

（1）企业实行个人承包、承租经营后，如果工商登记仍为企业的，不管其分配方式如何，均应先按照企业所得税的有关规定缴纳企业所得税。承包经营、承租经营者按照承包、承租经营合同（协议）规定取得的所得，依照《个人所得税法》的有关规定缴纳个人所得税，具体为：

- 承包、承租人对企业经营成果不拥有所有权，仅是按合同（协议）规定取得一定所得的，其所得按“工资、薪金所得”项目征税，适用5%～45%的七级超额累进税率征税。
- 承包、承租人按合同（协议）的规定只向发包、出租方交纳一定费用后，企业经营成果归其所有的，承包、承租人取得的所得，按对企事业单位的承包经营、承租经营所得项目，适用5%～35%的五级超额累进税率征税。

（2）企业实行个人承包、承租经营后，如工商登记改变为个体工商户的，应依照个体工商户的生产、经营所得项目计征个人所得税，不再征收企业所得税。

（四）劳务报酬所得

劳务报酬所得，是指个人从事设计、装潢、安装、制图、化验、测试、医疗、法律、会计、咨询、新闻、广播、翻译、审稿、书画、雕刻、影视、录音、演出、表演、广告、展览、技术服务、介绍服务、经纪服务、代办服务及其他劳务取得的所得。

个人由于担任董事职务所取得的董事费收入，属于劳务报酬所得性质，按照劳务报酬所得项目征收个人所得税。但应注意的是，董事费按劳务报酬纳税时，仅指单位向外部董事支付的董事费。如为同时担任企业高管职务的内部董事，其担任董事取得的所得属于“工资、薪金所得”。

自2004年1月20日起，对商品营销活动中，企业和单位对其营销业绩突出的非雇员以培训班、研讨会、工作考察等名义组织旅游活动，通过免收差旅费、旅游费对个人实行的营销业绩奖励（包括实物和有价证券等），应根据所发生费用的全额作为该营销人员当期的劳务收入，按照“劳务报酬所得”税目由提供上述费用的企业和单位代扣代缴个人所得税。

如何区分工资薪金、劳务报酬、个体工商户所得？

劳务报酬所得与工资、薪金所得的区别在于是否存在雇用与被雇用的关系，是否属于个人独立劳动所得。工资、薪金所得是属于非独立个人劳动活动，即在机关、团体、学校、部队、企业、事业单位或其他组织中任职、受雇而得到的报酬；而劳务报酬所得，则是个人独立从事各种技艺、提供各种劳务取得的报酬。

劳务报酬所得与前述个体工商户生产、经营所得的区别在于是否取得政府部门的批准和营业执照，是否有固定经营场所。劳务报酬所得通常无须取得政府部门的批准和办理营业执照，也无固定的经营场所；而个体工商户刚好相反。

（五）稿酬所得

稿酬所得，是指个人因其作品以图书、报刊形式出版、发行而取得的所得。将稿酬所得独立划归一个征税项目，而对不以图书、报刊形式出版、发表的翻译、审稿、书画所得归为劳务报酬所得，主要是考虑了出版、发表作品的特殊性。第一，它是一种依靠较高智力创作的精神产品；第二，它具有普遍性；第三，它与社会主义精神文明和物质文明密切相关；第四，它的报酬相对偏低。因此，稿酬应与一般劳务报酬相区别，并给予适当优惠照顾。

任职、受雇于报刊、杂志等单位的记者、编辑等专业人员，因在本单位的报刊、杂志上发表作品取得的所得，属于因任职、受雇而取得的所得，应与其当月工资收入合并，按“工资、薪金所得”项目征收个人所得税。除上述专业人员以外，其他人员在本单位的报刊、杂志上发表作品取得的所得，应按“稿酬所得”项目征收个人所得税。

出版社的专业作者撰写、编写或翻译的作品，由本社以图书形式出版而取得的稿费收入，应按“稿酬所得”项目计算缴纳个人所得税。

（六）特许权使用费所得

特许权使用费所得，是指个人提供专利权、商标权、著作权、非专利权技术以及其他特许权的使用权取得的所得。提供著作权的使用权所得，不包括稿酬所得。但作者将自己的文字作品手稿原件或复印件公开拍卖（竞价）取得的所得，应按特许权使用费所得税目征税。

（七）利息、股息、红利所得

利息、股息、红利所得，是指个人拥有债权、股权而取得的利息、股息、红利所得。

（1）依税法规定，个人购买国债和国家发行的金融债券取得的利息所得，免征个人所得税。

（2）除个人独资企业、合伙企业以外的其他企业的个人投资者，以企业资金为本人、家庭成员及其相关人员支付与企业生产经营无关的消费性支出及购买汽车、住房等财产性支出，应视为企业对个人投资者分配红利，依照“利息、股息、红利所得”税目计征个人所得税。企业的上述支出不允许在企业所得税前扣除。

（3）股份制企业用资本公积金转增股本不属于股息、红利性质的分配，对个人取得的转增股本数额，不征收个人所得税。股份制企业用盈余公积金派发红股属于股息、红利性质的分配，对个人取得的红股数额，应作为个人所得征税。

（4）自1999年11月1日至2007年8月14日间，居民储蓄存款滋生的利息所得，按本税目征税依20%税率征税；2007年8月15日至2008年10月8日，税率为5%；2008年10月8日后，储蓄存款利息不再征收个人所得税。

（八）财产租赁所得

财产租赁所得，是指个人出租建筑物、土地使用权、机器设备、车船以及其他财产取得的所得。

个人取得的财产转租收入，属于“财产租赁所得”的征税范围。

在确认纳税义务人时，应以产权凭证为依据；对无产权凭证的，由主管税务机关根据实际情况确定。产权所有人死亡，在未办理产权继承手续期间，该财产出租而有租金收入的，以领取租金的个人为纳税义务人。

（九）财产转让所得

财产转让所得，是指个人转让有价证券、股权、建筑物、土地使用权、机器设备、车船以及其他财产取得的所得。具体规定如下。

1. 股票转让所得

我国证券市场自开始设立起，为扶持资本市场的发展，国务院即决定对股票转让所得暂不征收个人所得税。

> **个人转让限售股征收个人所得税的办法**
>
> 1994 年国家出台股票转让所得免征个人所得税政策时，我国股市正处于股权分置时代，发起人股和募集法人股等(包含其送配股)不能上市流通，实际上只有从上市公司公开发行和二级市场取得的流通股才能享受免税政策。2005 年股权分置改革后，A 股市场不再有非流通股和流通股的划分，只有限售流通股与非限售流通股之别，限售流通股在限售期结束后即可上市流通。我国 A 股市场的限售股，一是“股改限售股”，即上市公司股权分置改革完成后股票复牌日之前股东所持原非流通股股份，以及股票复牌日至解禁日期间由上述股份滋生的送、转股，市场俗称“大小非”；二是“新股限售股”，即 2006 年股权分置改革新老划断后，首次公开发行股票并上市的公司形成的限售股，以及上市首日至解禁日期间由上述股份滋生的送、转股。
>
> 2009 年轰动一时的“紫金富豪避税门事件”后，为堵塞上述可能的避税漏洞，国家税务总局规定自 2010 年 1 月 1 日起，对个人转让上市公司限售股取得的所得按 20% 的税率征收个人所得税；对个人转让从上市公司公开发行和转让市场取得的上市公司股票所得继续实行免征个人所得税政策。

2. 量化资产股份转让所得

集体所有制企业在改制为股份合作制企业时，对职工个人以股份形式取得的拥有所有权的企业量化资产，暂缓征收个人所得税；待个人将股份转让时，就其转让收入额，减除个人取得股份时实际支付的费用支出和合理费用后的余额，按“财产转让所得”项目征税。

3. 个人转让住房所得

为了整顿房地产市场，打击炒房投机行为，根据国家税务总局国税发[2006]第 108 号《关于个人住房转让所得征收个人所得税有关问题的通知》的规定，自 2006 年 8 月 1 日起：

(1) 对住房转让所得征收个人所得税时，以实际成交价格为转让收入。成交价格明显低于市场价格且无正当理由的，征收机关依法有权根据有关信息核定其转让收入。

(2) 纳税人可凭原购房合同、发票等有效凭证,经税务机关审核后,允许从其转让收入中减除房屋原值、转让住房过程中缴纳的税金及有关合理费用。缴纳的税金,是指纳税人在转让住房时实际缴纳的营业税、城市维护建设税、教育费附加、土地增值税、印花税等税金。合理费用是指纳税人实际支付的住房装修费用、住房贷款利息、手续费、公证费等费用。

(3) 对出售自有住房并拟在现住房出售 1 年内按市场价重新购房的纳税人,其出售现住房所缴纳的个人所得税,先以纳税保证金形式缴纳,再视其重新购房的金额与原住房销售额的关系,全部或部分退还纳税保证金。

(4) 对个人转让自用 5 年以上,并且是家庭唯一生活用房取得的所得,继续免征个人所得税。

(十) 偶然所得

偶然所得,是指个人得奖、中奖、中彩以及其他偶然性质的所得。偶然所得应缴纳的个人所得税,一律由发奖单位或机构代扣代缴。

企业与个人签订竞业禁止协议时,向个人支付的不竞争款项,属于本税目。

国家税务总局关于个人在境外取得博彩所得征收个人所得税问题的批复

国税函发[1995]第 663 号

广东省地方税务局:

你局《关于个人在境外取得博彩所得是否征收个人所得税的请示》(粤地税发[1995]第 244 号)收悉。经研究,现批复如下:

《中华人民共和国个人所得税法》(以下简称税法)第一条规定:"在中国境内有住所,或者无住所而在境内居住满一年的个人,从中国境内和境外取得的所得,依照本法规定缴纳个人所得税。"

你省江门市周某属于在中国境内有住所的个人,因此,从境外取得的所得,应依照税法规定缴纳个人所得税。根据《中华人民共和国个人所得税法实施条例》的规定,中彩所得属于"偶然所得"应税项目,适用比例税率 20%。

因此,江门市周某在澳门葡京娱乐场摇老虎机博彩所得应依照税法规定全额按 20%比例税率计算缴纳个人所得税。

(十一) 国务院财政部门确定的其他所得

比如,对于个人因任职单位缴纳有关保险费用而取得的无赔款优待收入,按照"其他所得"应税项目计征个人所得税。

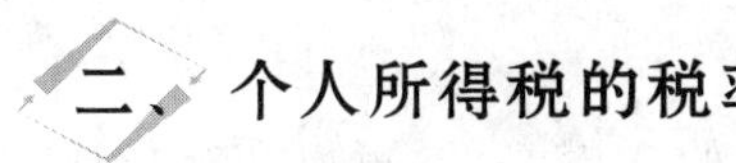

二、个人所得税的税率

（一）工资、薪金所得

工资、薪金所得，适用七级超额累进税率，税率为5%～45%。表8-1为工资、薪金所得适用税率表。

表8-1 工资、薪金所得适用税率表

级数	全月应纳税所得额	税率/%	速算扣除数/元
1	不超过1 500元	3	0
2	超过1 500～4 500元的部分	10	105
3	超过4 500～9 000元的部分	20	555
4	超过9 000～35 000元的部分	25	1 005
5	超过35 000～55 000元的部分	30	2 755
6	超过55 000～80 000元的部分	35	5 505
7	超过80 000元的部分	45	13 505

注：(1) 全月应纳税所得额（含税级距和不含税级距），是指以纳税人当月全部工资薪金收入按照税法规定扣除3 500元或4 800元之后的余额。

(2) 全月应纳税所得额的不含税级距，适用于由单位或他人代付税款时适用税率的确定及应纳税额的计算。

（二）个体工商户生产、经营所得及对企事业单位承包、承租经营所得

这两个应税项目适用5%～35%的五级超额累进税率。表8-2为个体工商户生产、经营所得及对企事业单位承包、承租经营所得适用税率表。

表8-2 个体工商户生产、经营所得及对企事业单位承包、承租经营所得适用税率表

级数	全月应纳税所得额（含税级距）	税率/%	速算扣除数/元
1	不超过15 000元的	5	0
2	超过15 000～30 000元的部分	10	750
3	超过30 000～60 000元的部分	20	3 750
4	超过60 000～100 000元的部分	30	9 750
5	超过100 000元的部分	35	14 750

注：(1) 全月应纳税所得额（含税级距和不含税级距），是指以纳税人每一纳税年度的收入总额按照税法规定减除有关成本、费用及损失之后的余额或扣除3 500元之后的余额。

(2) 全月应纳税所得额的不含税级距，适用于由单位或他人代付税款时适用税率的确定及应纳税额的计算。

（三）劳务报酬所得

劳务报酬所得适用20%的比例税率，但对劳务报酬一次收入畸高的，可以实行加成征收。

所谓一次取得劳务收入畸高，是指个人一次取得劳务报酬的应纳税所得额超过20 000元，也就是个人一次取得劳务报酬收入超过25 000元。劳务报酬应纳税所得额是指从全部所得中已经扣除800元或20%之后的余额。如某人一次取得劳务报酬23 000元，可扣除20%即4 600元，应纳税所得额为18 400元，不需加成征收。

具体加成征收的办法为：一次取得劳务报酬的应纳税所得额超过20 000～50 000元的部分，按税法规定计算应纳税额后再按应纳税额加征5成；超过50 000元的部分，加征10成。在加成征收后，劳务报酬所得的适用税率事实上已是三级超额累进税率。表8-3为劳务报酬所得适用税率表。

表8-3 劳务报酬所得适用税率表

级数	全月应纳税所得额(含税级距)	税率/%	速算扣除数/元
1	不超过20 000元的	20	0
2	超过20 000～50 000元的部分	30	2 000
3	超过50 000元的部分	40	7 000

注：全月应纳税所得额，是指每次劳务收入不超过4 000元时，减除费用800元后的余额；或每次劳务收入超过4 000元时，减除20%费用之后的余额。

（四）稿酬所得

稿酬所得适用20%的税率，并按应纳税额减征30%。所以，稿酬实际适用的税率为14%。

（五）特许权使用费所得，利息、股息、红利所得，财产租赁所得，财产转让所得，偶然所得和其他所得

上述六个应税项目上，适用20%的比例税率。

最后应注意的是，工资、薪金所得的适用税率按月应纳税所得额确定，个体工商户的生产、经营所得及对企事业单位承包、承租经营所得的适用税率按年应纳税所得额确定，劳务报酬所得，稿酬所得，特许权使用费所得，利息、股息、红利所得，财产租赁所得，财产转让所得，偶然所得和其他所得八个所得项目的适用税率是按每次的应纳税所得额确定的。

第四节　应纳税所得额的确定

计算个人应纳税所得额，需按不同应税项目分项计算。以某项应税项目的收入额减去税法规定的该项费用减除标准后的余额，就是该项所得的应纳税所得额。

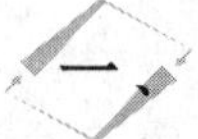

一、费用减除标准

税法允许扣除的费用一部分是取得应税项目收入而必须支付的费用，另一部分是纳税人本人及其赡养人口的生计费用。费用扣除采用分项确定，分别采用按定额标准、定率标准和按会计核算三种扣除方法。

（一）工资、薪金所得

从2011年9月1日起，工资、薪金所得每月可以减除费用3 500元。各地一律按统一标准执行，任何地方不得擅自规定免税项目或变相提高减除费用标准。

考虑到外籍人员和在境外工作的中国公民的生活水平比国内公民要高，为了不因征收个人所得税而加重他们的负担，现行税法对外籍人员和在境外工作的中国公民的工资、薪金所得在减除3 500元的基础上，增加了再附加减除费用1 300元的照顾，总计扣除4 800元。

附加减除费用适用的范围包括：

(1) 在中国境内的外商投资企业和外国企业中工作的外籍人员；

(2) 应聘在中国境内的企业、事业单位、社会团体、国家机关中工作的外籍专家；

(3) 在中国境内有住所而在中国境外任职或者受雇取得工资、薪金所得的个人；

(4) 财政部确定的取得工资、薪金所得的其他人员。

华侨以及香港、澳门、台湾同胞，参照上述规定执行。

（二）个体工商户的生产、经营所得

个体工商户的生产、经营所得，以每一纳税年度的收入总额，减除成本、费用以及损失后的余额，为应纳税所得额。

所说的成本、费用，是指纳税义务人从事生产、经营所发生的各项直接支出和分配计入成本的间接费用以及销售费用、管理费用、财务费用。

所说的损失，是指纳税义务人在生产、经营过程中发生的各项营业外支出。

从事生产、经营的纳税义务人未提供完整、准确的纳税资料，不能正确计算应纳税所

得额的，由主管税务机关核定其应纳税所得额。

个人独资企业的投资者以全部生产经营所得为应纳税所得额；合伙企业的投资者按照合伙企业的全部生产经营所得和合伙协议约定的分配比例确定应纳税所得额，没有约定分配比例的以全部生产经营所得和合伙人数量平均计算每个投资者的应纳税所得额。上述所称的生产、经营所得，包括企业分配给投资者个人的所得和企业当年留存的所得（利润）。

（三）对企事业单位的承包、承租经营所得

对企事业单位的承包经营、承租经营所得，以每一纳税年度的收入总额，减除42 000元后的余额，为应纳税所得额。每一纳税年度的收入总额，是指纳税义务人按照承包经营、承租经营合同规定分得的经营利润和工资、薪金性质的所得。

（四）劳务报酬所得、稿酬所得、特许权使用费所得、财产租赁所得

劳务报酬所得、稿酬所得、特许权使用费所得、财产租赁所得，每次收入不超过4 000元的，减除费用800元；每次收入在4 000元以上的，减除20%的费用，其余额为应纳税所得额。

（五）财产转让所得

财产转让所得，以转让财产的收入额减除财产原值和合理费用后的余额，为应纳税所得额。

财产原值，是指：

(1)有价证券，为买入价以及买入时按照规定交纳的有关费用；

(2) 建筑物，为建造费或者购进价格以及其他有关费用；

(3) 土地使用权，为取得土地使用权所支付的金额、开发土地的费用以及其他有关费用；

(4) 机器设备、车船，为购进价格、运输费、安装费以及其他有关费用；

(5) 其他财产，参照以上方法确定。

纳税义务人未提供完整、准确的财产原值凭证，不能正确计算财产原值的，由主管税务机关核定其财产原值。

所说的合理费用，是指卖出财产时按照规定支付的有关费用。

（六）利息、股息、红利所得，以及偶然所得和其他所得

利息、股息、红利所得，以及偶然所得和其他所得，以每次收入额为应纳税所得额。

表8-4为各应税项目的费用扣除标准。

表 8-4　各应税项目的费用扣除标准

应 税 项 目	扣除项目或金额
工资、薪金所得	每月 3 000 元或 5 800 元
个体工商户的生产、经营所得	成本、费用和损失
对企事业单位的承包、承租经营所得	每月 3 000 元
劳务报酬所得、稿酬所得、特许权使用费所得、财产租赁所得	每次≤4 000 元时，扣除 800 元 每次>4 000 元时，扣除 20%
财产转让所得	财产原值及合理费用
利息、股息、红利所得，以及偶然所得和其他所得	无扣除项目

二、“每次”收入的确定

现行税法对纳税义务人取得的劳务报酬所得，稿酬所得，特许权使用费所得，财产租赁所得，利息、股息、红利所得，偶然所得和其他所得这七项所得，明确规定了应按“每次”所得计算征税。所以，对如何划分取得收入的“每次”就显得十分重要。《个人所得税法实施条例》对此作了具体规定：

(1) 劳务报酬所得，属于一次性收入的，以取得该项收入为一次。如接受客户的委托从事一次性的设计、装潢业务取得的所得。属于同一项目连续性收入的，以一个月内取得的收入为一次。

(2) 稿酬所得，以每次出版、发表文字作品、书画作品、摄影作品以及其他作品取得的收入为一次。具体细分为：

- 个人每次以图书、报刊方式出版、发表同一作品，不论出版单位是预付还是分笔支付稿酬，或者加印该作品后再付稿酬，均应合并其稿酬所得按一次征税。
- 在两处或两处以上出版、发表或再版同一作品而取得稿酬所得，则可分别各处取得的所得或再版所得按分次所得征税。
- 个人的同一作品在报刊上连载，应合并其因连载而取得的所有稿酬所得为一次，按税法规定征税。
- 在其连载之后又出书取得稿酬所得，或先出书后连载取得稿酬所得，应视同再版稿酬分次征税。

(3) 特许权使用费所得，以一项特许权的每一次许可使用所取得的收入为一次。如果该次转让取得的收入是分笔支付的，则应将各笔收入相加为一次的收入，计征个人所得税。此时以本笔所得加上以前累计取得的各笔所得之和计算应纳税额，再减去以前累计取得的各笔所得已经缴纳的税款，补缴差额即可。

(4) 财产租赁所得,以一个月内取得的收入为一次。

(5) 利息、股息、红利所得,以支付利息、股息、红利时取得的收入为一次。

(6) 偶然所得,以每次取得该项收入为一次。

三、应纳税所得额的其他规定

(1) 个人将其所得通过中国境内的社会团体、国家机关向教育和其他社会公益事业以及遭受严重自然灾害地区、贫困地区的捐赠,捐赠额未超过纳税义务人申报的应纳税所得额30%的部分,可以从其应纳税所得额中扣除。

很明显,此处与企业所得税公益性捐赠一样,应按"孰低原则"来比较实际捐赠额与按应纳税所得额的30%计算的扣除限额,实际扣除的是其中的较小者。

个人将其所得通过中国境内的社会团体、国家机关向农村义务教育的捐赠,准予在缴纳个人所得税前全额扣除。农村义务教育的范围,是政府和社会力量举办的农村乡镇(不含县和县级市政府所在地的镇)、村的小学和初中,以及属于这一阶段的特殊教育学校。

(2) 个人的所得(不含偶然所得和经国务院财政部门确定征税的其他所得)用于资助非关联的科研机构和高等院校研究开发新产品、新技术、新工艺所发生的研究开发费,经主管税务机关确定,可以全额在下月(工资、薪金所得)或下次(按次征税的所得)或当年(按年计征的所得)计征个人所得税时,从应纳税所得额中扣除,不足抵扣的,不得结转抵扣。

(3) 个人取得的应纳税所得包括现金、实物和有价证券。所得为实物的,应当按照取得凭证上所注明的价格计算应纳税所得额;无凭证的实物或者凭证上所注明的价格明显偏低的,由主管税务机关参照当地的市场价格核定应纳税所得额。所得为有价证券的,由主管税务机关根据票面价格和市场价格核定应纳税所得额。

第五节 应纳税额的计算

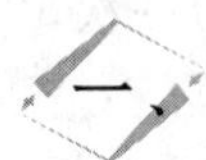

一、工资、薪金所得应纳税额的计算

工资、薪金所得应纳税额的计算公式为

应纳税额 = 应纳税所得额 × 适用税率 − 速算扣除数

= (每月工资薪金收入 − 扣除金额) × 适用税率 − 速算扣除数

由于工资、薪金所得适用七级超额累进税率,在计算应纳税额时,应按每一级距的应纳税所得额和对应的税率分段计算后再累加,显得非常烦琐、麻烦。为了简化计算过程,可以采用速算扣除数计算法。速算扣除数是指在采用超额累进税率征税的情况下，根据划分的应纳税所得额级距和税率，先用全额累进方法计算出税额，再减去用超额累进方法计算的应征税额以后的差额。当超额累进税率表中的级距和税率确定以后，各级速算扣除数也是固定不变的常数。

例 8-1　一人某月取得工资收入 10 000 元，假定缴纳"三险一金"1 000 元，税前扣除 3 500 元费用后，应纳税所得额为 5 500 元，对应税率表第三级。分段计算方法为

应纳税额＝1 500×5％＋3 000×10％＋1 000×20％＝545(元)

如将这 5 500 元全部都按最高适用税率 20％计算，则第一级距 1 500 元多算了 255 元(1 500×17％)，第二级距 3 000 元多算了 300 元(3 000×10％)，第三级距 1 000 元未多算，前面两个级距共计多算了 555 元，这个 555 就是第三级的速算扣除数，直接减去即可。

应纳税额＝5 500×20％－555＝545(元)

对雇主为其雇员负担个人所得税税款计征问题，根据国家税务总局国税发[1996]199号《关于雇主为其雇员负担个人所得税税款计征问题的通知》规定如下。

1. 雇主全额为其雇员负担税款的处理

对于雇主全额为其雇员负担税款的，直接按以下公式，将雇员取得的不含税收入换算成应纳税所得额后，计算企业应代为缴纳的个人所得税税款。计算公式如下：

(1) 应纳税所得额＝(不含税收入额－费用扣除标准－速算扣除数)÷(1－税率)

(2) 应纳税额＝应纳税所得额×适用税率－速算扣除数

公式(1)中的税率，是指不含税所得按不含税级距对应的税率；公式(2)中的税率，是指应纳税所得额按含税级距对应的税率。

2. 雇主为其雇员负担部分税款的处理

(1) 雇主为其雇员定额负担税款的，应将雇员取得的工资、薪金所得换算成应纳税所得额后，计算征收个人所得税。工资、薪金收入换算成应纳税所得额的计算公式为

应纳税所得额＝雇员取得的工资＋雇主代雇员负担的税款－费用扣除标准

(2) 雇主为其雇员负担一定比例的工资应纳的税款或者负担一定比例的实际应纳税款的，按以下公式，以其未含雇主负担税款的收入额换算成应纳税所得额，并计算应纳税款。

应纳税所得额 ＝(未含雇主负担的税款的收入额 － 费用扣除标准 － 速算扣除数 × 负担比例)÷(1 － 税率 × 负担比例)

应纳税额 ＝ 应纳税所得额 × 适用税率 － 速算扣除数

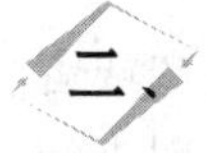

二、个体工商户生产、经营所得应纳税额的计算

个体工商户(含个人独资企业和合伙企业)生产、经营所得有查账征收和核定征收两

种征收方式。其中,核定征收方式包括定额征收、核定应税所得率征收及其他合理的征收方式。根据国家税务总局国税发[1997]第43号《个体工商户个人所得税计税办法(试行)》的规定,实行查账征收应纳税额的规定如下:

(1) 个体工商户每一纳税年度的收入总额减除成本、费用以及损失后的余额为应纳税所得额,据此计算应纳个人所得税额。其计算公式为

应纳税所得额 =应纳税所得额×适用税率-速算扣除数
=(全年收入总额-成本、费用及损失)
×适用税率-速算扣除数

(2) 对个体工商户业主的生产、经营所得依法计征个人所得税时,个体工商户业主、个人独资企业和合伙企业投资者本人的费用扣除标准统一确定为4 200元/年(3 500元/月)。

(3) 个体工商户向其从业人员实际支付的合理的工资、薪金支出,允许在税前据实扣除。

(4) 个体工商户拨缴的工会经费、发生的职工福利费、职工教育经费支出分别在工资薪金总额2%、14%、2.5%的标准内据实扣除。

(5) 个体工商户每一纳税年度发生的广告费和业务宣传费用不超过当年销售(营业)收入15%的部分,可据实扣除;超过部分,准予在以后纳税年度结转扣除。

(6) 个体工商户每一纳税年度发生的与其生产经营业务直接相关的业务招待费支出,按照发生额的60%扣除,但最高不得超过当年销售(营业)收入的5‰。

(7) 个体工商户自申请营业执照之日起至开始生产经营之日止所发生符合本办法规定的费用,除为取得固定资产、无形资产的支出以及应计入资产价值的汇兑损益、利息支出外,可作为开办费,并自开始生产经营之日起于不短于5年的期限分期均额扣除。

(8) 个体工商户在生产、经营期间借款的利息支出,凡有合法证明的,不高于按金融机构同类、同期贷款利率计算的数额的部分,准予扣除。

(9) 个体工商户发生的与生产经营有关的财产保险、运输保险以及从业人员的养老保险、医疗保险及其他保险费用支出,按国家有关规定的标准计算扣除。

(10) 个体工商户按规定缴纳的消费税、营业税、城市维护建设税、资源税、土地使用税、土地增值税、房产税、车船税、印花税、耕地占用税以及教育费附加准予扣除。个体户按规定缴纳的工商管理费、个体劳动者协会会费、摊位费,按实际发生数扣除。缴纳的其他规费,其扣除项目和标准,由各省、自治区、直辖市地方税务局根据当地实际情况确定。

(11) 个体工商户在生产经营过程中发生的固定资产和流动资产盘亏及毁损净损失,由个体户提供清查盘存资料,经主管税务机关审核后,可以在当期扣除。

(12) 个体工商户发生的与生产经营有关的无法收回的账款(包括因债务人破产或者死亡,以其破产财产或者遗产清偿后,仍然不能收回的应收账款,或者因债务人逾期未履行还债义务超过三年仍然不能收回的应收账款),应由其提供有效证明,报经主管税务机

关审核后,按实际发生数扣除。上述已予扣除的账款在以后年度收回时,应直接作收入处理。

(13) 个体工商户的年度经营亏损,经申报主管税务机关审核后,允许用下一年度的经营所得弥补,下一年度所得不足弥补的,允许逐年延续弥补,但最长不得超过5年。

(14) 个人独资企业和合伙企业投资者及其家庭的生活费用不允许在税前扣除。投资者及其家庭的生活费用与生产经营费用混合在一起,并且难以区分的,全部视为投资者及其家庭发生的生活费用,不允许在税前扣除。

(15) 个人独资企业和合伙企业生产经营与投资者及其家庭生活共用的固定资产,难以按划分的,由主管税务机关根据具体情况核定准予在税前扣除的折旧费用的数额或比例。

(16) 个体工商户、个人独资企业和合伙企业的下列支出不得扣除:①资本性支出,包括为购置和建造固定资产、无形资产以及其他资产的支出,对外投资的支出;②被没收的财物、支付的罚款;③缴纳的个人所得税、固定资产投资方向调节税,以及各种税收的滞纳金、罚金和罚款;④各种赞助支出;⑤自然灾害或者意外事故损失有赔偿的部分;⑥分配给投资者的股利;⑦用于个人和家庭的支出;⑧与生产经营无关的其他支出;⑨国家税务总局规定不准扣除的其他支出。

(17) 投资者举办两个或两个以上的个人独资企业的,年度终了后汇算清缴时,应纳税额的计算按以下方法进行:汇总其投资举办的所有企业的经营所得作为应纳税所得额,以此确定适用税率,计算出全年经营所得的应纳税额,再根据每个企业的经营所得占全部经营所得的比例,分别计算出每个企业的应纳税额和应补缴税额。

例 8-2 假定某市内有一湘菜酒店为个体经营,账册较健全。2011 年 12 月酒店经营情况和该酒店老板的其他所得情况如下:

(1) 12 月营业额为 150 000 元,购进各种原料、酒水的费用为 35 000 元,交纳房租、水电、煤气费 24 000 元,交纳流转税费 6 000 元,支付厨师、服务员工资 20 000 元,提取设备折旧费 2 000 元,被工商局罚款 3 000 元,其他管理费 5 800 元,本月购进一辆汽车价值 8 万元,个体老板每月从酒楼预支工资 2 500 元。

1—11 月累计应纳税所得额为 125 000 元,已预缴个人所得税 32 000 元。

(2) 本月还从外地一联营加工厂分得利润 10 000 元。

(3) 将自己四年前购买的原价为 20 万元的一套住房(并非唯一住房)出售,售价 28 万元,支付中介费、流转税金共计 0.5 万元。

要求:根据以上资料计算该酒店个体老板 12 月应纳各种个人所得税税额。

解:(1) 个体工商户生产经营所得应纳个人所得税如下:

该酒店老板个人的工资不得作为成本费用扣除,但可按工资、薪金标准扣除个人生计费用 42 000 元/年(3 500 元/月);行政罚款和购买固定资产均不得作为税前扣除项目。

12 月应纳税所得额 $= 150\,000 - 35\,000 - 24\,000 - 6\,000 - 20\,000$
$- 2\,000 - 5\,800 - 3\,500 = 53\,700$(元)

全年累计应纳税所得额 $= 125\,000 + 53\,700 = 178\,700$(元)

全年累计应纳税所得额应适用五级超额累进税率的第五级 35%。

全年应纳税额 $= 178\,700 \times 35\% - 14\,750 = 47\,795$(元)

扣除预缴税款后 12 月份应纳税额 $= 47\,795 - 32\,000 = 15\,795$(元)

(2) 该个体工商户与企业联营而分得的股息,应按"股息、利息、红利所得"项目征税。

应纳税额$=10\,000\times20\%=2\,000$(元)

(3) 该个体户转让的不是自用达 5 年以上的家庭唯一住房,应按"财产转让所得"项目征税。

应纳税额$=(280\,000-200\,000-5\,000)\times20\%=15\,000$(元)

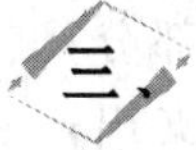

三、对企事业单位的承包、承租经营所得应纳税额的计算

对企事业单位的承包、承租经营所得应纳税额的计算公式为

应纳税额 =应纳税所得额 × 适用税率 − 速算扣除数
=(纳税年度收入总额 − 必要费用)
× 适用税率 − 速算扣除数

例 8-3 刘某与一事业单位签订承包经营单位食堂的合同,承包期为 2 年。2012 年当年食堂实现承包经营利润 75 000 元,按合同规定每年应上缴承包款 15 000 元。则当年刘某应纳个人所得税为

应纳税额 $=(75\,000 - 15\,000 - 3\,500 \times 12) \times 10\% - 750$
$=18\,000 \times 10\% - 750 = 1\,050$(元)

四、劳务报酬所得应纳税额的计算

(一) 劳务报酬所得应纳税额的计算公式

(1) 每次收入不足 4 000 元时:

应纳税额=(每次收入额−800)×20%

(2) 每次收入在 4 000 元以上时:

应纳税额=每次收入额×(1−20%)×20%

(3) 每次收入的应纳税所得额在 20 000 元以上时:

应纳税额＝每次收入额×(1－20％)×适用税率－速算扣除数

例 8-4　歌星刘某参加某省电视台元旦晚会演出，取得表演收入 40 000 元。其应纳个人所得税为

应纳税额 ＝40 000 ×(1 － 20％) × 30％ － 2 000
＝7 600(元)

(二) 单位为纳税人代付税款的计算方法

单位或个人为纳税义务人负担个人所得税税款的，应将纳税义务人取得的不含税收入额换算为应纳税所得额，计算征收个人所得税。计算公式如下。

1. 不含税收入额为 3 360 元(即含税收入额 4 000 元)以下的

应纳税所得额 ＝ (不含税收入额 － 800) ÷ (1 － 税率)
应纳税额 ＝ 应纳税所得额 × 适用税率

2. 不含税收入额为 3 360 元(即含税收入额 4 000 元)以上的：

应纳税所得额 ＝〔(不含税收入额 － 速算扣除数) × (1 － 20％)〕
÷〔1 － 税率 × (1 － 20％)〕

或

应纳税所得额 ＝ 〔(不含税收入额 － 速算扣除数) × (1 － 20％)〕÷ 当级换算系数
应纳税额 ＝ 应纳税所得额 × 适用税率 － 速算扣除数

公式 1(1)、2(1)中的税率，是指不含税所得按不含税级距对应的税率(见表 8-5)；公式1(2)、2(2)中的税率，是指应纳税所得额按含税级距对应的税率。

表 8-5　不含税劳务报酬收入适用税率

级数	不含税劳务报酬收入额	税率/％	速算扣除数/元	换算系数/％
1	不超过 3 360 元的部分	20	0	无
2	超过 3 360～21 000 元的部分	20	0	84
3	超过 21 000～49 500 元的部分	30	2 000	76
4	超过 49 500 元的部分	40	7 000	68

例 8-5　接上例，假定歌星刘某参加某省电视台元旦晚会演出，取得表演收入 40 000 元系税后所得，合同约定由电视台代付税款。则电视台应为其代付个人所得税为

应纳税所得额＝〔(40 000－2 000)×(1－20％)〕÷76％＝40 000 (元)
应代付税额＝40 000×30％－2 000＝10 000 (元)

五、稿酬所得应纳税额的计算

稿酬所得应纳税额的计算公式如下。

（一）每次收入不足 4 000 元时

应纳税额＝(每次收入额－800)×20％×(1－30％)

（二）每次收入在 4 000 元以上时

应纳税额＝每次收入额×(1－20％)×20％×(1－30％)

例 8-6 某网络小说作家在起点小说网上连载其长篇小说，假设其共取得稿酬 300 000 元。2010 年又将该小说结集出版实体本，假设出版社支付其稿酬 1 900 000 元。则该网站和出版社应代扣代缴个人所得税款分别如下：

网络连载收入应当做一次稿酬收入，实体出版应当做另一次稿酬收入。

网络连载收入应纳税额＝300 000×(1－20％)×20％×(1－30％)＝33 600(元)

实体出版收入应纳税额＝1 900 000×(1－20％)×20％×(1－30％)＝212 800(元)

六、特许权使用费所得应纳税额的计算

特许权使用费所得应纳税额的计算公式如下。

（一）每次收入不足 4 000 元时

应纳税额＝(每次收入额－800)×20％

（二）每次收入在 4 000 元以上时

应纳税额＝每次收入额×(1－20％)×20％

七、利息、股息、红利所得应纳税额的计算

利息、股息、红利所得应纳税额的计算公式为

应纳税额＝每次收入额×20％

自 2005 年 6 月 13 日起，对个人投资者、证券投资基金从上市公司取得的股息、红利所得，暂减按 50％计入个人应纳税所得额。对证券投资基金从上市公司取得的股息、红利所得，扣缴义务人在代扣代缴个人所得税时，暂减按 50％计入个人应纳税所得额。

八、财产租赁所得应纳税额的计算

财产租赁所得以一个月取得的租金为一次收入，依次扣除下列费用后的余额为应纳税所得额：

(1) 财产租赁过程中缴纳的税费；

(2) 由纳税人承担的该出租财产实际开支的修缮费用(以 800 元为限)；

(3) 税法规定的费用扣除标准。每次收入不超过 4 000 元时，定额减除 800 元；每次收入在 4 000 元以上时，定率减除 20%的费用。

财产租赁所得适用 20%的税率，但自 2001 年 1 月 1 日起，对个人按市场价格出租的居民住房的所得，暂按 10%的税率征收个人所得税。

> **湖南省地税局对个人出租房屋收入实施综合征收办法**
>
> 由于房屋租赁环节税负较重，而个人房屋出租行为具有较强的隐蔽性，税务机关难以获取相关收入信息，故个人出租房屋的税款征收率一直较低。为降低纳税人负担，湖南省地税局作出综合征收的规定，从 2009 年 10 月 1 日起，对出租住房月租金 1 000 元以下的，按 4%征税；1 000 元以上的，按 6%征税。对出租非住房，月租金 1 000 元以下的，按 6%征税；1 000 元以上的，按 12%征税(包括房产税 6%、营业税 5%、个人所得税 1%)。

例 8-7　刘某将位于市中心的一套面积为 95 平方米的自有住房出租给黄某居住，租期 1 年，每月租金 3 000 元，全年共计 36 000 元。其中，第一个月请人翻修受潮屋面支出 850 元。则

第 1 个月应纳税额 = (3 000 − 800 − 800) × 10% = 140(元)

其余 11 个月每月应纳税额 = (3 000 − 800) × 10% = 220(元)

九、财产转让所得应纳税额的计算

财产转让所得应纳税额的计算公式为

应纳税额=(收入总额−财产原值−合理税费)×20%

例 8-8　何某有自建住房一套(非家庭唯一生活用房)，原造价为 360 000 元，另支付相关税费 32 000 元。现以 600 000 元价格对外转让，按国家有关规定支付契税、交易费等税费 25 000 元。则其应纳个人所得税为

应纳税额＝(600 000－360 000－32 000－25 000)×20％＝36 600 (元)

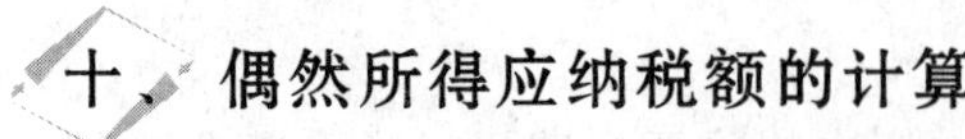

十、偶然所得应纳税额的计算

偶然所得应纳税额的计算公式为

应纳税额＝每次收入额×20％

例 8-9 魏某购买福利彩票中奖所得奖金为 50 000 元，其在领奖时通过民政部门向该市流浪儿童救助中心捐赠 10 000 元。按照规定，福利彩票中心应代扣代缴个人所得税如下：

(1) 公益救济性捐赠扣除限额＝50 000×30％＝15 000(元)

实际捐赠额 10 000 元小于最高扣除限额，可据实扣除。

(2) 应纳税额＝(50 000－10 000)×20％＝8 000(元)

(3) 魏某实际可获得金额＝50 000－10 000－8 000＝32 000(元)

十一、应纳税额计算中的一些特殊情况

(一) 个人取得全年一次性奖金

全年一次性奖金是指行政机关、企事业单位等扣缴义务人根据其全年经济效益和对雇员全年工作业绩的综合考核情况，向雇员发放的一次性奖金。上述一次性奖金也包括年终加薪、实行年薪制和绩效工资办法的单位根据考核情况兑现的年薪和绩效工资。

自 2005 年 1 月 1 日起，纳税人取得全年一次性奖金，单独作为一个月工资、薪金所得计算纳税，并按以下计税办法，由扣缴义务人发放时代扣代缴。实行年薪制和绩效工资的单位，个人取得年终兑现的年薪和绩效工资应纳税额也按此规定执行。

(1) 先将雇员当月内取得的全年一次性奖金，除以 12 个月，按其商数确定适用税率和速算扣除数。

如果在发放年终一次性奖金的当月，雇员当月工资薪金所得低于税法规定的费用扣除额，应将全年一次性奖金减除“雇员当月工资薪金所得与费用扣除额的差额”后的余额，按上述办法确定全年一次性奖金的适用税率和速算扣除数。

(2) 将雇员个人当月内取得的全年一次性奖金，按本条第(1)项确定的适用税率和速算扣除数计算征税，计算公式如下：

第一，如果雇员当月工资、薪金所得高于(或等于)税法规定的费用扣除额的，适用公式为

应纳税额＝雇员当月取得全年一次性奖金×适用税率－速算扣除数

第二，如果雇员当月工资、薪金所得低于税法规定的费用扣除额的，适用公式为

应纳税额 =（雇员当月取得全年一次性奖金
　　　　　－雇员当月工资、薪金所得与费用扣除额的差额）
　　　　　×适用税率－速算扣除数

(3) 在一个纳税年度内，对每一个纳税人，该计税办法只允许采用一次。

(4) 雇员取得除全年一次性奖金以外的其他各种名目奖金，如半年奖、季度奖、加班奖、先进奖、考勤奖等，一律与当月工资、薪金收入合并，按税法规定缴纳个人所得税。

例 8-10　假定中国公民袁某 2011 年 12 月扣除"三险一金"后的工资为 5 500 元，12 月31 日又一次性地领取年终兑现的绩效工资 60 000 元。则袁某 12 月应纳个人所得税如下：

12 月的工资应纳税额＝(5 500－3 500)×10％＝95(元)

按 12 个月分摊后，每月的奖金数＝60 000÷12＝5 000(元)

根据税率表查找，对应的税率和速算扣除数分别为 20％、555 元。

应纳税额＝60 000×20％－555＝11 445(元)

全年一次性奖金计税方式的缺陷

国家税务总局允许按纳税人取得的全年一次性奖金除以 12 个月后的商来查找适应税率，这可以有效降低纳税人税负，但在应纳税额的计算过程中，对速算扣除数(如上例中的 555)是不允许再乘以 12 的。这个新规定可能会使得在两个应纳税所得额级距临界点附近，一次性收入的细微变化，却使应纳税额大幅增加的情况。如一次性收入为 54 000 元时，除以 12 得到 4 500，对应第二级税率 10％，应纳税额为 5 295 元；而当一次性收入为 54 012 元时，除以 12 得到 4 501，对应第三级税率 20％，应纳税额为 10 247.4 元。这样一次性税前收入虽然多了 12 元，但纳税人的税后所得反而要少得多。

(二) 在外商投资企业、外国企业和外国驻华机构工作的中方人员取得的工资、薪金收入

在外商投资企业、外国企业和外国驻华机构工作的中方人员取得的工资、薪金收入，凡是由雇用单位和派遣单位分别支付的，支付单位应依照《个人所得税法》第 8 条的规定代扣代缴个人所得税。按照《个人所得税法》第 6 条第一款第一项的规定，纳税义务人应以每月全部工资、薪金收入减除规定费用后的余额为应纳税所得额。为了有利于征管，对雇用单位和派遣单位分别支付工资、薪金的，采取由支付者中的一方减除费用的方法，即只由雇用单位在支付工资、薪金时，按税法规定减除费用，计算扣缴个人所得税；派遣单位支付的工资、薪金不再减除费用，以支付全额直接确定适用税率，计算扣缴个人所得税。

上述纳税义务人，应持两处支付单位提供的原始明细工资、薪金单(书)和完税凭证原件，选择并固定到一地税务机关申报每月工资、薪金收入，汇算清缴其工资、薪金收入的个人所得税，多退少补。具体申报期限，由各省、自治区、直辖市税务局确定。

对外商投资企业、外国企业和外国驻华机构发放给中方工作人员的工资、薪金所得，应全额征税。但对可以提供有效合同或有关凭证，能够证明其工资、薪金所得的一部分按照有关规定上交派遣(介绍)单位的，可扣除其实际上交的部分，按其余额计征个人所得税。

例 8-11 龙某为一外商投资企业中方雇员，2011 年 10 月，龙某在该外资企业的工资为 7 200 元。同月，龙某还收到其所在的派遣单位支付的工资 2 900 元。则该外资企业、中方派遣单位应代扣代缴及龙某应自行申报补缴的个人所得税如下：

外资企业应代扣代缴税款＝(7 200－3 500) ×10％－105＝265(元)

中方派遣单位应代扣代缴税款＝2 900×10％－105＝185(元)

龙某当月实际应缴税款＝(7 200＋2 900－3 500)×20％－555＝765(元)

应自行申报补缴税款＝765－265－185＝315(元)

(三) 采掘业等特定行业职工取得的工资、薪金所得

为了照顾采掘业、远洋运输业、远洋捕捞业因季节、产量等因素的影响，职工工资、薪金收入呈现较大幅度波动的实际情况，对这三个特定行业的职工取得的工资、薪金所得，可按月预缴，年度终了后 30 日内，合计其全年工资、薪金所得，再按 12 个月平均并计算实际应纳的税款，多退少补。用公式表示为

应纳税额＝[(全年工资、薪金所得÷12－费用扣除标准)×税率－速算扣除数]×12

(四) 个人股票期权所得征收个人所得税的规定

财政部、国家税务总局财税[2005]第 35 号《关于个人股票期权所得征收个人所得税问题的通知》对企业员工(包括在中国境内有住所和无住所的个人)参与企业股票期权计划而取得的所得征收个人所得税问题规定如下。

1. 关于员工股票期权所得征税问题

企业员工股票期权(以下简称股票期权)是指上市公司按照规定的程序授予本公司及其控股企业员工的一项权利，该权利允许被授权员工在未来时间内以某一特定价格购买本公司一定数量的股票。

上述“某一特定价格”被称为“授予价”或“施权价”，即根据股票期权计划可以购买股票的价格，一般为股票期权授予日的市场价格或该价格的折扣价格，也可以是按照事先设定的计算方法约定的价格；“授予日”，也称“授权日”，是指公司授予员工上述权利的日期；“行权”，也称“执行”，是指员工根据股票期权计划选择购买股票的过程；员工行使上述权

利的当日为"行权日",也称"购买日"。

2. 关于股票期权所得性质的确认及其具体征税规定

(1) 员工接受实施股票期权计划企业授予的股票期权时,除另有规定外,一般不作为应税所得征税。

(2) 员工行权时,其从企业取得股票的实际购买价(施权价)低于购买日公平市场价(指该股票当日的收盘价,下同)的差额,是因员工在企业的表现和业绩情况而取得的与任职、受雇有关的所得,应按"工资、薪金所得"适用的规定计算缴纳个人所得税。

对因特殊情况,员工在行权日之前将股票期权转让的,以股票期权的转让净收入,作为工资、薪金所得征收个人所得税。

员工行权日所在期间的工资、薪金所得,应按下列公式计算工资、薪金应纳税所得额:

股票期权形式的工资薪金应纳税所得额 =(行权股票的每股市场价
　　　　－员工取得该股票期权支付的每股施权价)
　　　　×股票数量

(3) 员工将行权后的股票再转让时获得的高于购买日公平市场价的差额,是因个人在证券二级市场上转让股票等有价证券而获得的所得,应按照"财产转让所得"适用的征免规定计算缴纳个人所得税。

(4) 员工因拥有股权而参与企业税后利润分配取得的所得,应按照"利息、股息、红利所得"适用的规定计算缴纳个人所得税。

3. 关于工资、薪金所得境内外来源划分

按照《国家税务总局关于在中国境内无住所个人以有价证券形式取得工资薪金所得确定纳税义务有关问题的通知》(国税函[2000]第 190 号)的有关规定,需对员工因参加企业股票期权计划而取得的工资、薪金所得确定境内或境外来源的,应按照该员工据以取得上述工资、薪金所得的境内外工作期间的月份数比例计算划分。

4. 关于应纳税款的计算

(1) 认购股票所得(行权所得)的税款计算。员工因参加股票期权计划而从中国境内取得的所得,按本通知规定应按工资、薪金所得计算纳税的,对该股票期权形式的工资、薪金所得可区别于所在月份的其他工资、薪金所得,单独按下列公式计算当月应纳税款:

应纳税额 =(股票期权形式的工资薪金应纳税所得额 / 规定月份数
　　　　×适用税率－速算扣除数)×规定月份数

上款公式中的规定月份数,是指员工取得来源于中国境内的股票期权形式工资、薪金所得的境内工作期间月份数,长于 12 个月的,按 12 个月计算;上款公式中的适用税率和速算扣除数,以股票期权形式的工资、薪金应纳税所得额除以规定月份数后的商数,对照《国家税务总局关于印发〈征收个人所得税若干问题〉的通知》(国税发[1994]第 089 号)所附税率表确定。

(2) 转让股票(销售)取得所得的税款计算。对于员工转让股票等有价证券取得的所得,应按现行税法和政策规定征或免个人所得税。即:个人将行权后的境内上市公司股票再行转让而取得的所得,暂不征收个人所得税;个人转让境外上市公司的股票而取得的所得,应按税法的规定计算应纳税所得额和应纳税额,依法缴纳税款。

(3) 参与税后利润分配取得所得的税款计算。员工因拥有股权参与税后利润分配而取得的股息、红利所得,除依照有关规定可以免税或减税的以外,应全额按规定税率计算纳税。

5. 关于征收管理

(1) 扣缴义务人。实施股票期权计划的境内企业为个人所得税的扣缴义务人,应按税法规定履行代扣代缴个人所得税的义务。

(2) 自行申报纳税。员工从两处或两处以上取得股票期权形式的工资、薪金所得和没有扣缴义务人的,该个人应在《个人所得税法》规定的纳税申报期限内自行申报缴纳税款。

(五) 出售限售股所得征收个人所得税的规定

(1) 自 2010 年 1 月 1 日起,对个人转让限售股取得的所得,按照"财产转让所得",适用 20%的比例税率征收个人所得税。对个人在上海证券交易所、深圳证券交易所转让从上市公司公开发行和转让市场取得的上市公司股票所得,继续免征个人所得税。

(2) 所称限售股,包括:

- 上市公司股权分置改革完成后股票复牌日之前股东所持原非流通股股份,以及股票复牌日至解禁日期间由上述股份滋生的送、转股(即股改限售股);
- 2006 年股权分置改革新老划断后,首次公开发行股票并上市的公司形成的限售股,以及上市首日至解禁日期间由上述股份滋生的送、转股(即新股限售股);
- 财政部、国家税务总局、法制办和证监会共同确定的其他限售股。

(3) 个人转让限售股,以每次限售股转让收入,减除股票原值和合理税费后的余额,为应纳税所得额。即

$$\text{应纳税所得额} = \text{限售股转让收入} - (\text{限售股原值} + \text{合理税费})$$

$$\text{应纳税额} = \text{应纳税所得额} \times 20\%$$

限售股转让收入,是指转让限售股股票实际取得的收入。限售股原值,是指限售股买入时的买入价及按照规定缴纳的有关费用。合理税费,是指转让限售股过程中发生的印花税、佣金、过户费等与交易相关的税费。

如果纳税人未能提供完整、真实的限售股原值凭证的,不能准确计算限售股原值,主管税务机关一律按限售股转让收入的 15%核定限售股原值及合理税费。

(4) 限售股转让所得个人所得税,以限售股持有者为纳税义务人,以个人股东开户的证券机构为扣缴义务人。限售股个人所得税由证券机构所在地主管税务机关负责征收管理。

(5) 纳税人同时持有限售股及该股流通股的,其股票转让所得,按照限售股优先原则,即转让股票视同为先转让限售股,按规定计算缴纳个人所得税。

(六) 企业年金征收个人所得税的规定

(1) 企业年金的个人缴费部分,不得在个人当月工资、薪金计算个人所得税时扣除。

(2) 企业年金的企业缴费计入个人账户的部分(以下简称企业缴费)是个人因任职或受雇而取得的所得,属于个人所得税应税收入。在计入个人账户时,应视为个人一个月的工资、薪金(不与正常工资、薪金合并),不扣除任何费用,按照"工资、薪金所得"项目计算当期应纳个人所得税款,并由企业在缴费时代扣代缴。

对企业按季度、半年或年度缴纳企业缴费的,在计税时不得还原至所属月份,均作为一个月的工资、薪金,不扣除任何费用,按照适用税率计算扣缴个人所得税。

(3) 对因年金设置条件导致的已经计入个人账户的企业缴费不能归属个人的部分,其已扣缴的个人所得税应予以退还。具体计算公式如下:

应退税款 = 企业缴费已纳税款 ×(1 − 实际领取企业缴费 / 已纳税企业缴费的累计额)

(4) 设立企业年金计划的企业,应按照《个人所得税法》和《税收征收管理法》的有关规定,实行全员全额扣缴明细申报制度。

(七) 境外所得已纳税款的抵免

对纳税人的境外所得征税时,会存在其境外所得已在来源国家或者地区纳税的实际情况。基于国家之间对同一所得应避免双重征税的原则,我国在对该项所得行使税收管辖权时,对该所得在境外已纳税款采取了分不同情况从应征税额中予以扣除的做法。

税法规定,纳税人从中国境外取得的所得,准予在其应纳税额中扣除已在境外缴纳的个人所得税税额。但扣除额不得超过该纳税人境外所得依照我国税法规定计算的应纳税额。

税法所说的依照我国税法规定计算的应纳税额,是指纳税人从中国境外取得的所得,区别不同国家或者地区和不同应税项目,依照我国税法规定的费用减除标准和适用税率计算的应纳税额。同一国家或者地区内不同应税项目,依照我国税法计算的应纳税额之和,为该国家或者地区的扣除限额。

应注意的是,因为我国个人所得税实行分类征收制,不同应税项目的税率和费用扣除标准都不同,所以个人所得税境外所得的抵免原则是"分国又分项"。而上章企业所得税是综合计税的,其对境外所得已纳税款的抵免原则是"分国不分项"。

来源于某国或某地区所得的抵免限额 =（来自某国或某地区的某一应税项目的所得
－费用扣除项目或金额）×适用税率

纳税人在中国境外一个国家或者地区实际已经缴纳的个人所得税税额，低于依照上述规定计算出的该国家或者地区的扣除限额的，应当在中国缴纳差额部分的税款；超过该国家或者地区的扣除限额的，其超过部分不得在本纳税年度的应纳税额中扣除，但是可以在以后纳税年度的该国家或者地区扣除限额的余额中补扣，补扣期限最长不超过5年。

此处也应用到了“孰低原则”，即该纳税人境外所得在境外实际缴纳的个人所得税税款与按规定计算的抵免限额相比较，实际抵免其中的较小者。

例 8-12 某中国公民同一纳税年度在A国取得特许权使用费收入折合人民币10 000元，劳务报酬收入折合人民币8 000元，分别已按该国税法缴纳个人所得税折合人民币900元和600元；在B国取得特许权使用费收入折合人民币12 000元，已按该国税法缴纳个人所得税折合人民币2 000元。求该公民应在中国补缴的个人所得税金额。

（1）来源于A国所得的扣除限额：

特许权使用费所得扣除限额＝10 000×(1－20％)×20％＝1 600(元)

劳务报酬所得扣除限额＝8 000×(1－20％)×20％＝1 280(元)

在A国的扣除限额＝1 600＋1 280＝2 880(元)

该公民在A国已实际缴纳税款1 500(900＋600)元，经比较，实际允许抵免1 500元，并补缴差额1 380元。

（2）来源于B国所得的扣除限额：

特许权使用费所得扣除限额＝12 000×(1－20％)×20％＝1 920(元)

该公民在B国已实际缴纳税款2 000元，经比较，实际允许抵免1 920元，剩余80元可在以后5个年度中来源于B国的扣除限额余额中补扣。

纳税人依照税法规定申请扣除已在境外缴纳的个人所得税税款时，应当提供境外税务机关填发的完税凭证原件。

第六节　税收优惠政策

《个人所得税法》及其实施条例以及财政部、国家税务总局的一些部门规章都对个人所得项目作了一些减免税的优惠规定。

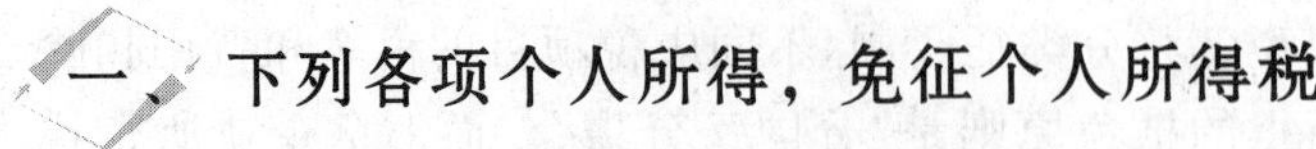

一、下列各项个人所得，免征个人所得税

（1）省级人民政府、国务院部委和中国人民解放军军以上单位，以及外国组织、国际

组织颁发的科学、教育、技术、文化、卫生、体育、环境保护等方面的奖金。

(2) 国债和国家发行的金融债券利息。

(3) 按照国家统一规定发给的补贴、津贴。

(4) 福利费、抚恤金、救济金。

(5) 保险赔款。

(6) 军人的转业费、复员费。

(7) 按照国家统一规定发给干部、职工的安家费、退职费、退休工资、离休工资、离休生活补助费。

(8) 依照我国有关法律规定应予免税的各国驻华使馆、领事馆的外交代表、领事官员和其他人员的所得。

(9) 中国政府参加的国际公约、签订的协议中规定免税的所得。

(10) 关于见义勇为者的奖金问题。对乡、镇(含乡镇)以上人民政府或经县以上(含县)人民政府主管部门批准成立的有机构、有章程的见义勇为基金或类似性质组织,奖励见义勇为者的奖金或奖品,免征个人所得税。

(11) 经国务院财政部门批准免税的所得。

二、有下列情形之一的,经批准可以减征个人所得税

(1) 残疾、孤老人员和烈属的所得。此处应注意,经省级人民政府批准可减征个人所得税的残疾、孤老人员和烈属的所得仅限于劳动所得。具体所得项目为:工资、薪金所得;个体工商户的生产经营所得;对企事业单位的承包经营、承租经营所得;劳务报酬所得;稿酬所得;特许权使用费所得。其他各项所得,不属减征照顾的范围。

(2) 因严重自然灾害造成重大损失的。

(3) 关于下岗失业人员再就业有关税收政策规定。根据财政部、国家税务总局财税[2005]第186号《关于下岗失业人员再就业有关税收政策问题的通知》的规定,为促进下岗失业人员再就业工作,根据《国务院关于进一步加强就业再就业工作的通知》(国发[2005]36号)精神,经国务院同意,就下岗失业人员再就业有关税收政策问题规定如下:

对持《再就业优惠证》人员从事个体经营的(除建筑业、娱乐业以及销售不动产、转让土地使用权、广告业、房屋中介、桑拿、按摩、网吧、氧吧外),按每户每年8 000元为限额依次扣减其当年实际应缴纳的营业税、城市维护建设税、教育费附加和个人所得税。纳税人年度应缴纳税款小于上述扣减限额的以其实际缴纳的税款为限;大于上述扣减限额的应以上述扣减限额为限。

对2005年年底前核准享受再就业减免税优惠的个体经营人员，从2006年1月1日起按上述政策规定执行，原政策优惠规定停止执行。

(4) 其他经国务院财政部门批准减税的。

三、下列所得，暂免征收个人所得税

(1) 外籍个人以非现金形式或实报实销形式取得的合理的住房补贴、搬迁费、伙食补贴和洗衣费。

(2) 外籍个人按合理标准取得的境内、外出差补贴。

(3) 外籍个人取得的探亲费、语言培训费和子女教育费补贴，在合理数额内的部分。可给予免税探亲费，仅限于外籍个人在我国的受雇地与其家庭所在地(包括配偶或父母居住地)之间搭乘交通工具，且每年不超过两次的费用。

(4) 外国投资者从外商投资企业取得的股息、红利所得。

(5) 凡符合下列条件之一的外籍专家取得的工资、薪金所得可免征个人所得税：

- 根据世界银行专项贷款协议由世界银行直接派往我国工作的外国专家；
- 联合国组织直接派往我国工作的专家；
- 为联合国援助项目来华工作的专家；
- 援助国派往我国专为该国无偿援助项目工作的专家；
- 根据两国政府签订文化交流项目来华工作两年以内的文教专家，其工资、薪金所得由该国负担的；
- 根据我国大专院校国际交流项目来华工作两年以内的文教专家，其工资、薪金所得由该国负担的；
- 通过民间科研协定来华工作的专家，其工资、薪金所得由该国政府机构负担的。

(6) 个人举报、协查各种违法、犯罪行为而获得的奖金。

(7) 个人办理代扣代缴税款手续，按规定取得的手续费。

(8) 对达到规定离退休年龄，但确因工作需要，适当延长离退休年龄的高级专家(指享受国务院特殊津贴的专家、学者)，其在延长离退休期间的工资、薪金所得，视同离退休工资免征个人所得税。

四、对在中国境内无住所的纳税人的特别免税优惠

(1) 在中国境内无住所，但是居住1年以上5年以下的个人，其来源于中国境外的所得，经主管税务机关批准，可以只就由中国境内公司、企业以及其他经济组织或者个人支付的部分缴纳个人所得税；居住超过5年的个人，从第6年起，应当就其来源于中国境外

的全部所得缴纳个人所得税。

（2）在中国境内无住所，但是在一个纳税年度中在中国境内连续或者累计居住不超过 90 天的个人，其来源于中国境内的所得，由境外雇主支付并且不由该雇主在中国境内的机构、场所负担的部分，免予缴纳个人所得税。

第七节 个人所得税的征收管理

个人所得税的纳税办法，有自行申报和代扣代缴两种方式。

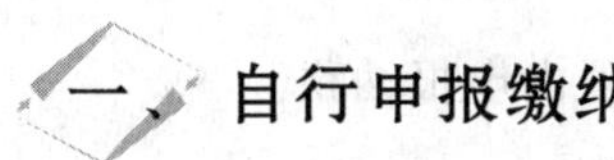

一、自行申报缴纳

自行申报缴纳，是指由纳税人自行在税法规定的纳税期限内，向税务机关申报取得的应税项目和数额，如实填写个人所得税纳税申报表，并按照税法规定计算应纳税额，据此缴纳个人所得税的一种方法。

（一）自行申报缴纳适用于下列类型的纳税人

（1）从两处或两处以上取得工资、薪金所得的；

（2）取得应税所得，没有扣缴义务人的；

（3）分笔取得属于一次劳务报酬所得、稿酬所得、特许权使用费所得、财产租赁所得的；

（4）取得应纳税所得，扣缴义务人未按规定缴纳税款的；

（5）年所得 12 万元以上的；

（6）从中国境外取得所得的；

（7）国务院规定的其他情形。

（二）自行申报的纳税期限

（1）除特殊情况外，纳税人应在取得应纳税所得的次月 15 日内向主管税务机关办理纳税申报。

（2）年所得 12 万元以上的纳税义务人，在年度终了后 3 个月内到主管税务机关办理纳税申报。

（3）账册健全、实行查账征收的个体工商户，由纳税人在次月 15 日内申报预缴，年度终了后 3 个月内汇算清缴，多退少补。

（4）纳税人年终一次性取得承包经营、承租经营所得的，自取得收入之日起 30 天内申报纳税；在1年内分次取得承包经营、承租经营所得的，应在取得每次所得的15日内申报预缴，年度终了后3个月内汇算清缴，多退少补。

(5) 个人独资企业和合伙企业投资者应纳的个人所得税税款，按年计算，分月或者分季预缴，由投资者在每月或者每季终了后15日内申报预缴，年度终了后3个月内汇算清缴，多退少补。

（三）自行申报纳税的申报地点

申报地点一般应为收入来源地的主管税务机关。纳税人从两处或两处以上取得工资、薪金的，可选择并固定在其中一地的税务机关申报纳税；从境外取得所得的，应向境内户籍所在地或经常居住地税务机关申报纳税。

纳税人可由本人或委托他人或采用邮寄方式在规定的申报期限内申报纳税。

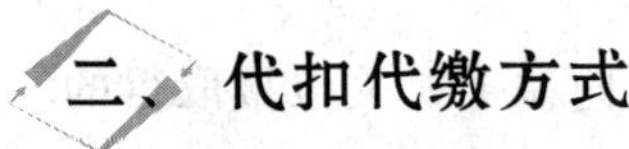

二、代扣代缴方式

代扣代缴，是指按照税法规定负有扣缴税款义务的单位或个人，在向个人支付应纳税所得时，应计算应纳税额并从其所得中扣出并缴入国库，同时向税务机关报送扣缴个人所得税报告表。这种方式有利于控制税源、防止漏税和逃税，也能有效地提高征管效率。

从1995年4月1日起执行的《个人所得税代扣代缴暂行办法》规定，凡支付个人应纳税所得的企业(公司)、事业单位、机关、社团组织、军队、驻华机构、个体户等单位或者个人，为个人所得税的扣缴义务人。

扣缴义务人向个人支付下列所得，应代扣代缴个人所得税：①工资、薪金所得；②对企事业单位的承包经营、承租经营所得；③劳务报酬所得；④稿酬所得；⑤特许权使用费所得；⑥利息、股息、红利所得；⑦财产租赁所得；⑧财产转让所得；⑨偶然所得；⑩经国务院财政部门确定征税的其他所得。

扣缴义务人向个人支付应纳税所得(包括现金、实物和有价证券)时，不论纳税人是否属于本单位人员，均应代扣代缴其应纳的个人所得税税款。

扣缴义务人应指定支付应纳税所得的财务会计部门或其他有关部门的人员为办税人员，由办税人员具体办理个人所得税的代扣代缴工作。

扣缴义务人的法人代表(或单位主要负责人)、财会部门的负责人及具体办理代扣代缴税款的有关人员，共同对依法履行代扣代缴义务负法律责任。

扣缴义务人在代扣税款时，必须向纳税人开具税务机关统一印制的代扣代收税款凭证，并详细注明纳税人姓名、工作单位、家庭住址和居民身份证或护照号码(无上述证件的，可用其他能有效证明身份的证件)等个人情况。对工资、薪金所得以及利息、股息、红利所得等，因纳税人数众多、不便一一开具代扣代收税款凭证的，经主管税务机关同意，可

不开具代扣代收税款凭证，但应通过一定形式告知纳税人已扣缴税款。纳税人为持有完税依据而向扣缴义务人索取代扣代收税款凭证的，扣缴义务人不得拒绝。

扣缴义务人依法履行代扣代缴税款义务时，纳税人不得拒绝。纳税人拒绝的，扣缴义务人应及时报告税务机关处理，并暂时停止支付其应纳税所得，否则，纳税人应缴纳的税款由扣缴义务人负担。

扣缴义务人应扣未扣的税款，其应纳税款仍然由纳税人缴纳，扣缴义务人应承担应扣未扣税款50%以上到3倍的罚款。

扣缴义务人应设立代扣代缴税款账簿，正确反映个人所得税的扣缴情况，并如实填写《扣缴个人所得税报告表》及其他有关资料。

扣缴义务人每月所扣的税款，应当在次月7日内缴入国库，并向主管税务机关报送《扣缴个人所得税报告表》、代扣代收税款凭证和包括每一纳税人姓名、单位、职务、收入、税款等内容的支付个人收入明细表以及税务机关要求报送的其他有关资料。

三、核定征收方式

核定征收是指按照《税收征收管理法》的有关规定，对无法实行查账征收的纳税人采用的一种征收方式。有关规定如下：

(1) 在增值税、营业税的起征点提高后，对采取核定征收方式的纳税人，可依照有关规定，结合增值税、营业税起征点提高后纳税人所得相应增加的实际情况，重新核定纳税人的个人所得税定额。

(2) 任何地区均不得对律师事务所实行全行业核定征税办法。要按照《税收征收管理法》和国发[1997]第12号文件的规定精神，对具备查账征收条件的律师事务所，实行查账征收个人所得税。

对按照《税收征收管理法》第35条的规定确实无法实行查账征收的律师事务所，经地市级地方税务局批准，应根据《财政部、国家税务总局关于印发〈关于个人独资企业和合伙企业投资者征收个人所得税的规定〉的通知》(财税[2000]第91号)中确定的应税所得率来核定其应纳税额。各地要根据其雇员人数、营业规模等情况核定其营业额，并根据当地同行业的盈利水平从高核定其应税所得率，应税所得率不得低于25%。对实行核定征税的律师事务所，应督促其建账建制，符合查账征税条件后，应尽快转为查账征税。

各地要严格贯彻执行《国家税务总局关于律师事务所从业人员取得收入征收个人所得税有关业务问题的通知》(国税发[2000]第149号)，对律师事务所的个人所得税加强征收管理。对作为律师事务所雇员的律师，其办案费用或其他个人费用在律师事务所报销的，在计算其收入时不得再扣除国税发[2000]第149号第5条第2款规定的其收入30%以内的办理案件支出费用。

(3) 会计师事务所、税务师事务所、审计师事务所以及其他中介机构的个人所得税征收管理,也应按照上述有关原则进行处理。

练习题

一、复习思考题

1. 如何判定居民纳税人和非居民纳税人?其纳税义务有何区别?

2. 如何判定所得来源地?

3. 工资、薪金所得与劳务报酬所得、劳务报酬所得与个体工商户生产经营所得有什么区别?

4. 个人所得税各税目的费用扣除标准是怎样的?

5. 个人所得税有哪些税收优惠政策?

6. 个人所得税的计税有哪些特殊情况?其具体计税规定是什么?

7. 个人转让所持公司股份在缴纳个人所得税上有哪些规定?

二、综合业务题

1. 中国公民卢某系一大学职员,2011 年 1—12 月收入情况如下:

(1) 每月取得工资收入 5 500 元,另在 3 月底、6 月底、9 月底、12 月底分别取得课时费 5 000 元;

(2) 取得翻译收入 20 000 元,从中拿出 10 000 元捐给了希望工程基金会;

(3) 小说在报刊上连载 50 次后再出版,分别取得报社支付的稿酬 50 000 元、出版社支付的稿酬 80 000 元;

(4) 在 A、B 两国讲学分别取得收入 18 000 元和 35 000 元,已分别按收入来源国税法缴纳了个人所得税 2 000 元和 6 000 元。

要求:按下列顺序回答问题,每问均为共计金额:

(1) 计算全年工资和奖金应缴纳的个人所得税。

(2) 计算翻译收入应缴纳的个人所得税。

(3) 计算稿酬收入应缴纳的个人所得税。

(4) 计算 A 国讲学收入在我国应缴纳的个人所得税。

(5) 计算 B 国讲学收入在我国应缴纳的个人所得税。

2. 某中国居民在外商投资企业任职高管,并兼任公司董事,2011 年度其收入情况如下:

(1) 该人实行年薪制，每月领取工资 15 000 元，年末经考核领取效益工资160 000 元；

(2) 年末取得董事津贴收入 50 000 元；

(3) 取得存款利息收入 20 000 元；

(4) 当年炒股共赚得 380 000 元；

(5) 将自有房屋出租，每月收到租金 2 500 元；

(6) 公司每月发放交通补贴每月 1 500 元。

要求：根据以上资料，计算该人全年应纳的个人所得税。

第九章 资源税相关税收

【学习要求】 资源税相关税收是以资源的开发和占用为课税对象的各种税收的统称。对部分资源进行课税是各国通行的做法，有利于加强资源的保护，调节不同等级资源的收益级差。我国现行税法体系中属于资源税类的税种包括资源税、土地增值税、城镇土地使用税和耕地占用税。本章要求重点掌握上述四个税种的纳税人、征税范围、计征依据和应纳税额的计算等内容；一般掌握其税率、税收优惠；理解各税种出台的背景和发展历史；了解其征收管理办法。

第一节 资 源 税

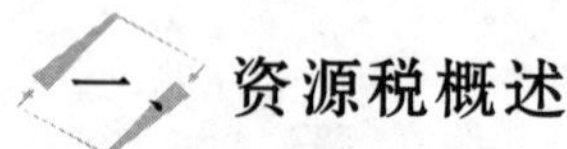

一、资源税概述

资源是指在自然界存在的、能为人类所利用的物质财富。资源税是指国家对我国境内从事资源开发、利用的单位和个人，就其资源生产和开发条件的差异而形成的级差收入征收的一种税。但是，资源税并不是对所有资源课税，而是把某些特殊的资源列入征税范围。

我国征收资源税的法律依据是《中华人民共和国矿产资源法》，它规定"国家对矿产资源实行依法开采。开采矿产资源，必须按照国家有关规定缴纳资源税和资源补偿费"。我国现行资源税的基本规范，是1993年12月25日国务院颁布的《中华人民共和国资源税暂行条例》(简称《资源税暂行条例》)。资源税法的实施，对资源的开发、利用起到了较好的调节作用。2010年度，我国资源税实现收入417.58亿元。

我国目前的资源税具有如下特点：

第一，征收的目的主要在于调节因资源差别所形成的级差收入。一般而言，征收资源税可以发挥多方面的作用，如促进现有资源的合理开发，充分实现国有资源的有偿使用，便于筹集财政收入。但是，资源税的主要目的在于，调节资源开采企业因资源开采条件的差异所形成的级差收入，为资源开采企业之间开展公平竞争创造条件。

第二，采用差别税额，实行从量定额征收。我国资源税法规定，资源税以应税资源产

品的销售量为计税依据，实行从量定额计税。同时，按资源禀赋情况、开采条件、资源等级和地理位置等客观条件的差异规定了幅度税额，为每一个课税矿区规定了适用税率。近年来，全球原材料价格迅猛上涨，但定额税率与资源价格无关，导致资源所在地无法分享资源价格上涨带来的收益，不利于我国中西部一些经济落后但资源富集地区的发展。为此，根据中共中央国务院新疆工作座谈会精神，经国务院批准，财政部、国家税务总局制定了《新疆原油、天然气资源税改革若干问题的规定》，自 2010 年 6 月 1 日起对在新疆开采的原油、天然气实行从价计征，税率为 5%。

第三，征税的范围较窄。我国仅把原油、天然气、煤炭、有色金属矿产品、黑色金属矿产品、非金属矿产品和盐七种资源产品列入征税范围，与世界上征收资源税范围较广的国家相比，征税范围较窄。从政府宏观调控的实际需要和资源税的改革发展来看，我国资源税的征税范围宜进一步扩大，应逐步将森林资源、草原资源、土地资源及其他矿产品纳入征税范围。

第四，我国的资源税属于中央与地方共享税。按资源种类划分资源税收入归属，其中，海洋石油企业缴纳的资源税归中央财政所有，其他企业缴纳的资源税划归地方政府。

二、纳税义务人

资源税的纳税人是指在中华人民共和国境内开采应税资源的矿产品或者生产盐的单位或个人。单位是指国有企业、集体企业、私营企业、股份制企业、其他企业和行政单位、事业单位、社会团体及其他单位；个人是指个体经营者或其他个人；其他单位和其他个人包括外商投资企业、外国企业及外籍人员。

中外合作开采石油、天然气，按照现行规定只征收矿区使用费，暂不征收资源税。因此，中外合作开采石油、天然气的企业不是资源税的纳税人。

《资源税暂行条例》第 11 条还规定，收购未税矿产品的单位为资源税的扣缴义务人。规定资源税的扣缴义务人，主要是针对零星、分散、不定期开采的情况，为了加强管理，避免漏税，由扣缴义务人在收购矿产品时代扣代缴资源税。收购未税矿产品的单位是指独立矿山、联合企业和其他单位。独立矿山是指只有采矿或只有采矿和选矿，独立核算，自负盈亏的单位，其生产的原矿和精矿主要用于对外销售。联合企业是指采矿、选矿、冶炼（或加工）连续生产的企业或采矿、冶炼（或加工）连续生产的企业，其采矿单位，一般是该企业的二级或二级以下核算单位。其他单位也包括收购未税矿产品的个体户在内。

三、税目及税率

现行的资源税只将关系到国计民生且级差收入差异较大的国有资源纳入征税范围。

我国资源税的具体征税范围包括以下几个方面。

(一) 原油

原油指开采的天然原油，税额为8～30元/吨。人造石油不征税。

(二) 天然气

天然气指专门开采或与原油同时开采的天然气，暂不包括煤矿生产的天然气。税额为2～15元/千立方米。

自2010年6月1日起对在新疆开采的原油、天然气实行从价计征，税率为5%。

(三) 煤炭

煤炭指原煤，不包括洗煤、选煤及其他煤炭制品。税额为0.3～8元/吨。

(四) 其他非金属矿原矿

其他非金属矿原矿指除原油、天然气、煤炭和井矿盐以外的非金属矿原矿，包括宝石、宝石级金刚石、玉石、膨润土、石墨、石英、萤石、重晶石、毒重石、蛭石、长石、沸石、滑石、白云石、硅灰石、凹凸棒石黏土、高岭土(瓷土)、耐火黏土、云母、大理石、花岗石、石灰石、菱镁矿、天然碱、石膏、硅线石、工业用金刚石、石棉、硫铁矿、自然硫、磷铁矿、未列举名称的其他非金属矿原矿。税额为0.5～20元/吨、克拉或者立方米。

(五) 黑色金属矿原矿

黑色金属矿原矿指纳税人开采后自用、销售的，用于直接入炉冶炼或作为主产品先入选精矿、制造人工矿，再最终入炉冶炼的金属矿石原矿。黑色金属矿原矿包括铁矿石、锰矿石、铬矿石。税额为2～30元/吨。

(六) 有色金属矿原矿

有色金属矿原矿包括铜矿石、铅锌矿石、铝土矿石、钨矿石、锡矿石、锑矿石、钼矿石、镍矿石、黄金矿石等。税额为0.4～30元/吨或立方米挖出量。

(七) 盐，包括固体盐和液体盐

固体盐，指海盐原盐、湖盐原盐和井矿盐。液体盐，指卤水，即氯化钠含量达到一定浓度的溶液，是用于生产碱或其他产品的原料。税额为2～10元/吨。

纳税人在开采主矿产品的过程中伴采的其他应税矿产品，凡未单独规定适用税额的，一律按主矿产品或视同主矿产品税目征收资源税。未列举名称的其他非金属矿原矿和其

他有色金属矿原矿，由省、自治区、直辖市人民政府决定征收或暂缓征收资源税，并报财政部和国家税务总局备案。

独立矿山、联合企业收购未税矿产品的单位，按照本单位应税产品税额标准，依据收购的数量代扣代缴资源税。其他收购单位收购的未税矿产品，按税务机关核定的应税产品税额标准，依据收购的数量代扣代缴资源税。

四、应纳税额的计算

（一）计税依据

1. 确定资源税课税数量的基本办法

根据《资源税暂行条例》规定，资源税计税依据是课税数量。

（1）纳税人开采或者生产应税产品销售的，以销售数量为课税数量。

（2）纳税人开采或者生产应税产品自用的，以自用（非生产用）数量为课税数量。

2. 特殊情况课税数量的确定办法

（1）纳税人不能准确提供应税产品销售数量或移送使用数量的，以应税产品的产量或主管税务机关确定的折算比换算成的数量为课税数量。

（2）原油中的稠油、高凝油与稀油划分不清或不易划分的，一律按原油的数量课税。

（3）对于连续加工前无法正确计算原煤移送使用量的煤炭，可按加工产品的综合回收率，将加工产品实际销售量和自用量折算成原煤数量，以此作为课税数量。

（4）金属和非金属矿产品原矿，因无法准确掌握纳税人移送使用原矿数量的，可将其精矿按选矿比折算成原矿数量，以此作为课税数量。其计算公式为

$$选矿比 = 精矿数量 \div 耗用原矿数量$$

（5）纳税人以自产的液体盐加工固体盐，按固体盐税额征税，以加工的固体盐数量为课税数量。纳税人以外购的液体盐加工成固体盐的，其加工固体盐所耗用液体盐的已纳税额准予抵扣。

纳税人开采或者生产不同税目应税产品的，应当分别核算；不能准确提供不同税目应税产品的课税数量的，从高适用税率。

（二）应纳税额的计算

资源税的应纳税额，可以按照应税产品的课税数量和规定的单位税额计算。其具体计算公式为

$$应纳税额 = 课税数量 \times 适用的单位税额$$

$$代扣代缴应纳税额 = 收购未税矿产品的数量 \times 适用的单位税额$$

正确计算资源税的应纳税额，主要在于准确核算课税数量并正确选取适用的单位税额。现举例说明如下。

例 9-1 某油田 2011 年 6 月份生产原油 30 万吨，其中，22 万吨用于外销，6 万吨移送所属化工厂进行加工提炼，1 万吨用于加热和修井，还有 1 万吨待销售。另外，在采油过程中还同时回收天然气 4 万立方米。

要求：计算该油田 6 月应缴纳的资源税(原油单位税额为 8 元/吨。天然气单位税额为 12 元/千立方米)。

解：应纳资源税＝(22＋6)×8＋4/1 000×12＝224.048(万元)

注：开采原油过程中用于加热、修井的 1 万吨原油免税，待销售的 1 万吨暂不征税。

例 9-2 某冶金联合企业矿山铁矿厂 5 月共开采铁矿石 8 万吨，用其中一部分选出铁矿精矿 0.1 万吨(选矿比 1∶40)全部销售，其余铁矿石也全部销售，另将 3 月份收购的未税铁矿石 1 万吨全部售出。

要求：计算该矿山 5 月应纳资源税(铁矿原矿适用单位税额 10 元/吨)。

解：(1) 铁矿精矿换算为原矿数量＝0.1×40＝4(万吨)

应纳资源税＝4×10＝40(万元)

(2) 销售铁矿石原矿应纳资源税＝(8－4)×10＝40(万元)

(3) 3 月份收购的未税铁矿石，已于 3 月份代扣代缴了资源税，5 月份销售时不再交资源税。

五、税收优惠

依照《资源税暂行条例》相关规定，下列项目可以免征或者减征资源税：

(1) 开采原油过程中用于加热、修井的原油，免税。

(2) 纳税人开采或者生产应税产品过程中，因意外事故或者自然灾害等原因遭受重大损失的，由省、自治区、直辖市人民政府酌情决定减税或者免税。

(3) 自 2007 年 2 月 1 日起，北方海盐资源税暂减按每吨 15 元收取，南方海盐、湖盐、井矿盐资源税暂减按每吨 10 元收取，液体盐资源税暂减按每吨 2 元收取。

(4) 自 2007 年 2 月 1 日起，对地面抽采煤层气暂不征收资源税。

(5) 国务院规定的其他减税、免税的项目。

对于纳税人的减税、免税项目，应当单独核算课税数量。如果纳税人未单独核算或者不能准确提供其免税、减税项目的课税数量，税务机关将不予办理减税或免税。

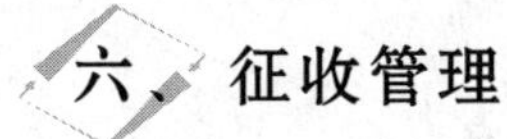

六、征收管理

（一）纳税义务发生时间

（1）纳税人销售应税产品的资源税纳税义务发生时间，根据其结算方式不同划分为以下情况：

- 纳税人采取分期收款结算的，其纳税义务发生时间为销售合同规定的收款日期的当天。
- 纳税人采取预收货款结算方式的，其纳税义务发生时间为发出应税产品的当天。
- 纳税人采取其他结算方式的，其纳税义务发生时间为收讫销售款或者取得索取销售款凭据的当天。

（2）纳税人自产自用应税产品的纳税义务发生时间为移送使用应税产品的当天。

（3）扣缴义务人代扣代缴税款的纳税义务发生时间为支付首笔货款或者开具应支付货款凭据的当天。

（二）纳税期限

由主管税务机关根据实际情况分别核定为 1 日、3 日、5 日、10 日、15 日或者 1 个月。纳税人不能按固定期限计算纳税的，可以按次计算纳税。

纳税人以 1 个月为一期纳税的，自期满之日起 10 日内申报纳税；以 1 日、3 日、5 日、10 日或者 15 日为一期纳税的，自期满之日起 5 日内缴纳税款，于次月 1 日起 10 日内申报纳税并结清上月税款。

（三）纳税地点

纳税人应纳的资源税，应当向应税产品的开采或者生产所在地主管税务机关缴纳税款。扣缴义务人代扣代缴的资源税，也应当向收购地主管税务机关缴纳。纳税人在本省、自治区、直辖市范围收购价开采或者生产应税产品，其纳税地点需要调整的，由所在地省、自治区、直辖市税务机关决定。

如果纳税人应纳的资源税属于跨省开采，其下属生产单位与核算单位不在同一省、自治区、直辖市的，对其开采的矿产品一律在开采地纳税，其应纳税款由独立核算、自负盈亏的单位，按照开采地的实际销售量（或自用量）及适用的单位税额计算划拨。

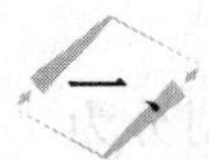

第二节 土地增值税

一、土地增值税的概念

土地增值税是对转让国有土地使用权、地上建筑物及其附着物并取得收入的单位和个人，就其转让房地产所取得的增值额征收的一种税。

土地增值税法是调整土地增值税税收法律关系的法律规范。我国目前的土地增值税的基本规范，是1993年12月13日国务院颁布的《中华人民共和国土地增值税暂行条例》(简称《土地增值税暂行条例》)以及1995年1月27日财政部颁布的《中华人民共和国土地增值税暂行条例实施细则》。2010年，我国土地增值税实现收入1 276.67亿元。

二、开征土地增值税的目的

土地增值税的性质属于特定目的税和资源税。它是为了规范房地产交易秩序，适当调节土地增值收益而征收的一种税收。我国开征土地增值税的目的如下：

(1) 进一步改革和完善税制、增强国家对房地产开发和房地产市场调控力度的客观需要。1993年以来，我国房地产开发和房地产市场的发展非常迅速，尤其是进入21世纪后，房地产开发过热，投机行为盛行，房地产价格上涨过猛，投入开发的资金规模过大，土地资源浪费严重，国家收回土地增值收益较少，这在不同程度上对国民经济发展造成了不良影响。因此，开征土地增值税，有利于利用税收杠杆对房地产市场进行宏观调控。

(2) 为了抑制炒卖土地投机获取暴利行为。土地资源属于国家所有，国家为整治和开发国土资源投入了巨额资金，应当在土地增值收益的分配中取得较多份额。征收土地增值税通过对房地产的过高增值收益进行合理调节和分配，不仅维护了国家利益，而且打击了炒买炒卖获取暴利的行为，并对房地产正当开发者的合法权益给予保护。

(3) 为了规范国家参与土地增值收益的分配方式，增加国家财政收入。在税制改革以前，由于没有统一的土地增值税，各地征收办法及收取标准差异较大，国家在土地增值收益的分配中所占比重不大。通过征收土地增值税有利于国家通过参与土地增值收益的分配，调控房地产开发的过高收益并增加财政收入。

三、我国土地增值税的历程

土地增值税是1994年税制改革时增加的税种。1994年1月1日以前，我国涉及房地产交易市场的税收，主要有营业税、企业所得税、个人所得税、契税等。这些税收对转让房地产收益可以起一般调节作用，但对土地增值所获得的过高收入起不到特殊作用。在土地增值税未开征前，有些地区已通过征收土地增值费的办法，对土地增值收益进行调控，既增加了财政收入，也抑制了炒买炒卖的投机行为。但各地征收办法不统一，收取标准差别也比较大，而开征土地增值税可以统一和规范国家参与土地增值收益分配的方式。

为此，1993 年 12 月 13 日国务院颁布了《中华人民共和国土地增值税暂行条例》，并于 1994 年 1 月 1 日起施行。财政部颁布了《中华人民共和国土地增值税暂行条例实施细则》(以下简称《实施细则》)，《实施细则》从 1995 年 1 月 27 日起施行。

四、纳税义务人

土地增值税的纳税人，为转让国有土地使用权、地上建筑物及其附着物并取得收入的单位或个人。这里所指的单位包括各类企业、事业单位、国家机关和社会团体及其他组织。个人包括个体经营者。

概括起来，《土地增值税暂行条例》对纳税人的规定主要有以下四个特点：

第一，不论法人与自然人。即不论是企业、事业单位、国家机关、社会团体及其他组织，还是个人，只要有偿转让房地产，都是土地增值税的纳税人。

第二，不论经济性质。即不论是全民所有制企业、集体企业、私营企业、个体经营者，还是联营企业、合资企业、合作企业、外商独资企业等，只要有偿转让房地产，都是土地增值税的纳税人。

第三，不论内资企业与外资企业、中国公民与外籍个人。即只要有偿转让房地产，都是土地增值税的纳税人。

第四，不论部门。即无论是工业、农业、商业、学校、医院、机关等，只要有偿转让房地产，都是土地增值税的纳税人。

五、征税范围

土地增值税的征税范围为，凡有偿转让中华人民共和国国有土地使用权及地上建筑物和其他附着物产权并取得收入的行为都在征收范围之内。这里所说的“地上建筑物”是指建于土地上的一切建筑物，包括地上、地下的种种附属设施。“附着物”是指附着于土地上的不能移动或一经移动即遭损坏的物品。

土地增值税是对转让土地权利而获取收益的主体，就其土地的增值额征收的一种财产税。确定土地增值税的征税范围十分重要，在实际工作中，通常用如下标准来判定。

(一) 土地增值税是对转让国有土地使用权及其地上建筑物和附着物的行为征税

转让的土地是否为国家所有,是判定是否属于土地增值税征税范围的标准之一。根据《中华人民共和国宪法》和《中华人民共和国土地管理法》的规定,城市的土地属于国家所有,其土地所有权在转让时,按照《土地增值税暂行条例》的规定,属于土地增值税的征税范围。农村和城市郊区的土地除由国家法律规定属于国家所有的以外,属于集体所有,集体所有的土地不能自行转让。但国家为了公共利益,可以依法对集体所有的土地实行征用,征用后的土地属于国家所有,其转让时属于土地增值税的征税范围。

(二) 土地增值税是对国有土地使用权及其地上的建筑物和附着物的转让行为征税

土地使用权、地上建筑物及其附着物的产权是否发生转让是判定是否属于土地增值税征税范围的标准之二。根据这个特点,土地增值税的征税范围不包括国有土地使用权出让(土地买卖的一级市场)所取得的收入,而是指土地使用者通过出让等形式取得土地使用权后,将土地使用权再转让的行为,包括出售、交换和赠与,它属于土地买卖的二级市场。此外,土地增值税的征税范围不包括未转让土地使用权、房产产权的行为。

(三) 土地增值税是对转让房地产并取得收入的行为征税

是否取得收入是判定是否属于土地增值税征税范围的标准之三。土地增值税的征税范围不包括房地产的权属虽转让,但未取得收入的行为。但无论单独转让国有土地使用权,还是房屋产权与国有土地使用权一并转让,只要取得收入,均属于土地使用权的征税范围。

按照上述标准,以出售方式转让国有土地使用权、地上建筑物及附着物的,包括出售国有土地使用权、取得国有土地使用权后进行房屋开发建造后出售、买卖存量房地产等均属于土地增值税的征收范围。以法定继承、赠与直系亲属或直接赡养义务人等方式转让房地产的,不属于土地增值税的征收范围。房地产的出租、抵押不属于土地增值税的征收范围。合作建房,一方出地,一方出资金,建成后按比例分房自用的,暂免征收土地增值税;建成后出售的,应征收土地增值税。以房地产进行投资、联营的,暂免征收土地增值税;被投资、联营企业再将该房地产转让的,应征收土地增值税。

六、税率

土地增值税实行四级超率累进税率,具体规定如表 9-1 所示。

表 9-1 土地增值税税率表

级数	级　　距	税率/%	速算扣除率/%
1	增值额未超过扣除项目 50%的部分	30	0
2	增值额超过扣除项目金额 50%，未超过扣除项目金额 100%的部分	40	5
3	增值额超过扣除项目金额 100%，未超过扣除项目金额 200%的部分	50	15
4	增值额超过扣除项目金额 200%的部分	60	35

七、土地增值额的确定

土地增值税的计税依据是土地增值额，即土地增值税纳税人转让房地产所取得的收入减除法定扣除项目金额后的余额。

（一）收入的确定

纳税人转让房地产所取得的收入，包括货币收入、实物收入和其他收入。

货币收入指纳税人转让土地使用权、房屋产权而向取得方收取的现金、银行存款、支票、银行本票、汇票等各种信用票据和国库券、金融债券、企业债券、股票等有价证券。实物收入指纳税人转让房地产而取得的各种实物形态的收入，如建筑材料、房屋、土地等。其他收入指纳税人转让房地产而取得的无形资产收入或具有财产价值的权利，如专利权、商标权、著作权、专有技术使用权、土地使用权、商誉权等。实物收入及其他收入的价值一般要通过评估确定。

（二）扣除项目金额的确认

计算土地增值额，并不是直接对转让房地产所取得的收入征税，而是要对收入额扣除国家规定的各项扣除项目金额后的余额计算征税。因此，要计算增值额，首先必须确定扣除金额。

1. 取得土地使用权所支付的金额

取得土地使用权所支付的金额包含两方面的内容：一方面指取得土地使用权所支付的地价款，如以协议、招标、拍卖、行政划拨等方式取得土地使用权而支付的土地出让金或以转让方式取得土地使用权而实际支付的地价款；另一方面指纳税人在取得土地使用权时按国家统一规定缴纳的有关费用。

2. 房地产开发成本

房地产开发成本是指纳税人房地产开发项目实际发生的成本，包括土地的征用及拆迁补偿费、前期工程费、建筑安装工程费、基础设施费、公共配套设施费、开发间接费用等。

3．房地产开发费用

房地产开发费用是指与房地产项目有关的销售费用、管理费用、财务费用。财务费用中的利息支出，凡能按转让房地产项目分摊并提供金融机构证明的，允许据实扣除，但最高不能超过按商业银行同类贷款利率计算的金额，其他房地产开发费用，按取得土地使用权所支付的金额和房地产开发成本的5%以内计算扣除；凡不能按转让房地产项目分摊利息或不能提供金融机构证明的，房地产开发费用按取得土地使用权所支付的金额和房地产开发成本之和的10%以内计算扣除，计算扣除的具体比例，由各省（自治区、直辖市）人民政府确定。

4．与转让房地产有关的税金

与转让房地产有关的税金是指在转让房地产时缴纳的营业税、城市维护建设税、印花税及教育费附加。但房地产开发企业按照《施工、房地产开发企业财务制度》的有关规定，其在转让房地产时缴纳的印花税因列入管理费用中，故在此不允许单独扣除。

5．财政部规定的其他扣除项目

财政部规定的其他扣除项目是指从事房地产开发的纳税人，可按上述第1项取得土地使用权所支付的金额和第2项房地产开发成本之和，加计20%的扣除。应特别注意的是，本项加计扣除20%的优惠政策只有专门的房地产开发企业才能享受，除此之外的其他纳税人不适用。这样规定的目的是为了抑制炒买炒卖房地产的投机行为，保护正常开发投资者的积极性。

纳税人成片受让土地使用权后，分期分批开发、转让房地产的，其扣除项目的确定，既可按土地转让使用权的面积占总面积的比例计算分摊，也可按税务机关确认的其他方式计算分摊。

6．旧房及建筑物的评估价格

在转让已使用的房屋及建筑物时，按房地产评估机构评定的重置成本价乘以成新度折扣率后的价格，经当地税务机关确认后扣除。

重置成本价，是对旧房及建筑物，按转让时的建材价格及人工费用计算，建造同样面积、同样层次、同样结构、同样建筑标准的新房及建筑物所需花费的成本费用。

成新度折扣率，是按旧房的新旧程度作一定比例的折扣。

（三）增值额的确定

土地增值税的纳税人转让房地产所取得的收入减除规定的扣除项目金额后的余额，为增值额。

增值额是土地增值税的本质所在。在实际的房地产交易活动中，有些纳税人由于不能准确提供房地产转让价格或扣除项目金额，致使增值额计算不准确，从而直接影响应纳税额的计算和缴纳。因此，纳税人有下列情形之一的，按照房地产评估价格计算征收：①隐瞒、虚报房地产成交价格的；②提供扣除项目金额不实的；③转让房地产的成交价格低于房地产评估价格，又无正当理由的。

八、应纳税额的计算

（一）分步计算法

土地增值税按照纳税人转让房地产所取得的增值额和规定的税率计算，按次征收。按分步计算法的土地增值税的计算公式为：

$$应纳税额 = \sum(每级距的土地增值额 \times 适用税率)$$

应纳税额按分步计算法的具体计算步骤如下：

第一，计算土地增值额。

$$土地增值额 = 转让房地产的总收入 - 扣除项目金额$$

第二，计算土地增值额与扣除项目金额的比例。

$$土地增值额与扣除项目金额的比例 =(转让房地产的总收入 - 扣除项目金额) \div 扣除项目金额$$

第三，计算土地增值税税额。

$$应纳土地增值税税额 = \sum(每级距的土地增值额 \times 适用税率)$$

例 9-3　某市一企业（非房地产开发单位）建造一栋写字楼，取得收入 1 000 万元。为建造此楼所支付的地价款为 150 万元，房地产开发成本为 200 万元，开发费用中的利息支出为 100 万元（按转让房地产计算、分摊利息费用并提供银行证明），但其中有 20 万元属于银行加罚利息。所在地规定的房地产开发费用计提比例为 5%，缴纳税收滞纳金 2 万元。（城建税税率 7%，教育费附加 3%，印花税税率为 0.5‰）。

要求：计算该企业的土地增值税。

解：(1) 扣除项目金额＝150＋200＋100－20＋(150＋200)×5%＋1 000×5%×(1＋7%＋3%)＋1 000×0.5‰＝503(万元)

(2) 土地增值额＝1 000－503＝497(万元)

(3) 土地增值税占扣除项目金额的比例＝497÷503×100%＝98.81%

(4) 分别计算各级土地增值税：

增值额未超过扣除项目 50%的部分的应纳税额＝503×50%×30%＝75.45(万元)

增值额超过扣除项目 50%但未超过扣除项目 100%的部分应纳税额＝503×48.81%×40%＝98.20(万元)

该企业应纳的土地增值税＝74.45＋98.20＝173.65(万元)

实际工作中,由于土地增值税采用超率累进税率,分步计算十分复杂。在实际征收中可采用速算扣除法进行计算。

(二) 速算扣除法

速算扣除法即用增值额乘以适用税率减去扣除项目金额乘以速算扣除系数的简便方法计算增值税应纳税额。应纳税额的具体计算公式如下:

情况一,增值额未超过扣除项目金额50%的应纳税额计算公式为

$$应纳税额 = 增值额 \times 30\%$$

情况二,增值额超过扣除项目金额50%,未超过100%的应纳税额计算公式为

$$应纳税额 = 增值额 \times 40\% - 扣除项目金额 \times 5\%$$

情况三,增值额超过扣除项目金额100%,未超过200%的应纳税额计算公式为

$$应纳税额 = 增值额 \times 50\% - 扣除项目金额 \times 15\%$$

情况四,增值额超过扣除项目金额200%的应纳税额计算公式为

$$应纳税额 = 增值额 \times 60\% - 扣除项目金额 \times 35\%$$

例 9-4 资料与上例相同,试用速算扣除法计算土地增值税。

解: (1) 扣除项目金额＝150＋200＋100－20＋(150＋200)×5%＋1 000×5%×(1＋7%＋3%)＋1 000×0.5‰＝503(万元)

(2) 土地增值额＝1 000－503＝497(万元)

(3) 土地增值税占扣除项目金额的比例＝497÷503×100%＝98.81%

(4) 应纳土地增值税＝497×40%－503×5%＝173.65(万元)

九、土地增值税的减免税优惠

(一) 纳税人建造普通标准住宅出售,增值额未超过扣除项目金额20%的,免征土地增值税;增值额超过扣除项目金额20%的,应就其全部增值额按规定计税

这里所说的"普通标准住宅"是指按所在地一般民用住宅标准建造的居住用住宅。高级公寓、别墅、度假村等不属于普通标准住宅。普通标准住宅与其他住宅的具体划分界限由各省、自治区、直辖市人民政府规定。对于纳税人既建普通标准住宅又搞其他房地产开发的,应分别核算增值额。不分别核算增值额或不能准确核算增值额的,其建造的普通住宅不能适用这一免税规定。

(二) 因国家建设需要依法征用、收回的房地产,免征土地增值税

这里所说的"因国家建设需要依法征用、收回的房地产",是指因城市实施规划、国家

建设的需要而被政府批准征用的房产或收回的土地使用权。

（三）其他减免税规定

下列项目暂免征税：(1)以房地产进行投资、联营，投资、联营一方以房地产作价入股或作为联营条件，将房地产转让到所投资、联营的企业中的。(2)企业兼并时，被兼并企业将房地产转让到兼并企业中的。(3)个人因工作调动或改善居住条件而转让原自用住房的，凡居住满5年或5年以上的，免予征收土地增值税；居住满3年但不满5年的，减半征收土地增值税；居住未满3年的，按规定计征土地增值税。

十、土地增值税的征收管理

（一）土地增值税的清算

由于地方政府对房地产行业拉动GDP及带来财政收入的依赖，此前各地对土地增值税一般采取预征方式，各地预征率一般为房地产项目销售收入的0.5%～1%。为加大对房地产市场的宏观调控力度，2006年12月28日，国家税务总局发布《关于房地产开发企业土地增值税清算管理有关问题的通知》(国税发[2006]187号)，规定自2007年2月1日起，符合下列情形之一的，纳税人应进行土地增值税的清算：

(1) 房地产开发项目全部竣工、完成销售的；

(2) 整体转让未竣工决算房地产开发项目的；

(3) 直接转让土地使用权的。

符合下列情形之一的，税务机关可要求纳税人进行土地增值税清算：

(1) 已竣工验收的房地产开发项目，已转让的房地产建筑面积占整个项目可售建筑面积的比例在85%以上，或该比例虽未超过85%，但剩余的可售建筑面积已经出租或自用的；

(2) 取得销售(预售)许可证满3年仍未销售完毕的；

(3) 纳税人申请注销税务登记但未办理土地增值税清算手续的；

(4) 省税务机关规定的其他情况。

（二）土地增值税的纳税期限和纳税地点

土地增值税的纳税人应在转让房地产合同签订后的7日内，到房地产所在地主管税务机关办理纳税申报，并向税务机关提交房屋及建筑物产权、土地使用权证书，土地转让、房产买卖合同，房地产评估报告及其他与转让房地产有关的资料。

纳税人必须按照税法的有关规定，向房地产所在地的主管税务机关如实申报转让房地产所取得的收入、扣除项目金额以及应纳土地增值税税额，并按税务机关核定的期限内缴纳土地增值税税款。这里所称的“房地产所在地”，是指房地产坐落地。实际工作中，纳税地点的确定可分为两种情况：

(1) 纳税人是法人时，转让房地产坐落地与其机构所在地或经营所在地一致的，应在办理税务登记的原管辖税务机关申报纳税；如果不一致，则应在房地产坐落地所管辖的税务机关申报纳税。

(2) 纳税人是自然人时，转让房地产坐落地与其居住地一致时，应在住所所在地税务机关申报纳税；如果不一致，则应在办理过户手续所在地的税务机关申报纳税。

第三节 城镇土地使用税

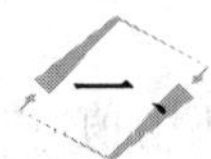

一、城镇土地使用税的概念

城镇土地使用税是以城镇土地为征税对象，对拥有土地使用权的单位和个人，以其实际占用土地面积为计税依据，按规定税额征收的一种税。目前我国城镇土地使用税的基本规范，是 2006 年 12 月 31 日国务院修改并颁布，自 2007 年 1 月 1 日起施行的《中华人民共和国城镇土地使用税暂行条例》。

城镇土地使用税的特点在于，其征税对象是国有土地，实质上是国家运用政治权力，将纳税人获取的本应属于国家的土地收益集中到国家手中。农业土地因属于集体所有，故未纳入征税范围。

开征土地使用税，有利于通过经济手段，加强对土地的管理，促进合理、节约使用土地，提高土地使用效益；通过实行差别幅度税额，有利于适当调节不同地区、不同地段之间的土地级差收入，促进企业加强经济核算，理顺国家与土地使用者之间的分配关系；城镇土地使用税属于地方税，也有利于筹集地方财政资金。

二、纳税义务人与征税范围

（一）纳税义务人

在城市、县城、建制镇、工矿区范围内拥有土地使用权的单位和个人，为城镇土地使用税的纳税人。

所称单位，包括国有企业、集体企业、私营企业、股份制企业、外商投资企业、外国企业及其他企业和事业单位、社会团体、国家机关、军队及其他单位。

所称个人，包括个体工商户以及其他个人。

具体包括如下几类：

(1) 拥有城镇土地使用税征税范围内的土地使用权的单位和个人；

(2) 拥有土地使用权的纳税人不在土地所在地的，以代管人或实际使用人为纳税人；

(3) 土地使用权未确定或权属纠纷未解决的，以实际使用人为纳税人；

(4) 土地使用权共有的，由共有各方按其实际使用土地面积的比例分别纳税。

(二) 征税范围

城镇土地使用税的征税范围，包括在城市、县城、建制镇和工矿区内的国家所有和集体所有的土地。

(1) 对城市、县城、建制镇和工矿区的定义分别按以下标准确认：城市是指经国务院批准设立的市；县城是指县人民政府所在地；建制镇是指经省、自治区、直辖市人民政府批准设立的建制镇；工矿区是指工商业比较发达，人口比较集中，符合国务院规定的建制镇的标准，但尚未设立建制镇的大中型工矿企业所在地。工矿区须经省、自治区人民政府批准。

上述城镇土地使用税的征税范围中，城市的土地包括市区和郊区的土地；县城的土地是指县人民政府所在地的城镇的土地；建制镇的土地是指镇人民政府所在地的土地。

建立在城市、县城、建制镇和工矿区以外的工矿企业则不需要缴纳城镇土地使用税。

(2) 自 2009 年 1 月 1 日起，公园、名胜古迹内的索道公司经营用地，应按规定缴纳城镇土地使用税。

(3) 自 2009 年 1 月 1 日起，对在城镇土地使用税征税范围内单独建造的地下建筑用地，按规定缴纳城镇土地使用税。对地下建筑用地暂按应征税款的 50%征收城镇土地使用税。

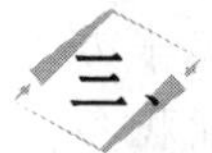

三、计税依据和税率

(一) 计税依据

城镇土地使用税以纳税人实际占用的应税土地面积为计税依据，土地面积的计量单位为每平方米。纳税人实际占用的土地面积按下列办法确定：

(1) 凡由省、自治区、直辖市人民政府确定的单位组织测定土地面积的，以测定的面积为准；

(2) 尚未组织测量，但纳税人持有由政府部门核发的土地使用证书的，以证书确认的面积为准；

(3) 尚未核发土地使用证书的，应由纳税人申报土地面积，据此纳税，待核发土地使用证书后再作调整。

(二) 税率

城镇土地使用税采用定额税率。以每平方米为计税单位，按大、中、小城市以及县城、建制镇、工矿区分别确定幅度差别税额。我国现行法律规定的每平方米应税土地使用税的年税额具体标准为：

(1) 大城市(指人口在50万以上的城市)为1.5～30元；

(2) 中等城市(指人口在20万～50万的城市)为1.2～24元；

(3) 小城市(人口在20万以下的城市)为0.9～18元；

(4) 县城、建制镇、工矿区为0.6～12元。

具体适用税额，由各省、自治区、直辖市人民政府在规定税额幅度内，根据本地区的市政建设和经济繁荣程度等具体情况确定。经济落后地区可适当降低税率，但降低额不得超过最低税额的30%；经济发达地区可适当提高税率，报财政部批准。

城镇土地使用税每一幅度税额的差距规定为20倍，各地政府在划分本辖区不同地段的等级，确定适用税额时，有选择余地，也可以调节不同区域、不同地段之间的土地级差收益，尽可能地平衡税负。

四、应纳税额的计算

城镇土地使用税应纳税额按纳税人实际占用的土地面积，依照规定税率按年计算。规定税率是指该土地所在地段的税率。其计算公式为

应纳税额 = 实际占用应税土地面积(平方米) × 适用单位税率

例 9-5 某国有企业生产经营用地分布于A、B、C三个地域，A的土地使用权属于甲企业，面积为10 000平方米，其中幼儿园占地1 000平方米，厂区绿化占地面积2 000平方米；B的土地使用权属甲企业和乙企业共同拥有，面积为5 000平方米，实际使用面积各半；C面积3 000平方米，甲企业一直使用但土地使用权未确定。假设A、B、C的城镇土地使用税的单位税额每平方米5元。

要求：计算甲企业全年应纳城镇土地使用税。

解：企业办的学校、医院、幼儿园用地免征土地使用税；几个单位共同拥有土地使用权的，应以各自实际占用面积占总面积的比例，分别计算缴纳土地使用税；土地使用权未确定，实际使用人为纳税人。

甲企业应纳土地使用税 = (10 000 − 1 000 + 2 500 + 3 000) × 5 = 72 500(元)

例 9-6 某企业实际占地面积20 000平方米，其中3 000平方米为职工家属区占地，

400 平方米为厂区以外的绿化区，企业内学校和医院共占地 500 平方米。该企业所处地段适用年税额为 2 元/平方米。要求：计算该企业应缴纳的城镇土地使用税。

解：厂区以外的公共绿化用地、企业办的学校医院等用地，免征城镇土地使用税；纳税单位的职工家属宿舍用地，也应缴纳城镇土地使用税。

$$该企业应缴纳的城镇土地使用税 = (20\,000 - 400 - 500) \times 2 = 38\,200(元)$$

五、税收优惠

（一）法定免缴土地使用税的优惠

（1）国家机关、人民团体、军队自用的土地。

（2）由国家财政部门拨付事业经费的单位自用的土地。

（3）宗教寺庙、公园、名胜古迹自用的土地。

以上单位的生产经营用地和其他用地，不属于免税范围，应按规定缴纳城镇土地使用税。如公园、名胜古迹中附设的营业单位如影剧院、饮食部、茶社、照相馆等使用的土地。

（4）市政街道、广场、绿化地带等公共用地。

（5）直接用于农、林、牧、渔业的生产用地。指直接从事于种植、养殖的专业用地，不包括农副产品加工场地和生活办公用地。

（6）经批准开山填海整治的土地和改造的废弃土地。从使用的月份起免缴土地使用税 5～10 年。

（7）对非营利性医疗机构、疾病控制机构和妇幼保健机构等卫生机构自用的土地，免征城镇土地使用税。自 2000 年起对营利性医疗机构自用的土地免征城镇土地使用税 3 年。

（8）企业办的学校、医院、托儿所、幼儿园，其用地能与企业其他用地明确区分的免征城镇土地使用税。

（9）免税单位无偿使用纳税单位的土地（如公安、海关等单位使用铁路、民航等单位的土地），免征城镇土地使用税。但纳税单位无偿使用免税单位的土地，纳税单位应照章缴纳城镇土地使用税；纳税单位与免税单位共同使用、共有使用权土地上的多层建筑，对纳税单位可按其占用的建筑面积占建筑总面积的比例计征城镇土地使用税。

（10）对行使国家行政管理职能的中国人民银行总行（含国家外汇管理局）所属分支机构自用的土地，免征城镇土地使用税。

（11）为了体现国家的产业政策，支持重点产业的发展，对石油、电力、煤炭等能源用地，民用港口、铁路等交通用地和水利设施用地，“三线”调整企业、盐业、采石场、邮电等一些特殊用地划分了征免税界限和给予政策性免税照顾。

（二）经省、自治区、直辖市地方税务局确定可减免土地使用税的优惠

（1）个人所有的居住房屋及院落用地。

（2）房产管理部门在房租调整改革前经租的居民住房用地。

（3）免税单位职工家属的宿舍用地。

（4）民政部门举办的安置残疾人占一定比例的福利工厂用地。

（5）集体和个人办的各类学校、医院、托儿所、幼儿园用地。

（6）对基建项目在建期间使用的土地，原则上应照章征收城镇土地使用税。

（7）城镇内的集贸市场用地，各省、自治区、直辖市地方税务局可根据当地具体情况自行确定征收或者免征。

（8）房地产开发公司建造商品房的用地，原则上应照章征收城镇土地使用税。但在商品房出售之前纳税确有困难的，可由各省、自治区、直辖市地方税务局根据从严的原则结合具体情况确定其用地是否给予缓征或减征、免征照顾。

（9）原房管部门代管的私房，落实政策后，有些私房产权已归还给房主，但由于各种原因，房屋仍由原住户居住，并且住户仍按照房管部门在房租调整改革之前确定的租金标准向房主缴纳租金。这类房屋用地，房主缴纳土地使用税确有困难的，可由各省、自治区、直辖市地方税务局根据实际情况，给予定期减征或免征的照顾。

（10）对于各类危险品仓库、厂房所需的防火、防爆、防毒等安全防范用地，可由各省、自治区、直辖市地方税务局确定，暂免征收城镇土地使用税。

（11）企业搬迁后原场地不使用的、企业范围内荒山等尚未利用的土地，免征城镇土地使用税。

（12）经贸仓库、冷库均属于征税范围。但对于纳税有困难的，可根据《城镇土地使用税暂行条例》第7条的规定，通过申请由省、自治区、直辖市地方税务局审核后，报国家税务总局批准，享受减免城镇土地使用税的照顾。

（13）对房产管理部门在房租调整改革前经租的居民住房用地，考虑到在房租改革前，房产管理部门经租居民住房收取的租金标准一般较低，许多地方纳税确有困难的，可按税收管理体制的规定，报经批准后再给予适当的减征或免征土地使用税照顾。

（14）对中国物资储运总公司所属的物资储运企业的露天货场、库区道路、铁路专用线等非建筑用地，由省、自治区、直辖市地方税务局视企业的经营情况给予适当的减免城镇土地使用税的照顾。

（15）向居民供热并向居民收取采暖费的供热企业暂免征收城镇土地使用税。

六、征收管理

（一）纳税期限、纳税地点和征收机构

城镇土地使用税实行按年计算、分期缴纳的征收办法，具体缴纳期限由省、自治区、直辖市人民政府决定。

城镇土地使用税由土地所在地地方税务机关征收，税款纳入地方财政预算管理。纳税人使用的土地不属于同一省、自治区、直辖市管辖的，由纳税人分别向土地所在地的税务机关缴纳土地使用税；在同一省、自治区、直辖市管辖范围内的，纳税人跨地区使用的土地，其纳税地点由各省、自治区、直辖市地方税务局确定。

（二）纳税义务发生时间

(1) 纳税人购置新建商品房，自房屋交付使用之次月起，缴纳城镇土地使用税。

(2) 纳税人购置存量房，自办理房屋权属转移、变更登记手续，房地产权属登记机关签发房屋权属证书之次月起，缴纳城镇土地使用税。

(3) 纳税人出租、出借房产，自交付出租、出借房产之次月起，缴纳城镇土地使用税。

(4) 房地产开发企业自用、出租、出借本企业建造的商品房，自房屋使用或交付之次月起，缴纳城镇土地使用税。

(5) 纳税人新征用的耕地，自批准征用之日起满 1 年时开始缴纳城镇土地使用税。

(6) 新征用的非耕地，自批准征用次月起缴纳土地使用税。

(7) 自 2009 年 1 月 1 日起，纳税人因土地的权属发生变更而依法终止城镇土地使用税的纳税义务的，其应纳税款的计算应截至土地权利发生变化的当月月末。

城镇土地使用税的纳税人应按照条例的有关规定及时办理纳税申报，并如实填写《城镇土地使用税纳税申报表》。

第四节　耕地占用税

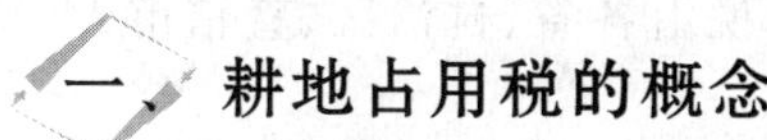

一、耕地占用税的概念

耕地占用税是对在我国境内占用耕地建房或从事其他非农业建设的单位和个人，按其实际占用的耕地面积和规定税额一次性征收的一种税。现行的耕地占用税的基本法律规范，是国务院于 2007 年 12 月 1 日以第 511 号令修订颁布的《中华人民共和国耕地占用

税暂行条例》。

耕地占用税是为了加强土地管理、合理利用土地资源、保护农用耕地而征收的，具有如下特点：

(1) 耕地占用税具有资源税和行为税的双重性质，以所占用的耕地为课税对象，属于土地资源税范畴；又是对占用耕地建房或者从事其他非农业建设的特种行为征税，具有行为税性质。

(2) 在发生应税行为时，实行一次性征收，以后不再征收。

(3) 采取差别定额税率，以县为单位，人均耕地越少的地区单位税额越高。

(4) 税收收入专用于耕地开发与改良。

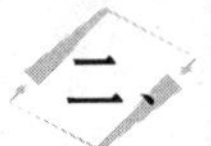

二、耕地占用税的纳税人与征税范围

(一) 纳税人

耕地占用税的纳税人是在我国境内占用耕地建房或从事其他非农业建设的单位和个人。具体包括占用耕地建筑居民住宅、从事工业生产、交通运输、商业以及服务业等非农业建设的机关、团体、部队、企事业单位、个体经营者和个人。承包集体土地的农户和个体农民在其承包的耕地上进行非农业建设的，也是耕地占用税的纳税人。

(二) 征税范围

耕地占用税的征税范围包括纳税人为建房或从事其他非农业建设而占用的国家所有和集体所有的耕地。是否属于征税范围，必须具备两个条件：一是占用耕地；二是建房或者从事其他非农业建设。

耕地占用税的所称的耕地是指用于种植农作物的耕地，具体包括：

(1) 种植粮食作物、经济作物的土地，如粮田、棉田、麻田、烟田、蔗田等；

(2) 菜田，包括种植各种蔬菜的土地；

(3) 园地，如苗圃、花圃、茶园、果园、桑园和其他种植经济林木的土地；

(4) 新开荒地、休闲地、轮歇地、鱼塘、草田轮作地等。

占用前三年曾用于种植农作物的土地，视为耕地。占用已开发用于种植、养殖的滩涂、草地、水面和林地等从事非农业建设，是否征收耕地占用税由各省、自治区、直辖市人民政府根据当地情况加以确定。

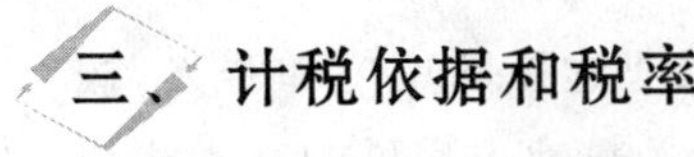

三、计税依据和税率

耕地占用税以纳税人实际占用的耕地面积为计税依据，实行从量定额征收。

现行的税率为地区差别定额税率，即以县为单位，按人均占有耕地面积的多少，参照经济发展情况，将全国划分为四类不同地区，各地区适用的具体税额分别如下：

(1) 人均耕地不超过1亩的地区(以县级行政区域为单位，下同)，每平方米10～50元；

(2) 人均耕地超过1亩但不超过2亩的地区，每平方米8～40元；

(3) 人均耕地超过2亩但不超过3亩的地区，每平方米6～30元；

(4) 人均耕地在3亩以上的地区，每平方米5～25元。

经济特区、经济技术开发区和经济发达、人均耕地特别少的地区，税额标准可适当提高，但最高不得超过上述规定税额的50%。表9-2为各省、自治区、直辖市耕地占用税平均税额。

表9-2　各省、自治区、直辖市耕地占用税平均税额　　单位：元

地　　区	每平方米平均税额	地　　区	每平方米平均税额
上海	45	河北、安徽、江西、山东、河南、重庆、四川	22.5
北京	40	广西、海南、贵州、云南、陕西	20
天津	35	山西、吉林、黑龙江	17.5
江苏、浙江、福建、广东	30	内蒙古、西藏、甘肃、青海、宁夏、新疆	12.5
辽宁、湖北、湖南	25		

四、耕地占用税应纳税额的计算

耕地占用税以纳税人实际占用的耕地面积，按照规定的适用税额标准计算应纳税额。耕地占用税应纳税额的计算公式为

应纳税额 ＝ 应税耕地占用面积 × 适用单位税率

五、税收减免

(一) 免征耕地占用税

(1) 部队军事设施占用耕地；

(2) 学校、幼儿园、敬老院、医院占用耕地。

（二）减征耕地占用税

(1) 铁路线路、公路线路、飞机场跑道、停机坪、港口、航道占用耕地，减按每平方米2元的税额征收耕地占用税。根据实际需要，国务院财政、税务主管部门商国务院有关部门并报国务院批准后，可对前款规定的情形免征或者减征耕地占用税。

(2) 农村居民在规定用地标准范围内占用耕地新建住宅，按照当地适用税额减半征收耕地占用税。

农村烈士家属、残废军人、鳏寡孤独以及革命老根据地、少数民族聚居地区和边远贫困山区生活困难的农村居民，在规定用地标准以内新建住宅纳税确有困难的，由纳税人提出申请，经所在地乡(镇)人民政府审核，报经县人民政府批准后，可以给予减税或者免税。

免征或者减征耕地占用税后，纳税人改变原占地用途，不再属于免征或者减征耕地占用税情形的，应当按照当地适用税额补缴耕地占用税。

六、征收管理

耕地占用税由地方税务机关负责征收。

纳税期限为土地管理部门批准占用耕地之日起30日内。土地管理部门凭耕地占用税完税凭证或者免税凭证和其他有关文件发放建设用地批准书。

纳税人临时占用耕地，应当依照本条例的规定缴纳耕地占用税。纳税人在批准临时占用耕地的期限内恢复所占用耕地原状的，应全额退还已经缴纳的耕地占用税。

练习题

一、复习思考题

1. 资源税的概念和特点各是什么？
2. 资源税的征收范围包括哪些内容？
3. 资源税的计税依据是如何规定的？
4. 我国开征土地增值税有什么重要作用？
5. 土地增值税的征收范围的判断标准是什么？
6. 土地增值税应纳税额的分步计算法与速算扣除法有什么区别？
7. 城镇土地使用税和耕地占用税的税率有什么特点？
8. 城镇土地使用税和耕地占用税的计税依据是什么？

二、综合业务题

1. 某矿务局10月份开采原煤16万吨，其中，对外直接销售10万吨，将原煤2万吨用于连续加工洗煤、选煤，用于矿区发电1万吨，支援本省受灾县0.5万吨，矿区生活用煤0.5万吨，还有2万吨待销售。另外，矿区还将上月加工好的1万吨选煤平价批发给矿区开发公司用于外销。

要求：请计算该矿务局当月应纳的资源税(矿务局原煤单位税额为1元/吨)。

2. 某油田10月份生产原油50万吨，已销售35万吨。企业将自产原油10万吨用于提炼成品油，还有5万吨原油待销售。该油田适用单位税额为12元/吨。

要求：请计算该油田当月应纳的资源税。

3. 某盐场某月生产销售情况如下：对外直接销售原盐150吨；用生产的原盐加工成粉洗盐80吨销售；生产的原盐加工成粉精盐30吨销售；用生产的原盐加工成精制盐2吨销售。该盐场1吨原盐可加工成0.8吨的粉洗盐、0.65吨的粉精盐、0.5吨的精制盐。已知当地原盐的资源税税额为25元/吨。

要求：计算该盐场当月应纳资源税。

4. 某国有企业转让位于城区8年前建造的旧厂房一幢，原造价350万元。经房地产评估机构评定重置成本为1 000万元，成新度折扣率为7成，转让价格为2 000万元，为取得土地使用权支付的金额100万元(能够提供已支付地价款凭据，按国家统一规定缴纳的有关费用及在转让环节缴纳的税金共计300万元)。

要求：根据税法规定，计算该企业应缴纳的土地增值税税额。

5. 某市一家房地产开发公司与某外商投资企业签订售房合同，将一栋房屋售给该外商投资企业，取得收入4 000万元。双方另签订补充协议，由外资企业以一块土地使用权作价1 000万元交给房地产开发公司，以弥补房款不足部分。该栋房屋的开发成本为2 000万元，支付土地出让金及相关费用共计1 000万元，其利息支出不能准确分摊，交易发生后缴纳了有关税费。外商投资企业取得土地使用权时所支付的金额为500万元，并缴纳了契税，该块土地尚未开发即转让给该房地产开发公司。该地区规定的房地产开发费用的扣除比例为10%，城建税税率为7%，教育费附加为3%，印花税税率为0.5‰。

要求：计算双方单位应缴纳的土地增值税。

第十章 财产税相关税收

【学习要求】 财产税相关税收是指对纳税人拥有的或属其支配的财产所征收的一类税收的统称。它并不是对全部财产课税，而通常是对某些特定财产课税。我国现行税制中财产税类只有房产税、契税和车船税。本章要求重点掌握房产税、契税、车船税三个税种的纳税人、征税范围、计税依据的确定以及应纳税额的计算等内容；一般掌握上述税种的税率；理解其税收优惠；了解其征收管理。

第一节 房 产 税

一、房产税的概念

房产税，是以房产为征税对象，按房产的计税价值或房产的租金收入为计税依据，向房产的所有人或经营人征收的一种税。对房产征税的目的是为了运用税收杠杆，加强房产管理，提高房屋的使用效率，控制固定资产投资规模和配合国家房地产政策的调整，合理调节房产所有人和经营人的收入，积累建设资金。

房产税法是指国家制定的调整房产税征收与缴纳之间权利及义务关系的法律规范。我国现行房产税的基本规范是，1986 年 9 月 15 日国务院颁布的《中华人民共和国房产税暂行条例》(以下简称《房产税暂行条例》)。

二、纳税人及征税范围

(一) 纳税人

房产税应由房屋产权所有人，即在中国境内拥有房屋产权的单位和个人缴纳。

(1) 产权属于国家所有的，由经营管理单位缴纳；产权属于集体和个人所有的，由集体单位和个人缴纳。

所称单位，包括国有企业、集体企业、私营企业、股份制企业、外商投资企业、外国企业

和其他企业，以及国家机关、社会团体、事业单位、军事单位、其他单位；所称个人，包括个体工商户及其他个人。

这里应注意的是，外商投资企业、外国企业和外籍个人经营的房产在 2008 年 12 月 31 日前并不适用房产税，而是适用城市房地产税。根据 2008 年 12 月 31 日国务院发布的第 546 号令，自 2009 年 1 月 1 日起，废止《中华人民共和国城市房地产税暂行条例》，外商投资企业、外国企业和组织以及外籍个人（包括港澳台资企业和组织以及华侨、港澳台同胞，以下统称外资企业及外籍个人）依照《中华人民共和国房产税暂行条例》（国发[1986]第 90 号）缴纳房产税，外资企业及外籍个人征收房产税的征税范围、计税依据、税率、税收优惠、征收管理等方面都完全按照《中华人民共和国房产税暂行条例》及有关规定执行。

(2) 产权出典的，由承典人缴纳。

产权出典是指产权所有人将房屋、生产资料等的产权，在一定期限内典当给他人使用，而取得资金的一种融资业务。产权的典价一般低于卖价。出典人在规定期间内须归还典价的本息，方可赎回出典房屋等的产权。由于在房屋出典期间，产权所有人已无权支配房屋，因此，税法规定由对房屋具有支配权的承典人为纳税人。

(3) 产权所有人、承典人不在房屋所在地的，或者产权未确定及租典纠纷未解决的，由房产代管人或者使用人纳税。

(4) 纳税单位和个人无租使用房产管理部门、免税单位及纳税单位的房产，应由使用人依照房产余值代为缴纳房产税。

上述产权所有人、经营管理单位、承典人、房产代管人或者使用人统称为房产税的纳税义务人。

（二）征税范围

房产税法的征税对象是房产。所谓房产，是指有屋面和围护结构（有墙或两边有柱），能够遮风避雨，可供人们在其中生产、学习、工作、娱乐、居住或储藏物资的场所。与房屋不可分割的各种附属设备或一般不单独计价的配套设施，也属于房屋，应一并征收房产税。但独立于房屋之外的建筑物（如水塔、围墙等）不属于房屋，不征房产税。房地产开发企业建造的商品房，在出售前，不征收房产税；但对出售前房地产开发企业已使用或出租、出借的商品房应按规定征收房产税。

房产税的征税范围为城市、县城、建制镇和工矿区的房产。其中，城市是指国务院批准设立的市；县城是指县人民政府所在的地区；建制镇是指省、自治区、直辖市人民政府批准设立的建制镇；工矿区是指工商业比较发达、人口比较集中、符合国务院规定的建制镇标准但尚未设立建制镇的大中型工矿企业所在地。

房产税的征税范围不包括农村农民的房产，这主要是为了减轻农民的负担。因为农村的房屋,除农副业生产用房外,大部分是农民居住用房。对农村房屋不纳入房产征税范围,有利于农业发展、繁荣农村经济、维护社会稳定。

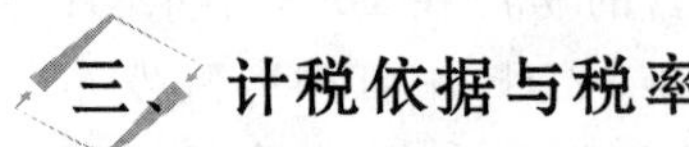

三、计税依据与税率

(一) 计税依据

房产税的计税依据是房产的计税价值或房产的租金收入。计税依据按照房产用途不同,可分为从价计征和从租计征。按照房产计税价值征税的,称为从价计征;按照房产租金收入(包括货币收入和实物收入)计征的,称为从租计征。

1. 从价计征

《房产税暂行条例》规定,房产税依照房产原值一次减除 10%~30%后的余值计算缴纳。各地扣除比例由当地省、自治区、直辖市人民政府确定。

对房产原值需要说明的是:

(1) 房产原值是指纳税人按照会计制度规定,在账簿"固定资产"科目中记载的房屋原价。自 2009 年 1 月 1 日起,对依照房产原值计税的房产,不论是否记载在会计账簿的"固定资产"科目中,均应按房屋原价计算缴纳房产税。

(2) 房产原值应包括与房屋不可分割的各种附属设备或一般不单独计算价值的配套设施。如各种暖通、照明、卫生、煤气等设备,各种管线、管道,电梯、升降机等。

(3) 纳税人对原有房屋进行改建扩建的,要相应增加房屋的原值。

在确定房屋计征依据时,还应注意下列特殊问题:

第一,以房产联营投资的,房产税计税依据应区别对待。①以房产联营投资,投资者参与投资利润分红,共担经营风险的,按房产余值为计税依据计征房产税;②以房产联营投资,不承担经营风险,只收取固定收入,不承担经营风险的,实际上是以联营名义取得房产租金,因此应由出租方按租金收入计征房产税。

第二,自 2009 年 1 月 1 日起,融资租赁的房产,以房产余值为计税依据计征房产税,由承租人自融资租赁合同约定开始日的次月起缴纳房产税。合同未约定开始日的,由承租人自合同签订的次月起缴纳房产税。

第三,房屋附属设备和配套设施的计税规定:①凡以房屋为载体,不可随意搬动的附属设备和配套设施,无论会计记录与核算如何处理,都计入房产原值计征房产税;②对更换附属设备和配套设施,在将其价值计入房产原值时,可扣减原来相应的附属设备和配套设施;对附属设备和配套设施中易损坏、需经常更换的零配件更新后不再计入房产原值。

第四,自 2007 年 1 月 1 日起,对居民住宅区内业主共有的经营性房产,由实际经营(包括自营和出租)的代管人或使用人缴纳房产税。

2. 从租计征

《房产税暂行条例》规定，房产出租的，以房产租金收入为房地产的计税依据。

所谓房产的租金收入，是房屋产权所有人出租房产使用权所得的报酬，包括货币收入和实物收入。如果是以劳务或者其他形式为报酬抵付房租收入的，应根据当地房产的租金水平，确定一个标准租金额从租计征。纳税人申报不实或与同一地段同类房屋的租金收入相比明显不合理的，税务部门可依法采取科学、合理的方法核定其应纳税款。

（二）税率

我国现行房产税采用的是比例税率。由于房产税的计税依据分为从价计征和从租计征两种形式，所以房产税的税率也有两种：

从价计征是按房产原值一次减除10%～30%后的余值计算缴纳，税率为1.2%。

从租计征是按房产出租的租金收入计征的，税率为12%。从2001年1月1日起，对个人按市场价格出租的居民住房，用于居住的，可暂按4%的税率征收房产税。

四、应纳税额的计算

（一）从价计征的计算

从价计征是按房产的原值扣除一定比例后的余值计征，其计算公式为

$$\text{应纳税额} = \text{应税房产原值} \times (1 - \text{扣除比例}) \times 1.2\%$$

（二）从租计征的计算

从租计征是按房产的租金收入计征，其计算公式为

$$\text{应纳税额} = \text{租金收入} \times 12\%(\text{或}\ 4\%)$$

例10-1　某企业2011年度上半年，企业共有房产原值4 000万元，6月底办理移交手续，将原值200万元、占地面积400平方米的一栋仓库出租给某商场存放货物，7月1日起计租，租期1年，每月租金收入1.5万元。8月10日对委托施工单位建设的生产车间办理验收手续，由在建工程转入固定资产原值500万元。房产税计算余值的扣除比例20%。

要求：计算该企业2011年应缴纳的房产税。

解：(1) 经营自用房产应缴纳的房产税：

$$(4\,000 - 200) \times (1 - 20\%) \times 1.2\% = 36.48(\text{万元})$$

$$200 \times (1 - 20\%) \times 1.2\% \div 12 \times 6 = 0.96(\text{万元})$$

或，

$$4\,000 \times (1 - 20\%) \times 1.2\% - 200 \times (1 - 20\%) \times 1.2\% \times 50\% = 37.44(\text{万元})$$

(2) 出租房产应缴纳的房产税：

$$1.5\times 6\times 1.2\% = 1.08(万元)$$

(3) 在建工程转入房产应缴纳的房产税：

$$500\times(1-20\%)\times 1.2\%\div 12\times 4 = 1.6(万元)$$

(4) 2011 年应纳房产税：

$$36.48+0.96+1.08+1.6 = 40.12(万元)$$

五、税收优惠

房产税的税收优惠是根据国家政策需要和纳税人的负担能力制定的。由于房产税属于地方税，因此，给予地方一定的减免权限，有利于地方因地制宜地处理问题。依照《房产税暂行条例》的规定，房产税的减免税优惠项目主要有：

(1) 国家机关、人民团体、军队自用的房产免征房产税。自用的房产，是指这些单位本身的办公用房和公务用房。上述免税单位的出租房产以及非自身业务使用的生产、营业用房，不属于免税范围。

(2) 由国家财政部门拨付事业经费的单位，如学校、医疗卫生单位、托儿所、幼儿园、敬老院、文化、体育、艺术这些实行全额或差额预算管理的事业单位所有的，本身业务范围内使用的房产免征房产税。但上述单位所属的附属工厂、商店、招待所等不属于单位公务、业务的用房，应照章纳税。

由国家财政部门拨付事业经费的单位，其经费来源实行自收自支后，从实行自收自支的年度起，免征房产税 3 年。

(3) 宗教寺庙、公园、名胜古迹自用的房产免征房产税。

(4) 个人所有非营业用的房产免征房产税。

上海、重庆开展对部分个人住房征收房产税的试点

作为对房地产市场过热进行宏观调控的重要手段，打击房地产投资、投机行为，自 2011 年 1 月 28 日起，上海在本市行政区域内开展对部分个人住房征收房产税的试点。

(1) 征收对象是指本暂行办法施行之日起本市居民家庭在本市新购且属于该居民家庭第二套及以上的住房(包括新购的二手存量住房和新建商品住房)和非本市居民家庭在本市新购的住房(以下统称“应税住房”)。新购住房的购房时间，以购房合同网上备案的日期为准。

(2) 纳税人为应税住房产权所有人。产权所有人为未成年人的，由其法定监护人代为纳税。

(3) 计税依据参照应税住房的房地产市场价格确定的评估值，评估值按规定周期进行重估。试点初期，暂以应税住房的市场交易价格作为计税依据。房产税暂按应税住房市场交易价格的70%计算缴纳。

(4) 适用税率暂定为0.6%。应税住房每平方米市场交易价格低于本市上年度新建商品住房平均销售价格2倍(含2倍)的，税率暂减为0.4%。

(5) 税收减免。上海还对家庭人均住房面积在60平方米以下、新购住房后一年内出售原有唯一住房、子女成年后因婚姻首次购房、引进高层次人才购房等六种情况规定了减免措施。

重庆市自2011年1月28日起，个人住房房产税在主城九区行政区域范围试点征收。

(1) 征收对象为个人拥有的独栋商品住宅，个人新购的高档住房，在重庆市同时无户籍、无企业、无工作的个人新购的第二套(含)以上的普通住房。本次未列入征税范围的个人高档住房、多套普通住房，将适时纳入征税范围。

(2) 纳税人为应税住房产权所有人。产权人为未成年人的，由其法定监护人纳税；产权出典的，由承典人纳税；产权所有人、监护人、承典人不在房产所在地的，或者产权未确定及租典纠纷未解决的，由代管人或使用人纳税。

(3) 应税住房的计税价值为房产交易价，待条件成熟时按房产评估值征税。

(4) 独栋商品住宅和高档住房建筑面积交易单价达到上两年主城九区新建商品住房成交建筑面积均价3倍以下的住房，税率为0.5%；3倍(含)至4倍的，税率为1%；4倍(含)以上的税率为1.2%。在重庆市同时无户籍、无企业、无工作的个人新购第二套(含)以上的普通住房，税率为0.5%。

重庆市也相应地作了减免税的规定。

(5) 对行使国家行政管理职能的中国人民银行总行(含国家外汇管理局)所属分支机构自用的房产，免征房产税。

(6) 经财政部批准免税的其他房产。

除上述提到的可免纳房产税的情况外，如纳税人确有困难的，可由省、自治区、直辖市人民政府确定，定期减征或者免征房产税。

六、征收管理

(一) 纳税义务发生时间

(1) 纳税人将原有房产用于生产经营，从生产经营之月起，缴纳房产税。

(2) 纳税人自行新建房屋用于生产经营,从建成之次月起,缴纳房产税。

(3) 纳税人委托施工企业建设的房屋,从办理验收手续之次月起,缴纳房产税。

(4) 纳税人购置新建商品房,自房屋交付使用之次月起,缴纳房产税。

(5) 纳税人购置存量房,自办理房屋权属转移、变更手续,房地产权属登记机关签发房屋权证书之次月起,缴纳房产税。

(6) 纳税人出租、出借房产,自交付出租、出借房产之次日起,缴纳房产税。

(7) 房地产开发企业自用、出租、出借本企业建造的商品房,自房屋使用或交付之次月起,缴纳房产税。

(8) 自 2009 年 1 月 1 日起,纳税人因房产的实物或权利状态发生变更而依法终止城镇房产税纳税义务的,其应纳税款的计算应截至房产的实物或权利状态发生变更的当月月末。

(二) 纳税期限与纳税地点

房产税实行按年计算、分期缴纳的征收方法,具体纳税期限由省、自治区、直辖市人民政府确定。房产税的纳税地点为房产所在地,房产不在同一地方的纳税人,应按房产的坐落地点分别向房产所在地的税务机关纳税。

房产税的纳税人应按照《房产税暂行条例》的有关规定,及时办理纳税申报,并如实填写《房产税纳税申报表》。

第二节 契　税

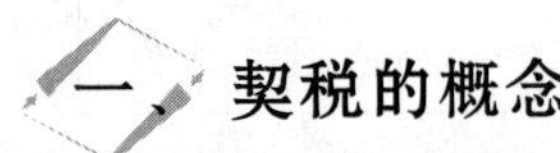

一、契税的概念

契税是以在中华人民共和国境内转移土地、房屋权属为征税对象,向产权承受人征收的一种财产税。

契税最早起源于东晋的“估税”,至今有 1600 多年的历史。新中国成立以后颁布的第一个税法就是《契税暂行条例》,这个条例对旧中国的契税进行了改革。1954 年,财政部对《契税暂行条例》进行修改,对公有制单位的买卖、典当、承受赠与和交换土地、房屋的行业免征契税。社会主义的三大改造完成后,国家禁止土地买卖和转让,征收土地契税自然停止。契税的征税范围只限于非公有制单位的房屋产权转移行为,契税收入较少。“文革”期间,有的地方甚至明令停止办理契税征收业务。

1978 年新宪法公布后,逐步落实了房产政策。随着改革开放的不断深入,城乡房屋买卖又重新活跃起来。为此,财政部于 1981 年和 1990 年分别发出了《关于改进和加强契

税征税管理工作的通知》和《关于加强契税工作的通知》，对契税政策进行了一些补充和调整，契税征收工作全面恢复。现行契税的基本规范是1997年7月7日国务院发布并于同年10月1日开始施行的《中华人民共和国契税暂行条例》。

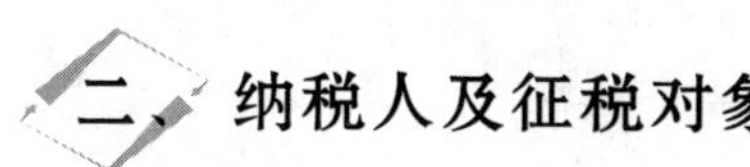

二、纳税人及征税对象

（一）纳税人

契税的纳税人，是指在我国境内转移土地、房屋权属的承受单位和个人。土地、房屋权属是指土地使用权和房屋所有权。承受是指以受让、购买、受赠、交换等方式取得的土地、房屋权属的行为。国有土地使用权出让或者土地使用权转让中的受让人、房屋的买主、房屋赠与承受人、房屋交换的双方是具体的纳税义务人。

一般税种所确定的纳税人，通常确定为销售方，即卖方纳税。契税对买方征税的主要目的，在于承认不动产的转移生效，承受人纳税之后，便可拥有转移过来的不动产的产权或使用权，法律保护其合法权益。

（二）征税对象

契税的征税对象，是境内转移土地、房屋权属的行为。境内是指中华人民共和国实际税收行政管理范围内。具体征收范围包括：

(1) 国有土地使用权出让。是指土地使用者向国家交付土地使用权出让费用，国家将国有土地使用权在一定年限内让与土地使用者的行为。

(2) 土地使用权转让。包括出售、赠与、交换或者以其他方式将土地使用权转让给其他单位和个人的行为。土地使用权转让不包括农村集体土地承包经营权的转移。

(3) 房屋的买卖、赠与或交换而发生转移土地和房屋权属的行为。房屋买卖是以货币为媒介，出卖者向购买者过渡转移房产所有权的行为。房屋赠与是指房屋产权所有人将房屋无偿转让给他人所有。房屋交换是指房屋所有者之间交换房屋的行为。

实际生活中，以下几种特殊情况，视同土地使用权转让、房屋买卖或者房屋赠与，应照章征收契税：

- 以土地、房屋权属作价投资。但以自有房产作股投入本人独资经营企业，免征契税。
- 以土地、房屋权属抵债。
- 以获奖方式承受土地、房屋权属。
- 以预购方式或者预付集资建房款方式承受土地、房屋权属。
- 实物交换房屋以及以股份换取企业房屋产权。

• 买房拆料或翻建新房,应照章征收契税。

(4) 承受国有土地使用权支付的土地出让金,要计征契税,不得因减免土地出让金而减免契税。

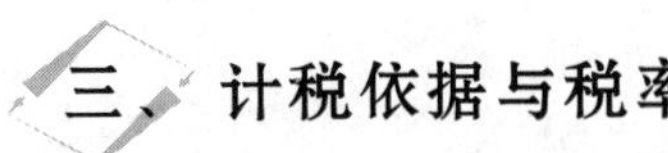

三、计税依据与税率

(一) 计税依据

契税的计税依据为不动产的价格。由于土地、房屋权属转移方式不同,定价方法不同,因而具体计税依据视不同情况而定:

(1) 国有土地使用权出让、土地使用权出售、房屋买卖的计税依据为成交价格。成交价格是指土地、房屋权属转移合同确定的价格,包括承受者应交付的货币、实物、无形资产或者其他经济利益。

(2) 土地使用权、房屋赠与的计税依据,由征收机关参照土地使用权出售、房屋买卖的市场价格核定。

(3) 土地使用权交换、房屋交换的计税依据为所交换的土地使用权、房屋的价格差额。也就是说,交换价格相等时,免征契税;交换价格不等时,由多交付的一方缴纳契税。

(4) 以划拨方式取得土地使用权,经批准转让房地产时的计税依据,由房地产转让者按补交的土地使用权出让费用或者土地收益补交契税。

(5) 房屋附属设施征收契税的依据。

• 采用分期付款方式购买房屋附属设施使用权、房屋所有权的计税依据,应按合同规定的总价款计征契税。
• 承受的房屋附属设施权属如为单独计价的,按照当地确定的适用税率征收契税;如与房屋统一计价的,适用与房屋相同的契税税率。

(6) 个人无偿赠与不动产行为(法定继承人除外),应对受赠人全额征收契税。

(7) 出让国有土地使用权的,契税计税价格为承受人为取得该土地使用权而支付的全部经济利益。

(二) 契税税率

契税税率实行3%～5%的幅度税率。契税的适用税率,由省、自治区、直辖市人民政府依法根据本地区经济发展水平的实际情况决定,并报财政部和国家税务总局备案。

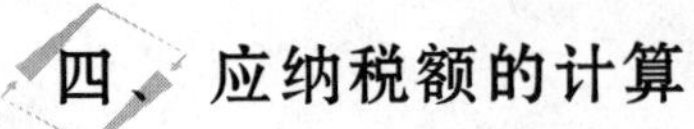

四、应纳税额的计算

契税的应纳税额依据契税的计税依据和税率计算征收。其计算公式为

$$应纳税额 = 计税依据 \times 税率$$

应纳税额以人民币计算。转移土地、房屋权属以外汇结算的，按照纳税义务发生之日，中国人民银行公布的人民币市场汇率的中间价折合成人民币计算。

例 10-2 某学校张老师购买一套商品房，价格 60 万元，因一次性付款，售房单位给予 1 万元优惠，同时按当地政策规定对教师按正常售价优惠 5%。其又花了 8 万元购买小区内有产权的地下车位一个，当地契税税率为 4%。

要求：试确定张老师买房应交契税的计税依据并计算其应纳契税税额。

解：房屋买卖中契税的计税依据为不动产成交价格；购买房屋附属设施土地使用权、房屋所有权的，应按合同规定的总价款计征契税。

$$契税的计税依据 = 60 \times (1 - 5\%) - 1 + 8 = 64(万元)$$

$$应纳税额 = 64 \times 4\% = 2.56(万元)$$

例 10-3 甲、乙两单位互换经营性用房，甲换入的房屋价格为 490 万元，乙换入的房屋价格为 600 万元，乙以人民币另支付甲 110 万元。当地契税适用税率为 3%。

要求：计算双方应纳契税税额。

解：房屋不等价交换，由多交付资产一方按价差缴纳契税。则

$$乙应纳契税 = (600 - 490) \times 3\% = 3.3(万元)$$

五、税收优惠

依照《中华人民共和国契税暂行条例》的规定，契税的减免税优惠项目主要有：

(1) 国家机关、事业单位、社会团体、军事单位承受土地、房屋用于办公、教学、医疗、科研和军事设施的，免征契税。

(2) 城镇职工按规定第一次购买公有住房，免征契税。

此外，财政部、国家税务总局规定：自 2000 年 11 月 29 日起，对各类公有制单位为解决职工住房问题而采取集资建房方式建成的普通住房，或由单位购买的普通商品住房，经当地县以上人民政府房改部门批准，按照国家房改政策出售给本单位职工的，如属职工首次购买住房，均可免征契税。

自 2010 年 9 月 29 日起，对个人购买普通住房，且该住房属于家庭(成员范围包括购房人、配偶以及未成年子女，下同)唯一住房的，减半征收契税。对个人购买 90 平方米及以下普通住房，且该住房属于家庭唯一住房的，减按 1%税率征收契税。

(3) 因不能预见、不可避免并不能克服的自然灾害、战争等不可抗力因素而灭失住房而重新购买住房的，酌情减免。

(4) 土地、房屋被县级以上人民政府征用、占用后，重新承受土地、房屋权属的，由省级人民政府确定是否减免。

(5) 承受荒山、荒沟、荒丘、荒滩土地使用权，并用于农、林、牧、渔业生产的，免征契税。

(6) 依照我国有关法律规定以及我国缔结或参加的双边或多边条约或协定，应当予以免税的外国驻华使馆、领事馆、联合国驻华机构及其外交代表、领事官员和其他外交人员承受土地、房屋权属。

(7) 对发生的有关企业改制重组的行为，按照财税[2003]第184号文的相关规定享受契税优惠政策。

六、征收管理

契税的纳税义务发生时间是纳税人签订土地、房屋权属转移合同的当天，或者纳税人取得其他具有土地、房屋权属转移合同性质凭证的当天。纳税人应当自纳税义务发生之日起10日内，向土地、房屋所在地的契税征收机关办理纳税申报，并在契税征收机关核定的期限内缴纳税款。

纳税人办理纳税事宜后，征收机关应向纳税人开具契税完税凭证。纳税人持契税完税凭证和其他规定的文件资料，依法向土地管理部门、房产管理部门办理有关土地、房屋的权属变更登记手续。土地管理部门和房产管理部门应向契税征收机关提供有关资料，并协助契税征收机关依法纳税。

第三节　车　船　税

一、车船税的概述

车船税，是指国家对行驶于中华人民共和国境内公共道路的车辆和航行于境内河流、湖泊或者领海的船舶，依法征收的一种税。通过征收车船税，可以促使纳税人提高车船使用效益，通过税收手段开辟财源，缓解发展交通事业资金短缺的矛盾，从而加强对车船的管理。

车船税法是指调整车船税税收法律关系的法律规范系统。现行车船税的基本法律规范，是2011年2月25日第十一届全国人民代表大会常务委员会第十九次会议审议通过、并以第43号主席令公布的《中华人民共和国车船税法》(以下简称《车船税法》)，自2012年1月1日起施行。

改革开放以来，在税收体制改革过程中，根据情况变化，国务院对车船税收制度作过多次调整和完善，1986年9月15日国务院颁布《中华人民共和国车船使用税暂行条例》，

自同年10月1日起执行。2006年12月，国务院废止《中华人民共和国车船使用牌照税暂行条例》和《中华人民共和国车船使用税暂行条例》，制定了《中华人民共和国车船税暂行条例》。按照全国人大授权决定和立法有关规定，国务院制定的税收单行条例在条件成熟时应当上升为法律，现阶段将《中华人民共和国车船税暂行条例》上升为《中华人民共和国车船税法》的条件已经成熟。

我国目前对乘用车的所有人或管理人征收的税种主要有三个：车辆购置税、燃油消费税和车船税，这三个税种各有侧重、功能不同。其中，车辆购置税来源于车辆购置附加费，燃油消费税来源于养路费等收费。这两个税种都是通过费改税而来的，筹集的资金专门用于公路建设和养护。车船税属于财产税，是在保有环节征收的税种。

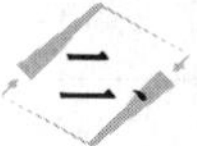

二、纳税人及税目、税额

（一）纳税人

在中华人民共和国境内属于《车船税法》所附《车船税税目税额表》规定的车辆、船舶（以下简称车船）的所有人或者管理人，为车船税的纳税人，应当依照《车船税法》缴纳车船税。

车船管理人是指对车船具有管理使用权，不具有所有权的单位。通常情况下，车船的所有人与车船的管理人是一致的。但在我国实践中，经常会出现车船的所有权与管理权分离的情形，如国家机关拥有所使用车船的管理使用权，其所有权属于国家所有。因此，就出现了车船的所有人与车船的管理人不一致的情况。如果让抽象意义上的国家作为车船的所有人去缴纳车船税，在实践中是无法操作的。所以，《车船税法》将车船管理人也规定为车船税的纳税人。

（二）扣缴义务人

从事机动车第三者责任强制保险业务的保险机构为机动车车船税的扣缴义务人，应当在收取保险费时依法代收车船税，并出具代收税款凭证。

这既方便纳税人缴税，使车主少跑路，减少完税所需时间和成本，也有利于通过源泉控管，提高车船税征收效果。

（三）计税依据

从理论上讲，车船税作为财产税，其计税依据应当是车船的评估价值。但从实际情况看，车船价值难以评估。车船税以纳税人所拥有的车辆数量、整备质量每吨，以及船舶的净吨位每吨和艇身长度每米为计征依据，实行从量定额征收。其中，在车辆征税中，乘用车、客车、摩托车均按每辆计征，货车、挂车、专用作业车和轮式专用机械车均按整备质量每吨计征。在船舶征税中，机动船舶按净吨位每吨，游艇按艇身长度每米计征。

（四）税额

《车船税法》对应税车船的应纳税额的计算适用有幅度的定额税率，车辆的具体适用税额由省、自治区、直辖市人民政府依照《车船税法》所附《车船税税目税额表》规定的税额幅度和国务院的规定确定。船舶的具体适用税额由国务院在《车船税法》所附《车船税税目税额表》规定的税额幅度内确定。车船税税目税额表见表10-1。

表10-1 车船税税目税额表

税目		计税单位	年基准税额	备注
乘用车	1.0升(含)以下的	每辆	60～360元	核定载客人数9人(含)以下
	1.0～1.6升(含)的	每辆	300～540元	
	1.6～2.0升(含)的	每辆	360～660元	
	2.0～2.5升(含)的	每辆	660～1 200元	
	2.5～3.0升(含)的	每辆	1 200～2 400元	
	3.0～4.0升(含)的	每辆	2 400～3 600元	
	4.0升以上的	每辆	3 600～5 400元	
商用车	客车	每辆	480～1 440元	核定载客人数9人以上，包括电车
	货车	整备质量每吨	16～120元	包括半挂牵引车、三轮汽车和低速载货汽车
挂车		整备质量每吨	按照货车税额的50%	
其他车辆	专用作业车	整备质量每吨	16～120元	不包括拖拉机
	轮式专用机械车	整备质量每吨	16～120元	
摩托车		每辆	36～180元	
船舶	机动船舶	净吨位每吨	3～6元	拖船、非机动驳船分别按照机动船舶税额的50%计算
	游艇	艇身长度每米	600～2 000元	

对乘用车按排气量征税，主要基于以下考虑：①据统计分析，乘用车的排气量与其价值总体上存在着显著的正相关关系，排气量越大，销售价格越高。②从征管角度看，按排气量征税简便易行，在计税依据方面，排气量是替代价值或评估值的最佳选择。

《车船税法》将部分档次乘用车的适用税额设置为前后相交叉，主要考虑有三：一是确保1.6～2.0升(含)排量乘用车的名义税额幅度维持360～660元不变。二是为涵盖和照顾现行各地乘用车实际税收负担情况，以避免法定税额与实际税负之间出现差异过大情况，有利于现行条例向新税法平稳过渡。三是考虑经济社会发展情况以及地方政府对机动车节能减排、交通拥堵实施调控的需要，为地方制定具体适用税额预留适当空间。省内税额由地方政府根据本地区乘用车保有情况统一制定，基本上不会出现税额倒挂问题，省际间税额由于地区间相互沟通、相互协商，税额倒挂出现的可能性也较小。

三、应纳税额的计算

车船税应纳税额，可根据车船的不同类型分别按如下公式进行计算。

（一）乘用车

应纳税额＝车辆数×年基准税额

（二）商用车

客车应纳税额＝车辆数×年基准税额
货车应纳税额＝整备质量每吨×年基准税额
挂车应纳税额＝整备质量每吨×货车年基准税额×50%

（三）其他车辆(含专用作业车、轮式专用机械车)

应纳税额＝整备质量每吨×年基准税额

（四）摩托车

应纳税额＝车辆数×年基准税额

（五）船舶

机动船舶应纳税额＝净吨位数×年基准税额
游艇应纳税额＝艇身长度米数×年基准税额

四、税收优惠

(1) 下列车船免征车船税：

- 捕捞、养殖渔船；

- 军队、武装警察部队专用的车船；
- 警用车船；
- 依照法律规定应当予以免税的外国驻华使领馆、国际组织驻华代表机构及其有关人员的车船。

(2) 对节约能源、使用新能源的车船可以减征或者免征车船税；对受严重自然灾害影响纳税困难以及有其他特殊原因确需减税、免税的，可以减征或者免征车船税。具体办法由国务院规定，并报全国人民代表大会常务委员会备案。

(3) 省、自治区、直辖市人民政府根据当地实际情况，可以对公共交通车船，农村居民拥有并主要在农村地区使用的摩托车、三轮汽车和低速载货汽车定期减征或者免征车船税。

五、征收管理

(1) 车船税的纳税地点为车船的登记地或者车船税扣缴义务人所在地。依法不需要办理登记的车船，车船税的纳税地点为车船的所有人或者管理人所在地。

(2) 车船税纳税义务发生时间为取得车船所有权或者管理权的当月。车船税按年申报缴纳。具体申报纳税期限由省、自治区、直辖市人民政府规定。

(3) 公安、交通运输、农业、渔业等车船登记管理部门、船舶检验机构和车船税扣缴义务人的行业主管部门应当在提供车船有关信息等方面，协助税务机关加强车船税的征收管理。

(4) 车辆所有人或者管理人在申请办理车辆相关登记、定期检验手续时，应当向公安机关交通管理部门提交依法纳税或者免税证明。公安机关交通管理部门核查后办理相关手续。

(5) 车船税的征收管理，依照《车船税法》和《中华人民共和国税收征收管理法》的规定执行。

练习题

一、复习思考题

1. 房产税的征税对象及征税范围各是什么？
2. 契税的计税依据是什么？有哪些具体规定？
3. 车船税的征税对象及计税依据各是什么？

二、计算题

1. 某公司的经营用房屋原值 5 000 万元，按照当地规定允许减除 30%后余值计税，适用税率 12%。另出租房屋 2 间，年租金收入 30 000 元，适用税率 12%。

要求：计算该公司应纳房产税税额。

2. 某公司 2009 年发生两笔互换房产业务，并已办理了相关手续。第一笔业务换出的房产价值 500 万元，换进的房产价值 800 万元；第二笔业务换出的房产价值 600 万元，换进的房产价值 300 万元。已知当地政府规定的契税税率为 3%。

要求：计算该公司应缴纳的契税。

3. 某运输公司有货车、挂车 10 辆，净吨位 5 吨，另有卡车 8 辆，净吨位 3.7 吨，仅供内部行驶的平板货车 1 辆，接送职工面包车 1 辆（18 人座），1 月份还新添 3 辆卡车，当月投入使用，每辆净吨位为 2 吨。当地政府规定载货汽车单位税额为 60 元/吨，30 座以内乘人汽车单位税额为 250 元。

要求：计算该单位全年应纳车船税。

4. 某企业 2009 年度共计拥有土地 65 000 平方米，其中子弟学校占地 3 000 平方米，幼儿园占地 1 200 平方米，企业内部绿化占地 2 000 平方米。2009 年度的上半年企业共拥有房产原值 4 000 万元，7 月 1 日起企业将原值 200 万元、占地面积 400 平方米的一栋仓库出租给某商场存放货物，租期 1 年，每月租金收入 1.5 万元。

要求：计算该企业 2009 年应缴纳的城镇土地使用税（城镇土地使用税 4 元/平方米）。

第十一章　行为税及其他相关税收

【学习要求】 行为税是国家对某些特定行为课征的各种税收的统称。我国现行行为税有车辆购置税、印花税等。本章要求重点掌握车辆购置税、印花税和烟叶税三个税种的纳税人、征税范围、计税依据的确定和应纳税额的计算等内容；一般掌握上述税种的税率；理解车辆购置税、印花税的起源与发展，以及各税种的税收优惠；了解各税种的征收管理。

第一节　车辆购置税

一、车辆购置税的概念

车辆购置税是对在我国境内购置应税车辆的单位和个人，按其购置车辆的价格的一定比率征收的一种财产税。车辆购置税是由原交通部门征收的车辆购置附加费转化而来，属于“费改税”。车辆购置税具有征收范围单一、征收环节单一、税率单一、征收方法单一的特点。开征车辆购置税是“费改税”的一项重大突破，它可以降低征收成本，纳入政府预算收入。

我国现行车辆购置税的基本法律规范，是2000年10月22日国务院令第294号颁布，并于2001年1月1日起施行的《中华人民共和国车辆购置税暂行条例》(以下简称《车辆购置税暂行条例》)。2010年车辆购置税实现收入1 792.03亿元，占税收总收入的比重为2.4%。

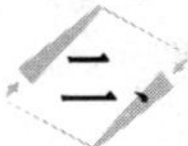

二、纳税义务人及征税范围

(一) 纳税义务人

在中华人民共和国境内购置应税车辆的单位和个人，为车辆购置税的纳税人。其中，购置是指购买使用行为、进口使用行为、受赠使用行为、自产自用行为、获奖使用行为以及

以拍卖、抵债、走私罚没等方式取得并使用的行为。

《车辆购置税暂行条例》所称单位，包括国有、集体、私营、股份制企业和其他企业，以及行政单位、事业单位、军事单位、社会团体、其他单位；所称个人，包括个体工商户及其他个人。

（二）征税范围

车辆购置税以列举的车辆作为征税对象，未列举的车辆不征税。其征税范围包括汽车、摩托车、电车、挂车、农用运输车。具体规定如下：

（1）汽车，包括各类汽车；

（2）摩托车，包括轻便摩托车、两轮摩托车、三轮摩托车；

（3）电车，包括无轨电车和有轨电车；

（4）挂车，包括全挂车和半挂车；

（5）农用运输车，包括三轮农用运输车和四轮农用运输车。

车辆购置税征税范围的调整，由国务院决定并公布。

三、计税依据及税率

（一）计税依据

车辆购置税以纳税人所购置的车辆的价格为计税依据。车辆计税的价格根据不同情况可按照下列规定确定：

（1）纳税人购买自用的应税车辆的计税价格，为纳税人购买自用车辆而支付给销售者的全部价款和价外费用（包括销售方在车价以外向购买方收取的手续费、基金、违约金、包装费、保管费、代收款项、代垫款项和其他收费），但不包括增值税税款。

（2）纳税人进口自用的应税车辆，其计税价格的计算公式为

$$计税价格 = 关税完税价格 + 关税 + 消费税$$

（3）纳税人自产、受赠、获奖或以其他方式取得并自用的应税车辆的计税价格，由主管税务机关参照《车辆购置税暂行条例》规定的最低计税价格核定。

（4）纳税人购买自用或者进口自用应税车辆，申报的计税价格低于同类型应税车辆的最低计税价格，又无正当理由的，按照最低计税价格征收车辆购置税。

（5）纳税人以外汇结算应税车辆价款的，按照申报纳税之日中国人民银行公布的人民币基准汇率，折合成人民币计算应纳税额。

（二）税率

车辆购置税实行从价定率征收，税率为10%。

车辆购置税税率的调整，由国务院决定并公布。为应对国际金融危机的影响，刺激国内消费，拉动内需，国务院对1.6升及以下排量小汽车的车辆购置税税率进行了调整。自2009年1月20日至2009年12月31日，车辆购置税税率下调为5%，2010年1月1日至2010年12月31日按7.5%税率征收，2011年1月1日起恢复到10%。

四、应纳税额的计算

（1）车辆购置税实行从价定率的办法计算应纳税额，应纳税额的计算公式为

应纳税额 ＝ 计税价格 × 税率

例11-1 刘某2011年6月在长沙市某汽车销售公司购买了一辆小汽车自用，支付了含增值税在内的款项234 000元，另支付代收临时牌照费550元、代收保险费1 000元，支付购买工具件和零配件价款3 000元，车辆装饰费1 300元。所支付的款项均由该汽车销售公司开具“机动车销售统一发票”和有关票据。请计算刘某的应纳车辆购置税。

计税依据＝(234 000＋550＋1 000＋3 000＋1 300)÷(1＋17%)＝205 000(元)

应纳税额＝205 000×10%＝20 500(元)

（2）纳税人进口自用的应税车辆应纳税额的计算公式为

应纳税额 ＝（关税完税价格 ＋ 关税 ＋ 消费税）× 税率

（3）纳税人自产自用、受赠使用、获奖使用和以其他方式取得并自用应税车辆的，凡不能取得该型车辆的购置价格，或低于最低计税价格的，以国家税务总局核定的最低计税价格作为计税依据计算征收车辆购置税。

应纳税额 ＝ 最低计税价格 × 税率

五、税收优惠及征收管理

（一）税收优惠

《车辆购置税暂行条例》第9条规定，车辆购置税的免税、减税，按照下列规定执行：

（1）外国驻华使馆、领事馆和国际组织驻华机构及其外交人员自用的车辆，免税；

（2）中国人民解放军和中国人民武装警察部队列入军队武器装备订货计划的车辆，免税；

（3）设有固定装置的非运输车辆，免税；

（4）防汛专用车、森林消防专用车，免税；

（5）在外留学人员(含香港、澳门地区)回国服务的，购买1辆国产小汽车，免税；

（6）来华定居外籍专家进口自用的1辆小汽车，免税；

(7) 有国务院规定予以免税或者减税的其他情形的，按照规定免税或者减税。

免税、减税车辆因转让、改变用途等原因不再属于免税、减税范围的，应当在办理车辆过户手续或者办理变更车辆登记注册手续前缴纳车辆购置税。

(二) 征收管理

车辆购置税实行一次征收制度。购置已征车辆购置税的车辆，不再征收车辆购置税。车辆购置税由国家税务局征收，纳税人购置、进口或以自产、受赠、获奖等方式取得应税车辆的，应在取得之日起60日内，向车辆登记注册地的主管税务机关申报纳税。

第二节　印　花　税

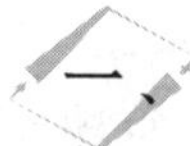

一、印花税的定义及其特点

(一) 印花税的定义

印花税是对经济活动和经济交往中书立、使用、领受具有法律效力的凭证的单位和个人征收的一种税。其因采用在应税凭证上粘贴印花税票作为完税的标志而得名。印花税是国际上常见的一种税。现行印花税的基本规范，是1988年8月6日国务院发布并于同年10月1日在全国实施的《中华人民共和国印花税暂行条例》(简称《印花税暂行条例》)。

(二) 印花税的特点

印花税是指国家制定的用来调整印花税征收与缴纳之间权利及义务关系的法律规范，具有行为税性质的凭证税，凡发生书立、使用、领受应税凭证的行为，就必须依照印花税的有关规定履行纳税义务。我国印花税具有如下特点。

1. 覆盖面广

印花税规定的征税范围广泛，凡税法列举的合同或具有合同性质的凭证、产权转移书据、营业账簿及权利、许可证照等，都必须依法纳税。

2. 税率低，税负轻

印花税最高税率为1‰，最低税率为0.5‰。按定额税率征税的，每件5元。

3. 印花税兼有凭证税和行为税性质

4. 纳税人自行完税

印花税与其他税种不同，实行"三自"的纳税办法。即：①纳税人在书立、使用、领受应税凭证、发生纳税义务的同时，先根据凭证所载的计税金额和应适用的税目税率，自行计算其应纳税额；②由纳税人自行购买印花税票，并一次足额粘贴在应税凭证上；③由纳税人按《印花税暂行条例》的规定对已粘贴的印花税票自行注销或者划销。至此，纳税人的纳税义务才算履行完毕。

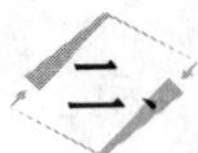

二、印花税的起源与发展

印花税是一个古老的税种。荷兰是印花税的创始国。1624 年荷兰政府在广泛征询民间建议的基础上，确定并实施了一种以商事产权凭证为征收对象的印花税，由于缴税时是在凭证上用刻花滚筒推出“印花”戳记，以示完税，因此被命名为“印花税”。1854 年，奥地利政府印制发售了形似邮票的印花税票，由纳税人自行购买贴在应纳税凭证上，并规定完成纳税义务是以在票上盖戳注销为标准，世界上由此诞生了印花税票。目前，世界上已有 100 多个国家和地区开征了印花税。

印花税是中国效仿西洋税制的第一个税种。从清光绪十五年(1889 年)始，大清帝国拟开征印花税二十余年，虽先后印制了日本版和美国版印花税票，也拟定了“印花税则”十五条，但终未能正式实施。中华民国成立后，北洋政府把推行印花税作为重要的聚财之举，于 1912 年 10 月 21 日公布了《印花税法》，并于次年正式实施。

中华人民共和国成立后，1950 年 1 月 30 日，中央人民政府政务院通令公布《全国税政实施要则》，确立了印花税为全国统一开征的税种之一。1950 年 12 月政务院公布《印花税暂行条例》，1951 年 1 月 4 日财政部公布了《印花税暂行条例施行细则》，从此全国统一了印花税法。1958 年全国税制改革，印花税并入工商统一税。1988 年 8 月 6 日，国务院发布《中华人民共和国印花税暂行条例》，规定从 1988 年 10 月 1 日起重新在全国统一开征印花税。

三、纳税义务人

印花税的纳税人，是指在中华人民共和国境内书立、使用、领受印花税法所列举的凭证并应依法履行纳税义务的单位和个人。其具体包括国内各类企业、事业、机关、团体、部队以及中外合资企业、中外合作企业、外资企业、外国公司和其他经济组织及其在华机构等单位和个人。

由于书立、使用、领受应税凭证的不同，印花税的纳税人可分别称为立合同人、立据人、立账簿人、领受人和使用人。

（一）立合同人

立合同人指合同的当事人，是对凭证有直接权利义务关系的单位和个人，但不包括合

同的担保人、证人、鉴定人。当事人的代理人有代理纳税义务，他与纳税人负有同等的税收法律义务和责任。

（二）立据人

立据人指书立产权转移书据的单位和个人。

（三）立账簿人

立账簿人指开立并使用营业账簿的单位和个人。

（四）领受人

领受人指领取并持有权利许可证照的单位和个人。

（五）使用人

在国外书立或领受，但在国内使用应税凭证的单位和个人是纳税人。

凡由两方或两方以上当事人共同书立的应税凭证，其当事人各方均为印花税的纳税人，应各就其所持凭证的计税金额履行纳税义务。

四、征税范围

根据税法的规定，印花税的征税范围包括以下几方面的内容。

（一）购销合同

包括供应、预购、采购、购销结合及协作、调剂、补偿、贸易等合同。此外，还包括出版单位与发行单位之间订立的图书、报纸、期刊和音像制品的应税凭证。如订购单、订数单等。

（二）加工承揽合同

包括加工、定做、修缮、修理、印刷、广告、测绘、测试等合同。

（三）建设工程勘察设计合同

包括勘察、设计合同。

（四）建筑安装工程合同

包括建筑、安装工程承包合同。承包合同，包括总承包合同、分包合同和转包合同。

（五）财产租赁合同

包括租赁房屋、船舶、飞机、机动车辆、机械、器具、设备等合同，还包括企业、个人出租门店、柜台等签订的合同。

（六）货物运输合同

包括民用航空、铁路运输、海上运输、公路运输和联运合同以及作为合同使用的单据。

（七）仓储保管合同

包括仓储、保管合同，以及作为合同使用的仓单、栈单等。

（八）借款合同

包括银行及其他金融组织与借款人（不包括银行同业拆借）所签订的合同，以及只填开借据并作为合同使用，取得银行借款的借据。银行及其他金融机构经营的融资租赁业务，是一种以融物方式达到融资目的的业务，实际上是分期偿还的固定资金借款，因此融资租赁合同也属于借款合同。

（九）财产保险合同

包括财产、责任、保证、信用保险合同，以及作为合同使用的单据。

（十）技术合同

包括技术开发、转让、咨询、服务等合同，以及作为合同使用的单据。

（十一）产权转移书据

包括财产所有权和版权、商标专用权、专利权、专有技术使用权等转移书据。

（十二）营业账簿

营业账簿指单位或者个人记载生产经营活动的财务会计核算账簿。营业账簿按其反映内容的不同，可分为记载资金的账簿和其他账簿。

（十三）权利、许可证照

包括政府部门发给的房屋产权证、工商营业执照、商标注册证、专利证、土地使用证。

五、印花税的计税依据

印花税的计税依据分为计税金额和凭证的件数。税法中关于计税依据的相关规定可分为一般规定和特殊规定两大类。

（一）印花税的计税依据一般规定

印花税的计税依据为各种应税凭证上所记载的计税金额。具体规定如下：

（1）购销合同的计税依据，为购销金额；

（2）加工承揽合同的计税依据为加工或承揽收入额，含加工费和代垫的辅助材料金额；

（3）建设工程勘察设计合同的计税依据，为收取的费用；

（4）建筑安装工程承包合同的计税依据，为承包金额；

（5）财产租赁合同的计税依据，为租赁金额；

（6）货物运输合同的计税依据，为运输费用，但不含装卸费用；

（7）仓储保管合同的计税依据，为仓储保管费用；

（8）借款合同的计税依据，为借款金额；

（9）财产保险合同的计税依据，为保险费收入；

（10）技术合同的计税依据，为合同所载金额；

（11）产权转移书据的计税依据，为书据所载金额；

（12）营业账簿中记载资金的账簿的计税依据为“实收资本”、“资本公积”两项的合计金额，其他账簿的计税依据为应税凭证的件数，即账簿的本数；

（13）权利、许可证照的计税依据，为应税凭证的件数。

（二）计税依据的特殊规定

（1）应税凭证以金额、收入、费用作为计税依据的，以全额计税，不得作任何扣除。

（2）同一凭证载有两个或两个以上经济事项而适用不同税率时，分别记载金额的，应分别适用税率计算纳税；未分别记载金额的，从高适用税率计算纳税。

（3）按金额比例贴花的应税凭证，未标明金额的，按凭证所载数量及国家牌价计算金额；没有国家牌价的，按市场价格计算金额。

（4）应税凭证所载金额为外币的，按凭证书立当日国家外汇管理局公布的外汇牌价折合为人民币。

（5）印花税票为有价证券，其票面金额以人民币为单位，分为1角、2角、5角、1元、2元、5元、10元、50元、100元九种。应纳税额不足1角的，免纳印花税；1角以上的，其税额尾数不满 5 分的不计，满 5 分的按 1 角计。

(6) 有些合同在签订时无法确定计税金额，可在签订时先按 5 元定额贴花，以后结算时再按实际金额计税，补贴印花。

(7) 应税合同在签订时纳税义务即已发生，不论合同是否兑现，均应贴花。

(8) 对有经营收入的事业单位，凡国家实行差额预算管理的，其记载经营业务的账簿按其他账簿贴花，其他不记载经营业务的账簿不贴花。经费来源自收自支的事业单位，其营业账簿正常计算纳税。

(9) 跨地区经营的分支机构使用的账簿，由分支机构在其所在地计算贴花。上级单位核拨资金的分支机构，记载资金的账簿按账面金额计税，其他账簿按本数贴花；上级单位不核拨资金的分支机构，只就其他账簿按本数贴花。为避免对同一资金重复计税贴花，上级单位记载资金的账簿应按扣除拨给分支机构资金后的数额计税贴花。

(10) 企业发生合并、分立和联营等变更后，凡依法重新办理法人登记的新企业设立的账簿，于启用时计税贴花，凡无须重新登记的企业，原贴花继续有效。

(11) 施工单位将建设承包的建设项目转包或分包给其他施工单位所签订的分包或转包合同，应按所载金额计算应纳税额贴花。

(12) 对股票交易征收印花税。

(13) 对国内各种形式的货物联运，凡在起运地统一结算全程运费的，应以全程运费作为计税依据，由起运地运费结算双方缴纳印花税。

对国际货运，凡由我国运输企业运输的，不论在我国境内、境外起运或中转分程运输，我国运输企业所持的一份运费结算凭证，均按本程运费计算应纳税额贴花；托运方所持的一份运费结算凭证，按全程运费计算应纳税额贴花。由外国运输企业运输进出口货物的，外国运输企业所持的一份运费结算凭证免纳印花税；托运方所持的一份运费结算凭证应缴纳印花税。国际货运运费结算凭证在国外办理的，应在凭证转回我国境内时按规定缴纳印花税。

六、税率

印花税的税率设计，遵守税负从轻、共同负担的原则。

印花税的税率有两种形式，即比例税率和定额税率。各类合同以及具有合同性质的凭证、产权转移书据、营业账簿中记载资金的账簿，适用比例税率。对于权利、许可证照和营业账簿中的其他账簿，适用定额税率，均为按件贴花，税额为 5 元。印花税的税目税率表见表 11-1。

表 11-1　印花税的税目税率表

税　　目	计税依据和税率	纳税人	说　　明
购销合同	按购销金额的万分之三贴花	立合同人	
加工承揽合同	按加工或承揽收入的万分之五贴花	立合同人	含加工费和代垫的辅助材料金额之和
建设工程勘察设计合同	按收取的费用的万分之五贴花	立合同人	
建筑安装工程合同	按承包金额的万分之三贴花	立合同人	
财产租赁合同	按租赁金额的千分之一贴花	立合同人	不足 1 元的，按 1 元贴花
货物运输合同	按运输费用(不含装卸费用)的万分之五贴花	立合同人	单据作为合同使用的，按合同贴花
仓储保管合同	按仓储保管费用的千分之一贴花	立合同人	仓单或栈单作为合同使用的，按合同贴花
借款合同	按借款金额的万分之零点五贴花	立合同人	单据作为合同使用的，按合同贴花
财产保险合同	按保险费收入的千分之一贴花	立合同人	单据作为合同使用的，按合同贴花
技术合同	按合同所载金额的万分之三贴花	立合同人	
产权转移书据	按书据所载金额的万分之五贴花	立据人	
营业账簿	记载资金的账簿按“实收资本”、“资本公积”的合计金额的万分之五，其他账簿按每件 5 元贴花	立账簿人	
权利、许可证照	按应税凭证的件数 5 元/每件贴花	领受人	
股权转移书据	按书据所载金额的千分之一贴花	立据人	包括 A 股和 B 股

七、应纳税额的计算

纳税人的应纳税额，根据应纳税凭证的性质，分别按比例税率或者定额税率计算。具体可分为如下几种。

(一) 合同或具有合同性质的凭证及产权转移书据

应纳税额＝计税金额×适用税率

（二）资金账簿

应纳税额＝(实收资本＋资本公积)×适用税率

（三）权利、许可证照及其他账簿

应纳税额＝应税凭证的件数×单位税额

例 11-2 某高新技术企业 2011 年 8 月开业，注册资金 220 万元，当年发生的经济活动如下：

(1) 领受工商营业执照、房屋产权证、土地使用权证各一份；

(2) 建账时共设计 8 个账簿，其中资金账簿中记载实收资本 220 万元；

(3) 签订购销合同 4 份，共记载金额 280 万元；

(4) 签订借款合同 1 份，记载金额 50 万元，当年取得借款利息 0.8 万元；

(5) 与广告公司签订广告制作合同 1 份，分别记载加工费 3 万元、广告公司提供的原材料 7 万元；

(6) 签订技术服务合同 1 份，记载金额 60 万元；

(7) 签订租赁合同 1 份，记载租赁费金额 50 万元；

(8) 签订转让专有技术使用权合同一份，记载金额 150 万元。

要求：分别计算该公司本月各项经济业务应缴纳的印花税。

解：(1) 领受权利许可证照应缴纳的印花税额＝3×5＝15(元)

(2) 设置账簿应纳印花税额＝8×5＋2 200 000×0.5‰＝1 140(元)

(3) 签订购销合同应纳印花税额＝2 800 000×0.3‰＝840(元)

(4) 签订借款合同应纳印花税额＝500 000×0.05‰＝25(元)

(5) 签订广告制作合同应纳印花税额＝30 000×0.5‰＋70 000×0.3‰＝36(元)

(注：广告制作合同属于加工承揽合同，受托方提供原材料的，原材料金额与加工费在合同中分别列明的，原材料和辅料按购销合同计税，加工费按加工承揽合同计税，二者合计为应纳税额。)

(6) 签订技术服务合同应纳印花税额＝600 000×0.3‰＝180(元)

(7) 签订租赁合同应纳印花税额＝500 000×1‰＝500(元)

(8) 签订专有技术使用权转让合同应纳印花税额＝1 500 000×0.5‰＝750(元)(按产权转移书据纳税)

八、税收优惠

（一）现行印花税的减免类型

按照减免的内容划分，现行印花税的减免主要有以下几类：

(1) 对已缴纳印花税凭证的副本或抄本免征印花税，但以副本或抄本视同正本使用的，应另贴印花税票。

(2) 对财产所有人将财产赠给政府、社会福利单位、学校所立的书据，免征印花税。

(3) 对国家指定的收购部门与村民委员会、农民个人所书立的农副产品收购合同免征印花税。

(4) 无息、贴息贷款合同，免征印花税。

(5) 对外国政府或者国际金融机构向我国政府及国家金融机构提供的优惠贷款所书立的合同免征印花税。

(6) 对房地产管理部门与个人签订的用于生活居住的租赁合同免税。

(7) 农牧业保险合同免征印花税。

(8) 对特殊货运凭证免征印花税。如军事物资运输凭证、抢险救灾物资运输凭证、新建铁路的工程临管线运输凭证。

(二) 企业改制过程中有关印花税的征免规定

1. 关于资金账簿的印花税

(1) 实行公司制的企业在改制过程中成立的新企业(重新办理法人登记的)，其新启用的资金账簿记载的资金或因企业建立资金纽带关系而增加的资金，凡原已贴花的部分可不再贴花，未贴花的部分和以后新增加的资金按规定贴花。

(2) 以合并或分立方式成立的新企业，其新启用的资金账簿记载的资金，凡原已贴花的部分可不再贴花，未贴花的部分和以后新增加的资金按规定贴花。

(3) 企业债权转股权新增加的资金按规定贴花。

(4) 企业改制中经评估增加的资金按规定贴花。

(5) 企业其他会计科目记载的资金转为实收资本或资本公积的资金按规定贴花。

2. 各类应税合同的印花税

企业改制前签订但尚未履行完的各类应税合同，改制后需要变更执行主体的，对仅改变执行主体、其余条款未作变动且改制前已贴花的，不再贴花。

3. 产权转移书据的印花税

企业因改制签订的产权转移书据免予贴花。

4. 股权分置试点改革转让的印花税

股权分置改革过程中因非流通股股东向流通股股东支付对价而发生的股权转让，暂免征收印花税。

九、征收管理

（一）印花税的纳税方法

印花税的纳税办法根据税额大小、贴花次数以及税收征收管理的需要，可采用自行贴花办法、汇贴或汇缴办法及委托代征办法，特殊情况下由税务机关核定征收。

1. 自行贴花办法

自行贴花办法一般适用于应税凭证较少或者贴花次数较少的纳税人，由纳税人根据税法规定自行计算应纳税额，自行购买印花税票，自行一次贴足印花税票并加以注销或划销。这就是通常所说的“三自”纳税方法。对已贴花的凭证，修改后所载金额增加的，其增加部分应当补贴印花税票。凡多贴印花税票者，不得申请退税或者抵用。

2. 汇贴或汇缴方法

如果应纳税额较大或者贴花次数频繁的纳税人，为了简化手续，可向税务机关申请，采取汇贴或汇缴办法。

根据税法规定，当一份凭证应纳税额超过 500 元时，纳税人应向当地税务机关申请填写缴款书或者完税证，将其中一联贴在凭证上或者由税务机关在凭证上加注完税标记代替贴花，这种方法称为汇贴方法。汇缴方法是指同一种类应纳税凭证，需频繁贴花的，纳税人可以根据实际情况自行决定是否采用按期汇总缴纳印花税的方式。汇总缴纳的期限为 1 个月，采用按期汇总缴纳方式的纳税人应事先通知主管税务机关。缴纳方式一经选定，1 年内不得改变。

3. 委托代征办法

委托代征办法是通过税务机关的委托，经由发放或者办理应纳税凭证的单位代为征收印花税税款。

发放或办理应纳税凭证的单位，是指发放权利、许可证照的单位和办理凭证的鉴证、公证及其他有关事项的单位。采用委托代征办法时，税务机关应与代征单位签订代征委托书，并按代售金额的一定比例支付代售手续费。如工商管理机关核发各类营业执照和商标注册证的同时，代售印花税税票并监督领受单位或个人负责贴花，税务机关按代售金额的 5% 向工商行政管理机关支付代售手续费。

4. 核定征收印花税

根据《税收征收管理法》第 35 条的规定和印花税的税源特征，为加强印花税征收管理，纳税人有下列情形的，地方税务机关可以核定纳税人印花税计税依据：

（1）未按规定建立印花税应税凭证登记簿，或未如实登记和完整保存应税凭证的；

(2) 拒不提供应税凭证或不如实提供应税凭证,致使计税依据明显偏低的;

(3) 采用按期汇总缴纳办法,未按规定缴纳和申报的。

地方税务机关核定征收印花税,应根据纳税人的实际生产经营收入,参考纳税人各期印花税纳税情况及同行业合同签订情况,确定科学、合理的数额或比例作为纳税人印花税计税依据。

(二) 纳税时间及地点

印花税应当在合同签订时、账簿启用时和证照领受时贴花。如果合同是在国外签订,并且不便在国外贴花的,应在将合同带入境时办理贴花纳税手续。印花税一般实行就地纳税。印花税的纳税人应按照条例的有关规定及时办理纳税申报,并如实填写《印花税纳税申报表》。

(三) 违章处理

印花税的违章处理,是目前开征的工商税中唯一在本身条例中自带罚则的,其具体的处罚规定自 2004 年 1 月 29 日起按以下办法执行:

(1) 在应税凭证上未贴或少贴印花税票的或者已粘贴在应税凭证上的印花税票未注销或者未划销的,由税务机关追缴其不缴或者少缴的税款、滞纳金,并处不缴或者少缴的税款 50%以上 5 倍以下罚款。

(2) 已粘贴的印花税票揭下重用造成未缴或少缴印花税的,由税务机关追缴其不缴或者少缴的税款、滞纳金,并处不缴或者少缴税款 50%以上 5 倍以下的罚款;构成犯罪的,依法追究刑事责任。

(3) 伪造印花税票的,由税务机关责令改正,处以 2 000 元以上 1 万元以下的罚款;情节严重的,处以 1 万元以上 5 万元以下的罚款;构成犯罪的,依法追究刑事责任。

(4) 汇总缴纳印花税的纳税人,超过税务机关核定的纳税期限,未缴或者少缴印花税款的,由税务机关追缴其不缴或少缴的税款、滞纳金,并处不缴或者少缴的税款 50%以上 5 倍以下的罚款;情节严重的,同时撤销其汇缴许可证;构成犯罪的,依法追究刑事责任。

第三节 烟 叶 税

一、烟叶税的概念

烟叶税是以烟叶为征税对象,对在中华人民共和国境内收购烟叶的单位征收的一种税。烟叶指晾晒烟叶、烤烟叶。现行烟叶税的基本法律规范是由国务院于 2006 年 4 月

28日颁布并同时实施的《中华人民共和国烟叶税暂行条例》。2008年度,我国烟叶税收入为67.2亿元。

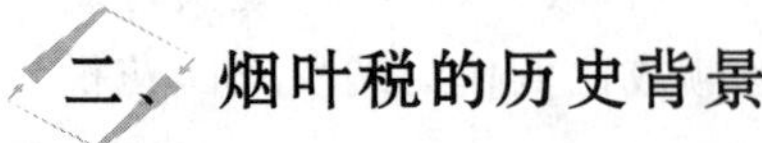

二、烟叶税的历史背景

烟叶作为一种特殊产品,国家历来对其实行专卖政策。与之相适应,国家对烟叶也一直征收较高的税收和实行比较严格的税收管理。1994年后,对烟叶征收烟叶农业特产税,与对卷烟等烟草制品征收的增值税、消费税一起,构成对烟叶和烟草制品完整的税收调控体系。为减轻农民负担,2005年12月29日,第十届全国人民代表大会常务委员会第19次会议决定废止《中华人民共和国农业税条例》。农业特产农业税是依据《中华人民共和国农业税条例》开征的,农业税取消以后,意味着农业特产农业税也要同时取消。因此,2006年2月17日,国务院第459号令废止了《国务院关于对农业特产收入征收农业税的规定》。这样,对烟叶征收农业特产农业税也就失去了法律依据。

但是,停止征收烟叶特产农业税,将会产生一些新的问题:

(1) 烟叶产区的地方财政特别是一些县乡的财政收入将会受到较大的影响。按照现行财政体制,烟叶特产农业税收入是全部划归县乡财政的,如果停止征收烟叶特产农业税,在一定程度上会加剧烟叶产区地方财政特别是县乡财政的困难。

(2) 不利于烟叶产区县乡经济的发展。我国的烟叶产区多数集中在西部和边远地区,这些地区的农业基础薄弱、经济结构和财源比较单一,停止征收烟叶特产农业税会减少当地财政收入,对当地经济的培育和公共事业的发展不利。

(3) 不利于卷烟工业的持续稳定发展。烟叶是卷烟生产的主要原料,停止征收烟叶特产农业税,会影响地方政府引导和发展烟叶种植的积极性,对于卷烟工业的持续稳定发展也是不利的。

在研究过程中,财政部、国家税务总局曾考虑过三种解决方式:一是在消费税税目中增加"烟叶"子税目,这样做对地方收入和烟叶生产均无大的影响,但会改变现行消费税属于中央收入的财政分配体制;二是适当提高卷烟消费税税率,然后由中央财政通过转移支付对地方财政进行弥补,其好处是税制变动小,地方收入基本上可以得到弥补,但需要由中央政府向地方逐级返还收入,时间相对滞后,容易割断地方政府与烟草种植的经济互动关系,影响烟叶生产,地方财政也无法得到及时保证;三是开征烟叶税,在纳税人、征税环节、税率和收入归属等主要方面基本参照原烟叶特产农业税的规定。

以上三种方式中,只有以开征烟叶税的方式对现行税收制度、财政体制和对地方财政、烟草行业等各方面的影响最小,操作也简单,有利于改革的平稳过渡,而且也有利于通过税收手段对烟叶种植和收购以及烟草行业的生产和经营实施必要的宏观调控。基于以上情况，国务院决定制定《中华人民共和国烟叶税暂行条例》，开征烟叶税取代原烟叶特产农业税。

三、纳税人及征税范围

在中华人民共和国境内收购烟叶的单位为烟叶税的纳税人。收购烟叶的单位是指依照《中华人民共和国烟草专卖法》的规定有权收购烟叶的烟草公司或者受其委托收购烟叶的单位。依照《中华人民共和国烟草专卖法》查处没收的违法收购的烟叶，由收购罚没烟叶的单位按照购买金额计算缴纳烟叶税。

征税对象是烟叶，包括晾晒烟叶、烤烟叶。晾晒烟叶包括列入名晾晒烟名录的晾晒烟叶和未列入名晾晒烟名录的其他晾晒烟叶。凡在中华人民共和国境内收购烟叶即属于烟叶税的征税范围。

四、计税依据、税率及应纳税额的计算

（一）计税依据

烟叶税的计税依据为烟叶的收购金额。《中华人民共和国烟叶税暂行条例》第3条所称"收购金额"，包括纳税人支付给烟叶销售者的烟叶收购价款和价外补贴。按照简化手续、方便征收的原则，对价外补贴统一暂按烟叶收购价款的10%计入收购金额征税。收购金额计算公式如下：

$$\text{收购金额} = \text{收购价款} \times (1 + 10\%)$$

（二）税率

烟叶税的税率，为20%的比例税率。20%的税率基本保持了原烟叶特产农业税的税率水平。烟叶税实行全国统一的税率，主要是考虑烟叶属于特殊的专卖品，其税率不宜存在地区间的差异，否则会形成各地之间的不公平竞争，不利于烟叶种植的统一规划和烟叶市场、烟叶收购价格的统一。烟叶税税率的调整，由国务院决定。

（三）应纳税额的计算

烟叶税的应纳税额按照纳税人收购烟叶的收购金额和《中华人民共和国烟叶税暂行条例》第4条规定的税率计算。应纳税额以人民币计算。应纳税额的计算公式为

$$\text{应纳税额} = \text{烟叶收购金额} \times \text{税率}$$

五、征收管理

烟叶税的纳税义务发生时间为纳税人收购烟叶的当天。“收购烟叶的当天”，是指纳税人向烟叶销售者付讫收购烟叶款项或者开具收购烟叶凭据的当天。纳税人应当自纳税义务发生之日起30日内申报纳税。具体纳税期限由主管税务机关核定。

烟叶税的征收机关为地方税务机关。纳税人收购烟叶，应当向烟叶收购地的主管税务机关申报纳税。“烟叶收购地的主管税务机关”，是指烟叶收购地的县级地方税务局或者其所指定的税务分局、所。

练习题

一、复习思考题

1. 什么是印花税？印花税有什么特点？

2. 印花税的征税范围是什么？

3. 印花税的票面金额有哪几种？当印花税应纳税额太大（超过500元）时如何处理？

4. 实收资本、资本公积账簿与其他账簿的计税依据有何不同？

5. 印花税的纳税方法有哪几种形式？

6. 车辆购置税的纳税人及征税范围各是什么？

7. 烟叶税的制定背景是什么？制定烟叶税有什么意义？

二、综合计算题

1. 某电子企业2011年8月签订以下合同：

(1) 与某工厂签订加工承揽合同，受托加工一批专用电子部件。合同规定，工厂（委托方）提供价值70万元的原材料，电子企业（受托方）提供价值15万元的辅助材料，另收加工费20万元。

(2) 与铁路部门签订运输合同，所载运输费及保管费共计2万元。

(3) 与某开发公司签订技术转让合同，规定按开发产品销售收入的2%提取转让收入，每季度结算一次。

(4) 与某农机站签订租赁合同，将本企业3台闲置设备出租，总价值21万元，租期1年，每年每台租金2万元。

要求：请计算该电子企业本月共缴印花税税额。

2. 某企业2011年度有关资料如下：

(1) 实收资本比2010年增加100万元。

(2) 与银行签订1年期借款合同，借款金额300万元，年利率5%。

(3) 与甲公司签订以货换货合同，本企业的货物价值350万元，甲公司的货物价值450万元。

(4) 与乙公司签订受托加工合同，乙公司提供价值80万元的原材料，本企业提供价值15万元的辅助材料并收加工费20万元。

(5) 与丙公司签订技术转让合同，转让收入由丙公司按2011—2012年实现利润的30%支付。

(6) 与货运公司签订运输合同，载明运输费用8万元(其中含装卸费0.5万元)。

(7) 与铁路部门签订运输合同，载明运输费及保管费共计20万元。

要求：逐项计算该企业2011年应缴纳的印花税。

第十二章　税收征收管理法

【学习要求】　本章要求重点掌握税务登记时限、账簿凭证设置的要求、开具发票的要求、税款征收环节、税收保全措施与税收强制措施各自的形式与适用条件；一般掌握税务检查与稽查的类型、程序；理解发票的印制、税款多退少补、滞纳金规定、逃税、抗税等妨碍税款征收行为的界定与处罚规定；了解违反税收征收管理的相关法律责任等内容。

第一节　税收征收管理法概述

一、税收征收管理法的基本法律规范

税收征收管理法是有关税收征收管理法律规范的总称，包括税收征收管理法及税收征收管理的有关法律、法规和规章。

《中华人民共和国税收征收管理法》于 1992 年 9 月 4 日由第七届全国人民代表大会常务委员会第 27 次会议通过，自 1993 年 1 月 1 日起施行。2001 年 4 月 28 日第九届全国人民代表大会常务委员会第 21 次会议通过修订后的《中华人民共和国税收征收管理法》(以下简称《征管法》)，于 2001 年 5 月 1 日起施行。

二、税收征收管理法的立法目的

《征管法》第 1 条规定："为了加强税收征收管理，规范税收征收和缴纳行为，保障国家税收收入，保护纳税人的合法权益，促进经济和社会发展，制定本法。"这是对《征管法》立法目的的高度概括。

三、税收征收管理法的适用范围

《征管法》第 2 条规定："凡依法由税务机关征收的各种税收的征收管理，均适用本法。"

国务院税务主管部门主管全国税收征收管理工作。各地国家税务局和地方税务局应当按照国务院规定的税收征收管理范围分别进行征收管理。地方各级人民政府应当依法加强对本行政区域内税收征收管理工作的领导或者协调，支持税务机关依法执行职务，依照法定税率计算税额，依法征收税款。

我国的税收征收机关包括税务、海关和财政等部门，税务机关征收各种工商税收，海关征收关税及代征进口货物的增值税、消费税。《征管法》只适用由税务机关征收的各种税收的征收管理。

农税征收机关负责征收的耕地占用税、契税的征收管理办法，由国务院另行规定。海关征收关税及代征进口货物的增值税、消费税，适用其他法律、法规的规定。

另外应注意，目前还有一部分费由税务机关征收，如教育费附加及部分地区由税务机关征收的基本医疗保险等社会保障费。这些费不适用《征管法》，不能采取《征管法》规定的措施，其具体管理办法由各种费的条例和规章决定。

第二节　税务登记

税务登记又称纳税登记，是纳税人依照税法的规定就其设立、变更、终止等事项，在法定时间内向其所在地税务机关办理书面登记的一项税收制度。及时办理税务登记是纳税人的法定义务，也是税务机关切实控制税源和对纳税人进行账簿、凭证管理、税款征收、税务检查与稽查等的基础和依据。

一、税务登记的作用

作为税收征管的基础性工作，税务登记有以下几个方面的作用。

（一）产生税收法律关系，明确税收主体

税务登记首先使征纳双方的税收征收管理法律关系得以产生，并确立纳税人所在地税务机关代表国家征税的主体地位，同时也明确了纳税主体的法律地位。

（二）设立征纳双方的权利和义务

税务登记证件的颁发和领取，以书面形式确立了征税主体享有依法征税、稽查和处罚等权利，税务机关应当广泛宣传税收法律、行政法规，普及纳税知识，无偿地为纳税人提供纳税咨询服务，应当依法为纳税人、扣缴义务人的情况保密，应当正确行使征税权，接受纳税人的监督。纳税人、扣缴义务人有权向税务机关了解国家税收法律、行政法规的规定以

及与纳税程序有关的情况，有权要求税务机关为纳税人、扣缴义务人的情况保密，纳税人依法享有申请减税、免税、退税的权利，纳税人、扣缴义务人对税务机关所作出的决定，享有陈述权、申辩权；依法享有申请行政复议、提起行政诉讼、请求国家赔偿等权利，还有权控告和检举税务机关、税务人员的违法违纪行为。

（三）作为征纳双方存在税收法律关系的书面证据，成为依法治税的重要基础

二、税务登记的内容

根据税法的规定，凡有法律、行政法规规定的应税收入、应税财产或者应税行为的纳税人，应当向税务机关办理税务登记；凡法律、行政法规规定负有代扣代缴、代收代缴税款义务的扣缴义务人，应当向税务机关办理扣缴税款登记。

税务登记一般分为设立税务登记、变更税务登记和注销税务登记三种类型，其登记内容和程序各不相同。

（一）设立税务登记

设立税务登记是纳税人在其设立或开业时办理的税务登记。按照《征管法》及其实施细则和税务登记管理办法的有关规定，除国家机关、个人（自然人）和无固定生产、经营场所的流动性农村小商贩外，纳税人都应当申报办理税务登记。国家机关所属事业单位有经营行为且取得应税收入、财产、所得的，也应当办理税务登记。

税务登记实行属地管理，纳税人应当到生产、经营所在地或者纳税义务发生地的主管税务机关申报办理税务登记。非独立核算的分支机构也应当按照规定分别向生产经营所在地税务机关办理税务登记。

(1) 企业在外地设立的分支机构以及从事生产、经营的场所，个体工商户和从事生产、经营的事业单位(以下统称从事生产、经营的纳税人)，应自领取营业执照之日起 30 日内，持有关证件，向税务机关申报办理税务登记。税务机关应当自收到申报之日起 30 日内审核完毕，符合规定的，予以登记，并发给税务登记证件。国家税务局、地方税务局对同一纳税人的税务登记应当采用同一纳税人识别号，信息共享。

前款规定以外的纳税人，除国家机关和个人外，应当自纳税义务发生之日起 30 日内，持有关证件向所在地的主管税务机关申报办理税务登记。

从事生产、经营的纳税人办理税务登记时，应按其生产、经营所在地税务机关确定的管辖范围，在规定的时间内向其主管税务机关提出申请办理税务登记的书面报告，如实填写税务登记表。纳税人办理税务登记时应携带下列证件或资料：①营业执照；②有关合同、章程、协议书；③银行账户证明；④居民身份证件、护照或者其他合法证件；⑤税务机

关要求提供的其他有关证件、资料。

(2) 扣缴义务人应当自扣缴义务发生之日起 30 日内,向所在地的主管税务机关申报办理扣缴税款登记,领取扣缴税款登记证件。税务机关对已办理税务登记的扣缴义务人,可以只在其税务登记证件上登记扣缴税款事项,不再发给扣缴税款登记证件。

(3) 从事生产、经营的纳税人到外县(市)临时从事生产、经营活动的,应当持税务登记证副本和所在地税务机关填开的外出经营活动税收管理证明,向营业地税务机关报验登记,接受税务管理。

从事生产、经营的纳税人外出经营,在同一地累计超过 180 天的,应当在营业地办理税务登记手续。

(二) 变更税务登记

(1) 从事生产、经营的纳税人,凡单位名称、法人代表、住所或经营地点、经营范围、经营方式、经济性质及其他税务登记内容发生变化的,都应当申报办理变更税务登记。这里分为两种情况:

一是需要到工商行政管理机关办理变更登记的,应自工商行政管理机关或者其他机关办理变更登记之日起 30 日内,持有关证件向原税务登记机关申报办理变更税务登记。

二是不需要到工商行政管理机关或者其他机关办理变更登记的,应当自发生变化之日起 30 日内,持有关证件向原税务登记机关申报办理变更税务登记。

(2) 从事生产、经营的纳税人应当自开立基本存款账户或者其他存款账户之日起 15 日内,向主管税务机关书面报告其全部账号;发生变化的,应当自变化之日起 15 日内,向主管税务机关书面报告。

(三) 注销税务登记

纳税人发生下列情形之一的,应当向原税务登记机关申报办理注销税务登记。纳税人在办理注销税务登记前,应当向税务机关结清应纳税款、滞纳金、罚款,缴销发票、税务登记证件和其他税务证件。

(1) 纳税人发生解散、破产、撤销以及其他情形,依法终止纳税义务的,应当在向工商行政管理机关或者其他机关办理注销登记前,持有关证件向原税务登记机关申报办理注销税务登记;按照规定不需要在工商行政管理机关或者其他机关办理注册登记的,应当自有关机关批准或者宣告终止之日起 15 日内,持有关证件向原税务登记机关申报办理注销税务登记。

(2) 纳税人因住所、经营地点变动,涉及改变税务登记机关的,应当在向工商行政管理机关或者其他机关申请办理变更或者注销登记前或者住所、经营地点变动前,向原税务登记机关申报办理注销税务登记,并在 30 日内向迁达地税务机关申报办理税务登记。

(3) 纳税人被工商行政管理机关吊销营业执照或者被其他机关予以撤销登记的，应当自营业执照被吊销或者被撤销登记之日起 15 日内，向原税务登记机关申报办理注销税务登记。

税务机关对符合条件并缴清应纳税款、滞纳金、罚款和交回发票的，予以办理注销税务登记，收回税务登记证件，开具清税证明。纳税人持清税证明及其他有关文件，向工商行政管理部门申请注销工商登记。

各级工商行政管理机关应当向同级国家税务局和地方税务局定期通报办理开业、变更、注销登记以及吊销营业执照的情况。

三、税务登记证件的使用和管理

税务登记证件是纳税人履行了税务登记义务的书面证明，纳税人应按照国务院税务主管部门的规定使用税务登记证件。

(1) 纳税人应将税务登记证件正本在其生产、经营场所或者办公场所公开悬挂，接受税务机关检查。

(2) 税务登记证件不得转借、涂改、损毁、买卖或者伪造。

(3) 从事生产、经营的纳税人应当按照国家有关规定，持税务登记证件，在银行或者其他金融机构开立基本存款账户和其他存款账户，并将其全部账号向税务机关报告。银行和其他金融机构应当在从事生产、经营的纳税人的账户中登录税务登记证件号码，并在税务登记证件中登录从事生产、经营的纳税人的账户账号。税务机关依法查询从事生产、经营的纳税人开立账户的情况时，有关银行和其他金融机构应当予以协助。

(4) 除按照规定不需要发给税务登记证件的外，纳税人办理下列事项时，必须持税务登记证件：①开立银行账户；②申请减税、免税、退税；③申请办理延期申报、延期缴纳税款；④领购发票；⑤申请开具外出经营活动税收管理证明；⑥办理停业、歇业；⑦其他有关税务事项。

(5) 税务机关对税务登记证件实行定期验证和换证制度。纳税人应当在规定的期限内持有关证件到主管税务机关办理验证或者换证手续。

(6) 纳税人遗失税务登记证件的，应在 15 日内书面报告主管税务机关，并登报声明作废。

第三节　账簿、凭证管理和发票管理

账簿和凭证是纳税人全面、系统、连续记录其生产经营活动情况，组织会计核算的重要工具。纳税人的生产、经营业务情况，从最初庞大的原始凭证体系，到经过初步整理的

记账凭证体系，再到系统记录的账簿体系，最后高度浓缩成会计报表体系。账簿和凭证也是税务机关对纳税人、扣缴义务人进行税务检查、确定课税基数和应纳税额的基本依据。

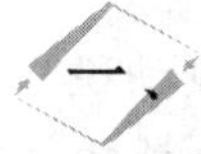

一、账簿、凭证的设置、登记与保管

从事生产、经营的纳税人和扣缴义务人，除经税务机关批准可不设置账簿的以外，其他的都必须根据税法的规定设置账簿。需设置的账簿具体包括总账、明细账、现金日记账、银行存款日记账及有关辅助账簿，其中总账、日记账应当采用订本式。同时，纳税人还必须按照会计法、税法的规定，取得、填制有关原始凭证和记账凭证。账簿、记账凭证、报表、完税凭证、发票、出口凭证以及其他有关涉税资料应当合法、真实、完整。

(1) 纳税人、扣缴义务人按照有关法律、行政法规和国务院财政、税务主管部门的规定设置账簿，根据合法、有效凭证记账，进行核算。

- 从事生产、经营的纳税人应当自领取营业执照或者发生纳税义务之日起15日内，按照国家有关规定设置账簿。
- 生产、经营规模小又确无建账能力的纳税人，可以聘请经批准从事会计代理记账业务的专业机构或者经税务机关认可的财会人员代为建账和办理账务。聘请上述机构或者人员有实际困难的，经县以上税务机关批准，可以按照税务机关的规定，建立收支凭证粘贴簿、进货销货登记簿或者使用税控装置。

(2) 从事生产、经营的纳税人的财务、会计制度或者财务、会计处理办法和会计核算软件，应当报送税务机关备案。

① 从事生产、经营的纳税人应当自领取税务登记证件之日起15日内，将其财务、会计制度或者财务、会计处理办法报送主管税务机关备案。

② 纳税人使用计算机记账的，应当在使用前将会计电算化系统的会计核算软件、使用说明书及有关资料报送主管税务机关备案。纳税人建立的会计电算化系统应当符合国家有关规定，并能正确、完整核算其收入或者所得。

③ 扣缴义务人应当自税收法律、行政法规规定的扣缴义务发生之日起10日内，按照所代扣、代收的税种，分别设置代扣代缴、代收代缴税款账簿。

④ 纳税人、扣缴义务人会计制度健全，能够通过计算机正确、完整计算其收入和所得或者代扣代缴、代收代缴税款情况的，其计算机输出的完整的书面会计记录，可视同会计账簿。纳税人、扣缴义务人会计制度不健全，不能通过计算机正确、完整计算其收入和所得或者代扣代缴、代收代缴税款情况的，应当建立总账及与纳税或者代扣代缴、代收代缴税款有关的其他账簿。

⑤ 纳税人、扣缴义务人的财务、会计制度或者财务、会计处理办法与国务院或者国务院财政、税务主管部门有关税收的规定抵触的，依照国务院或者国务院财政、税务主管部

门有关税收的规定计算应纳税款、代扣代缴和代收代缴税款。

(3) 账簿、会计凭证和报表，应当使用中文。民族自治地方可以同时使用当地通用的一种民族文字。外商投资企业和外国企业可以同时使用一种外国文字。

(4) 纳税人应当按照税务机关的要求安装、使用税控装置，不得损毁或者擅自改动税控装置，并按照税务机关的规定报送有关数据和资料。税控装置推广应用的管理办法由国家税务总局另行制定，报国务院批准后实施。纳税人应当按照规定安装、使用税控装置。

(5) 账簿、记账凭证、报表、完税凭证、发票、出口凭证以及其他有关涉税资料应当保存 10 年，但是，法律、行政法规另有规定的除外。

二、发票管理

发票，是指在购销商品、提供或者接受服务以及从事其他经营活动中，开具、收取的收款或付款凭证。它是纳税人重要的会计核算凭证，也是税务检查的重要依据。加强发票管理，对于维护国家正常的税收秩序，保证国家税收收入及时、足额入库具有重要意义。

发票管理是税务管理的重要内容。所谓发票管理，是指税务机关对发票印制、领购、开具、取得、保管、缴销等一系列活动进行组织、协调和监督的总称。现行关于发票管理的法规主要是财政部于 1993 年 12 月发布的《中华人民共和国发票管理办法》(简称《发票管理办法》)及国务院制定的相关实施细则，以及同月由国家税务总局发布的《增值税专用发票使用规定》。《发票管理办法》规定，国家税务总局统一负责全国发票管理工作。国家税务总局省、自治区、直辖市分局和省、自治区、直辖市地方税务局(以下统称省、自治区、直辖市税务机关)依据各自的职责，共同做好本行政区域内的发票管理工作。财政、审计、工商行政管理、公安等有关部门在各自职责范围内，配合税务机关做好发票管理工作。

(一) 发票的印制

发票由省、自治区、直辖市税务机关指定的企业印制。增值税专用发票由国家税务总局统一印制。发票实行不定期换版制度。禁止私印、伪造、变造发票。发票防伪专用品由国家税务总局指定的企业生产。禁止非法制造发票防伪专用品。

省、自治区、直辖市税务机关对发票印制实行统一管理的原则，严格审查印制发票企业的资格，对指定为印制发票的企业发给发票准印证。税务机关应定期对印制发票企业和生产发票防伪专用品企业进行监督检查，对不符合条件的，应取消其印制发票或生产发票防伪专用品的资格。印制发票企业和生产发票防伪专用品企业应当具备以下条件：

(1) 设备、技术水平能满足印制发票和生产发票防伪专用品的需要；

(2) 能够按照税务机关的要求，保证供应；

(3) 企业管理规范,有严格的质量监督制度;

(4) 有专门车间生产、专用仓库保管、专人负责管理;

(5) 能严格遵守发票印制和发票防伪专用品生产管理规定。

发票应当套印全国统一发票监制章。全国统一发票监制章的式样和发票版面印刷的要求,由国家税务总局规定。发票监制章由省、自治区、直辖市税务机关制作。禁止伪造发票监制章。发票监制章和发票防伪专用品的使用和管理实行专人负责制度。

印制发票的企业应当按照税务机关批准的式样和数量印制发票。发票应当使用中文印制。民族自治地方的发票,可以加印当地一种通用的民族文字。有实际需要的,也可以同时使用中外两种文字印制。

各省、自治区、直辖市内的单位和个人使用的发票,除增值税专用发票外,应当在本省、自治区、直辖市范围以内印制;确有必要到外省、自治区、直辖市印制的,应当由省、自治区、直辖市税务机关和印制地省、自治区、直辖市税务机关同意,由印制地省、自治区、直辖市税务机关指定的印制发票的企业印制。禁止在境外印制发票。

有固定生产经营场所、财务和发票管理制度健全、发票使用量较大的单位,可以申请印制印有本单位名称的发票。如统一发票式样不能满足业务需要,也可以自行设计本单位的发票式样,但均须报经县(市)以上税务机关批准,其中增值税专用发票由国家税务总局另定。

(二) 发票的领购

依法办理税务登记的单位和个人,在领取税务登记证件后,向主管税务机关申请领购发票。

1. 发票领购的程序和要求

申请领购发票的单位和个人应当提出购票申请,提供经办人身份证明、税务登记证件或者其他有关证明,以及财务印章或者发票专用章的印模,经主管税务机关审核后,发给发票领购簿。领购发票的单位和个人应当凭发票领购簿核准的种类、数量以及购票方式,向主管税务机关领购发票。

2. 临时使用发票的领购

依法不需办理税务登记的单位和个人临时使用发票需要领购发票的,可以直接向税务机关申请办理。凡需向税务机关申请开具发票的单位和个人,均应提供发生购销业务,提供接受服务或者其他经营活动的书面证明。对税法规定应当缴纳税款的,税务机关应当在开具发票的同时征税。

3. 临时到外地从事经营活动的发票领购

单位或者个人临时到本省、自治区、直辖市行政区域以外从事经营活动的,应当凭所在地税务机关的证明，向经营地税务机关申请领购经营地的发票。临时在本省、自治区、直辖市以内跨市、县从事经营活动领购发票的办法，由省、自治区、直辖市税务机关规定。

税务机关对外省、自治区、直辖市来本辖区从事临时经营活动的单位和个人申请领购发票的，可以要求其提供保证人或者根据所领购发票的票面限额及数量交纳一定数量的保证金，并限期缴销发票。按期缴销发票的，解除保证人的担保义务或者退还保证金；未按期缴销发票的，由保证人或者以保证金承担法律责任。

（三）发票的开具

1. 发票的开具和取得

销售商品、提供服务以及从事其他经营活动的单位和个人，对外发生经营业务收取款项，收款方应向付款方开具发票。特殊情况下（收购单位和扣缴义务人支付个人款项时）由付款方向收款方开具发票。

所有单位和从事生产、经营活动的个人在购买商品、接受服务以及从事其他经营活动支付款项时，应当向收款方取得发票。取得发票时，不得要求变更品名和金额。

不符合规定的发票，即开具或取得的发票是应经而未经税务机关监制，或填写项目不齐全，内容不真实，字迹不清楚，没有加盖财务印章或发票专用章，伪造、作废以及其他不符合税务机关规定的发票，一律不得作为财务报销凭证，任何单位和个人有权拒收。

2. 开具发票的要求

填开发票的单位和个人必须在发生经营业务确认营业收入时开具发票。未发生经营业务一律不准开具发票。单位和个人在开具发票时，必须做到按号码顺序填开，填写项目齐全，内容真实，字迹清楚，全部联次一次复写、打印，内容完全一致，并在发票联和抵扣联加盖单位财务印章或者发票专用章。开具发票应当使用中文。民族自治地方可以同时使用当地通用的一种民族文字。外商投资企业和外国企业可以同时使用一种外国文字。

开具发票后，如发生销货退回需开红字发票的，必须收回原发票并注明“作废”字样或取得对方有效证明；发生销售折让的，在收回原发票并注明“作废”字样后，重新开具销售发票。

使用电子计算机开具发票，须经主管税务机关批准，并使用税务机关统一监制的机外发票，开具后的存根联应当按照顺序号装订成册。

任何单位和个人不得转借、转让、代开发票；未经税务机关批准，不得拆本使用发票；不得自行扩大专业发票使用范围。禁止倒买倒卖发票、发票监制章和发票防伪专用品。

3. 开具发票的区域范围

发票限于领购单位和个人在本省、自治区、直辖市内开具。根据税收管理需要，须跨省、自治区、直辖市开具发票的，由国家税务总局确定。省际毗邻县（市）之间是否允许跨省、自治区、直辖市开具发票，由有关省级税务机关确定。任何单位和个人未经批准，不得

跨规定的使用区域携带、邮寄、运输空白发票。禁止携带、邮寄或者运输空白发票出入境。

4. 发票使用登记制度

开具发票的单位和个人应当建立发票使用登记制度，设置发票登记簿，并定期向主管税务机关报告发票使用情况。开具发票的单位和个人应当在办理变更或者注销税务登记的同时，办理发票和发票领购簿的变更、缴销手续。

（四）发票的保管

开具发票的单位和个人应当按照税务机关的规定存放和保管发票，不得擅自损毁。已开具的发票存根联和发票登记簿，应当保存5年。保存期满，报经税务机关查验后销毁。

使用发票的单位和个人应当妥善保管发票，不得丢失。发票丢失，应于丢失当日书面报告主管税务机关，并在报刊和电视等传播媒介上公告声明作废。

（五）发票的检查

发票检查是税务机关依法对印制、使用发票的单位和个人执行发票管理规定情况进行的监督活动。

税务机关在发票管理中有权进行下列检查：

(1) 检查印制、领购、开具、取得和保管发票的情况；

(2) 调出发票查验；

(3) 查阅、复制与发票有关的凭证、资料；

(4) 向当事各方询问与发票有关的问题和情况；

(5) 在查处发票案件时，对与案件有关的情况和资料，可以记录、录音、录像、照相和复制。

税务人员进行检查时，应当出示税务检查证。印制、使用发票的单位和个人，必须接受税务机关依法检查，如实反映情况，提供有关资料，不得拒绝、隐瞒。

发票的真伪由税务机关鉴定。税务机关需要将已开具的发票调出查验时，应当向被查验的单位和个人开具发票换票证。发票换票证与所调出查验的发票有同等的效力。被调出查验发票的单位和个人不得拒绝接受。但发票换票证仅限于在本县（市）范围内使用，需要调出外县（市）的发票查验时，应与该县（市）税务机关联系，使用当地的发票换票证。税务机关需要将空白发票调出查验时，应当开具收据；经查无问题的，应当及时发还。

单位和个人从中国境外取得的与纳税有关的发票或者凭证，税务机关在纳税审查时有疑义的，可以要求其提供境外公证机构或者注册会计师的确认证明，经税务机关审核认可后，方可作为记账核算的凭证。

税务机关在发票检查中需要核对发票存根联与发票联填写情况时，可以向持有发票或者发票存根联的单位发出发票填写情况核对卡，收执发票或保管发票存根联的单位，接到税务机关"发票填写情况核对卡"后，应在15日内填写有关情况报回。

（六）发票违法行为的法律责任

发票违法行为要承担的法律责任主要有行政责任和刑事责任。违反发票管理法规的行为包括：

(1) 未按照规定印制发票或者生产发票防伪专用品的；

(2) 未按照规定领购发票的；

(3) 未按照规定开具发票的；

(4) 未按照规定取得发票的；

(5) 未按照规定保管发票的；

(6) 未按照规定接受税务机关检查的。

对有前款所列行为之一的单位和个人，由税务机关责令限期改正，没收非法所得，可以并处1万元以下的罚款。有前款所列两种或者两种以上行为的，可以分别处罚。

对非法携带、邮寄、运输或者存放空白发票的，由税务机关收缴发票，没收非法所得，可以并处1万元以下的罚款。

私自印制、伪造变造、倒买倒卖发票，私自制作发票监制章、发票防伪专用品的，由税务机关依法予以查封、扣押或者销毁，没收非法所得和作案工具，可以并处1万元以上5万元以下的罚款；构成犯罪的，依法追究刑事责任。为了严厉打击伪造、倒卖、盗窃发票的违法活动，《中华人民共和国刑法》(简称《刑法》)对上述违法犯罪活动的处罚作了详细的规定，详见本章第七节法律责任部分。

违反发票管理法规，导致其他单位或者个人未缴、少缴或者骗取税款的，由税务机关没收非法所得，可以并处未缴、少缴或者骗取的税款1倍以下的罚款。

税务人员利用职权之便，故意刁难印制、使用发票的单位和个人，或者有违反发票管理法规行为的，依照国家有关规定给予行政处分；构成犯罪的，依法追究刑事责任。

当事人对税务机关的处罚决定不服的，可以依法向上一级税务机关申请复议或者向人民法院起诉；逾期不申请复议，也不向人民法院起诉，又不履行的，作出处罚决定的税务机关可以申请人民法院强制执行。

第四节 纳税申报

我国在1994年工商税制改革后，建立了以申报纳税和优化服务为基础，以计算机网络为依托，集中征收，重点稽查的征管模式。该模式是根据我国国情所采取的一种自行报税征管模式，与原征、管、查集于一身的税务专管员上门收税模式相比，有利于提高征管效率，增强纳税人的依法纳税意识，减少营私舞弊行为的发生。

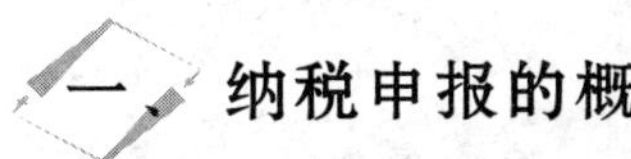

一、纳税申报的概念

纳税申报是指纳税人发生纳税义务后，依法在规定的时间内向其主管税务机关报送纳税申报表、财务会计报表及其他有关资料的一项征管制度。纳税申报是纳税人必须履行的法定手续，也是税务机关办理征税业务、开具完税凭证的主要根据。

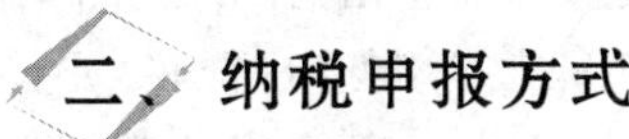

二、纳税申报方式

经税务机关批准，纳税人、扣缴义务人可以采取邮寄、数据电文方式办理纳税申报或者报送代扣代缴、代收代缴税款报告表。纳税人采取邮寄方式办理纳税申报的，应当使用统一的纳税申报专用信封，并以邮政部门收据作为申报凭据。邮寄申报以寄出的邮戳日期为实际申报日期。纳税人采取电子方式办理纳税申报的，应当按照税务机关规定的期限和要求保存有关资料，并定期书面报送主管税务机关。

根据《征管法》的规定，纳税人必须依照法律、行政法规规定或者税务机关依照法律、行政法规的规定确定的申报期限、申报内容如实办理纳税申报，报送纳税申报表、财务会计报表以及税务机关根据实际需要要求纳税人报送的其他纳税资料。

扣缴义务人必须依照法律、行政法规规定或者税务机关依照法律、行政法规的规定确定的申报期限、申报内容如实报送代扣代缴、代收代缴税款报告表以及税务机关根据实际需要要求扣缴义务人报送的其他有关资料。

纳税人、扣缴义务人不能按期办理纳税申报或者报送代扣代缴、代收代缴税款报告表的，经税务机关核准，可以延期申报。经核准延期办理前款规定的申报、报送事项的，应当在纳税期内按照上期实际缴纳的税额或者税务机关核定的税额预缴税款，并在核准的延期内办理税款结算。

第五节　税款征收

税款征收是税收征收管理的中心环节，是全部税收征管工作的目的和归宿，在整个税收工作中占据极其重要的地位。税务机关应当加强对税款征收的管理，建立、健全责任制度，保证国家税款及时足额入库。

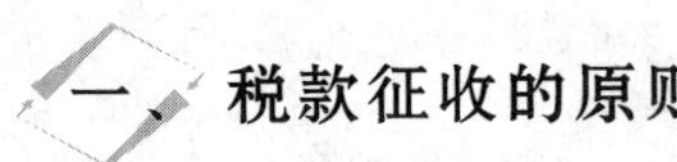

一、税款征收的原则

(1) 税务机关是征税的唯一行政主体。《征管法》第 29 条规定,除税务机关、税务人员以及经税务机关依照法律、行政法规委托的单位和人员外,任何单位和个人不得进行税款征收活动。

(2) 税务机关只能依照法律、行政法规的规定征收税款,不得违反法律、行政法规的规定开征、停征、多征、少征、提前征收、延缓征收或者摊派税款。这是《征管法》第 28 条的规定,即税务机关应当按照税收法律、行政法规预先规定的税种的征收标准进行征税,不得擅自增减改变税目、调高或者降低税率、加征或者减免税款、提前征收或者缓征税款以及摊派税款。

(3) 税务机关征收税款必须遵守法定权限和法定程序。如在执行税收保全或者强制执行措施时,在办理减税、免税和退税时,都必须按照法律或者行政法规规定的审批权限和程序进行操作,否则就是违法。

(4) 税款优先原则。《征管法》第 45 条的规定,第一次在税收法律上确定了税款优先的地位。即税务机关征收税款,税收优先于无担保债权,法律另有规定的除外。纳税人欠缴的税款发生在纳税人以其财产设定抵押、质押或者纳税人的财产被留置之前的,税收应当先于抵押权、质押权、留置权执行。纳税人欠缴税款,同时又被行政机关决定处以罚款、没收违法所得的,税收优先于罚款、没收违法所得。

(5) 利害关系回避原则。税务人员在核定应纳税额、调整税收定额、进行税务检查、实施税务行政处罚、办理税务行政复议时,与纳税人、扣缴义务人或者其法定代表人、直接责任人有下列关系之一的,应当回避:①夫妻关系;②直系血亲关系;③三代以内旁系血亲关系;④近姻亲关系;⑤可能影响公正执法的其他利害关系。

二、税款征收方式

税款征收方式,是税务机关根据税法规定和纳税人生产经营及财务管理状况,对纳税人的应纳税款组织入库的具体方式。税款征收方式主要有以下几种。

(一) 查账征收

查账征收是指税务机关按照纳税人提供的账表所反映的经营情况,依照适用税率计算缴纳税款的方式。这种方式一般适用于财务会计制度较为健全、能够认真履行纳税义务的纳税单位。

（二）查定征收

查定征收是指税务机关根据纳税人的从业人员、生产设备、采用原材料等因素，对其产制的应税产品查实核定产量、销售额并据以征收税款的方式。这种方式一般适用于账册不够健全，但能够控制原材料或进销货的纳税单位。

（三）查验征收

查验征收是指税务机关对纳税人的应税商品，通过查验数量，按市场一般销售单价计算其销售收入并据以征收税款的方式。这种方式一般适用于经营品种比较单一，经营地点、时间和商品来源不固定的纳税单位。

（四）定期定额征收

定期定额征收是指税务机关通过典型调查，逐户确定营业额和所得额并据以征收税款的方式。这种方式一般适用于无完整考核依据的小型纳税单位。

（五）代扣代缴、代收代缴

代扣代缴是指按照税法的规定，负有扣缴税款义务的单位或个人，负责对纳税人应纳的税款进行代扣代缴的方式。由支付人在向纳税人支付款项时，从所支付的款项中依法直接扣收税款并代为缴纳，其目的在于对零星分散、不易控管的税源实行源泉控制。如我国目前对个人所得税、预提所得税就是采用代扣代缴的源泉扣缴形式。

代收代缴是指按照税法的规定，负有收缴税款义务的法定义务人，负责对纳税人应纳的税款进行代收代缴的方式。由与纳税人有经济业务往来的单位和个人在向纳税人收取款项时依法收取税款，并向税务机关解缴，其目的在于对税收网络覆盖不到或难以征收的领域实行源泉控制。如我国《消费税暂行条例》规定，对委托加工应税消费品，一律于委托方提货时由受托方代收代缴消费税。

（六）委托代征

委托代征是指税务机关委托代征人以税务机关的名义征收税款，并将税款缴入国库的方式。这种方式一般适用于小额、零散税源的征收。

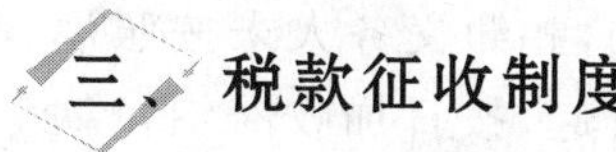

三、税款征收制度

（一）代扣代缴、代收代缴税款制度

（1）扣缴义务人有依照法律、行政法规的规定履行代扣、代收税款的义务。扣缴义务

人依法履行代扣、代收税款义务时,纳税人不得拒绝。纳税人拒绝的,扣缴义务人应当及时报告税务机关处理。税务机关按照规定付给扣缴义务人代扣、代收手续费。

(2) 对法律、行政法规没有规定负有代扣、代收税款义务的单位和个人,税务机关不得要求其履行代扣、代收税款义务。

(3) 扣缴义务人代扣、代缴税款,只限于法律、行政法规规定的范围,并依照法律、行政法规规定的征收标准执行。

(4) 税务机关应按照规定付给扣缴义务人代扣、代收手续费。代扣、代收手续费只能由县(市)以上税务机关统一办理,而不能在征收税款过程中坐支。

(二) 延期缴纳税款制度

《征管法》规定,纳税人、扣缴义务人应当在规定的期限内,缴纳或者解缴税款。但考虑到纳税人可能会遇到特殊困难的客观情况,为了保护纳税人的合法权益,《征管法》第31条第2款规定:"纳税人因有特殊困难,不能按期缴纳税款的,经省、自治区、直辖市国家税务局、地方税务局批准,可以延期缴纳税款,但是最长不得超过3个月。"计划单列市国家税务局、地方税务局可以参照《征管法》第31条第2款的批准权限,审批纳税人延期缴纳税款。

纳税人在申请延期缴纳税款时,应注意以下几点:

(1) 纳税人有下列情形之一的,属于《征管法》第31条所称特殊困难:①因不可抗力,导致纳税人发生较大损失,正常生产经营活动受到较大影响的;②当期货币资金在扣除应付职工工资、社会保险费后,不足以缴纳税款的。

(2) 纳税人需要延期缴纳税款的,应当在缴纳税款期限届满前提出申请,并报送下列材料:①申请延期缴纳税款报告;②当期货币资金余额情况及所有银行存款账户的对账单;③资产负债表;④应付职工工资和社会保险费等税务机关要求提供的支出预算。

税务机关应当自收到申请延期缴纳税款报告之日起20日内作出批准或者不予批准的决定。不予批准的,从缴纳税款期限届满之日起加收滞纳金。

(3) 延期期限最长不得超过3个月,同一笔税款不得滚动审批。

(4) 批准延期内免予加收滞纳金。

(三) 税收滞纳金征收制度

《征管法》第32条规定:"纳税人未按照规定期限缴纳税款的,扣缴义务人未按照规定期限解缴税款的,税务机关除责令限期缴纳外,从滞纳税款之日起,按日加收滞纳税款万分之五的滞纳金。"

加收滞纳金的具体操作应按下列程序进行:

(1) 税务机关应先发出催缴税款通知书,责令限期缴纳或解缴税款,告之纳税人如不按期履行纳税义务，将依法按日加收滞纳税款万分之五的滞纳金。

（2）从滞纳税款之日起加收滞纳金，其起止时间为法律、行政法规规定或者税务机关依法确定的税款缴纳期限届满次日起至纳税人、扣缴义务人实际缴纳或者解缴税款之日止。

（3）拒绝缴纳滞纳金的，可以按不履行纳税义务实行强制执行措施，强行划拨或者强制征收。

（四）减免税制度

根据《征管法》及《税收减免管理办法（试行）》的有关规定，办理减税、免税应注意以下事项：

（1）减免税必须有法律、行政法规的明确规定（具体规定在各税收实体法中体现）。地方各级人民政府、各级人民政府主管部门、单位和个人违反法律、行政法规规定，擅自作出的减税、免税决定无效，税务机关不得执行，并向上级税务机关报告。

（2）纳税人申请减税、免税，应向主管税务机关提出书面申请，并按规定报送有关资料。

（3）减税、免税申请，须经法律、行政法规规定的减税、免税审查批准机关审批。

（4）享受减税、免税优惠的纳税人，减税、免税条件发生变化的，应当自发生变化之日起 15 日内向税务机关报告；不再符合减税、免税条件的，应当依法履行纳税义务；未依法纳税的，税务机关应当予以追缴。

（5）纳税人在享受减免税期间，仍应按规定办理纳税申报。

（6）减税、免税期满，应当自期满次日起恢复纳税。

（7）减免税分为报批类减免税和备案类减免税。报批类减免税是指应由税务机关审批的减免税项目；备案类减免税是指取消审批手续的减免税项目和不需税务机关审批的减免税项目。

纳税人享受报批类减免税，应提交相应资料，提出申请，经按本办法规定具有审批权限的税务机关（以下简称有权税务机关）审批确认后执行。未按规定申请或虽申请但未经有权税务机关审批确认的，纳税人不得享受减免税。

纳税人享受备案类减免税，应提请备案，经税务机关登记备案后，自登记备案之日起执行。纳税人未按规定备案的，一律不得减免税。

（8）纳税人同时从事减免项目与非减免项目的，应分别核算，独立计算减免项目的计税依据以及减免税额度；不能分别核算的，不能享受减免税；核算不清的，由税务机关按合理方法核定。

（9）纳税人依法可以享受减免税待遇，但未享受而多缴税款的，凡属于无明确规定需经税务机关审批或没有规定申请期限的，纳税人可以在《征管法》第 51 条规定的期限内申请减免税，要求退还多缴的税款，但不加算银行同期存款利息。

(10) 减免税审批机关由税收法律、法规、规章设定。凡规定应由国家税务总局审批的，经由各省、自治区、直辖市和计划单列市税务机关上报国家税务总局；凡规定应由省级税务机关及省级以下税务机关审批的，由各省级税务机关审批或确定审批权限，原则上由纳税人所在地的县（区）税务机关审批；对减免税金额较大或减免税条件复杂的项目，各省、自治区、直辖市和计划单列市税务机关可根据效能与便民、监督与责任的原则适当划分审批权限。各级税务机关应按照规定的权限和程序进行减免税审批，禁止越权和违规审批减免税。

(11) 纳税人可以向主管税务机关申请减免税，也可以直接向有权审批的税务机关申请。

(12) 由纳税人所在地主管税务机关受理、应当由上级税务机关审批的减免税申请，主管税务机关应当自受理申请之日起 10 个工作日内直接上报有权审批的上级税务机关。

有审批权的税务机关对纳税人的减免税申请，应按以下规定时限及时完成审批工作，作出审批决定：县、区级税务机关负责审批的减免税，必须在 20 个工作日作出审批决定；地市级税务机关负责审批的，必须在 30 个工作日内作出审批决定；省级税务机关负责审批的，必须在 60 个工作日内作出审批决定。在规定期限内不能作出决定的，经本级税务机关负责人批准，可以延长 10 个工作日，并将延长期限的理由告知纳税人。

减免税审批是对纳税人提供的资料与减免税法定条件的相关性进行的审核，不改变纳税人真实申报责任。

(13) 减免税申请符合法定条件、标准的，有权税务机关应当在规定的期限内作出准予减免税的书面决定。依法不予减免税的，应当说明理由，并告知纳税人享有依法申请行政复议或者提起行政诉讼的权利。

(14) 税务机关作出的减免税审批决定，应当自作出决定之日起 10 个工作日内向纳税人送达减免税审批决定书。

(15) 减免税批复未下达前，纳税人应按规定办理申报缴纳税款。

(五) 税额核定制度

《征管法》第 35 条规定，纳税人有下列情形之一的，税务机关有权核定其应纳税额：

(1) 依照法律、行政法规的规定可以不设置账簿的；

(2) 依照法律、行政法规的规定应当设置但未设置账簿的；

(3) 擅自销毁账簿或者拒不提供纳税资料的；

(4) 虽设置账簿，但账目混乱或者成本资料、收入凭证、费用凭证残缺不全，难以查账的；

(5) 发生纳税义务，未按照规定的期限办理纳税申报，经税务机关责令限期申报，逾

期仍不申报的；

（6）纳税人申报的计税依据明显偏低，又无正当理由的。

纳税人有上列情形之一的，税务机关有权采用下列任何一种方法核定其应纳税额：

（1）参照当地同类行业或者类似行业中经营规模和收入水平相近的纳税人的税负水平核定；

（2）按照营业收入或者成本加合理的费用和利润的方法核定；

（3）按照耗用的原材料、燃料、动力等推算或者测算核定；

（4）按照其他合理方法核定。

采用前款所列一种方法不足以正确核定应纳税额时，可以同时采用两种以上的方法核定。纳税人对税务机关采取规定的方法核定的应纳税额有异议的，应当提供相关证据，经税务机关认定后，调整应纳税额。

（六）未办理税务登记的从事生产、经营的纳税人以及临时从事经营的纳税人的税款征收制度

《征管法》第37条规定："对未按照规定办理税务登记的从事生产、经营的纳税人以及临时从事经营的纳税人，由税务机关核定其应纳税额，责令缴纳；不缴纳的，税务机关可以扣押其价值相当于应纳税款的商品、货物。扣押后缴纳应纳税款的，税务机关必须立即解除扣押，并归还所扣押的商品、货物；扣押后仍不缴纳应纳税款的，经县以上税务局（分局）局长批准，依法拍卖或者变卖所扣押的商品、货物，以拍卖或者变卖所得抵缴税款。"

所称未按照规定办理税务登记从事生产、经营的纳税人，包括到外县（市）从事生产、经营而未向营业地税务机关报验登记的纳税人。

税务机关依照《征管法》第37条的规定，扣押纳税人商品、货物的，纳税人应当自扣押之日起15日内缴纳税款。

对扣押的鲜活、易腐烂变质或者易失效的商品、货物，税务机关根据被扣押物品的保质期，可以缩短前款规定的扣押期限。

（七）税收保全措施

税收保全措施，是指税务机关对可能由于纳税人的行为或者某种客观原因，致使以后的税款不能保证或难以保证的案件，所采取限制纳税人处理或转移商品、货物或其他财产的措施。

《征管法》第38条规定：税务机关有根据认为从事生产、经营的纳税人有逃避纳税义务行为的，可以在规定的纳税期之前，责令限期缴纳应纳税款；在限期内发现纳税人有明显的转移、隐匿其应纳税的商品、货物以及其他财产或者应纳税的收入的迹象的，税务机关可以责成纳税人提供纳税担保。如果纳税人不能提供纳税担保，经县以上税务局（分

局)局长批准,税务机关可以采取下列税收保全措施:

(1) 书面通知纳税人开户银行或者其他金融机构冻结纳税人的金额相当于应纳税款的存款。

(2) 扣押、查封纳税人的价值相当于应纳税款的商品、货物或者其他财产。其他财产,包括纳税人的房地产、现金、有价证券等不动产和动产。

所谓"有根据认为"是指税务机关依据一定的线索作出的符合逻辑的判断,并不等于有确定的证据。因为税收保全是一项紧急处理措施,不可能等到事实全部查清,取得充分证据后再采取行动,否则纳税人早已将其收入或财产转移、隐匿完毕了。

1. 税务机关采取税收保全措施的前提条件

(1) 税务机关有根据认为从事生产、经营的纳税人有逃避纳税义务的行为。

(2) 必须是在规定的纳税期之前和责令限期缴纳应纳税款的期限内。如果纳税期和责令限期缴纳应纳税款的期限届满,纳税人还没有缴纳应纳税款的,税务机关可按规定直接采取强制执行措施,而无所谓税收保全。

2. 扣押、查封纳税人的商品、货物或者其他财产时,应注意的问题

(1) 可以采取税收保全措施的纳税人仅限于从事生产、经营的纳税人,不包括非从事生产、经营的纳税人,也不包括扣缴义务人和纳税担保人。

(2) 个人及其所扶养家属维持生活必需的住房和用品,不在税收保全措施的范围之内。机动车辆、金银饰品、古玩字画、豪华住宅或者一处以外的住房不属于所称个人及其所扶养家属维持生活必需的住房和用品。税务机关对单价 5 000 元以下的其他生活用品,不采取税收保全措施和强制执行措施。所称个人所扶养家属,是指与纳税人共同居住生活的配偶、直系亲属以及无生活来源并由纳税人扶养的其他亲属。

(3) 税务机关执行扣押、查封商品、货物或者其他财产时,应当由两名以上税务人员执行,并通知被执行人。被执行人是自然人的,应当通知被执行人本人或者其成年家属到场;被执行人是法人或者其他组织的,应当通知其法定代表人或者主要负责人到场。拒不到场的。不影响执行。

(4) 税务机关扣押商品、货物或者其他财产时,必须开付收据;税务机关查封商品、货物或者其他财产时,必须开付清单。

3. 税收保全措施的终止

税收保全措施的终止有两种情况:一是纳税人在上款规定的限期内缴纳税款的,税务机关必须立即解除税收保全措施;二是纳税人限期期满仍未缴纳税款的,经县以上税务局(分局)局长批准,终止税收保全措施,转入强制执行措施,即税务机关以书面通知纳税人开户银行或者其他金融机构从其冻结的存款中扣缴税款,或者依法拍卖或者变卖所扣押、查封的商品、货物或者其他财产,以拍卖或者变卖所得抵缴税款。

纳税人在限期内已缴纳税款，税务机关未立即解除税收保全措施，使纳税人的合法利益遭受损失的，税务机关应当承担赔偿责任。

（八）税收强制措施

税收强制措施是指当事人不履行法律、行政法规规定的义务，有关国家机关采用法定的强制手段，强迫当事人履行义务的行为。

《征管法》第40条规定："从事生产、经营的纳税人、扣缴义务人未按照规定的期限缴纳或者解缴税款，纳税担保人未按照规定的期限缴纳所担保的税款，由税务机关责令限期缴纳，逾期仍未缴纳的，经县以上税务局（分局）局长批准，税务机关可以采取下列强制执行措施：

（1）书面通知其开户银行或者其他金融机构从其存款中扣缴税款；

（2）扣押、查封、依法拍卖或者变卖其价值相当于应纳税款的商品、货物或者其他财产，以拍卖或者变卖所得抵缴税款。

税务机关采取强制执行措施时，对前款所列纳税人、扣缴义务人、纳税担保人未缴纳的滞纳金同时强制执行。"

采取强制执行措施时，应注意以下几个问题：

（1）强制执行措施的适用范围适用于从事生产、经营的纳税人，扣缴义务人未按照规定的期限缴纳或者解缴税款，纳税担保人未按照规定的期限缴纳所担保的税款的情况。需要强调的是，强制执行措施适用于从事生产、经营的纳税人、扣缴义务人和纳税担保人，而保全措施只适用于从事生产、经营的纳税人。

（2）采取强制执行措施必须坚持告诫在先的原则，即纳税人、扣缴义务人未按照规定的期限缴纳或者解缴税款的，应当先行告诫，责令限期缴纳。逾期仍未缴纳的，方可采取强制执行措施。如果没有责令限期缴纳就直接采取强制执行措施的，所采取的措施和程序都是违法的。

（3）税务机关采取税收保全措施和强制执行措施必须依照法定权限和法定程序，不得查封、扣押纳税人个人及其所扶养家属维持生活必需的住房和用品。

（4）实施扣押、查封时，对有产权证件的动产或者不动产，税务机关可以责令当事人将产权证件交税务机关保管，同时可以向有关机关发出协助执行通知书，有关机关在扣押、查封期间不再办理该动产或者不动产的过户手续。

对查封的商品、货物或者其他财产，税务机关可以指令被执行人负责保管，保管责任由被执行人承担。继续使用被查封的财产不会减少其价值的，税务机关可以允许被执行人继续使用；因被执行人保管或者使用的过错造成的损失，由被执行人承担。

（5）纳税人在税务机关采取税收保全措施后，按照税务机关规定的期限缴纳税款的，税务机关应当自收到税款或者银行转回的完税凭证之日起1日内解除税收保全。

(6) 税务机关将扣押、查封的商品、货物或者其他财产变价抵缴税款时,应当交由依法成立的拍卖机构拍卖;无法委托拍卖或者不适于拍卖的,可以交由当地商业企业代为销售,也可以责令纳税人限期处理;无法委托商业企业销售,纳税人也无法处理的,可以由税务机关变价处理,具体办法由国家税务总局规定。国家禁止自由买卖的商品,应当交由有关单位按照国家规定的价格收购。拍卖或者变卖所得抵缴税款、滞纳金、罚款以及扣押、查封、保管、拍卖、变卖等费用后,剩余部分应当在 3 日内退还被执行人。

(7) 采取税收保全措施、强制执行措施的权力,不得由法定的税务机关以外的单位和个人行使。税务机关滥用职权违法采取税收保全措施、强制执行措施,或者采取税收保全措施、强制执行措施不当,使纳税人、扣缴义务人或者纳税担保人的合法权益遭受损失的,应当依法承担赔偿责任。

(九) 欠税清缴制度

《征管法》在欠税清缴方面主要采取了以下措施。

1. 严格控制欠缴税款的审批权限

《征管法》第 31 条规定,缓缴税款的审批权限集中在省、自治区、直辖市国家税务局和地方税务局,体现了严格控制欠税的精神。

2. 限期缴税时限

从事生产、经营的纳税人、扣缴义务人未按照规定的期限缴纳或者解缴税款,纳税担保人未按照规定的期限缴纳所担保的税款,由税务机关发出责令限期缴纳税款通知书,责令限期缴纳或者解缴税款的最长期限不得超过 15 日。

3. 离境清税制度

《征管法》第 44 条规定:“欠缴税款的纳税人或者他的法定代表人需要出境的,应当在出境前向税务机关结清应纳税款、滞纳金或者提供担保。未结清税款、滞纳金,又不提供担保的,税务机关可以通知出境管理机关阻止其出境。”

4. 建立改制纳税人欠税的清缴制度

《征管法》第 48 条规定:“纳税人有合并、分立情形的,应当向税务机关报告,并依法缴清税款。纳税人合并时未缴清税款的,应当由合并后的纳税人继续履行未履行的纳税义务;纳税人分立时未缴清税款的,分立后的纳税人对未履行的纳税义务应当承担连带责任。”

5. 大额欠税处分财产报告制度

《征管法》第 49 条及《征管法实施细则》第 77 条规定,欠缴税款数额在 5 万元以上的纳税人,在处分其不动产或者大额资产之前,应当向税务机关报告。

这一规定有利于税务机关及时掌握欠税企业处置不动产和大额资产的动向，判断其是否有转移、隐匿财产的迹象，从而决定是否行使税收优先权，是否采取税收保全措施和强制执行措施。

6. 建立欠税公告制度

《征管法》第 44 条及《征管法实施细则》第 76 条规定："县级以上各级税务机关应当将纳税人的欠税情况，在办税场所或者广播、电视、报纸、期刊、网络等新闻媒体上定期或随时公告。"

国家税务总局制定发布的《欠税公告办法(试行)》自 2005 年 1 月 1 日起施行。

7. 税务机关对欠缴税款的纳税人行使代位权、撤销权制度

税务机关对欠缴税款的纳税人行使代位权、撤销权，即对纳税人的到期债权等财产权利，税务机关可以依法向第三者追索以抵缴税款。《征管法》第 50 条规定："欠缴税款的纳税人因怠于行使到期债权，或者放弃到期债权，或者无偿转让财产，或者以明显不合理的低价转让财产而受让人知道该情形，对国家税收造成损害的，税务机关可以依照《合同法》第七十三条、第七十四条的规定行使代位权、撤销权。税务机关依照规定行使代位权、撤销权的，不免除欠缴税款的纳税人尚未履行的纳税义务和应承担的法律责任。"

(十) 税款的退还和追征制度

1. 税款的退还

《征管法》第 51 条及《征管法实施细则》第 78 条规定：

(1) 纳税人超过应纳税额缴纳的税款，税务机关发现后应当自发现之日起 10 日内办理退还手续。

(2) 纳税人自结算缴纳税款之日起 3 年内发现的，可以向税务机关要求退还多缴的税款并加算银行同期存款利息，税务机关应当自接到纳税人退还申请之日起 30 日内查实并办理退还手续。利息按照税务机关办理退税手续当天中国人民银行规定的活期存款利率计算。

2. 税款的追征制度

《征管法》第 52 条及《征管法实施细则》第 79 条规定：

(1) 因税务机关的责任，致使纳税人、扣缴义务人未缴或者少缴税款的，税务机关在 3 年内可以要求纳税人、扣缴义务人补缴税款，但是不得加收滞纳金。

(2) 因纳税人、扣缴义务人计算错误等失误，未缴或者少缴税款的，税务机关在 3 年内可以追征税款、滞纳金。有特殊情况的，追征期可以延长到 5 年。

(3) 对偷税、抗税、骗税的，税务机关追征其未缴或者少缴的税款、滞纳金或者所骗取的税款，不受前款规定期限的限制。

(4) 当纳税人既有应退税款又有欠缴税款的，税务机关可以将应退税款和利息先抵扣欠缴税款。抵扣后有余额的，退还纳税人。

（十一）税款入库制度

《征管法》第 53 条及《征管法实施细则》第 84 条规定：

(1) 国家税务局和地方税务局应当按照国家规定的税收征收管理范围和税款入库预算级次，将征收的税款缴入国库。

(2) 审计机关、财政机关依法进行审计、检查时，对税务机关的税收违法行为作出的决定，税务机关应当执行；发现被审计、检查单位有税收违法行为的，向被审计、检查单位下达决定、意见书，责成被审计、检查单位向税务机关缴纳应当缴纳的税款、滞纳金。税务机关应当根据有关机关的决定、意见书，依照税收法律、行政法规的规定，将应收的税款、滞纳金按照国家规定的税收征收管理范围和税款入库预算级次缴入国库。

税务机关应当自收到审计机关、财政机关的决定、意见书之日起 30 日内将执行情况书面回复审计机关、财政机关。

有关机关不得将其履行职责过程中发现的税款、滞纳金自行征收入库或者以其他款项的名义自行处理、占压。

这里应注意的是，纳税人、扣缴义务人、纳税担保人与税务机关在纳税上发生争议时，必须先依照税务机关的纳税决定缴纳或者解缴税款及滞纳金或者提供相应的担保，然后可以依法申请行政复议。对行政复议决定不服的，可以依法向人民法院起诉。

当事人对税务机关的处罚决定、强制执行措施或者税收保全措施不服的，可以依法申请行政复议，也可以依法向人民法院起诉。

当事人对税务机关的处罚决定逾期不申请行政复议也不向人民法院起诉，又不履行的，作出处罚决定的税务机关可以采取《征管法》第 40 条规定的强制执行措施，或者申请人民法院强制执行。

第六节　税务检查

为了验证纳税人自行申报纳税的准确性，严厉查处涉税违法案件，震慑和惩处涉税犯罪，《征管法》规定了税务检查的内容。税务机关内部设置稽查部门行使税务检查权力，常用的检查方法包括全查法、抽查法、顺查法、逆查法、现场检查法、调账检查法、比较分析法、控制计算法、审阅法、核对法、观察法、外调法、盘存法、交叉稽核法等。

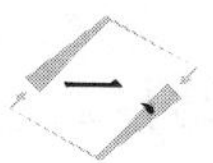一、税务检查的形式

(1) 重点检查，是指对公民举报、上级机关交办或有关部门转来的有偷税行为或偷税嫌疑的，纳税申报与实际生产经营情况有明显不符的纳税人及有普遍逃税行为的行业的检查。

(2) 分类计划检查，是指根据纳税人历来纳税情况、纳税人的纳税规模及税务检查间隔时间的长短等综合因素，按事先确定的纳税人分类，计划检查时间及检查频率而进行的检查。

(3) 集中性检查，是指税务机关在一定时间、一定范围内，统一安排、统一组织的税务检查。这种检查一般规模比较大，如20世纪90年代前期的税收、财务、物价大检查。

(4) 临时性检查，是指由各级税务机关根据不同的经济形势、偷逃税趋势、税收任务完成情况等综合因素，在正常的检查之外安排的检查。如行业性解剖、典型调查性的检查等。

(5) 专项检查，是指税务机关根据税收工作实际，对某一税种或税收征收管理的某一环节进行的检查。如增值税一般纳税人专项检查、漏征漏管户专项检查等。

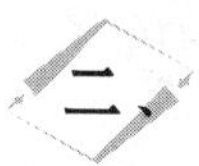二、税务检查的职权

(1) 税务机关有权进行下列税务检查：

- 检查纳税人的账簿、记账凭证、报表和有关资料，检查扣缴义务人代扣代缴、代收代缴税款账簿、记账凭证和有关资料。

  税务机关检查账簿、凭证和有关资料时，可以在纳税人、扣缴义务人的业务场所进行。必要时，经县以上税务局(分局)局长批准，可以将纳税人、扣缴义务人以前会计年度的账簿、记账凭证、报表和其他有关资料调回税务机关检查，但是税务机关必须向纳税人、扣缴义务人开付清单，并在3个月内完整退还。有特殊情况的，经设区的市、自治州以上税务局(分局)局长批准，税务机关可以将纳税人、扣缴义务人当年的账簿、记账凭证、报表和其他有关资料调回检查，但是税务机关必须在30日内退还。
- 到纳税人的生产、经营场所和货物存放地检查纳税人应纳税的商品、货物或者其他财产，检查扣缴义务人与代扣代缴、代收代缴税款有关的经营情况。
- 责成纳税人、扣缴义务人提供与纳税或者代扣代缴、代收代缴税款有关的文件、证明材料和有关资料。
- 询问纳税人、扣缴义务人与纳税或者代扣代缴、代收代缴税款有关的问题和情况。
- 到车站、码头、机场、邮政企业及其分支机构检查纳税人托运、邮寄应纳税商品、货

物或者其他财产的有关单据、凭证和有关资料。

- 经县以上税务局(分局)局长批准,凭全国统一格式的检查存款账户许可证明,查询从事生产、经营的纳税人、扣缴义务人在银行或者其他金融机构的存款账户。税务机关在调查税收违法案件时,经设区的市、自治州以上税务局(分局)局长批准,可以查询案件涉嫌人员的储蓄存款。税务机关查询所获得的资料,不得用于税收以外的用途。

(2) 税务机关对从事生产、经营的纳税人以前纳税期的纳税情况依法进行税务检查时,发现纳税人有逃避纳税义务行为,并有明显的转移、隐匿其应纳税的商品、货物以及其他财产或者应纳税收入迹象的,可以按照《征管法》规定的批准权限采取税收保全措施或者强制执行措施。采取税收保全措施的期限一般不得超过 6 个月。重大案件需要延长的,应当报国家税务总局批准。

(3) 纳税人、扣缴义务人必须接受税务机关依法进行的税务检查,如实反映情况,提供有关资料,不得拒绝、隐瞒。

(4) 税务机关依法进行税务检查时,有权向有关单位和个人调查纳税人、扣缴义务人和其他当事人与纳税或者代扣代缴、代收代缴税款有关的情况,有关单位和个人有义务向税务机关如实提供有关资料及证明材料。

(5) 税务机关调查税务违法案件时,对与案件有关的情况和资料,可以记录、录音、录像、照相和复制。

(6) 税务机关派出的人员进行税务检查时,应当出示税务检查证和税务检查通知书,并有责任为被检查人保守秘密;未出示税务检查证和税务检查通知书的,被检查人有权拒绝检查。

第七节　法律责任

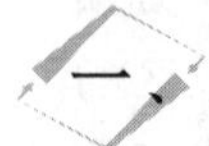

一、违反税务管理基本规定行为的处罚

(1)《征管法》第 60 条及《征管法实施细则》第 90 条规定,纳税人有下列行为之一的,由税务机关责令限期改正,可以处 2 000 元以下的罚款;情节严重的,处 2 000 元以上 1 万元以下的罚款:

- 未按照规定的期限申报办理税务登记、变更或者注销登记的;
- 未按照规定设置、保管账簿或者保管记账凭证和有关资料的;
- 未按照规定将财务、会计制度或者财务、会计处理办法和会计核算软件报送税务机关备查的;

- 未按照规定将其全部银行账号向税务机关报告的；
- 未按照规定安装、使用税控装置，或者损毁或者擅自改动税控装置的；
- 未按照规定办理税务登记证件验证或者换证手续的。

(2) 纳税人不办理税务登记的，由税务机关责令限期改正；逾期不改正的，经税务机关提请，由工商行政管理机关吊销其营业执照。

(3) 纳税人未按照规定使用税务登记证件，或者转借、涂改、损毁、买卖、伪造税务登记证件的，处 2 000 元以上 1 万元以下的罚款；情节严重的，处 1 万元以上 5 万元以下的罚款。

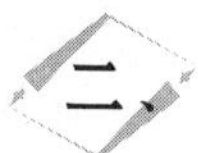

二、扣缴义务人违反账簿、凭证管理的处罚

《征管法》第 61 条规定："扣缴义务人未按照规定设置、保管代扣代缴、代收代缴税款账簿或者保管代扣代缴、代收代缴税款记账凭证及有关资料的，由税务机关责令限期改正，可以处 2 000 元以下的罚款；情节严重的，处 2 000 元以上 5 000 元以下的罚款。"

三、纳税人、扣缴义务人未按规定进行纳税申报的法律责任

《征管法》第 62 条规定："纳税人未按照规定的期限办理纳税申报和报送纳税资料的，或者扣缴义务人未按照规定的期限向税务机关报送代扣代缴、代收代缴税款报告表和有关资料的，由税务机关责令限期改正，可以处 2 000 元以下的罚款；情节严重的，可以处 2 000 元以上 1 万元以下的罚款。"

四、对逃税的认定及其法律责任

(1)《征管法》第 63 条规定："纳税人伪造、变造、隐匿、擅自销毁账簿、记账凭证，或者在账簿上多列支出或者不列、少列收入，或者经税务机关通知申报而拒不申报或者进行虚假的纳税申报，不缴或者少缴应纳税款的，是偷税。对纳税人偷税的，由税务机关追缴其不缴或者少缴的税款、滞纳金，并处不缴或者少缴的税款 50%以上 5 倍以下的罚款；构成犯罪的，依法追究刑事责任。"

扣缴义务人采取前款所列手段，不缴或者少缴已扣、已收税款，由税务机关追缴其不缴或者少缴的税款、滞纳金，并处不缴或者少缴的税款 50%以上 5 倍以下的罚款；构成犯罪的，依法追究刑事责任。

(2)《刑法》第 201 条规定："纳税人采取欺骗、隐瞒手段进行虚假纳税申报或者不申报，逃避缴纳税款数额较大并且占应纳税额 10%以上的，处 3 年以下有期徒刑或者拘役，

并处罚金；数额巨大并且占应纳税额30%以上的，处3年以上7年以下有期徒刑，并处罚金。

扣缴义务人采取前款所列手段，不缴或者少缴已扣、已收税款，数额较大的，依照前款的规定处罚。

对多次实施前两款行为，未经处理的，按照累计数额计算。

有第一款行为，经税务机关依法下达追缴通知后，补缴应纳税款，缴纳滞纳金，已受行政处罚的，不予追究刑事责任。但是，5年内因逃避缴纳税款受过刑事处罚或者被税务机关给予两次以上行政处罚的除外。”

《刑法修正案》（七）对偷税罪所作修改

（1）修改了该罪的罪状表述，将罪名由“偷税罪”改为“逃税罪”，不再使用“偷税”一词，而代之以“逃避缴纳税款”，但管辖的具体行为和案件范围与原偷税罪基本相同。

（2）对逃税的手段不再作具体列举，而采用概括性的表述，以适应实践中逃避缴纳税款可能出现的各种复杂情况。

（3）对逃避缴纳税款数额占应纳税额10%以上构成犯罪的具体数额标准，以及逃税数额占应纳税额30%以上，构成数额巨大的具体数额标准没再作规定。这主要是考虑到在经济生活中，逃税的情况十分复杂，同样的逃税数额在不同时期对社会的危害程度也不同，法律对数额不作具体规定，交由司法机关根据实际情况作司法解释并适时调整更为合适。

（4）对逃税罪的初犯规定了不予追究刑事责任的特别条款。

（5）对达到逃税罪的数额、比例标准不免除刑事责任的情形也作了规定。

五、进行虚假申报或不进行申报的法律责任

《征管法》第64条规定：“纳税人、扣缴义务人编造虚假计税依据的，由税务机关责令限期改正，并处5万元以下的罚款。

纳税人不进行纳税申报，不缴或者少缴应纳税款的，由税务机关追缴其不缴或者少缴的税款、滞纳金，并处不缴或者少缴的税款50%以上5倍以下的罚款。”

六、逃避追缴欠税的法律责任

《征管法》第65条规定：“纳税人欠缴应纳税款，采取转移或者隐匿财产的手段，妨碍

税务机关追缴欠缴的税款的，由税务机关追缴欠缴的税款、滞纳金，并处欠缴税款50%以上5倍以下的罚款；构成犯罪的，依法追究刑事责任。”

《刑法》第203条规定：“纳税人欠缴应纳税款，采取转移或者隐匿财产的手段，致使税务机关无法追缴欠缴的税款，数额在1万元以上不满10万元的，处3年以下有期徒刑或者拘役，并处或者单处欠缴税款1倍以上5倍以下的罚金；数额在10万元以上的，处3年以上7年以下有期徒刑，并处欠缴税款1倍以上5倍以下的罚金。”

七、骗取出口退税的法律责任

《征管法》第66条规定：“以假报出口或者其他欺骗手段，骗取国家出口退税款，由税务机关追缴其骗取的退税款，并处骗取税款1倍以上5倍以下的罚款；构成犯罪的，依法追究刑事责任。

对骗取国家出口退税款的，税务机关可以在规定期间内停止为其办理出口退税。”

《刑法》第204条规定：“以假报出口或者其他欺骗手段，骗取国家出口退税款，数额较大的，处5年以下有期徒刑或者拘役，并处骗取税款1倍以上5倍以下的罚金；数额巨大或者有其他严重情节的，处5年以上10年以下有期徒刑，并处骗取税款1倍以上5倍以下的罚金；数额特别巨大或者有其他特别严重情节的，处10年以上有期徒刑或者无期徒刑，并处骗取税款1倍以上5倍以下的罚金或者没收财产。”

八、抗税的法律责任

《征管法》第67条规定：“以暴力、威胁方法拒不缴纳税款的，是抗税，除由税务机关追缴其拒缴的税款、滞纳金外，依法追究刑事责任。情节轻微，未构成犯罪的，由税务机关追缴其拒缴的税款、滞纳金，并处拒缴税款1倍以上5倍以下的罚款。”

《刑法》第202条规定：“以暴力、威胁方法拒不缴纳税款的，处3年以下有期徒刑或者拘役，并处拒缴税款1倍以上5倍以下罚金；情节严重的，处3年以上7年以下有期徒刑，并处拒缴税款1倍以上5倍以下罚金。”

九、在规定期限内不缴或者少缴税款的法律责任

《征管法》第68条规定：“纳税人、扣缴义务人在规定期限内不缴或者少缴应纳或者应解缴的税款，经税务机关责令限期缴纳，逾期仍未缴纳的，税务机关除依照本法第40条的规定采取强制执行措施追缴其不缴或者少缴的税款外，可以处不缴或者少缴的税款50%以上5倍以下的罚款。”

十、扣缴义务人不履行扣缴义务的法律责任

《征管法》第 69 条规定："扣缴义务人应扣未扣、应收而不收税款的，由税务机关向纳税人追缴税款，对扣缴义务人处应扣未扣、应收未收税款 50%以上 3 倍以下的罚款。"

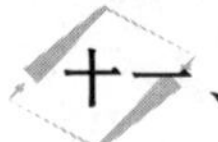

十一、不配合税务机关依法检查的法律责任

《征管法》第 70 条规定："纳税人、扣缴义务人逃避、拒绝或者以其他方式阻挠税务机关检查的，由税务机关责令改正，可以处 1 万元以下的罚款；情节严重的，处 1 万元以上 5 万元以下的罚款。"

税务机关依照《征管法》第 54 条第(5)项的规定，到车站、码头、机场、邮政企业及其分支机构检查纳税人有关情况时，有关单位拒绝的，由税务机关责令改正，可以处 1 万元以下的罚款；情节严重的，处 1 万元以上 5 万元以下的罚款。

十二、涉及发票的违法行为的法律责任

(1)《征管法》第 71 条规定："违反本法第 22 条规定，非法印制发票的，由税务机关销毁非法印制的发票，没收违法所得和作案工具，并处 1 万元以上 5 万元以下的罚款；构成犯罪的，依法追究刑事责任。"

(2)《征管法》第 72 条规定："从事生产、经营的纳税人、扣缴义务人有本法规定的税收违法行为，拒不接受税务机关处理的，税务机关可以收缴其发票或者停止向其发售发票。"

(3)《刑法》第 205 条规定："虚开增值税专用发票或者虚开用于骗取出口退税、抵扣税款的其他发票的，处 3 年以下有期徒刑或者拘役，并处 2 万元以上 20 万元以下罚金；虚开的税款数额较大或者有其他严重情节的，处 3 年以上 10 年以下有期徒刑，并处 5 万元以上 50 万元以下罚金；虚开的税款数额巨大或者有其他特别严重情节的，处 10 年以上有期徒刑或者无期徒刑，并处 5 万元以上 50 万元以下罚金或者没收财产。

单位犯本条规定之罪的，对单位判处罚金，并对其直接负责的主管人员和其他直接责任人员，处 3 年以下有期徒刑或者拘役；虚开的税款数额较大或者有其他严重情节的，处 3 年以上 10 年以下有期徒刑；虚开的税款数额巨大或者有其他特别严重情节的，处 10 年以上有期徒刑或者无期徒刑。

虚开增值税专用发票或者虚开用于骗取出口退税、抵扣税款的其他发票，是指有为他人虚开、为自己虚开、让他人为自己虚开、介绍他人虚开行为之一的。

虚开本法第 205 条规定以外的其他发票,情节严重的,处 2 年以下有期徒刑、拘役或者管制,并处罚金;情节特别严重的,处 2 年以上 7 年以下有期徒刑,并处罚金。

单位犯前款罪的,对单位判处罚金,并对其直接负责的主管人员和其他直接责任人员,依照前款的规定处罚。”

(4)《刑法》第 206 条规定:“伪造或者出售伪造的增值税专用发票的,处 3 年以下有期徒刑、拘役或者管制,并处 2 万元以上 20 万元以下罚金;数量较大或者有其他严重情节的,处 3 年以上 10 年以下有期徒刑,并处 5 万元以上 50 万元以下罚金;数量巨大或者有其他特别严重情节的,处 10 年以上有期徒刑或者无期徒刑,并处 5 万元以上 50 万元以下罚金或者没收财产。

单位犯本条规定之罪的,对单位判处罚金,并对其直接负责的主管人员和其他直接责任人员,处 3 年以下有期徒刑、拘役或者管制;数量较大或者有其他严重情节的,处 3 年以上 10 年以下有期徒刑;数量巨大或者有其他特别严重情节的,处 10 年以上有期徒刑或者无期徒刑。”

(5)《刑法》第 207 条规定:“非法出售增值税专用发票的,处 3 年以下有期徒刑、拘役或者管制,并处 2 万元以上 20 万元以下罚金;数量较大的,处 3 年以上 10 年以下有期徒刑,并处 5 万元以上 50 万元以下罚金;数量巨大的,处 10 年以上有期徒刑或者无期徒刑,并处 5 万元以上 50 万元以下罚金或者没收财产。”

(6)《刑法》第 208 条规定:“非法购买增值税专用发票或者购买伪造的增值税专用发票的,处 5 年以下有期徒刑或者拘役,并处或者单处 2 万元以上 20 万元以下罚金。非法购买增值税专用发票或者购买伪造的增值税专用发票又虚开或者出售的,分别依照本法第 205 条、第 206 条、第 207 条的规定定罪处罚。”

(7)《刑法》第 209 条规定:“伪造、擅自制造或者出售伪造、擅自制造的可以用于骗取出口退税、抵扣税款的其他发票的,处 3 年以下有期徒刑、拘役或者管制,并处 2 万元以上 20 万元以下罚金;数量巨大的,处 3 年以上 7 年以下有期徒刑,并处 5 万元以上 50 万元以下罚金;数量特别巨大的,处 7 年以上有期徒刑,并处 5 万元以上 50 万元以下罚金或者没收财产。

伪造、擅自制造或者出售伪造、擅自制造的前款规定以外的其他发票的,处 2 年以下有期徒刑、拘役或者管制,并处或者单处 1 万元以上 5 万元以下罚金;情节严重的,处 2 年以上 7 年以下有期徒刑,并处 5 万元以上 50 万元以下罚金。

非法出售可以用于骗取出口退税、抵扣税款的其他发票的,依照第 1 款的规定处罚。

非法出售第 3 款规定以外的其他发票的,依照第 2 款的规定处罚。”

(8)《刑法》第 210 条规定:“盗窃增值税专用发票或者可以用于骗取出口退税、抵扣税款的其他发票的,依照本法第 264 条的规定定罪处罚。

使用欺骗手段骗取增值税专用发票或者可以用于骗取出口退税、抵扣税款的其他发票的，依照本法第266条的规定定罪处罚。

明知是伪造的发票而持有，数量较大的，处2年以下有期徒刑、拘役或者管制，并处罚金；数量巨大的，处2年以上7年以下有期徒刑，并处罚金。

单位犯前款罪的，对单位判处罚金，并对其直接负责的主管人员和其他直接责任人员，依照前款的规定处罚。”

十三、银行或者其他金融机构拒绝配合税务机关依法执行职务的法律责任

(1)《征管法》第73条规定：“纳税人、扣缴义务人的开户银行或者其他金融机构拒绝接受税务机关依法检查纳税人、扣缴义务人存款账户，或者拒绝执行税务机关作出的冻结存款或者扣缴税款的决定，或者在接到税务机关的书面通知后帮助纳税人、扣缴义务人转移存款，造成税款流失的，由税务机关处10万元以上50万元以下的罚款，对直接负责的主管人员和其他直接责任人员处1 000元以上1万元以下的罚款。”

(2) 银行和其他金融机构未依照《征管法》的规定在从事生产、经营的纳税人的账户中登录税务登记证件号码，或者未按规定在税务登记证件中登录从事生产、经营的纳税人的账户账号的，由税务机关责令其限期改正，处2 000元以上2万元以下的罚款；情节严重的，处2万元以上5万元以下的罚款。

(3)《征管法》第93条规定：“为纳税人、扣缴义务人非法提供银行账户、发票、证明或者其他方便，导致未缴、少缴税款或者骗取国家出口退税款的，税务机关除没收其违法所得外，可以处未缴、少缴或者骗取的税款1倍以下的罚款。”

十四、税务机关及其工作人员违反法律、法规的法律责任

(1) 税务机关违反规定擅自改变税收征收管理范围和税款入库预算级次的，责令限期改正，对直接负责的主管人员和其他直接责任人员依法给予降级或者撤职的行政处分。

(2) 纳税人、扣缴义务人有《征管法》第63条、第65条、第66条、第67条、第71条规定的行为涉嫌犯罪的，税务机关应当依法移交司法机关追究刑事责任。税务人员徇私舞弊，对依法应当移交司法机关追究刑事责任的不移交，情节严重的，依法追究刑事责任。

(3) 税务机关、税务人员查封、扣押纳税人个人及其所扶养家属维持生活必需的住房和用品的，责令退还，依法给予行政处分；构成犯罪的，依法追究刑事责任。

(4) 税务人员与纳税人、扣缴义务人勾结，唆使或者协助纳税人、扣缴义务人有《征管法》第63条、第65条、第66条规定的行为，构成犯罪的，依法追究刑事责任；尚不构成犯罪的，依法给予行政处分。

(5) 税务人员利用职务上的便利，收受或者索取纳税人、扣缴义务人财物或者谋取其他不正当利益，构成犯罪的，依法追究刑事责任；尚不构成犯罪的，依法给予行政处分。

(6) 税务人员徇私舞弊或者玩忽职守，不征或者少征应征税款，致使国家税收遭受重大损失，构成犯罪的，依法追究刑事责任；尚不构成犯罪的，依法给予行政处分。

税务人员滥用职权，故意刁难纳税人、扣缴义务人的，调离税收工作岗位，并依法给予行政处分。

税务人员对控告、检举税收违法违纪行为的纳税人、扣缴义务人以及其他检举人进行打击报复的，依法给予行政处分；构成犯罪的，依法追究刑事责任。

(7) 违反法律、行政和法规的规定提前征收、延缓征收或者摊派税款的，由其上级机关或者行政监察机关责令改正，对直接负责的主管人员和其他直接责任人员依法给予行政处分。

(8) 违反法律、行政法规的规定，擅自作出税收的开征、停征或者减税、免税、退税、补税以及其他同税收法律、行政法规相抵触的决定的，除依照本法规定撤销其擅自作出的决定外，补征应征未征税款，退还不应征收而征收的税款，并由上级机关追究直接负责的主管人员和其他直接责任人员的行政责任；构成犯罪的，依法追究刑事责任。

(9) 税务人员在征收税款或者查处税收违法案件时，未按照本法规定进行回避的，对直接负责的主管人员和其他直接责任人员，依法给予行政处分。

(10) 未按照本法规定为纳税人、扣缴义务人、检举人保密的，对直接负责的主管人员和其他直接责任人员，由所在单位或者有关单位依法给予行政处分。

复习思考题

1. 税务登记在税务管理中有何重要意义？如何办理开业、变更和注销登记？

2. 账簿凭证管理和发票管理的主要内容是什么？

3. 什么是税务检查？税务机关有哪些税务检查权？

4. 纳税申报的主要内容是什么？在我国税收征管模式改革中，应如何重视和做好纳税申报的管理工作？

5. 税款征收方式有哪些？如何适用？

6. 如何核定纳税人的应纳税额？

7. 什么是税收保全和税收强制执行措施？两者在执行的程序上有什么要求？

8. 什么是税收优先权？《征管法》明确规定税收优先权有什么现实意义？

9.《刑法》对偷税罪的规定有什么变化？为什么？

第十三章　纳税筹划

【学习要求】 本章要求重点掌握纳税筹划的基本技术、筹划的主要途径和方法；一般掌握纳税筹划的定义、目标定位、原则；理解纳税筹划可能产生的风险；了解如何正确认识和利用纳税筹划。

第一节　纳税筹划概述

纳税筹划的精神，最早可追溯至1925年，在英国上议院议员汤姆林爵士针对“税务局局长诉温斯特大公”一案中首次提道，“任何人都有权安排自己的事业，如果依据法律所做的某些安排可以少缴税，那就不能强迫他多纳税”。这一观点得到法律界的认可，成为奠定纳税筹划史的基础判例和各国在涉及税务案件中经常引用的原则精神。

自20世纪90年代以来，纳税筹划的理论和实践在我国得到了迅猛发展。纳税筹划之所以得到企业的重视，从根本上来说，取决于现代企业的经营目标。现代企业一般都以利润最大化或企业价值最大化为经营管理目标，客观上要求企业的收入最大化而成本费用最小化。收入最大化涉及企业的生产和营销等问题。而成本费用最小化，则要求企业从提高劳动生产率、节约物资消耗等方面下工夫，同时要尽量减少上缴的各种税费支出，减轻税费负担。其中，进行纳税筹划是企业减少税费支出的一种合法、积极、可靠的方式。

一、企业纳税筹划的定义

纳税筹划(tax-pianning)的定义有各种表述，大致可以分为狭义的纳税筹划和广义的纳税筹划两大类观点。狭义的纳税筹划观点认为纳税筹划就是合法节税，即纳税人在不违背税法立法精神的前提下，充分利用税法中已有的税收优惠政策，通过纳税人对筹资、投资和经营活动的巧妙安排，达到少缴、迟缴或不缴税的目的。广义的纳税筹划观点则认为纳税筹划是采用一切合法和非违法的手段进行的纳税方面的策划和有利于纳税人的财务安排。从外延上，广义的纳税筹划不仅包括合法节税，还包括避税筹划、转嫁筹划。

当前我国税制的不完善给企业利用一些空白和漏洞进行避税提供了可乘之机，但税制的不完善也意味着税务机关拥有更大的自由裁量权。从我国税务机关查处的一些涉税案件来看，企业的一些看似成功的避税行为其实蕴藏着巨大的涉税风险。如2003年上半年，广州市国税局对某大型跨国化妆品生产企业利用资金融通转让定价的关联交易避税行为进行处罚，依法调增应纳税所得额共5.96亿元，补缴企业所得税8 149万元。所以，本书采用狭义的纳税筹划即合法节税的观点，认为纳税筹划应顺应税法的立法精神，在法律允许的范围内进行。

二、企业纳税筹划的目标定位

对企业开展纳税筹划的目标究竟应当如何科学定位有许多看法。有人认为，企业纳税筹划的目标应定义为：在法律许可的范围内实现税后利益最大化。本书认为，实现税后利益最大化应当是纳税筹划的服务目标，即企业的生产经营目标，而不是纳税筹划本身的目标。企业纳税筹划本身的目标应当定义为：最合理纳税或最优纳税。这一目标定位的基本思想是：企业纳税筹划的目的既不是不纳税，也不是单纯的节税(tax saving)，而是最合理的纳税。具体包括两方面的含义：一是在合法的前提下企业的整体税负最轻；二是在规范的基础上企业的涉税损失最少。

所谓在合法的前提下企业的整体税负最轻，是指企业在依法履行纳税义务后，其实际的整体税收负担最轻。企业的税收负担是指企业承担国家税收的数额与程度。企业税负的名义负担与实际负担可能不一致。名义负担是一种法定负担，即税收法律、法规等规定的企业应当承担的税负；实际负担是一种经济负担，即使不考虑税负转嫁因素，企业在计算纳税时，由于税率形式(如超额累进税率、有免征额的比例税率)、税基确定(如部分收入、所得不征税或免税)和税收优惠(如税额减征、免征及税额退还)等因素的影响，可能使实际税负大大低于名义税负。税收负担可以单一税种来计算，也可以各种税综合来计算。由于税与税之间往往存在着此消彼长的关系，因此以企业实际缴纳的各种税的税额与其总收入或生产经营收入之比，作为衡量企业实际税收负担的标准较为科学。企业的整体税负最低并没有一个绝对的统一标准，而只是一个相对的动态的概念。判断一个企业的税负轻重状况并考虑开展纳税筹划时，主要有两种方法可供选择：一是客观比较法，即将本企业的税负与同行业类似规模企业的税负进行比较；二是主观认同法，即企业从自身的实际出发对现有税收负担的接受程度。如果现有的税收负担与企业的生产经营关系协调，企业发展十分顺利，企业应当认同现有的税收负担，没有必要花更多的时间与精力去考虑纳税筹划问题；反之，则应当认真研究并积极开展纳税筹划。

所谓在规范的基础上企业的涉税损失最少，是指企业在规范会计核算、财务管理和申报纳税的基础上，与税收相关的各种损失最少。从税收实践看，企业常见的涉税损失主要

有三种:

(1) 机会损失。是指企业由于不了解或不及时了解税收政策,丧失了享受税收优惠的机会而导致的损失。由于我国的税收优惠政策处于经常的变化之中,具有很强的时效性特点,而且每一项税收优惠政策一般都有明确的享受条件,因此具有条件上的限定性。正是这些特点使得不少企业,或者因为根本不了解税收优惠政策,或者没有及时了解到这些政策,从而错过了争取和利用的机会,损失了本可以得到的税收利益。

(2) 操作损失。是指企业在生产经营活动和财务核算过程中由于操作不当而导致多纳税引起的利益损失。如按现行税收政策规定,如果企业部分项目应纳税,另一部分项目享受税收优惠政策不纳税,则在会计核算上必须严格加以区分,否则就要一律合并征税,不得享受税收优惠政策;又如企业既生产经营高税率产品,又生产经营低税率产品,在会计核算与申报纳税时必须正确划分清楚,否则应当一并按高税率产品征税,等等。

(3) 违规损失。是指企业由于违反税收法律、法规而导致的损失。主要有:违反税务登记、建账建制、纳税申报、发票管理等方面的规定而被处罚款;逾期缴纳税款而被加收滞纳金;偷税、抗税、骗税等而被处罚款;违反税法构成犯罪而被处罚金等。违规损失还会导致企业名誉损失等超经济损失,最终又会直接或间接地影响企业的经济利益。

上述纳税筹划的目标定位,一方面强调了纳税筹划应通过利用税收优惠政策等措施,积极争取直接的税收利益;另一方面也强调了纳税筹划应通过规范企业核算与管理、减少各种涉税损失,消极争取间接的税收利益。当前来看,在纳税筹划的研究和实践中,重视积极争取直接税收利益的人较多,而重视消极争取间接税收利益的人较少,这与纳税筹划目标定位的不完整有关。事实上,纳税筹划作为一种要求极高的理财活动,一般的企业及其管理者,限于政策业务水平,要想通过纳税筹划获得直接的税收利益具有相当大的难度,而通过纳税筹划获得间接的税收利益则相当容易,因此强调纳税筹划目标的两方面含义更有理论意义和现实意义。

三、企业纳税筹划的原则

纳税筹划是现代企业财务管理活动中的一个重要组成部分。为了充分发挥纳税筹划在现代企业财务管理中的作用,促进企业财务管理目标的实现,进行企业纳税筹划必须遵循以下原则。

(一) 服从于企业财务管理总体目标的原则

纳税筹划作为企业财务管理的一个子系统,应始终围绕企业财务管理的总体目标来进行。纳税筹划的目的在于降低企业的税收负担,但税收负担的降低并不一定带来企业总体成本的降低和收益水平的提高。

例如，税法规定企业负债利息允许在企业所得税前扣除，因而负债融资对企业具有节税的财务杠杆作用，有利于降低企业的税收负担。但是，随着负债比例的提高，企业的财务风险和融资成本也随之增加。当负债成本超过了息前的投资收益率，负债融资就会呈现出负的杠杆效应，这时权益资本的收益率应会随着负债比率的提高而下降。因此，企业进行纳税筹划时，如不考虑企业财务管理的总体目标，只以税负轻重作为选择纳税方案的唯一标准，就可能会影响财务管理总体目标的实现。

（二）服务于财务决策过程的原则

企业纳税筹划是通过对企业经营活动的安排来实现的，它影响企业的投资、融资、生产经营、利润分配决策。企业纳税筹划不能独立于这些决策过程之外，必须服务于企业的财务决策，否则，它必然会影响财务决策的科学性和可行性，甚至诱导企业作出错误的财务决策。

例如，税法规定企业出口的产品可以享受退税的优惠待遇，企业选择产品出口经营策略，必然会为企业带来更多的税收利益。但是，如果撇开国际市场对企业产品的吸纳能力和企业产品在国际市场上的竞争能力，片面追求出口经营带来的税收利益，那就可能诱导企业作出错误甚至致命的营销决策。

（三）合法性原则

合法性原则要求企业在进行纳税筹划时，应该遵守国家的各项法律、法规。具体表现在：第一，企业的纳税筹划应该在税收法律许可的范围内进行，至少应该不直接违反税收法律、法规。征纳关系是税收的基本关系，税收法律是规范征纳关系的共同准绳，违反税收法律、法规，逃避税收负担的行为属于偷逃税、漏税、骗税，企业财务管理者应加以反对和制止。第二，企业纳税筹划不能违背国家财务会计法规及其他经济法规。财务会计法规是对企业财务会计行为的规范，经济法规是对企业经济行为的约束。作为经济和会计主体的企业，在进行纳税筹划时，如果违反国家财务会计法规和其他经济法规，提供虚假的财务会计信息或作出违背国家立法意图的经济行为，必将受到法律的制裁。第三，企业纳税筹划必须密切注意国家法律、法规环境的变化。企业纳税筹划方案是在一定时间、一定法律环境下，以一定的企业经营活动为背景来制定的，随着时间的推移，国家的法律、法规可能发生变更，企业财务管理者就必须对纳税筹划方案进行相应的修订和完善。

（四）综合性原则

一方面，企业纳税筹划必须着眼于企业整体税负的降低，不能只盯在个别税种的负担上，因为各个税种之间是相互关联的，一种税少缴了；另一种税可能就要多缴；另一方面，企业的纳税筹划不是企业税收负担的简单比较，必须充分考虑到资金的时间价值，因为一个能降低当前税收负担的纳税方案可能会增加企业未来的税收负担。这就要求企业财务管理者在评估纳税方案时，要引进资金的时间价值观念，把不同纳税方案、同一纳税方案中不同时期的税收负担折算成现值来加以比较。

（五）事先筹划原则

事先筹划原则要求企业在进行纳税筹划时，必须在国家和企业之间的税收法律关系形成前，根据税收法律的差异性，对企业的经营、投资、理财活动进行事先筹划和安排，尽可能地减少应税行为的发生，降低企业的税收负担，才能实现纳税筹划的目的。如果企业的经营、投资、理财活动已经形成，纳税义务已经产生，再想减轻企业的税收负担，那就只能进行偷税、骗税、欠税、抗税，不可能进行纳税筹划。

四、企业纳税筹划的基本技术

在上述企业发展各阶段的纳税筹划中，实际上使用到的是以下八种纳税筹划的基本技术手段。

（一）免税技术

免税是国家对特定的地区、行业、企业、项目或情况（特定的纳税人或纳税人特定应税项目，或由于纳税人的特殊情况）所给予纳税人完全免税的照顾或奖励措施。

免税技术是指在合法、合理的情况下，使纳税人成为免税人，或使纳税人从事免税活动，或使征税对象成为免征对象而免纳税收的税务筹划技术。免税人包括自然人免税、免税公司、免税机构等。

（二）减税技术

减税是国家对特定的地区、行业、企业、项目或情况（特定的纳税人或纳税人特定应税项目，或由于纳税人的特殊情况）所给予纳税人减征部分税收的照顾或奖励措施。

减税技术是指在合法、合理的情况下，使纳税人减少应纳税收而直接节税的税务筹划技术。一般来说，减税技术主要是合法、合理地利用国家奖励性减税政策而节减税收的技术。

（三）税率差异技术

税率差异是指性质相同或相似的税种适用税率的不同。包括国家、地区或行业、企业之间的税率差异。

税率差异技术是指在合法、合理的情况下，利用税率的差异而直接节减税收的税务筹划技术。

（四）分割技术

分割就是把一个自然人(法人)的应税所得或应税财产分成多个自然人(法人)的应税所得或应税财产。

分割技术是指在法律允许的范围内,使所得财产在两个或更多个纳税人之间进行分割而直接节减税收的技术。

（五）扣除技术

税收中狭义的扣除是指从计税金额中减去一部分,以求出应税金额。税收中广义的扣除还包括从应计税额中减去一部分,即“税额扣除”、“税额抵扣”、“税收抵免”。

扣除技术是指在法律允许的范围内,使扣除额、宽免额、冲抵额等尽量增加而直接节减纳税,或调整各个计税期的扣除额而相对节税的技术。

（六）抵免技术

税收抵免是指应纳税额中扣除税收抵免额。

抵免技术是指在法律允许的范围内,使税收抵免额增加而绝对节税的技术。

（七）延期纳税技术

延期纳税是指延缓一定时期后再缴纳税收。

延期纳税技术是指在法律允许的范围内,使纳税人延期缴纳税款而相对节税的技术。它虽不能减少应纳税额,但对于纳税人而言,相当于获得一笔无息贷款,有利于纳税人的资金周转,还能使纳税人享受通货膨胀的益处。

（八）退税技术

退税是指税务机关按规定对纳税人已纳税款的退还。

退税技术是指在法律允许的范围内,使税务机关退还纳税人已纳税款而直接节税的技术。

第二节 纳税筹划的主要途径和方法

从前述纳税筹划的定义可知,纳税筹划主要是通过对纳税人经营、投资、理财等活动进行事先安排,以达到减轻税负的主要目的。这些事先安排的方式、方法也就是纳税筹划的途径和方法。

纳税筹划的最高境界是通过影响国家立法来进行的。它一方面可以通过地方政府和本选区的人大代表向全国人大、国务院提案，或者通过各行业协会举办各种论坛讲座、提供行业调研报告等方式，来积极影响全国人大、国务院或者财政部、国家税务总局来制定或修改法律、行政法规、部门规章，实现对特定地区、特定行业的税收优惠，从而获得税收收益。另一方面也可以通过财政部、国家税务总局来实现对特定企业以个案形式单独发文给予一定的税收优惠。如深圳等经济特区就是国家给予优惠政策尤其是税收优惠政策扶持的结果，西部大开发范围的中西部十一个省份在企业所得税方面争取到了与沿海特区相似的优惠待遇，东北三省也在国家振兴东北战略过程中积极争取到了东北三省八大行业率先在全国实行消费型增值税改革试点，中国软件行业也争取到了软件企业的软件产品增值税税负超3%以上部分即征即退政策。另外，积极推动国家加快实现内外资企业所得税的统一，提高个人所得税的起征点，等等，都能有效地降低纳税人的税负。这种纳税筹划途径是最直接和最根本的，能从源头上免除或者减轻纳税人的税负，但也受多种利益因素的影响，时间进度无法控制，往往也非单个企业力所能及。目前，理论界对纳税筹划途径和方法的研究，主要有按企业生产经营环节进行和按具体税种进行两种思路。一般来讲，在实际设计纳税筹划方案时，应该将两者结合起来。

一、企业创立阶段的纳税筹划

（一）企业组织形式的筹划

在现代高度发达的市场经济条件下，企业的组织形式有多种多样。依据其财产组织形式和法律责任权限，企业组织形式可分为三类：公司企业、合伙企业和独资企业。从法律角度讲，公司属法人企业，包括有限责任公司和股份有限公司，出资者以其出资额为限承担有限责任；合伙企业和独资企业属自然人企业，出资者需要承担无限责任。企业还可以按照出资者的国籍不同分为内资企业和外资企业。分公司和母公司都是企业为扩大规模进行再投资过程中所成立的分支机构，总分公司表明新办企业是原公司所属，母子公司则表明新办企业受控于原公司企业。国家的税法为了促进本国经济的发展，充实本国财政收入，通常会对不同组织形式的企业实行不同的征税办法。正是这些税收办法的差别性为企业利用不同的组织形式进行纳税筹划提供了可能的空间。

1. 企业性质的选择

企业性质有公司企业和合伙企业的选择，公司企业与合伙企业的纳税区别在于：公司的营业利润在企业环节课征企业所得税，税后利润以股息形式分配给投资者时，投资者又得缴纳一次个人所得税；而合伙企业的营业利润不缴企业所得税，只缴纳各个合伙人分得收益的个人所得税。对于规模庞大、管理水平要求高的大企业,一般宜采用公司制。因为规模大的企业筹资难度大,管理相对复杂,经营风险大,采用合伙形式很难正常、健康运转。而对于一些规模不大的企业来说,采用合伙企业组织形式比较适合。因为企业不仅运作上没有问题,还可以在税收上获得较大的好处。

2. 子公司和分公司的选择

公司要发展业务、扩大规模,设立分支机构再投资是一个重要渠道。但这时也面临着分公司与子公司的选择。在国外或外地创办子公司一般需要办理许多手续,并达到当地规定的公司创办条件,独立承担纳税义务,但子公司作为独立法人企业可以享受当地众多的税收优惠政策。如果创办分公司,则不具有独立法人主体地位,很难享受到当地的税收优惠政策,但分公司作为总公司统一体的一部分接受统一管理,损益共计,并且设立分公司无须接受层层检查,可降低审计费用支出。

子公司和分公司的税收待遇一般是有差别的,前者承担全面纳税义务,后者往往只承担有限纳税义务。在具体筹划公司形式时,一般应考虑公司的发展趋势、当地税率的高低、税基的宽窄及税收优惠条件等。对于初创阶段较长时间无法盈利的行业,一般设置分公司,这样就可以利用公司扩张成本抵冲总公司的利润,从而减轻总体税负。但对于可以迅速扭亏为盈的行业,则可以设立子公司,这样就可以享受税法中的优惠待遇,在优惠期内的盈利无须纳税。

在一些低税国家或地区,当地可能对具有独立法人地位的投资者免征或只征较低的公司税。若签订了国际税收协定,税后利润的预提税可能少征或免征。跨国公司可以在此建立子公司甚至只是离岸公司(信箱公司,只挂名称没有实际业务),用来转移高税地区相关公司的利润,以达到国际避税的效果。

(二)企业注册地点的筹划

世界各国之间和一个国家内部各个地区之间的发展是不同步的,反映经济发展的税法必然会体现出地区税收倾斜政策,这种税收待遇的地域性差异,使得企业设立注册地点的筹划成为可能。从全球范围来讲,跨国企业可以选择国际避税港、避税国进行公司注册;从一国范围来讲,企业可以选择到相对低税率的地区进行注册。

1. 国际注册地点的筹划

世界上有许多国际避税地,它们为了促进国外资本流入,繁荣本国或本地区的经济,弥补自身资本不足和改善国际收支状况,或引进先进技术以提高自身技术水平,会选择在本国或本地区划出一定的区域,对在这里投资的企业给予不征税或少征税的优惠待遇。如没有直接税的纯“避税地”巴哈马、巴林、库克群岛、百慕大群岛、开曼群岛;实行低税的避税地列支敦士登、澳门、瑞士、英属维尔京群岛;对海外收入免税的避税地中国香港、利比里亚、巴拿马、委内瑞拉；给予离岸公司和控股公司以特殊鼓励性优惠的避税地卢森堡、荷兰、新加坡等。在这些地区设立子公司或分公司，利用当地税基窄、税率低的便利条件转移或者冲抵企业利润以达到避税效果。

2002 年下半年广州市外经贸部门的一份调查报告显示，在广州番禺区约有 50%的民营企业、荔湾区约有 60%的民营企业，都采取到香港或者英属维尔京群岛(BVI)注册，再返回内地与自己的工厂合资办企业的方式，变身成“三资企业”，享受“两免三减半”的税收优惠，并取得进出口经营权。国内著名企业新浪、网易、金蝶、联通、裕兴等公司都是利用国际避税地注册经营的典型。

表 13-1 列示了 2004 年度外国对华投资前 10 位国家/地区情况，其中，中国香港、维尔京群岛、开曼群岛、新加坡、萨摩亚都属于国际避税地。

表 13-1　2004 年对华投资前 10 位国家/地区情况

国别/地区	项目数/个	比重/%	合同外资/亿美元	比重/%	实际外资/亿美元	比重/%
总计	43 664	100	1 534.79	100	606.3	100
中国香港	14 719	33.71	501.38	32.67	189.98	31.33
维尔京群岛	2 641	6.05	193.96	12.64	67.30	11.10
韩国	5 625	12.88	139.11	9.06	62.48	10.30
日本	3 454	7.91	91.62	5.97	54.52	8.99
美国	3 925	8.99	121.65	7.93	39.41	6.50
中国台湾	4 002	9.17	93.06	6.06	31.17	5.14
开曼群岛	244	0.56	32.45	2.11	20.43	3.37
新加坡	1 279	2.93	44.23	2.88	20.08	3.31
萨摩亚	790	1.81	32.43	2.11	11.29	1.86
德国	608	1.39	22.82	1.49	10.58	1.75

资料来源：商务部外资统计。

这里应注意的是，2008 年 1 月 1 日后开始实施的新《企业所得税法》，统一了企业所得税纳税人的身份认定，享受税收优惠待遇不再区分企业资金的来源是内资还是外资。所以，利用国际避税地迂回注册外商投资企业身份以图享受超国民待遇的税收优惠的方式将不再可行。但是，预计企业利用在国际避税地成立关联企业进行关联交易的转让定价避税行为将会在一定时期和范围内存在。

2. 国内注册地点的筹划

我国开放发展的战略布局是由沿海到内地、由东南到西北，在世纪之交国家又先后提出了西部大开发、振兴东北、中部崛起等区域发展战略，区域间税收差别待遇的存在，为注册地点的筹划提供了历史性契机。其中，以下几大区域是企业注册地点筹划的重点关注对象：

(1) 经济特区。它是我国最早为改革开放、促进东南沿海地区发展而设立的特殊经济区域，外资企业在此享有相对优厚的税收待遇。

(2) 经济技术开发区。它是我国为实现特定经济目标，参照经济特区对外经济活动的某些特殊政策而在国内划定一定区域新建的外向型、以科技工业为主体的经济区域。投资者在此兴办生产性外商投资企业可享受到与经济特区类似的税收优待。

(3) 高新技术产业开发区。它是国家为促进高科技成果的商品化、产业化，加速高新技术产业的发展，在本国划出的一定区域，专供发展知识密集型、技术密集型的高新技术企业使用的经济区域。这里的企业可享受多项国家特许的优惠政策。

(4) 保税区。它不仅对外资企业实行税收优惠，部分内资企业也可享受到其优惠待遇。

(5) 沿海经济开放区。它的许多优惠政策与经济特区、经济技术开发区类似。

(6) "老、少、边、穷"地区。这里向来是国家重点扶持对象，注册于这些地区的企业也能从中享受到许多税收优惠待遇。

企业在新办注册时，可以根据自身条件和特点或者积极创造条件去"对号入座"，选择对自己最为有利的登记注册地点。

同样应注意的是，2008 年开始实施的新《企业所得税法》建立了以"产业性优惠为主，区域性优惠为辅"的税收优惠政策体系，原先只有经济特区、经济技术开发区和高新技术产业开发区才能享受的低税率政策在 5 年过渡期后将不复存在。但是，西部大开发的一些税收优惠政策仍将在较长的时期内继续实行。

(三) 企业合并与分立的纳税筹划

1. 企业合并

企业合并是指两个或两个以上的企业，依照法律规定或合同的设定，合并为一个企业的法律行为，包括吸收合并与新设合并两种情况。在某些情况下，可通过企业合并来达到减少纳税环节、降低办税成本，从而减少税收支出的目的。

(1) 减少办税成本和流转税税负。有些企业之间业务关系紧密，如原材料供应方和采购方之间存在大量的购销业务，通过合并，既可降低办税成本，由两个纳税主体变成一个纳税主体，又可降低流转税税负，如印花税、营业税等。

(2) 降低所得税税负。当经济效益好的企业兼并经营不善的企业时，既可以实现企业规模的扩张，合并后两家企业盈亏相抵又势必减少合并后企业的所得税支出。

2. 企业分立

企业分立是指一个企业按照法律的规定，将部分或全部业务分离出去，分设成两个或两个以上新企业的法律行为。它或者是将原企业解散而成立两个或两个以上新企业，或者是原企业将部分分公司、部门、产品线、资产等剥离出来，组成一个或几个新公司，原企业从法律上仍然存在。企业分立的目的一般在于提高管理效率、提高资源利用率、突出企业的主营业务等。同时，通过企业分立获取税收利益也是一个重要因素。

根据税收法律、法规，一些特定产品是免税或者税率较低的，但法规也对这些产品在会计核算上有特定的要求，而企业往往由于某些原因不能满足这些要求而丧失了这些税收利益。如果企业将这些特定产品的生产部门分立成独立的企业，就有资格享受这些税收优惠。有的时候，企业经济业务核算体制不同，对企业税负将产生不同的影响，企业可以通过改变核算体制来减轻税负。

例 13-1 某高新技术企业主要生产某数控机床设备，产品中含有企业自行开发的嵌入式软件。该设备每套售价约 300 万元，按现行政策，其适用 17%的增值税。由于软件开发部分的投入较大，却无法取得增值税的进项税额，故企业增值税税负较重。为此，企业在税务顾问的建议下，决定将软件开发部门人员、业务和资产分开独立注册为一软件开发企业，专为母公司开发配套嵌入式软件，母公司以每套 80 万元价格购买后装入该数控设备一起出售，价格仍为 300 万元。

此时，子公司如能经省级税务、信息产业部门认定为软件企业，则可享受增值税税负超过 3%以上即征即退的税收优惠。母公司购入软件产品时，可凭增值税专用发票注明税额正常抵扣进项税额。

例 13-2 某牛奶加工企业利用自有牧场生产的原奶加工成酸奶和鲜奶出售，由于牧场从外部购进原料很少，只有少量精饲料及部分辅助用品，可供抵扣的进项税额极少，但加工后的酸奶、鲜奶税率分别为 17%和 13%，为此企业一直不堪重负。

企业经过仔细测算，决定将其牧场的人员、资产、业务划分出来，注册为独立核算的公司，两者形成购销关系。此时，牧场销售自产农副产品原奶，按政策免征增值税。公司购进免税农副产品，按政策可按经批准使用的农副产品收购凭证上注明收购金额的 13%作为进项税额予以抵扣，使税负较以前有大幅降低。

相类似的，企业销售自产货物并负责运输，并另行收取运费时，如果货款与运费同时收取，则构成增值税的混合销售行为，需将运费合并到货款中一并征收增值税，也会加重企业税负。此时，如果企业经常发生类似业务，同样可考虑将企业内设运输部门单独注册为一子公司，为母公司提供运输服务并单独收取运费。

例 13-3 某彩电公司生产各种型号规格的彩电产品，2010 年销售收入为 23.8 亿元，其中包括销售彩电收入 23 亿元、替客户运输彩电至指定地点收入 8 000 万元。此时，企业销售自产货物并负责运输，取得的运输业务收入按规定属于混合销售业务，应按所运输的货物适用的税率一并征收增值税。运输收入应纳增值税销项税额为 8 000÷(1+17%)×17%=1 162.39 (万元)。

此时，虽可抵扣运输所用油料和修理配件的进项税额，但税负仍然偏高。该彩电生产企业若将运输业务独立出来，设置独立核算的运输物流公司，则该运输物流公司属于营业税纳税人，所取得的收入按运输业税目缴纳营业税，税率为 3%。如果由该运输公司直接向客户收取运费，上述 8 000 万元的运费应纳营业税为 8 000×3%=240(万元)。如果由彩电公司向运输企业支付运费，则彩电企业销售货物所支付的运费 8 000 万元，可按 7%的扣除率计算进项税额予以抵扣，可抵扣增值税进项税额为 8 000×7%=560(万元)。

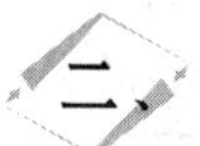

二、企业筹资阶段的纳税筹划

对任何一个企业来说，筹资是其进行一系列经营活动的先决条件。如果不能筹集到一定数量的资金，生产经营活动就无法开展；如果不能以适当的资金成本筹得资金，就不能取得预期的经济效益。在企业筹资阶段，资本弱化是比较常见的纳税筹划方式。

通常情况下，企业可以通过多种渠道筹资：① 财政资金；② 向银行、非银行金融机构借款；③ 企业自我积累；④ 企业之间的资金拆借；⑤ 企业内部集资；⑥ 向社会发行债券或股票；⑦ 商业信用、租赁等。这些不同来源的资金，其使用时间的长短、附加条款的限制、财务风险的大小、资金成本的高低都不一样。企业筹集资金时，要充分考虑各种资金方式给企业带来的资金成本的高低和财务风险的大小，以便利用某些筹资渠道有效地帮助企业减轻税负，获得税收收益。在企业需要筹集大额资金时，往往选择银行贷款、发行企业债券、发行股票和自我积累等几种常见的方式。在这几种方式中，前两者与后两者的资金成本是各不相同的。

资金成本是企业取得和使用资金而支付的各种费用。包括资金占用费用和资金筹集费用。几种常见的筹资方式成本计算公式如下：

$$\text{长期债券成本率}=\frac{\text{债券总额的每年利息支出}\times(1-\text{所得税税率})}{\text{债券发行总额}\times(1-\text{筹资费率})} \tag{13-1}$$

$$\text{银行借款成本率}=\frac{\text{每年支付利息额}\times(1-\text{所得税税率})}{\text{借款总额}\times(1-\text{筹资费率})} \tag{13-2}$$

从式(13-1)和式(13-2)可以看出，债券利息和银行贷款利息一样，都是在税前利润中支付的，这样，企业实际上就少缴了一部分所得税。这就是利息支出的税收屏蔽，或称税收挡板作用。

普通股资本成本有资本资产定价模型[式(13-3)]和折现现金流量法[式(13-4)]两种计算公式：

$$K_s=K_{RF}+\beta(K_m-K_{RF}) \tag{13-3}$$

式中，K_s 为普通股资本成本；K_{RF} 为无风险收益率；β 为 S 股票相对于市场平均风险的波动倍数；K_m 为市场平均股票收益率。

$$K_s = D_1/P_0 + g \tag{13-4}$$

式中，D_1 为下一年度支付的股利；P_0 为股票现行市价；g 为股利增长率。

由式(13-3)和式(13-4)可知，通过发行股票或自我积累方式筹集的资金需向股东发放股利，股利与利息不同，它是以税后净利支付的，不会减少企业上缴的所得税。

例 13-4 某企业新办一子公司，预计投资总额 1 000 万元。子公司资本结构有两种选择：其一是投入 1 000 万元，全部作为子公司注册资本；其二是投入 1 000 万元，其中 600 万元作注册资本，另外 400 万元作借款借给子公司使用。

假设公司要求的投资回报率都是 10%，则第一种方案获得的 100 万元回报都来自于子公司的税后利润，第二种方案中 60 万元来自于税后利润，40 万元来自于财务费用。而财务费用可以税前列支，所以在其他因素都不变的情况下，第二种方案将使子公司应纳税所得额少 40 万元，相应少纳企业所得税 10 万元。表 13-2 为不同资本结构税负的比较。

表 13-2 不同资本结构税负的比较

投资总额 1 000 万元	注册资本	借入资金	投资回报 10%
资本结构一	1 000 万元	0	100 万股利
资本结构二	600 万元	400 万元	60 万股利 40 万利息

利用借款、债券利息的税收屏蔽作用，有意识地提高企业资产负债率的纳税筹划手法就是资本弱化，它是企业避税的一个重要途径。目前，许多外企到中国投资前，向境内外的银行贷借大量资金，其中不乏一些实力雄厚的著名跨国公司。这些公司向银行贷款，不仅是缺少资金，也是为了避税。如在中国拥有近 180 家企业、涉足 10 多个投资行业的正大集团，其在华注册资本总额为 11 亿多美元，其中向中国国内银行的贷款总额就有 10.18 亿美元。据估计，目前在外商投资中国的资金中，60% 以上是借贷资金，自有资本比例并不高。这种资本弱化避税的手法其实质是企业合理利用财务杠杆作用，以提高自有资金利润率。

三、企业投资阶段的纳税筹划

企业可投资的项目是多种多样的，不同项目所享受的税收待遇也各不相同。为推进我国经济结构的战略性调整，促进产业升级，提高企业竞争力，国务院在 2000 年修订颁布了《当前国家重点鼓励发展的产业、产品和技术目录》。确定了当前国家重点鼓励 28 个领域共 526 种产品、技术及部分基础设施和服务的发展。该目录是国家引导经济结构战略性调整，改善投资结构以及审批投资项目的主要依据之一。新的《企业所得税法》的税收优惠制度以产业性优惠为主，不分内资企业还是外资企业，也不论投资地点，凡符合该目录的国内投资项目，在投资总额内进口的自用设备，除《国内投资项目不予免税的进口商品目录》所列商品外，免征关税和进口环节增值税，享受较低的企业所得税税率。企业可以根据自身的优缺点，紧扣税法的规定，在生产经营过程中选择恰当的投资项目，这样就能扬长避短，在获得更多收益的同时又能减轻自身的税收负担。

例 13-5　某工业企业在生产过程中产生大量废煤渣，以每年 50 万元的费用委托当地村委会处理，但由于废煤渣污染问题，经常遭到当地村民的围攻和环保部门的罚款。

企业经测算，决定以支付给村委会的处理费用 50 万元，再加上一些闲置场地，安置部分富余职工、本厂待业子弟投资兴办墙体材料厂，利用废煤渣生产“免烧空心砖”。根据国家税务总局《关于部分资源综合利用产品免征增值税的通知》，凡生产企业生产原料中含有不少于 30％的煤矸石、粉煤灰、烧煤锅炉底渣及其他废渣的建材产品，免征增值税，并可自生产经营之日起 5 年内，减免企业所得税。另外，企业安置富余职工、待业青年达一定比例也可享受税收减免优惠。

四、企业购销活动的纳税筹划

企业购销活动中的地点、对象、定价、结算方式，与企业的税负有很大的关系。

（一）转让定价的纳税筹划

在产品销售价格方面，公司一般可以通过转让定价方式进行纳税筹划。转让定价又叫“转移价格”，它是公司集团内部或利益关联方之间为了实现其整体战略目标，有效协调集团内各个单位之间或利益关联方之间的关系，谋求整体利益最大化而实现的交易定价。比如，通过在低税率的地区或国家设立关联企业，然后通过从关联企业高价购进原材料、低价销售产品的方式，将利润转移到低税率的关联企业，从而减少企业所得税支出。图 13-1 和图 13-2 是销售价格的一般模式和转让定价模式。有一些生产应纳消费税的消费品如汽车、酒类和化妆品的公司，也可以通过设立专门的销售公司来销售母公司的产品。因为消费税只对应税消费品的生产企业征收，母公司就可以用较低的出厂价格与销售公司结算，从而减少消费税支出。所设立的酒类、化妆品销售公司还可以通过大量招聘下岗失业、待岗及国有企业转换经营机制富余职工、机关事业单位精减机构富余人员做促销员，从而又可以享受新办城镇劳动就业服务企业定期免征企业所得税的优惠待遇。

例 13-6　根据贵州茅台酒股份有限公司 2008 年年报显示，股份公司生产的飞天茅台酒，按出厂价每瓶 220 元销售给茅台酒销售有限公司，茅台酒销售有限公司按每瓶 439 元对外批发。2008 年，茅台酒销售有限公司占股份公司全部销售额的 87.79％。

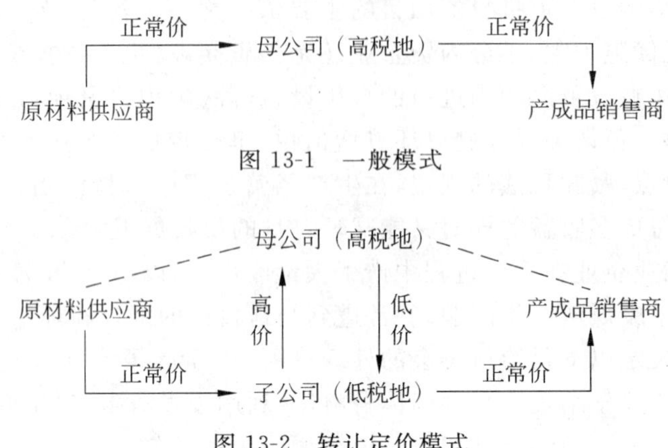

图 13-1 一般模式

图 13-2 转让定价模式

(1) 如不设置关联销售公司，则应纳消费税＝0.5＋ 439×20％＝88.3(元)

(2) 在设置关联销售公司后，其应纳消费税＝0.5＋ 220×20％＝44.5(元)

例 13-7 某化妆品公司 2010 年度实现销售收入 22 亿元，当年共发生广告费及业务宣传费 5.3 亿元，业务招待费 1 810 万元。

按税法规定，当年广告费、业务宣传费可扣除额＝220 000×15％＝3.3(亿元)，需作纳税调整 2 亿元。

业务招待费扣除限额＝220 000×5‰＝1 100(万元)，实际发生业务招待费 1 810 万元的 60％为 1 086 万元，两者比较可知，实际扣除业务招待费 1 086 万元，需纳税调整 724 万元。

则本年“三费”共计超支 2.072 4 亿元，需多缴所得税 5 181 万元。

该公司可成立集团公司，下设化妆品经销公司负责集团化妆品销售业务，化妆品公司与经销公司间形成购销关系。假定化妆品公司以 21 亿元价格将之卖给经销公司，经销公司收入仍为 22 亿元。在增加经销公司这个中间环节后，化妆品公司和经销公司都是独立核算法人，均可计算列支“三费”，则通过适当协调、合理分摊，可确保“三费”不超过税法允许的扣除限额，可免缴企业所得税 5 181 万元，少纳消费税 3 000 万元。

此时从集团整体来看，增加经销公司这个中间环节后，增值税、城建税没有变化，但增加一道销售环节后，双方对购销合同需要多缴印花税 126 万元(210 000×0.000 3×2)。

（二）销售收入实现时间的纳税筹划

现行税法规定的纳税义务发生时间，一般是销售方收讫销售款或取得收取货款的权利的当天。具体时间因销售结算方式的不同而有所差异：①采取直接收款方式销售货物，不论货物是否发出，均为收到销售款或取得索取销售款凭据，并将提货单交给买方的当天；②采取托收承付和委托银行收款方式销售货物，为发出货物并办妥收款手续的当天；③采取赊销和分期收款方式销售货物，为按合同约定的收款日期的当天；④采取预收货款方式销售货物，为货物发出的当天；⑤委托其他纳税人代销货物，为收到代销单位代销清单的当天；⑥销售应税劳务，为提供劳务同时收讫价款或取得索取价款凭据的当天；⑦纳税人有视同销售行为的，为移送货物的当天。

所以，企业在应收账款无法收回或者部分无法收回时，在账务处理上应尽可能地推迟纳税义务的确认。如在销售货物没有收到货款之前，先不要开具增值税专用发票，而应按实际收款进度分期开具；委托代销时，除非收到货款，否则不要以代销清单来确认收入实现；在企业销售产生的应收账款难以及时收回的情况下，在合同中明确采用分期收款结算方式，可以推迟纳税期限，等等。

（三）销售方式的纳税筹划

企业采用不同的定价方式、促销方式，其税负有很大的区别。如根据《增值税暂行条例》，企业在采用商业折扣方式销售货物时，如果销售额和折扣额在同一张发票上分别注明，可按折扣后的销售净额征收增值税；用以旧换新方式销售货物的，应按新货物同期正常销售价格确定计税销售额，不得扣除旧货物的收购额；采用“买一赠一”方式销售货物时，则不但不能扣除所赠送货物的成本，还应将其作视同销售处理。所以，直接降价、商业折扣等手段比以旧换新、“买一赠一”方式税负更低。企业在设计产品营销方案时，在考虑营销效果的同时，也应考虑税负的影响。

例 13-8　某啤酒公司生产销售某品牌啤酒，每吨出厂价 3 000 元。年初，该厂对生产工艺进行了改进，使啤酒质量得到了较大提高。但该厂一反常理，不但没有涨价，反而将出厂价降为 2 990 元每吨。

该厂啤酒价格不涨反降的原因在于企业利用啤酒定价的“临界点”进行纳税筹划。出厂价 3 000 元/吨时，消费税率为 250 元/吨，企业实际收益为 2 750 元/吨；而当出厂价为 2 990 元/吨时，消费税率为 220 元/吨，企业实际收益为 2 770 元/吨，且市场竞争力更强。

例 13-9　某百货公司为增值税一般纳税人，本月购进货物一批，取得了增值税专用发票，销售利润率为 50%，销售价格均含税，成本均不含税。本月为了促销，拟采用折扣销售方式，现有三种不同的折扣方案。

方案一：顾客购买货物价值满 300 元的，按 7 折出售(折扣额与销售额在同一张发票上分别注明)；

方案二：顾客购买货物价值满 300 元的，赠送含税计值为 90 元的商品(成本为 60 元，取得了增值税专用发票)；

方案三：顾客购买货物价值满 300 元的，返还现金 90 元；

现有一消费者购货价值为 300 元，则百货公司选择哪种方案最为有利？现分析如下：

(1) 若消费者选择第一种方案，该百货公司应纳增值税额为

$$300\times70\%\div(1+17\%)\times17\%-300\times(1-50\%)\times17\%=5.01(\text{元})$$

(2) 若消费者选择第二种方案，该百货公司应纳增值税额为

$$(300+90)\div(1+17\%)\times17\%-300\times(1-50\%)\times17\%-60\times17\%$$
$$=20.97(\text{元})$$

(注：关于"买一赠一"所赠送的价值90元商品是否应作视同销售处理有不同规定，按沈阳、广州规定其销售额为300元。具体请回顾第二章增值税视同销售部分内容。)

(3) 若消费者选择第三种方案，该百货公司应纳增值税额为

$$300\div(1+17\%)\times17\%-300\times(1-50\%)\times17\%=18.09(\text{元})$$

通过以上分析可以看出，顾客购买同样价值的商品，由于企业采取的折扣方式不同，企业缴纳的税款相差很大。方案一的应纳税额最少，只有5.01元；方案二的应纳税额最多，达20.97元，两者相差15.96元，后者是前者的4倍多。所以，企业在进行商品销售之前，应当全面权衡、综合筹划，选择最有利的折扣方式，这样才能降低纳税成本，获取最大的经济效益。

例 13-10 HCC公司原址位于湖南省长沙市雨花路黄土岭地区，公司按长远发展规划决定整体搬迁到位于星沙开发区的某工业园。公司原址已被规划为居民住宅区，其房屋、建筑物等不动产和土地使用权需要进行处理。该项土地使用权面积约200亩，当年市价约为2亿元。公司若直接将该地块卖给其他企业，则该项交易属《营业税暂行条例》所规定的转让无形资产的行为，应按交易价款扣除成本费用后的5%税率计算缴纳营业税。对有偿转让国有土地使用权的行为，同时也属于土地增值税的征收范围。

为了达到节税的目的，HCC公司可直接设立或者收购、联营一家房地产公司，再将该地块评估作价后作为股本注入该房地产公司。此时，按照财政部、国家税务总局财税字[2002]第191号《关于股权转让有关营业税问题的通知》的规定，单位或个人以无形资产、不动产投资入股，参与接受投资方利润分配，共同承担投资风险的行为，不征收营业税。并且从2003年1月1日起，将来转让以该项无形资产、不动产投资形成的股权时也不征收营业税。《土地增值税暂行条例》也对以土地或房地产进行投资联营的，将房地产转让到所投资、联营的企业中时，暂免征收土地增值税，将来再转让以房地产投资形成的该项股权，因股权转让行为不是土地增值税的征收范围，也无须纳税。

五、财务成果及其分配的纳税筹划

企业的财务成果是企业在一定时期内，全部经营活动所取得的利润或发生的亏损。财务成果分配即利润分配，是指将企业在一定时期内实现的利润总额，按照有关法规的规

定，进行合理的分配。财务成果的分配，不仅关系到企业投资者利益和企业未来发展，而且关系到企业税负。在企业财务成果分配过程中，与税负有关的问题主要是收益分配的顺序和保留盈余的问题。

（一）利用税前利润弥补以前年度亏损

对企业发生的年度亏损，税法允许用下一年度的税前利润弥补，下一年度利润不足弥补的，可以逐年延续弥补，但延续弥补期最长不得超过 5 年。

争取用税前利润弥补以前年度亏损的主要方法有：兼并账面上有亏损的企业，将盈补亏，可以达到免缴企业所得税的目的；利用税法允许的资产计价和摊销方法的选择权，以及费用列支范围和标准的选择权，多列税前扣除项目和扣除金额，在用税前利润弥补亏损的 5 年期限到期前，继续造成企业亏损，从而延长税前利润补亏这一优惠政策的期限。

（二）保留利润不予分配，减轻投资者的税负

上市公司向股东分配股息需要按"利息、股息、红利"所得税目代扣代缴个人所得税，从理论上讲，公司可以采取不直接分配股息而使股票增值的方法，避免投资者分回的利润补缴所得税。股份制企业可以把税后利润的大部分作为公司的追加投资转增股本，这样做可以使公司股票每股净资产增加，使公司的股票总市值上升，为投资者带来更多的好处。对于个人股东来说，由于没有从股份公司分回股息，不需要缴纳股息部分的个人所得税，其股息部分可以通过股票价格的上涨得到补偿，对于其转让从公开市场获得的股票所得，我国目前暂不予征收个人所得税。

六、企业薪酬激励机制的纳税筹划

市场经济条件下企业竞争的实质就是人才的竞争，如何建立、实施一套完整有效的员工薪酬制度来吸引和挽留高素质人才，是企业得以在残酷的市场竞争中生存和发展壮大的重要因素之一。薪酬分为经济性薪酬与非经济性薪酬。前者是指以物质形态存在的各种薪酬，如基本工资、奖金、津贴、加班费、佣金、福利、股权和红利等；后者是指员工由于工作本身所获得的满足感，包括参与决策、较大的工作自主权、工作认可、工作的挑战性、工作氛围、个人发展机会等。企业在设计薪酬方案时，一方面要考虑支付给员工的薪酬水平在本行业是否有竞争力；另一方面又要考虑到本企业对人工成本的承受力。所以适当地进行薪酬方案的纳税筹划，对员工和企业将是一个双赢的结果。

（一）当企业对员工进行奖励时

近年来，不少企业在表彰其员工为企业所作出的突出贡献时，常常会对员工进行几万

甚至几十万元的重奖。按照《企业所得税法》的相关规定，这时所支付的奖金应纳入公司工资薪金总额，而受奖员工个人应按“工资薪金所得”税目缴纳个人所得税。此时若由企业在了解员工主导物质需求的基础上，先由企业购置住房或汽车等高档耐用消费品并纳入企业固定资产目录进行管理，然后提供给受奖员工长期无偿使用，待若干年后企业已将该项资产折旧完毕时，再以象征性的价格将该项资产过户到受奖员工名下，此时企业可以合法地将固定资产折旧额在企业所得税前列支，从而少缴企业所得税，而受奖员工正常享受了重奖的待遇，却免除了个人所得税的纳税义务。这种奖励方式增加了企业资产的规模，有利于公司资产的增值，还形成了一把无形的“金手铐”，有助于企业留住优秀人才。但是，这种奖励方式要与员工充分协商，在取得员工的认同后才可进行，否则可能达不到奖励的预期效果。

（二）由企业为员工提供相关福利

目前，员工的工资薪金所得在征税时，是按照固定的费用扣除标准 3 500 元/月做相应的扣除，但没有考虑到个人的实际支出水平差异。对企业聘请的高级管理人员和高级技术人才而言，在科学技术日新月异、人才跨国跨地区流动加剧等情况下，有些消费如住房支出、交通费支出、培训支出甚至旅游休闲支出都日益成为他们必不可少的支出项目，但是这些支出项目一般都是不允许在个人所得税前扣除的。如果由企业替员工个人支付，则企业可以把这些支出作为费用，可减少企业所得税应纳税所得额，个人在实际工资水平未下降的情况下，也减少了应由个人负担的税款。这样做，通常可以大幅提高员工对企业的满意度和忠诚感，使双方都受益。常用的为员工提供服务费用的方式有以下几种。

1. 企业为员工提供住房

对于大多数跨地区流动的人才而言，到另一个城市工作首先要解决的便是住房问题。此时，如果由企业给予员工一定的货币性住房补贴，由员工自己负担租房的相应费用，由于个人住房相应的支出不能在个人所得税前扣除，而货币性住房补贴收入还要计入工资总额来计征个人所得税，在扣除个人所得税和房租费用后个人可支配的实际收入就下降了。此时，如果企业不把货币性住房补贴发放给职工个人，而是由企业统一购买或者租赁住房，然后提供给职工居住，则住房补贴这一部分收入就不必征收个人所得税，从而可以使员工获得更多的实惠。

2. 企业统一为部分重要员工提供国内外休闲疗养机会

随着人民生活水平的提高，休闲、旅游消费已经成为许多家庭必不可少的支出项目。按照现行税法，个人支付的休闲旅游费用同样不能抵减个人所得税。企业在制定年度员工福利计划时，可以从职工福利费、工会经费或者管理费用等途径开支，借市场考查、商务调研之机给部分贡献突出的员工提供国内外旅游机会，而把相应的费用从原打算支付给员工的货币工资及奖励中予以扣除，这样，员工可以维持原有消费水平，也可减少个人所得税支出。

3. 企业给员工提供培训进修机会

现代社会，知识更新的速度越来越快，为了能获取与本行业相关的新知识，参加各种培训、进修已经成为个人获取知识的重要途径。如果企业每年给予部分员工一定费用额度的培训机会，实质上会增加员工将来在人才市场上的竞争力和议价能力，职工在衡量个人收入时，这也是一个重要加分因素，且可以在一定程度上降低税收负担。

4. 由企业向员工提供各种福利设施

企业免费或低价向员工提供的福利设施，若不能将其转化成现金，则不会被视为收入，不必计算个人所得税，但其事实上是对员工的一种大幅加薪。比如，由企业提供免费膳食或者由企业直接支付搭伙管理费、就餐补助费；由企业提供或安排免费医疗福利；由企业提供住宅设备或家具；由企业提供车辆供职工上下班使用；使用由企业与供方缔结合同提供给职工使用的公用设施如水、电、煤气、电话等。

七、正确认识和利用纳税筹划

上述问题的形成，既有企业管理者和纳税筹划人员对纳税筹划工作认识不清的地方，也有税收执法机关自由裁量权过大甚至非法行政的问题。所以，应从多方面着手来解决问题，并需要大力开展对纳税筹划工作正确认识的宣传普及。

第一，找准纳税筹划的功能定位。

面对纳税筹划在实务中面临的一些困境，作为纳税筹划方案的设计者应该注意找准纳税筹划的功能定位。纳税筹划作为企业财务管理的一个子系统，方案设计得当可以为企业带来税收上的收益，但也应注意到纳税筹划应该服从、服务于企业的财务管理总目标和财务决策过程，而不应该单纯从节税、避税的角度来指挥干预企业的生产经营决策。企业纳税筹划是通过对企业经营活动的安排来实现的，它影响企业的投资、融资、生产经营、利润分配决策。企业纳税筹划不能独立于这些决策过程之外，必须服务于企业的财务决策，否则，它必然会影响财务决策的科学性和可行性，甚至诱导企业作出错误的财务决策。因为税收负担的降低并不一定带来企业总体成本的降低和收益水平的提高。

第二，正确认识纳税筹划方案的实现形式。

现在许多企业高层领导甚至一些纳税筹划人员本身，对纳税筹划工作都抱有过高的期望。他们认为，一旦要搞纳税筹划，就是事前的、全面的、完整的一套“策划书”，这种求全责备既不符合客观实际，也令方案设计者难以完成。事实上，经济活动具有多样化、多阶段的特点，企业的设立、筹建、购置、生产、资金、销售、再投入、各种关系、社会影响、当地条件等都可分别筹划。所以，依据企业的特点和需要，搞一些针对性强、繁简得当、通俗易懂、方便操作、解决问题的方案，才是纳税筹划短、平、快开展起来的可行之路。在一项筹划中，将企业所有涉税税种的节税、各项优惠政策、纳税计划、税负转嫁、会计处理、各类临界点的避越，甚至企业组织形态的选择、时间差的利用等都一一详列，这仅是一个努力方向。

第三，合理把握纳税筹划的界限。

越位是纳税筹划的禁区。纳税筹划不是一个孤立的行为，而是有机地融汇于企业经营理财活动的各个环节，需要与各环节对应的税收制度符合和印证。如果越位筹划，人为地制造一些虚假的条件，公然违背税法和其他行政法规，就与市场经济体制讲究法制化原则背道而驰，这样的纳税筹划方案即使能通过各种运作得逞一时，其结果必然是损害国家的利益，而企业也将遭到惩处，从长远的角度看，对纳税筹划事业的发展绝无益处。

复习思考题

1. 如何理解纳税筹划的定义？你认为纳税筹划的目标定位应该是什么？

2. 纳税筹划应遵循的原则是什么？

3. 纳税筹划的基本技术有哪些？

4. 对增值税、消费税、营业税等税种，你能想到哪些有代表性的纳税筹划方法？

5. 对企业所得税、外商投资企业和外国企业的所得税和个人所得税等税种，你能想到哪些有代表性的纳税筹划方法？

6. 纳税筹划有哪些方面的可能风险？

7. 应如何正确认识纳税筹划的功能、作用？

参 考 文 献

[1] 中国注册会计师协会. 税法[M]. 北京：经济科学出版社，2011.

[2] 马海涛. 中国税制[M]. 北京：中国人民大学出版社，2004.

[3] 徐孟洲，谭立. 税法教程[M]. 北京：首都经济贸易大学出版社，2002.

[4] 苑新丽. 国际税收[M]. 大连：东北财经大学出版社，2001.

[5] 财政部税制比较课题组. 美国税制[M]. 北京：中国财政经济出版社，2000.

[6] 财政部税政司. 流转税的改革与政策选择[M]. 北京：中国财政经济出版社，2002.

[7] 刘冬荣，刘爱明，王敏. 税法教程[M]. 长沙：湖南人民出版社，2007.

[8] 付广军. 中国税收统计与计量分析[M]. 北京：中国市场经济出版社，2005.

[9] 王冬梅，姚爱群. 税收理论与实务[M]. 北京：清华大学出版社，2008.

[10] 贺志东. 纳税筹划[M]. 北京：机械工业出版社，2004.

[11] 于长春. 企业税收筹划[M]. 北京：清华大学出版社，2010.

[12] 黄董良. 企业税收筹划的目标定位与风险问题探讨[J]. 税务研究，2004(3).

[13] 刘爱明. 纳税筹划的限制性因素[J]. 财会月刊，2006(4).

[14] 刘爱明，刘冬荣. 企业所得税改革对纳税筹划途径和方法的影响[J]. 经济导刊，2007(10)[人大复印资料《财政与税收》，2008(1)].

[15] 何晓蓉，刘爱明. 新企业所得税"合理性原则"的判断[J]. 会计之友，2010(13).

[16] 何晓蓉，刘爱明. 限售股个人所得税新政与企业所得税特别纳税调整分析[J]. 财经理论与实践，2010(5)[人大复印资料《财政与税收》，2011(1)].

附录 涉税经典案例

（注：部分案例有删节）

涉税额高达 14.5 亿元，黑津冀偷税巨网是如何撕破的

人民日报，2006-04-21

4 月 20 日，国家税务总局公布 9 起涉税违法案件，为首者是一个范围涉及黑龙江、天津、河北三地的虚开发票偷税大案：502 家企业涉案，涉税额达 14.5 亿元。涉税额之高、涉及企业之多，为近年来少有。目前，各案发地法院已陆续对部分犯罪嫌疑人进行了一审判决，22 人被判刑。

天方夜谭，废品收购公司两月销售收入 5.59 亿元

2004 年 6 月，黑龙江省龙江县国税局在对废旧物资经营行业检查时发现，龙江县兴盛废品收购有限责任公司 2004 年 3 月办理的税务登记，仅 4—5 月份两个月的销售额竟然高达 5.59 亿元！这对一个经济并不发达、国税年收入只有 2 700 万元的龙江县来说，简直就是天方夜谭。

经进一步调查，事实真相大白：2004 年 3 月 25 日，兴盛废品收购有限公司在工商部门办理营业执照，在龙江县国税局办理了税务登记。之后，从 3 月 26 日至 6 月 18 日，兴盛公司共领购发票 25 本，然后开具给天津市静海县 21 家企业、河北省保定市 4 家企业以及内蒙古通辽市 1 家企业，在两个月内发票开具的金额就达 5.59 亿元。

税务机关和公安机关抓住这一线索进行追踪调查，又发现龙江县环宇废旧物资收购公司、宏发废品收购站、碾子山区汇鑫废品收购公司 3 家企业，同样存在虚开废旧物资发票的重大嫌疑。4 家涉案企业共领购废旧物资销售发票 4 200 份，已知开出 709 份，开具金额 6.49 亿元，涉及税款 0.65 亿元，涉及天津、河北、内蒙古 24 家企业。其他发票失控。

顺藤摸瓜，4 家涉案企业牵出一张偷税巨网

龙江县发生虚开发票案件后，引起国家税务总局的高度重视，被国家税务总局、公安部列为全国重点督办案件。

黑龙江税务稽查人员经过对省内 1 593 家废旧物资回收经营企业排查，并赴天津、河北等地调查认定，虚开废旧物资销售发票企业由原来的 4 家增加到 39 家，同时，查出以黑龙江企业名义开出的假发票。上述共计涉及发票 11 248 份、税款 8.1 亿元。

天津税务机关共查出 91 家企业接受虚开的黑龙江废旧物资销售发票（含假票）5 616 份，涉及税额 4.65 亿元。其中，虚假企业 20 家，接受虚开发票 1 007 份，税额 0.94 亿元，对外虚开增值税专用发票 1.11 万份，税额 1.69 亿元，涉及 28 个省、市 1 000 余家企业。

相关检查中，河北税务机关 2005 年年初对保定市所有废旧物资经营企业进行专项整治，共查出 90 家废旧物资经营企业虚开废旧物资销售发票 45 787 份，涉及税款 4.47 亿元；275 家用废生产企业接受黑龙江和本地企业虚开的废旧物资销售发票 44 695 份，涉及税款 6.97 亿元；34 家企业在接受虚开废旧物资销售发票的同时，对外虚开增值税专用发票 1 639 份，涉及税额 0.24 亿元。

在弄清了一张张虚开发票、假发票的来龙去脉之后，公安机关一举捣毁了这张错综复杂的偷税巨网，67 名犯罪嫌疑人被抓获归案。目前，各案发地法院已陆续对部分犯罪嫌疑人进行了一审判决，22 人被判刑。其中，龙江案主犯张德旺一审被判处死刑，黑河案主犯于洪彬、李春林，龙江案主犯孙军被判处死刑缓期 2 年执行，1 人被判处无期徒刑。各涉案地税务机关查补税款 12.39 亿元，罚款 4.89 亿元。

管控薄弱，层层“虚开”14.5 亿元税款流失

在黑津冀系列虚开发票案中，犯罪分子为什么会瞄上废旧物资回收行业？国家税务总局税务稽查人员分析说，主要有两个原因：一是废旧物资回收企业免税；二是当时废旧物资发票还没有完全纳入税控防伪系统和金税工程，管控相对薄弱。

税务稽查人员解释说，虚开发票的根本目的是为了偷逃国家税款。在没有真实交易的情况下，废旧物资回收企业把发票“虚开”给生产企业，从中收取 1%～4%的手续费；生产企业接受虚开的发票后，再按 10%抵扣增值税。其中，有些企业在接受虚开的废旧物资发票后，又对外虚开增值税发票赚取手续费；而接受虚开增值税发票的“下家”企业，又可以按 17%抵扣增值税。比如，天津静海县的 20 家涉案企业，都是无经营资金、无生产场地、无生产设备的“假企业”，这些企业在接受黑龙江涉案企业虚开发票后，又利用假租房协议和虚假销货合同，向“下家”企业集中虚开增值税专用发票，然后快速逃逸。国家 14.5 亿元的巨额税款就在这层层“虚开”中流失了。

国家税务总局有关负责人表示，目前，虚开发票和接受虚开发票仍然是涉税违法活动的主要形式。特别是利用海关进口货物完税凭证、废旧物资收购发票、农副产品收购凭证和货物运输发票等骗抵税款案件增多。今年税务机关突出打击利用虚假发票骗抵税款的买方市场，重点查处故意接受虚开各类发票和凭证骗抵进项税款的违法行为。

湖南骗税第一案：郴州金峰公司虚开农副产品收购发票案

湖南省国家税务局网站，2006-06-28，作者：董静、姚之清、陈晓杰

2005年5月，郴州市北湖区国税局通过日常检查发现，郴州金峰家具有限公司存在虚开农副产品收购发票的嫌疑，即将案件移送郴州市国税局稽查局立案查处。号称“湖南骗税第一案”的郴州金峰家具有限公司利用虚开的农副产品收购发票，虚增进项税额抵扣，骗取出口退税案由此告破。

“痴心”不改认准虚开一条路

据查，郴州金峰家具有限公司成立于2003年9月，为外商独资企业。法定代表人邱伟峰，此人真名叫邱伟辉，广东省潮州市人。

1994年，邱伟辉化名“邱明华”，在深圳成立了深圳市振兴实业有限公司。2002年9月，他经过考察，在湖南省桂阳县成立了郴州市德生工艺制品有限公司，生产竹制品。为了隐瞒真实身份，在公司成立过程中，邱伟辉通过他人伪造了一张香港居民身份证，化名“邱伟峰”，同时将自己的出生日期由1965年12月23日改为11月18日。在桂阳县经营期间，邱伟辉通过虚开农副产品收购发票，向税务机关申报出口退税款30余万元，但没有得到批准。

之后，邱伟辉把经营地址迁到郴州市苏仙区，故伎重演，但同样没有得逞。当地税务机关经过调查，对德生公司出口退税款60余万元决定不予退税。

邱伟辉利用虚开农副产品收购发票，企图骗取国家税款屡遇红灯，但他并不死心。相反，他在骗税的歧路上越走越远。

2003年9月，经人介绍，邱伟辉在深圳认识了郴州市金帮家具厂的厂长黄某。邱伟辉得知黄某在郴州有一家具厂，但是一直苦于没有业务。于是，邱伟辉提出为黄某提供业务订单。两人商议合作成立外商独资企业郴州金峰家具有限公司，由邱伟辉向他人借外资作为公司验资用，公司成立后，由邱伟辉向别人购买以公司名义出口的出口货物报关单，在郴州以公司的名义出口。双方达成一致意见后，签订了合作办厂协议书。

虚开收购发票千余份骗取出口退税500万元

公司成立后，邱伟辉要黄某以招工的名义收集郴州当地人的身份证复印件，用于虚开农副产品收购发票。为了操作方便，逃避监管，邱伟辉在深圳私自刻制了一枚“郴州市工商行政管理局”的公章。就这样，在一系列的精心策划下，邱伟辉第一次出手就骗取了税款948 578.78元。

2005 年 5 月 16 日，郴州市北湖区国税局到郴州金峰家具有限公司开展例行检查。在检查过程中，税务人员发现这家公司疑点重重：工资表签名为一个人笔迹，银行结算存根联均出自广东，运输发票有连号的现象；更为奇怪的是，从木材收购发票上看，该公司收购木材数量多，金额大，但比照企业的生产车间，企业并没有这么大的生产能力。

在后来的调查中，税务人员得知，这家公司在搞到数百张身份证复印件之后，邱伟辉便安排相关人员到长沙海关领取了进出口权企业法人卡、办理企业进出口业务电子操作员卡，开通了各种网上手续，并从郴州市外汇管理局领取了出口收汇核销单。随后，邱伟辉到深圳购买了海关出口货物报关单、填开核销单。邱伟辉还在某银行深圳支行开设了一结汇账户。

同时，按照邱伟辉的指使，郴州金峰家具有限公司的有关人员根据报关单上的出口金额，虚开农副产品收购发票，以保持货物进销的平衡，又虚假填开货物的入库单、出库单、运输发票，造成货物进出、流通的假象。通过一系列作假手段，金峰家具有限公司大肆虚开农副产品收购发票，共虚开农副产品收购发票 1 174 份，虚开金额 4 545.72 万元，虚开税额 590.94 万元，骗取出口退税款 507.57 万元。

作为一家家具公司，近两年竟然没有买过一根木材

记者在采访中了解到，郴州金峰家具有限公司所开具的 1 174 份农副产品收购发票中，当事人与公司无业务往来的共有 124 人，供货人及身份证号码“查无此人”的共有 331 人，尚未取证的发票开具对象共有 78 人。公司取得和使用的货物运输发票、加工修理发票和商品销售发票均为假票。并且作为一家家具公司，金峰家具有限公司在 2003 年 9 月至 2005 年 4 月期间未购进过一根木材。公司账面虽有少量的辅助材料入账，但公司生产家具用的必备辅助材料（铁钉、乳胶漆）没有购进记录，2004 年度无水电费支出合法凭证。

鉴于金峰家具有限公司的行为已涉嫌犯罪，2005 年 5 月 27 日，郴州市国税局会同当地公安机关成立专案组。6 月 10 日，郴州警方对金峰家具有限公司立案侦查。据查，从 2003 年 10 月至 2005 年 4 月，金峰家具有限公司共骗取退税款 507 万余元。

2005 年 10 月 22 日，这起骗税案主要犯罪嫌疑人邱伟辉被移送司法机关追究刑事责任。2006 年 4 月 13 日，郴州市国税局查结此案，作出处理决定，对金峰家具有限公司所骗税款 507 万余元予以全额追缴，并处以 1 倍的罚款。

一起涉及 9 省的出口骗税大案是如何侦破的

新华社记者，陈二厚、雷敏，2005-04-19

一家生产手套等安全用品的公司，以出口产品为幌子，通过国外接单、国内下单，采取种种手段魔术般地将货值虚抬 3 倍，骗取国家出口退税款。国税、公安机关经过一年多的艰苦侦查，日前，这起新型的骗取出口退税案终于告破。

查处过程一波三折

2003年8月18日，福州市国税稽查局接到福建省国税稽查局转来的福胜安全用品有限公司（法人代表苏立胜，以下简称福胜公司）骗税案线索，初步分析后意识到这是一起极其隐蔽的骗取出口退税案件。9月3日，税务机关、公安机关突击检查了福胜公司在福州金城投资区的经营场所，查获15箱纸质资料和7台计算机硬件。资料整理结果显示，福胜公司虽有真实数量的货物出口，报关金额远远高于实际成交价，存在低值高报骗取出口退税的嫌疑，但与此同时，证据缺失严重。

经过反复研究，办案人员认定国外客户肯定是按实际成交价付款给福胜公司的，必须从业务的货物流、资金流、单证流等所有环节全面取证。通过梳理，办案人员在资料中发现了福胜公司在货物出口时向保险公司办理保险，“出口货物保险单”上的货物价值是真实成交价，且货物出口后通过其开户银行——招商银行离岸账户（注：离岸账户是指在中国境内的境外账户，可以自由进出外汇，不受外汇管理机关的管理）向国外客户收取货款。

办案人员组兵分5路，分头赶赴招商银行、保险公司、外贸公司及江西吉水生产厂家检查，掌握“内购合同”和资金回流情况。

十几箱外调资料陆续到位，从中发现福胜公司离岸账户的收汇除少量的个人汇款外，绝大多数都是国外客户汇来的货款，与专案组掌握的实际成交价完全一致。而从保险公司取证到的发票和保单也与银行一致。江西的外调，也证实了生产厂家按内购合同供货后，按福胜公司的开票通知书抬高单价和开票金额，虚开增值税专用发票，在扣除了真实成交价和开票费用后将余额汇还给苏立胜指定的家人户头。

骗税网涉及9省

案件至此取得了突破性进展，但一个更大的疑团又出现在办案人员面前：福胜公司按实际成交价收取国外客户外汇，但却必须按高报金额付汇给出口企业用于外汇核销，那高报部分的外汇是采取什么手段核销的？

根据福胜公司与生产厂家签订的“内购合同”，福胜公司下单给国内75户生产厂家生产劳保手套6 113万双，但通过外贸公司出口的劳保手套是3 049万双，那其余的3 064万双手套又到哪去了？生产厂家又为何将大量资金转给苏立胜？

肯定存在除外贸公司以外的其他出口渠道。福胜公司和生产厂家的对账资料中出现生产厂家按每打6.5元不等的金额支付给福胜公司报关费。深圳国税局以集装箱号为线索从深圳海关调取了报关出口资料，发现13家有进出口经营权的生产厂家为其高报出口了其余的手套。

通过协查，违法事实终于全部浮出水面：1999年至2003年9月，福胜公司出口劳保手套6 113万双，报关金额6 402万美元，与国外客户的实际成交价为2 473万美元，高报出口 3 929 万美元，指使生产厂家虚开增值税专用发票 1 707 份，金额 15 210 万元，税款 2 585 万元，价税合计 17 796 万元，骗取出口退税总值 5 469 万元，"福胜公司"已取得骗取出口退税款 1 305 万元。该案涉及广东、湖北、江西等 9 个省 75 家生产厂家、5 个外贸公司和 13 个有进出口经营权的生产厂家。公安机关已批捕涉案人员 8 人。

新型骗税手法值得警惕

据办案人员分析，此案的作案手法显现出许多新特点：

其一，福胜公司向国外客户接单，后下单给国内 75 家生产企业进行生产，签订"内购合同"，生产厂家把货物送到指定仓库，进行配货出口，其中约一半数量的货物通过外贸公司以高于与国外客户真实成交价 3 倍的金额向海关高报出口，其余的货物通过有进出口权的生产厂家高报出口，由单证员办理货物出口海运，向保险公司办理出口货物保险，海运公司开具"提单"，保险公司开具"保单"给福胜公司。

其二，通过外贸企业和有进出口经营权的生产企业高报出口向税务机关申报出口退税。

其三，指使生产企业虚开增值税专用发票。其虚开形式归纳起来有：抬高单价、抬高总金额；抬高单价、降低数量，总金额不变；无货虚开等。

其四，福胜公司通过招商银行离岸部向国外客户银行收取货款，按海关关单上的高报金额将外汇通过福胜公司离岸账户汇给外贸公司核销外汇，外贸公司收到汇款后按生产厂家虚开的增值税专用发票金额（含退税款）将款项付给厂家，厂家在扣除了真实成交价和开票费用后将余额汇还给苏立胜及其指定的家人户头。或者是有进出口经营权的生产厂家按为其高报出口货物的数量或收汇的一定比例将获取的骗税款分成付给福胜公司。

其五，虚开增值税专用发票的生产厂家为了少交税、保持正常的税负率，必然要在进项发票上做文章，取得虚开的进项发票进行抵扣。而废旧物资发票和收购业发票由于享有免税等税收优惠和在税务控管上存在相当大的难度，成为他们的选择。生产厂家或采取自己成立废品回收公司，自己为自己虚开发票；或采取到当地废品公司缴纳 0.2% 的手续费虚开发票，或为自己虚开收购业发票。此案中，生产厂家取得虚开的废旧物资发票和虚开收购业发票 2 868 份，价税合计 26 167 万元，已抵扣税款 3 263 万元。

国家税务总局有关负责人指出，面对花样不断翻新的骗税，反骗税的斗争将是长期而艰巨的任务。税务机关将不断提高稽查和监管能力，保持对涉税犯罪的严打和高压态势。

骗中骗　葆祥河北进出口集团公司骗税大案揭秘

新华社石家庄 7 月 24 日电，记者：李柯勇、董智永

7 月 24 日，河北省高级人民法院对葆祥河北进出口集团公司（以下简称"葆祥公司"）骗取出口退税案作出二审判决。法院认定，葆祥公司共骗取出口退税 1.93 亿元，判处罚

金 4.8 亿元;其法人代表张葆祥被判处无期徒刑,剥夺政治权利终身。

至此,这起新中国成立以来涉案金额最大的骗取出口退税案终于水落石出。

大案中的大案

“假如广东潮汕地区的盖子不揭开,葆祥公司落网尚需时日。”国家税务总局进出口税收管理司负责人说。2000 年 8 月,国务院成立打击骗取出口退税领导小组,组织上千人,在全国范围开展了规模空前的打击骗取出口退税专项斗争。在粤东地区实施重点检查期间,办案人员发现河北葆祥公司大量接受粤东地区虚开的增值税专用发票,“硕鼠”终于露了马脚。

抓住了葆祥公司的尾巴之后,国务院打骗领导小组、国家税务总局、公安部立即决定成立专案组,调查此案,并将其列为重点督办案件。

葆祥公司是国内知名企业,是全国唯一一家以企业领导个人名字命名的大型国有企业,是河北省大型支柱外贸企业、所谓的创汇大户,每年为省里和国家大量“创汇”,1999 年曾达到 3.2 亿美元。谁能想到,这样的企业也会干骗税的勾当!

打开案件卷宗,公司法人代表、总经理张葆祥头上笼罩着许多光环:全国有突出贡献的中青年科学家、教授级高级工程师、全国劳模、河北省第八届政协常委,是省管正厅级企业干部。

由于案情重大,专案组慎之又慎。他们对葆祥公司 1996—2000 年所有退税资料逐一进行了审核,河北省公安厅、国税局专门组织了数十人,花费大量时间清理、核查了增值税发票 15 000 余组,最后请全国 24 个省、市、区的公安、国税部门共同协查此案。经过 16 个月的全力攻坚,终于查清了葆祥公司及其下属公司骗取出口退税的犯罪事实。

弥天大谎是这样编成的

据国家税务总局进出口税收管理司负责人介绍,出口退税是一项相当复杂的工作,必须履行十几道严格手续,如非深谙此道者,很难钻空子。

退税的关键是取得“两单两票”,即海关报关单、外汇核销单、增值税专用发票、税收专用缴款书,这是国家规定企业获得出口退税的充分必要手续。葆祥公司作案手段的“高明”之处就在于,它没有货物出口,也不伪造单证,却凑齐了退税所需手续。

曾当过豫剧导演的张葆祥如何导演了这出“得意之作”? 专案组成员、石家庄市公安局经侦支队侦查员李兆侠说,其实他并不需要费太多心思,因为当时在潮汕地区,此类犯罪活动已形成一个工序齐备的巨大的“黑”产业,葆祥公司只要肯同流合污即可。

潮汕地区当时有一大批虚假企业和中间人,专门从事倒卖“两单两票”的勾当:增值

税发票是虚开的。这些企业无厂房、无设备、无生产人员、无生产能力，有的注册地是一块荒地，有的是民宅，有的甚至“开”在了厕所，其全部“业务”就是开票。税收专用缴款书也是他们使用欺骗手段搞到的。

获得这“两票”，葆祥公司只要与这些企业签订“供货”协议，提供盖好章的空白外销合同、装箱单等票证，再出点钱就行了。

取得海关报关单则需要葆祥公司多做些配合。有两种办法：一种叫“空箱闯关”。不法分子钻海关对出口货物抽检的空子，以葆祥公司的名义，大量用空箱出关，骗得报关单。另一种是“借货出口”。葆祥公司将一些无出口经营权企业的货物借自己名义出口，拿到报关单。专案组赴香港查实，所谓与葆祥公司有贸易往来的33家外商公司多是葆祥公司编造的，根本没有购进过葆祥公司的货物。

最复杂的是外汇。张葆祥要在每次交易之前先与虚假企业或中间人商定一个兑换比率，待上述单证到手后，葆祥公司按比率计算出相应的人民币数量，作为“货款”汇给潮汕“供货企业”。潮汕企业把钱打到地下钱庄，从黑市上换到外汇，通过其他渠道转到香港，再由香港汇到葆祥公司账户上，便产生了外汇核销单。

“葆祥公司每年大量的‘出口创汇’，其实大都是从黑市上‘买’来的。”李兆侠说。

这样，葆祥公司凑齐了“两单两票”，到石家庄国税局申报退税。具体操作这些勾当的是葆祥公司下属的葆祥广东进出口有限公司。专案组认为，葆祥广东公司1995年成立以后的主要活动就是骗税。

还有更隐蔽的手法：骗中骗

由于潮汕地区骗税问题日渐暴露，1998年以来，各地国税局对购自潮汕等地区的出口货物加强了退税单证审核。这不仅加大了葆祥公司的作案风险，而且延长了其资金周转时间。于是葆祥公司转而采取了假借委托加工贸易骗税的手段。

法庭认定，在张葆祥的授意下，葆祥公司利用其下属的河北冀驰裘革皮制品有限公司(以下简称“冀驰公司”)，委托潮汕企业虚假购买原材料、虚假加工，由葆祥广东公司收集这些企业虚开的购买原材料及加工费增值税发票，作为冀驰公司的进项发票进行申报抵扣，然后由冀驰公司虚开给葆祥公司增值税发票，造成货物销售给葆祥公司的假象，由葆祥公司再假借一般贸易的形式出口。税收专用缴款书由冀驰公司提供，海关报关单和外汇核销单仍由潮汕企业提供。

据办案人员介绍，葆祥公司之所以加了一道手续，改由设在河北的冀驰公司取得增值税发票和税收缴款书，其目的是避开对潮汕退税票证的严查，等于“洗”了一次票，降低了作案风险。同时，冀驰公司在取得税收缴款书时，向其所在地交了少量税款，为自己的犯罪活动打掩护。

知情人道破“天机”

此案罪犯之一李德华透露了葆祥公司更深层的内幕。他曾担任葆祥广东公司的第三把手两年，任葆祥公司另一个重要分支企业河北葆意羊绒制品有限公司（以下简称“葆意公司”）总经理10个月。在此案一审审判长、石家庄市中级人民法院刑一庭审判员程振生的帮助下，记者见到了李德华。

他以“离奇”二字形容1998年2月他到葆意公司任职后的观感——葆意公司共有羊绒、梳纺、织整三个车间，他看到，除梳纺外，其他两个车间根本没有订单、没有生产。

他说：“当时还经常有全国各地的人来参观，每来一拨客人，张葆祥就临时弄来一堆羊绒，把机器打开，让工人像做‘皇帝的新衣’一样假装在那儿操作。客人一走，就关电钮。”

“但就是只做50千克羊绒，水、电、气、风、湿度、温度都要达到指标才能蒙混过关。整个厂房1.3万平方米，也得一大笔钱。”他说，“梳纺车间什么情况呢？它的生产能力是每年240多吨，可当时只能做40多吨，就是自己到外边揽点加工的活儿，收点加工费。每吨毛利有七八万元，除去银行利息、厂房折旧、人员工资、水电费等成本，就剩不了几个钱了。”

李德华说，整个葆祥集团，真实经营状况最好的是冀驰公司，但每年出口也超不过40万美元。至于其他9家分公司，除广东外，基本上都没有任何盈利。

李德华将葆祥公司描述为一个制造繁荣假象骗得社会和上级的支持、以骗取出口退税所得作为主要收入来源、以假养假、恶性循环的巨大的空壳公司。

2000年年底，公安、国税部门冻结葆祥公司所有银行账户时，发现这个所谓河北头号外贸企业的账上只剩下130多万元，尚有3.4亿元银行贷款不能按期偿还。

江苏省盐城市地税税务稽查揭开房地产业偷税之谜

中国财经报，2006-05-09，作者：顾向东

随着城市的发展，房地产业正成为拉动城市经济增长的一个新热点，房地产开发也随着经济发展而成为高利润行业。但显得极不合拍的是，竟有85%的房地产企业存在不同程度的亏损。为了打击房地产行业的偷税行为，江苏省盐城市地税局稽查局统一部署，对房地产企业实施专项检查。随着对盐城市某房地产公司2004年税收检查的展开，其偷税672万元的真相终于大白于天下。

盐城市某房地产公司是一家有限责任公司，注册资金1 000万元，2001年由国有企业改制而成。共有职工56人，2004年房屋销售6 354万元，曾先后开发多个项目。

谜底一：预收房款成了“借资款”

打开该企业“其他应付款”明细账，发现二级细科核算的是向谁借款，金额为多少。但怎么借款金额会有几角几分呢？按常理说，借款本金总是大额的，一般不会出现尾数。经过查对工资表，发现进行“融资”的内部职工都是销售部的人员。再对“其他应付款”科目所涉及的记账凭证进行详查，发现在一笔现金付款凭证的后面，有购房人注明是退还购房的单据。以此为突破口，稽查人员首先到售楼处实地调查取证，通过询问售楼人员及调取售楼资料，证实了所谓的“借款人”其实就是购房户。在大量证据面前，企业负责人不得不承认作假的事实，并且交代了作假动机：其一，可以迟缓缴纳流转税金和避免预征企业所得税；其二，通过虚列利息偷逃企业所得税。根据有关规定，相关部门调增了该公司营业税计税依据 1 207 430.05 元、企业所得税计税依据 186 720 元，并作为偷税进行了处罚。同时，通知其主管税务机关对其应作为“预收账款”而记入“其他应付款”的预收房款按15%预征了企业所得税。

谜底二：借用身份证拆迁

在检查该公司“花苑小区”的成本时，稽查人员要求该公司提供其拆迁赔偿款的资料：厚厚的一沓资料内附有赔偿款 725 万元收据、赔偿协议、身份证明以及评估事务所审计确认报告等。奇怪的是，拆迁都有具体标准，怎么需要评估呢？经过进一步分析终于有了重大发现：该房地产项目的赔偿地块位于潘黄镇三王村，都是老居民。身份证号码开头应为“320911…”怎么有 25 份其他号码开头的身份证复印件呢？就从这 25 户开始，经过分别对负责人和会计的突击询问，终于搞清了原来单位为了增加拆迁成本，动员职工向亲戚朋友借用身份证作为虚假补偿人来兑现拆迁费用。通过对这 25 份非老居民的身份证的一一审核，除认定一户是购买当地居民的旧房外，其余资料都是编造的。此项目合计调增应纳税所得额 276 万元。

谜底三：合作建房隐藏税收

在检查“迎宾小区综合楼”项目时，该单位对其门面房的销售已按实际“预收账款”为计税依据申报缴纳了营业税等流转税，并按规定预缴了企业所得税。而在对成本检查中发现，“开发成本——迎宾小区综合楼”中各项成本核算准确，但唯独缺少土地成本一块，难道是“空中楼阁”吗？同时作为一层的门市，成本也太高了，且高得离谱。

在责令其提供合作建房协议后，一切情况变得明了：迎宾小学提供地皮 20 亩，由该单位负责开发四层综合楼，建成后一楼门面房归该单位所有对外销售，二层至四层归迎宾小学做办公楼。

虽然该单位与迎宾小学在进行以房换地过程中，没有发生资金运作，但在实际上该单位以转让建成后的部分房屋所有权为代价，换取了土地使用权，发生了销售不动产的行为；而迎宾小学以转让土地使用权为代价，换取了部分房屋的所有权，发生了转让土地使用权的行为。因此，应当按照相关规定分别核定双方各自的营业税，对房地产开发企业依“销售不动产”税目征税，对原土地所有人依“转让无形资产”税目征税。

因此，按照整个大楼的建安成本 320 万元，按比例算出二层至四层的成本为 240 万元。税务部门以成本利润率核定了其营业税的计税依据。

谜底四：产品出租、自用不做账

“富兴小区”的开发早已完工，“开发成本——富兴小区”账面余额从年初的 427 630 元到年底没有任何变化。稽查人员通过翻看以前账页，发现两年间账面金额总是原样不动地挂在上面。会计作出了“合理”的解释：这是富兴小区 7 号楼，由于后面是火化场，一直未能销售出去。

经过到实地调查观察，原来情况是这样的：会计所说的没有错，但不知无意还是有意，该楼一层至二层已于 2003 年 12 月租给苏果超市了，租期暂订两年，出租的租金 20 万元也没有入账；三层至四层是单位的食堂和会议室，单位也未能进行企业所得税纳税调整。

根据相关规定，单位开发的商品房用于自用或出租的，应视同销售处理。根据测算，税务人员对富兴小区 7 号楼按成本利润率核定应纳税所得额 280 万元，并根据与苏果超市签订的租赁协议及相关资料查补了相关税款。

母子公司串通避税方案出笼

中国税务报，2005-06-14，作者：曾立新、刘宁静、胡晓平

“为规避中国内地税务机关对关联企业间业务往来税务管理的规范及提供关联企业财报与查税之困扰，经与会计师研议请业务部配合改以下列方式接单与往来……”为了对付深圳税务机关的反避税调查，外商独资企业深圳金贸公司及其境外关联企业精心策划了一套反避税调查方案。

在这套方案中，为了隐瞒关联关系，各关联公司以个人名义设立，并明确以不重叠为原则重新调整各个公司的股东。此外，为隐瞒转移利润的事实，关联企业间还设立了复杂的交易过程。

但这些障眼法最终被深圳反避税调查人员一一识破。深圳市地税局最终查实了深圳金贸公司的避税事实，并追征了该公司的应纳税款。

经营异常避税嫌疑突出

深圳金贸公司是深圳市的一家外资企业。拥有厂房及办公楼 7 992 平方米，员工约

850 人。投资方为香港风顺公司,投资总额 230 万美元,董事长、财务经理均为台湾人。

2003 年 4 月,深圳市地税局反避税人员在对该公司历年的财务数据资料进行分析时发现,这家公司的经营利润历年来一直维持在一个极低的水平。与此同时,公司的注册资本、销售规模、资产总额却在不断膨胀,避税嫌疑突出。

反避税人员注意到,该公司开业 8 年,累计投资 1 736 万元,账面累计利润却为亏损 521 万元。在最初的 1 157 万元投资分文未收回的情况下,该公司又于 2000 年追加了大笔投资,扩大生产规模。

1998—2002 年,公司的销售规模分别为 5 557 万元、5 287 万元、6 522 万元、7 234 万元、7 892 万元,销售利润率分别为-0.95%、0.93%、0.87%、0.17%、0.16%。企业稳步发展,其注册资本、销售规模、资产总额在不断增长,但长期保持微利,这不符合规模效应和经营常规。

反避税人员还注意到,根据《深圳统计年鉴》的统计资料显示,深圳市 2001 年、2002 年文化体育制造业平均利润率分别为 5.37%、5.23%,而深圳金贸公司的销售利润率分别仅为 0.17%、0.16%,远远低于同行业水平。

反避税人员通过审核该公司向税务机关报送的《外商投资企业和外国企业与其关联企业年度情况申报表》还发现,该公司 1998 年以前产品全部销售给境外关联公司——投资方香港 JH 公司;1999 年以后,产品购销及其他业务往来均无关联交易内容。与 1998 年以前对比,该公司除产品销售由全部关联交易一夜之间变成全部非关联交易以外,在产品品种、规模、利润水平等方面与税务机关查处之前没有明显变化。

反避税人员认为,深圳金贸公司可能存在隐瞒关联交易掩盖转移利润跨境避税的问题!一个专门的调查小组随之成立。

查无实据调查陷入僵局

调查小组首先把目光锁定在深圳金贸公司与投资方香港风顺公司是否有关联交易、与代理商香港凯旋公司是否有关联关系上。然而,查阅了金贸公司注册登记、公司章程、业务往来等基础资料后,调查小组却一无所获。

检查人员随即来到深圳金贸公司展开现场调查。面对税务检查人员的询问,深圳金贸公司的财务经理似乎早有准备。他声称,母公司香港风顺公司除 100%投资深圳金贸公司以外,未再投资其他公司,深圳金贸公司所有产品购销均与客户直接交易,货款结算由境外非关联企业香港凯旋公司代收代付。

这些都在检查人员的预料之中。早在去深圳金贸公司开展现场调查前,检查人员就已致函深圳市地税局驻香港办事处,要求协助调查深圳金贸公司投资方香港风顺公司以及业务代理香港凯旋公司的投资方、股东名称、董事会成员名单等情况,目的就是为了从股份、董事会人员构成上证实是否构成关联关系。

驻港办的调查结果让检查人员大失所望：香港风顺、凯旋公司投资方是以个人名义投资、三家公司股东及高级管理层人员没有重叠、香港凯旋公司与香港风顺公司没有交叉的投资关系。也就是说，从调查结果看不出香港凯旋公司与金贸公司及金贸母公司香港风顺公司有任何关联，也不能证实它们之间存在关联交易。

网上查询发现蛛丝马迹

正当大家一筹莫展之时，检查人员再次尝试以"深圳金贸"为关键字在网上搜索。一条看似不相关的信息引起了检查人员的注意："……深圳金贸公司是台湾风顺企业股份有限公司投资于祖国大陆的一家企业。公司管理层为彻底、有效地解决总部与工厂不在同一地区又分属不同的语言环境（中文繁体、简体）的联系和管理问题，实现企业e化，提升企业的管理水平，于2002年3月正式导入……总账报表及办公自动化系统，从而使企业的管理效率得到了大大提高。"

这条信息中提到的台湾风顺公司，此前调查人员从未听深圳金贸公司人员提及，而台湾风顺公司与深圳金贸公司之间是"总部与工厂"的关系更是闻所未闻。

这条信息让大家为之一振：深圳金贸公司果然并非像它们所声称的那样完全没有关联交易，而其母公司可能并非香港风顺公司！

调查小组随即召开了案情分析会议，大家一致认为：上述信息与他们最初对深圳金贸公司有避税嫌疑的分析相吻合；既然深圳金贸公司导入了总账报表系统实现了与总部台湾风顺公司的实时联系，那么该公司一定有这套系统的使用终端和服务器。调查小组当即决定对深圳金贸公司的生产经营场所和财务会计系统进行突击检查。

突击检查获取重要证据

开展突击行动当天一大早，检查人员分乘两辆吉普，直奔深圳金贸公司。

按事先计划，检查人员首先把公司总经理和财务经理请到了公司楼上会议室，开始调查询问；其余人员则分成两组，迅速检查公司正在运行的计算机系统及办公现场。

计算机检查小组瞅准了一台已经进入了财务系统的运行中的计算机，当即把操作人员请到一旁，迅速进入了该计算机财务系统检查搜索。

不一会儿，计算机检查组在深圳金贸公司的电子邮件中发现了台湾风顺公司开给其境外客户的电子发票。果然有"台湾风顺"这家公司！

就在检查人员寻思台湾风顺公司的发票为什么会在深圳金贸公司的电子邮件中出现时，检查人员突然发现计算机中的这些电子发票正在被人删除。调查人员意识到，这是有人在企图销毁证据。于是检查人员赶忙把那些还没来得及被删除的资料，拷贝到随身携带的U盘里。

楼下的突击检查活动在紧张进行，这时楼上的检查组还在与金贸高管人员周旋。其

间，深圳金贸公司总经理在得知税务人员在进行突击检查时，一度想借故离开，但马上又被检查人员请回了会议室。

临近中午，只剩下总经理办公室座位后面的那排文件柜还没有检查。这时，跟在检查人员旁边一直没吭声的金贸公司会计主管开口了："要不，下午再继续(检查)吧？"检查人员没有理会会计主管的提议，而是加快了检查速度。终于，检查人员取得了突破性的进展——几份深圳金贸公司所在集团公司专门制定的对付反避税调查的文件资料。

被查获的一份文件在引言中这样表述："为规避中国内地税务机关对关联企业间业务往来税务管理的规范及提供关联企业财报与查税之困扰，经与会计师研议请业务部配合改以下列方式接单与往来……"另一份文件中则写明："为因应两岸三地税务机关积极查察关联企业之交易，重新调整各联营事业独立扮演之角色，确立公司组织、营业性质应为首要规划执行之工作。"文件中出现了好几个公司名称的缩写；文件中还明确提到了以不重叠为原则重新调整各个公司的股东，而实际的股东及持股比率仍以《联营事业合约书》为准。很显然，这是深圳金贸公司所在集团为了协调配合，统一实施对付税务机关反避税调查而采取的应对措施。

面对约谈财务经理有备而来

调查小组人员一回到办公驻地便仔细研读这些查获的资料。通过分析他们发现，尽管这份以深圳金贸公司为抬头的方案，清楚地写明了他们策划的目的、各公司的明确分工，还有深圳金贸公司台湾籍法定代表人的签名，但这些公司都是以代码为标识，也没有反映深圳金贸公司与各公司，尤其是与台湾风顺公司构成关联公司的法律要件。而证明关联关系正是证明金贸公司转移利润，且实施避税行为成立的前提。那么，调查小组下一步要做的就是继续查清这几家公司彼此构成关联企业的事实。

从查获的电子发票来看，发票是由台湾风顺公司开出的，台湾风顺公司与深圳金贸公司是什么样的关系？为什么台湾风顺公司开出的发票会出现在深圳金贸公司的计算机里？

为了尽快弄清深圳金贸公司应对方案中各公司简称所代表的公司名称，以及各个公司之间的关联关系，调查小组请深圳金贸公司的法定代表人及财务经理第二天到地税局接受询问。

该公司已经意识到问题的严重性，法定代表人借口要与客户见面没来地税局，而公司的财务经理也是在推脱不掉的情况下，勉强答应接受询问。

询问中，财务经理虽然说明了方案中各公司简称所代表的公司名称，却拒不承认各公司之间存在关联关系及关联交易。财务经理对电子邮件中台湾风顺公司的发票以及那份应对税务机关的方案的解释是：深圳金贸公司与台湾风顺公司无任何关联关系，电子邮件中的那些台湾风顺公司开给客户的发票只是为其代收；至于应对税务机关调查的方案，则是一些业务协作公司为了共同降低运营成本、避免被税务机关误解而私下达成的协议，公司之间并无关联关系。

看来财务经理是有备而来的，他早已熟知税法和税务机关的调查手段：按照税法条文的规定，这些资料并不足以证明它们之间构成关联交易，尤其是不能从股份、人员方面证明相互构成关联关系。而且由于该策划方案中没有对定价方法的详细描述，也就是说，税务机关无从掌握证明其转让定价避税行为的证据。

询问没有太大收获，调查小组把目光重新转向了那些拷贝回来的发票。

检查人员推测这些发票就是深圳金贸公司的关联公司——台湾风顺公司向客户结算的发票，其通过发票价格差异把利润转移到境外，货物则由深圳金贸公司直接发给客户，以达到逃避税收的目的。

为了证实上述假设，检查人员从发票内容开始分析。从深圳金贸公司电子邮件中取得的台湾风顺公司开给客户的发票的产品内容是球拍，这与金贸公司的产品吻合。

经过对比深圳金贸公司相应产品的销售账面价格发现，二者存在较大的差异。如果能证明上述是事实，那发票所载明的产品价格与深圳金贸公司账面相应产品的价格差异即是该公司转移利润避税的有力证据。

但是，又如何证明发票中所记载的产品就是由深圳金贸公司所生产的呢？由于台湾风顺公司众多的电子发票都是开给境外公司的，检查人员不可能前往调查核实。功夫不负有心人。在众多计算机发票中，检查人员终于发现了一张台湾风顺公司开给某欧洲公司设在深圳的采购中心 F 公司的发票。

索取旁证案情豁然开朗

检查人员立刻前往 F 公司，查清 F 公司与台湾风顺公司如何交易、货物如何流转，以及这些货物与深圳金贸公司的关系等，并希望借此证明台湾风顺公司与深圳金贸公司的关联关系。

在调查人员说明来意后，F 公司声明其所有的采购商品订单均是直接下给台湾风顺公司的，并没有向深圳金贸公司下过订单。然而，当检查人员将手中掌握的电子发票与所对应的 F 公司的纸质发票一比对，检查人员发现，纸质发票上赫然签着深圳金贸公司法定代表人的名字，这说明深圳金贸公司的法定代表人同时也在台湾风顺公司负责。两公司属于关联公司已无疑！

现在，如果再查实台湾风顺公司销售给 F 公司的价格高于深圳金贸公司的销售价格，且超过正常幅度，就足以证明深圳金贸公司的转让定价避税行为。

更详细的交易资料由于涉及公司商业秘密，F 公司不太愿意提供。在调查小组耐心地讲解了相关政策、法规后，他们终于同意向总公司请示并尽快给予答复。

调查小组再次向深圳金贸公司发出《询问通知书》，请该公司法定代表人及财务经理

到地税局就税务问题接受询问。

在约定时间，深圳金贸公司的法定代表人依然未按通知要求到地税局接受询问，只派来财务经理。

这一次，财务经理道出了深圳金贸公司的法定代表人同时也是台湾宏程公司的股东的事实。这一证言说明了深圳金贸公司与台湾宏程公司构成关联企业。而这为该案的调查打开了一个突破口。因为在对深圳金贸公司突击检查获取的应对反避税调查的方案当中，就有台湾宏程、台湾风顺、香港风顺等公司。

正当深圳金贸公司的关联企业集团架构露出冰山一角时，从F公司传来了喜讯：F公司的总公司已经同意将相关资料提供给税务机关。

F公司提供了与台湾风顺公司所签的订单，并说明台湾风顺公司的一名股东常驻深圳。该股东代表台湾风顺公司与F公司签订单，而这名股东就是深圳金贸公司的法定代表人；所采购的货物，也是由深圳直接发出的。F公司还提供了与台湾风顺1999—2002年度产品交易的明细资料。

通过统计、核实，调查人员发现：台湾风顺公司转单销售深圳金贸公司产品的差价高达32%，远远高于正常交易的差价，其费用基本在深圳、香港公司列支，而深圳金贸公司长期处于基本无利状态。

深圳金贸公司的法定代表人终于来到了深圳市地税局。他承认：目前整个集团的组织架构及运作方式针对内地反避税工作作了精心策划。在两岸三地设立众多公司并各自分工不同，是为了掩盖真实的交易过程和转移利润规避税收的事实；各个公司的股东互不重叠，目的是不暴露关联关系，以防税务机关反避税调查。

在确认了深圳金贸公司与集团各企业的关联关系、关联交易和转让定价的事实后，根据该企业转移利润的情况以及境内外关联企业的职能、贡献与风险，考虑其境外的合理费用，并参考同行业正常利润水平，税务机关按5.3%的销售利润率调增其关联交易销售利润1 737万元，由于经济特区出口型企业所得税减按10%征收，深圳市税务机关补征外资企业所得税173万元。

（本文中涉及的公司均为化名）

“恩威集团”税案及启示

中国税务，1999年第1期，作者：韩亭

一、案情简述

四川省成都恩威集团公司（以下简称“恩威集团”）是四川省成都市双流县一个以中医药开发为龙头的集科研、生产、房地产于一体的企业。1990年恩威集团与香港世亨洋行合资成立了中外合资成都恩威世亨制药有限公司（以下简称“世亨公司”）。由于该公司成立后不久即发生了合资双方为抽走资本金140万港币的违约行为责任认定的争议，中国国际经济贸易仲裁委员会于1994年8月1日作出了“终止恩威世亨公司合同，合资企业应依法进行清算”的裁决。1994年“世亨公司”终止经营，实际经营期只有四年。1993年10月，“恩威集团”又与香港居民许强合资成立了中外合资成都恩威制药有限公司（以下简称“恩威有限公司”）。“恩威有限公司”在其成立之初，公司外方在验证基准日止，未将应缴资本汇入国内合资公司账上（即资金未到位），而是在一年半后才使资本实际到位，这期间“恩威有限公司”已享受了国家对合资企业的税收优惠待遇。

1996年5月，国家税务总局收到署名举报信。信中反映恩威有限公司在经营过程中存在严重不法行为，其中包括利用假合资骗取国家税款优惠、偷逃巨额税款等问题。

1996年6月，国家税务总局涉外税务管理司以国税函[1996]第309号文件要求四川省国家税务局对此案进行查处。

在四川省国家税务局按法定程序对“恩威集团”涉税问题进行行政处理的过程中，1997年5月，举报人荣金明再次向国家税务总局反映，该企业偷逃税问题虽经检查，但并未得到依法处理，其本人由于举报受到打击报复。

根据以上情况，国家税务总局决定成立由稽查局牵头，监察局、涉外司参加，会同四川省及成都市国税局、地税局组成联合核查小组，负责对此案的核查工作。联合核查小组于1997年7月7日成立，对此案进行了缜密的核查。1997年12月，国家税务总局稽查局以国税稽发[1997]第056号文件通知四川省国税局、地税局按核查结果对“恩威集团”的涉税问题进行税务行政处理。1998年4月，成都市国家税务局向“恩威集团”送达了《税务行政处罚事项告知书》，“恩威集团”当即提出异议，并要求税务机关重新核实偷税数额。按照国家税务总局领导指示，总局稽查局立即派人会同四川省和成都市国家税务局对“恩威集团”提出的问题进行了重新核实。税务人员在第二次核实过程中，发现企业提供的部分账册是重新伪造的假账，“恩成集团”再次隐匿收入。

1998年，国家税务总局稽查局通知四川省国家税务局按第二次核实的结果对“恩威集团”的涉税问题进行税务行政处理。1998年8月3日，成都市国家税务局稽查局向“恩威集团”送达了《税务行政处罚事项告知书》。在“恩威集团”没有提出听证要求的情况下，于1998年8月6日下达了《税务处理决定书》和《税务行政处罚决定书》。税务机关依法对“恩威集团”追缴税款、加收滞纳金和罚款共计1.08亿元。

二、恩威集团的税收违法事实及处理

(1) 因合资企业实际经营期不满十年，追缴已享受的税收优惠。

《中华人民共和国外商投资企业和外国企业所得税法》第8条规定：外商投资企业实际经营期不满十年的，应当补缴已免征、减征的企业所得税税款。“世亨公司”成立后，由于中外双方发生经济纠纷，该公司自1994年被终止经营，实际经营期只有四年。按照上述税法规定，对企业已享受减免的企业所得税税款共计4 469.30万

元应予补征收回。

(2) 因外商投资不到位，应收回税收优惠，追缴税款。

1993 年 10 月，“恩威集团”与香港居民许强合资成立了中外合资恩威制药有限公司，合资双方在合同中明确规定了出资期限。外方在法律规定的验证基准日止并未将应缴资本汇入国内公司账上，而是在一年半后才使资本实际到位。但“恩威集团”却通过注册会计师事务所制造虚假的验资报告，取得合资企业身份，享受了国家对合资企业的税收优惠政策。根据 1987 年 12 月 30 日国务院批准的，1988 年 1 月 1 日对外经济贸易部、国家工商行政管理局联合发布的《中外合资经营企业合营各方出资的若干规定》第 4 条的规定：“合营各方应当在合营合同中订明出资期限，并应当按照合营合同规定的期限缴清各自的出资。”“合营合同中规定一次缴清出资的，合营各方应从营业执照签发之日起六个月内缴清。”第 5 条规定：“合营各方未能在第 4 条规定的期限内缴付出资的，视合同企业自动解散，合营企业批准证书失效。合营企业应当向工商行政管理机关办理注销登记手续，缴销其营业执照；不办理注销登记手续和缴销营业执照的，由工商行政管理机关吊销其营业执照并予以公告。”恩威有限公司与香港居民许强订立的合同中明确规定了在营业合同签发之日起一个月内，甲乙双方按照各自认缴的出资比例一次性缴清。而合资外方未能在规定的期限内缴付出资，已经违反了上述规定，该企业应视为自动解散，合资企业批准证书自动失效。根据《中华人民共和国税收征收管理法实施细则》第 59 条的规定：“税务机关发现纳税人税务登记的内容与实际情况不符的，可以责令其纠正，并按照实际情况征收税款”，《国家税务总局关于外商投资企业和外国企业统一核发“税务登记证”问题的通知》(国税发[1993]第 021 号)第 3 条也明确规定：“凡不符合外商投资企业有关法律规定的，停止享受外商投资企业税收优惠待遇，并提请有关部门取消外商投资企业资格。”根据以上规定，税务机关应收回“恩威有限公司”在外方资金没有到位期间已享受的税收优惠。此项税款为 3 712.23 万元，其中增值税 2 399.61 万元，所得税 1 312.62 万元。

(3) 偷税 395.07 万元应予追缴，加收滞纳金并处罚款。

“恩威有限公司”在 1993 年度用白条虚列预提费用，减少税款 223.81 万元；1994 年和 1995 年该公司有部分“外销产品”未入账作销售处理，也未申报纳税，少缴税款 171.26 万元。根据《中华人民共和国税收征收管理法》第 40 条的规定，该公司的行为属于偷税，偷税总额为 395.07 万元。税务机关对企业偷税的部分除追缴所偷税款，加收滞纳金 492.69 万元外，并处以所偷税款 1 倍的罚款，但对该公司 1998 年提出要求税务机关重新核实其偷税数额的情况下，再次做假账，欺骗税务机关，隐匿收入，偷税 126.72 万元的部分，处以 3 倍的罚款，合计罚款 648.50 万元。

(4) 追缴欠税 1 163.06 万元。

(5) 追缴应代扣代缴的个人所得税 23.12 万元，追缴应补印花税 8.82 万元，并处以 3 倍的罚款，计 26.46 万元。

厦门远华特大走私案查处纪实

2001-07-26，新华社记者：秦杰、翟伟，《人民日报》记者：吴兢

厦门特大走私案是新中国成立以来查处的最大的一起经济犯罪案件。涉案金额之大，人员之多，案情之复杂，经济犯罪和腐败问题之严重，触目惊心。在党中央、国务院的直接领导下，全体办案人员经过近两年的努力，彻底摧毁了赖昌星走私犯罪集团，严肃查处了一批违法违纪分子，标志着打击走私、惩治腐败的斗争取得了重大胜利。

走私活动猖獗一时 犯罪事实铁证如山

走私是国家严厉打击的犯罪活动。一些犯罪分子为牟取暴利铤而走险。一段时期，我国部分地区走私暗潮汹涌、手段狡猾。其中，在福建厦门关区，以赖昌星为首的走私犯罪集团的走私犯罪活动更是猖獗。

出生在福建晋江的赖昌星，今年43岁，虽然小学都没有毕业，文化程度不高，却极善钻营。就是这个在厦门一度呼风唤雨的"赖老板"，通过金钱、女色等手段大肆贿赂腐蚀党政、执法机关和国有企事业单位的部分领导干部及关键岗位工作人员，利用厦门远华集团有限公司为掩护，在厦门关区苦心经营，构建了一个规模庞大、组织严密、手段狡猾的"走私王国"，成为国内迄今最大的走私案。

经查明，1996—1999年上半年，赖昌星走私犯罪集团及其他走私犯罪分子，在厦门关区走私进口成品油450万多吨、植物油45万多吨、香烟300万多箱、汽车3 588辆，以及大量西药原料、化工原料、纺织原料、电子机械等货物，价值高达人民币530亿元，偷逃税款人民币300亿元。

从20世纪80年代的小打小闹，到90年代的疯狂走私，赖昌星的走私犯罪活动不断升级，走私的物品从钢材、化工原料到成品油、植物油、香烟、汽车等，种类繁多。

为了掩护走私，赖昌星在走私手法上费尽心机。自身没有进出口权，他就贿赂、腐蚀福建九州集团股份有限公司、厦门开元外贸集团有限公司、东方发展公司等企业的领导干部，利用这些企业的进出口保税手册、保税仓库等疯狂走私。如1995年6月，赖昌星走私犯罪集团以1 000万元租下厦门东方发展公司的一个保税仓库和一个保税油库后，仅1996年6月至1998年1月，就走私进口成品油7单18万多吨、汽车3 588辆，案值达20多亿元。

为了逃避监管和打击，在走私过程中，赖昌星走私犯罪集团实行单线联系，除核心层的极少数人外，每个环节的走私分子都难以了解整个走私过程。以走私植物油为例，1997年，赖昌星与开元外贸集团有限公司总经理陈光辉等人密谋走私植物油，由赖昌星负责买

通海关人员使其放弃监管，并通过他人代为虚开增值税专用发票，货款则通过非法途径换汇后，打回公司账户用于信用证付汇核销，而开元外贸集团有限公司则以东方发展公司等其他公司名义报检。据查，1996—1998 年，赖昌星与开元外贸集团有限公司相勾结，仅走私进口植物油就达 26.8 万多吨，偷逃税款 12 亿多元。

1998 年全国加大打私力度后，利令智昏的赖昌星不仅没有收敛，反而改用更为隐蔽的不报关、伪报品名、少报多进等方式继续肆无忌惮地走私。1999 年 4 月，赖昌星以厦门开元外贸集团有限公司的名义，将“苏达”号货轮 9904 航次运输的香烟伪报成木浆，走私香烟 24 380 箱，仅这一笔就偷逃税款 1 亿多元。经法庭审理认定，1996 年以来，赖昌星走私犯罪集团勾结福建九州集团股份有限公司等 13 家公司，通过假转口、伪报货物品名等手法共走私进口香烟 163 万多箱。

赖昌星走私犯罪集团走私成品油最猖獗的时候，甚至根本不向海关申办手续，私下找到商检、港监的“哥儿们”进行鉴定、安排过驳，直接“闯关”。据查，1996—1999 年，赖昌星走私犯罪集团以此方式走私进口成品油 391 万吨，案值 104 亿元，偷逃税款 20 亿元。经测算，平均每三天就有一艘装载 1 万多吨走私油料的轮船在赖昌星等人的指挥下靠泊厦门卸油。

为了能使走私犯罪活动畅通无阻，赖昌星还打通了海关、港务等众多部门，在厦门市区修建了走私的重要据点——海鑫堆场。货物从港口直接拉到堆场后，厦门海关同安办事处原副主任谢东风等人先圈定要查验的集装箱箱号，赖昌星走私犯罪集团骨干分子黄克臻、陈文远等人立即根据集装箱号单，将装有香烟、汽车等高税率的走私货物集装箱掏空，再填进事先准备好的木浆、聚丙烯等低税率且与伪报品名相符的货物，办妥手续交付海关查验。经过如此一番“倒柜”，走私物品就能顺利入关。

几年间，赖昌星通过海鑫堆场在海关人员“监管”下走私入境了 100 亿多元的香烟、汽车、化工原料等货物。海关本是国门的守护神，而厦门海关原关长杨前线等一批干部被赖昌星重金收买，徇私枉法，使赖昌星的走私犯罪活动畅通无阻。经查，仅经厦门海关同安办事处原副主任谢东风、东渡办事处原主任周振庭之手走私的货物价值就逾百亿元。

赖昌星不仅自己疯狂走私，还控制了厦门关区的走私犯罪活动。其他人要想走私，必须通过“赖老板”办理通关手续，否则就会被海关、边防等执法部门查扣。赖昌星帮他人走私时明码标价收取“通关费”：走私一辆汽车需缴纳“通关费”5 万～12 万元，走私一集装箱香烟要缴“通关费”10 万元。一些公司或个人要走私成品油，必须向赖昌星申请“指标”。走私得逞后，赖昌星还要收取 70％的走私“利润”。

走私货物“进”得来，还要“出”得去。赖昌星等走私犯罪分子为此网罗了一批人，大肆虚开增值税专用发票，使走私货物得以“名正言顺”地销往国内市场。经税务部门调查，虚开增值税专用发票金额达 28.22 亿元，给国家造成损失 3.57 亿元。

在厦门海关，赖昌星被称作“地下关长”。厦门海关一些重要岗位的干部任免和人事交流，原关长杨前线常要先征得赖昌星的同意。为打通同安办事处这条走私通道，杨前线与赖昌星密谋，把自己的亲信谢东风提拔为同安办事处副主任；赖昌星想在东山走私，杨前线就把自己的“铁杆”曲鹭勇调到东山海关任副关长。

正是在赖昌星的拉拢腐蚀下，一些本该戍守国家经济长城的执法人员堕落为犯罪分子，或相互勾结主动放私，或慑于淫威不敢查私，或贪赃枉法参与走私，使赖昌星走私犯罪活动越来越猖狂。

腐蚀干部编织“保护伞” 权钱色打造罪恶链条

随着走私活动不断扩大，赖昌星认为，偷偷摸摸地干，成不了大气候，必须要有人在幕后提供保护。于是，赖昌星开始有组织、有预谋地拉拢腐蚀党政领导干部和口岸管理部门工作人员，编织走私的“保护伞”。

赖昌星在腐蚀拉拢干部方面颇有心计。他很注意揣摩某些领导干部的爱好。只要领导有“爱好”，他就千方百计，投其所好。爱财，他可以一次将数十万元、上百万元的钞票奉上；爱色，他可以亲点美女送至身边；爱权，他则为之四处活动。

在厦门市湖里区，有一座外表平常的7层砖红色小楼，当地群众都知道，在赖昌星走私“红火”的几年间，这座“红楼”天天灯红酒绿、异常热闹。正是在这里，赖昌星用心险恶地导演了一幕幕行贿受贿、走私放私、无耻淫乐的丑剧。

为了打通走私通道，赖昌星以“红楼”为窝点，把黑手伸向了海关、港监、商检、港务等口岸部门，有进出口经营权的国有企业，负有打私职责的公安等执法部门，以及土地管理、税务、银行等单位。福建省、厦门市党政机关的一些干部被拉下水后也积极充当了赖昌星的“保护伞”。

赖昌星最惯用的手法是金钱铺路。他对认为有用的党政机关、执法部门的领导、工作人员经常以“过节费”、“加班费”、“压岁钱”、“借款”等各种名目行贿，动辄就是十万元、二十万元甚至上百万元。据统计，仅厦门海关的涉案人员在案件查处过程中退出的赃款就达5 000万多元。

赖昌星听说公安部原副部长、全国打击走私工作领导小组原副组长李纪周的女儿在美国，当即汇去了50万美元。听说李纪周的老婆开公司，赖昌星又“慷慨”地甩出100万元人民币。厦门市原副市长蓝甫为给在澳大利亚上学的儿子买别墅，一次就向赖昌星要了30万澳元(折合人民币160多万元)。

赖昌星还擅长“放长线，钓大鱼”。他在重金相送时先不提办事要求，逐渐在来往中与受贿者成为“铁哥们儿”。赖昌星知道蓝甫嗜赌，就多次派人陪赌并奉送赌资。

凡是看准有用的人，赖昌星一定要千方百计把其拉下水。厦门海关原副关长兼调查局局长揭培勇在刚开始与赖昌星接触时也明白，“一旦陷入其手，势必不能自拔，甚至卖身为奴”。但赖昌星寻隙以待，在揭培勇与其情妇打得火热之时，乘虚而入，为其情妇办理赴港定居，安排其在香港远华公司工作，还花了近千万元港币为她买房子。从此，揭培勇彻底成了赖昌星的“俘虏”。

几年来，被赖昌星等拉拢腐蚀的腐败分子徇私枉法，为走私大开绿灯。

1996 年 4 月，杨前线明知赖昌星会利用海鑫堆场走私，却大笔一挥为其提供方便，海鑫堆场从此成为赖昌星最大的走私据点。厦门海关驻东渡办事处船管科原科长吴宇波等人，在收受巨额贿赂后，彻底放弃了监管职责，大肆放私，并伙同走私分子一起烧毁走私货物单据，对抗调查。

厦门商检局的一些领导与赖昌星相互勾结，为走私分子提供虚假的“鉴定证明”，使走私货物“合法化”。福建一些地方公安机关的领导被买通后，为赖昌星走私汽车非法办理汽车罚没证明，使几千辆走私汽车流入国内市场。赖昌星还从当地一些金融机构骗取大量贷款，仅交通银行厦门市分行就先后违规为赖昌星等走私分子开出 25 笔信用证，总金额达 3 841 万美元。

与赖昌星走私犯罪集团互相勾结的一些机关及海关等口岸部门领导干部自甘堕落，这些单位关键岗位的少数工作人员也被拉下水，为走私犯罪活动创造条件。有的搞假核销、假手册、虚报品名数量，帮助走私分子蒙混过关；有的利用关键岗位影响，大搞权钱交易，坐收渔利；有的以身试法，参与走私。

被拉下水的少数腐败分子在放私的同时，还积极为赖昌星走私“保驾护航”。1997 年，赖昌星的一批走私香烟被厦门铁路公安部门查扣，时任厦门市打击走私综合治理领导小组负责人的刘丰立即给公安部门打去了“放行”的电话。厦门海关调查局接到有关赖昌星走私活动的举报，只要向杨前线汇报，赖昌星立刻就会知晓。1998 年，杨前线在接到反映赖昌星与开元外贸集团有限公司合伙走私植物油的举报信后，很快就将此消息透露给赖昌星。副关长揭培勇则亲自出面协调放行赖昌星被查扣的走私油轮。

刘丰、杨前线等少数腐败分子与赖昌星等走私犯罪分子沆瀣一气、相互勾结，走私放私，最终把自己送上了审判台。

正义邪恶殊死较量 法网恢恢疏而不漏

打击走私、惩治腐败，是党中央坚定不移的决心。1998 年 7 月，中央召开了全国打击走私工作会议，在全国范围内部署开展了一场大规模的反走私联合行动和专项斗争。江泽民总书记在会上强调指出，深入开展打击走私犯罪活动，不仅是一场重大的经济斗争，也是一场严肃的政治斗争。我们要从维护改革、发展、稳定的大局的高度，从加强党的建设、政权建设的高度，充分认识深入开展反走私斗争的重要性和紧迫性。

在中央领导下，当年下半年，全国迅速掀起了声势浩大的反走私斗争。湛江特大走私贿赂案的查处，更进一步增强了群众参与打私反腐的信心和勇气，全社会形成了打私的强大声势。

1999 年 4 月，一封长达 74 页的举报信引起了中央有关部门的重视，信中反映厦门关区存在特大走私问题，而且涉及一些部门和领导干部。举报信里还提供了一些单据和查处线索。

在对举报信进行认真研究后，中央纪委、监察部将有关情况向中央领导同志作了汇报。中央领导高度重视，指示严肃查处。在案件查处过程中，中央主要领导同志多次召集会议，作出重要指示，明确要求查清发生在厦门关区的走私问题，对相关的腐败问题也要一一查清，要一查到底，绝不手软。

在案件侦破过程中，正义与邪恶的较量异常激烈。在办案部门准备对赖昌星采取行动的前前后后，被赖昌星拉拢腐蚀的一些人一直在积极活动：有人为他打探消息，有人为他销毁证据，有人为他出谋划策，还有人随时向他通风报信……

1999 年 6 月，由中央纪委、监察部、海关总署组成的调查组悄然抵达厦门。然而，由于有人通风报信，赖昌星仓皇逃往香港。赖昌星走私犯罪集团骨干分子陈光辉、侯小虎、任军等闻风而逃。

赖昌星逃到香港后一直与厦门海关原关长杨前线、福建省公安厅原副厅长庄如顺等人保持着热线联系。见厦门"风平浪静"，赖昌星于同年 8 月 10 日非法入境潜回厦门。当办案人员布置警力围捕赖昌星时，赖昌星得到消息，在庄如顺等人的策划下潜逃境外。

办案部门在办案之初，面临的最大难题是取证。逃走前，赖昌星一伙销毁和转移了大批书证、物证。正当走私分子自以为能将罪行掩盖得"天衣无缝"而暗自庆幸时，他们也许没有想到，1999 年 8 月 18 日，第一批进驻厦门的办案人员兵分五路，认真细致，紧张工作，从查走私油入手，同时对经反复研究确定的开元外贸、东方发展、外运外代、商检、博坦油库等几个重要环节展开深入调查，仅用十余天时间便初步撕开了油品走私的黑幕。

在调查中，办案人员经过反复比对，掌握了两组大相径庭的数据：1996—1998 年，厦门海关监管申报进口成品油 270 余万吨；而从厦门外轮代理公司和外运公司查到的数据却是成品油进境申报 600 余万吨。这两组数据表明：三年时间里，有近 400 万吨的成品油未向海关报关就入境了，其走私案值高达 110 亿元。

1999 年 9 月，中央领导主持召开会议，听取了办案单位的汇报后决定，将这一案件正式列为中央直接抓的大案，从中央纪委、最高人民法院、最高人民检察院、公安部、监察部、海关总署、国家税务总局、中央金融工委等部门抽调力量进驻厦门，全面展开查处工作。

在中央领导同志的指挥下，在中央纪委的组织协调下，来自全国各地及中央有关部门的千余名办案人员陆续汇聚厦门，恢恢法网全面收拢，走私、腐败分子惶惶不可终日。在检察机关相继对杨前线、庄如顺等人采取强制措施之后，黄山鹰、庄铭田、刘丰、赵克明等一批走私、腐败分子相继被审查。赖昌星走私犯罪集团和复杂的关系网土崩瓦解。

经过办案人员夜以继日的艰苦努力，赖昌星走私罪行被陆续揭露出来：

继走私植物油案被突破后，走私成品油案被突破，走私香烟案被突破，走私汽车案被突破，走私化工原料案被突破……

厦门开元外贸集团有限公司走私情况被查清，福建九州集团股份有限公司走私情况被查清，厦门特贸集团走私情况被查清……

杨前线受贿放纵走私案被查实，庄如顺受贿滥用职权案被查实，蓝甫、刘丰受贿案被查实……

迷雾层层拨去，厦门特大走私案的案情终于基本查清

在办案过程中，办案人员始终坚持“打击走私，惩治腐败，促进发展，维护稳定”的指导思想。为了揭开走私黑幕，他们全力查处在厦门特大走私案中居核心地位的远华集团、开元外贸、东方发展等企业；为了打掉走私分子的“保护伞”，他们重点查处党政机关、海关、公安等部门存在的与走私相关联的腐败问题。对那些主动坦白交代问题、涉案不深的有关人员，有关部门依法予以从宽处理。对涉案较轻且能主动讲清问题的企业，有关部门依法采取了自查与督查相结合的查处办法，既打击了走私犯罪，又保证了企业正常生产经营，维护了社会稳定。

人民群众给案件的查处工作提供了强大支持。办案部门先后收到群众来信 1 200 多封、举报电话 700 多个，接待群众来访 160 多人次。群众的踊跃举报，为案件的查处提供了大量有价值的线索，对案件的侦破起到了重要作用。

为把案件办成经得起历史检验的“铁案”，办案部门始终坚持依法办案，司法机关及海关、税务等行政执法部门严格按照法律程序办事，确保每一件案件都做到“犯罪事实清楚，证据确实充分，运用法律准确，审判程序合法，定罪量刑得当”。在打击犯罪的第一线，来自纪检监察、法院、检察、公安、海关、税务、金融等部门的办案人员，怀着对党和人民的忠诚，全力打好这场没有硝烟的战争：一年多来，共审查涉案人员 600 余人；成功抓获潜逃的犯罪嫌疑人 200 余人。经司法机关审理，近 300 名犯罪分子被依法追究刑事责任。

有关部门对在逃犯罪嫌疑人保持了强大的压力，并通过政策攻心，使 30 多个潜逃的重要犯罪嫌疑人主动投案自首。1999 年 10 月，香烟走私案的主犯、赖昌星的大哥赖水强被抓捕到案。在法律和政策的感召下，他配合案件查处工作，先后劝说赖氏家族中赖昌图以及黄克臻、陈文远等 13 个涉案在逃人员回国投案自首。

魔高一尺，道高一丈。在这场走私与反走私的殊死较量中，正义终于战胜了邪恶，赖昌星走私犯罪集团被彻底摧毁！